◎知识产权经典译丛

国家知识产权局专利复审委员会组织编译

伯克利科技与法律评论：美国知识产权经典案例年度评论（2013）

万勇　刘永沛◎主编

知识产权出版社

全国百佳图书出版单位

图书在版编目（CIP）数据

伯克利科技与法律评论：美国知识产权经典案例年度评论. 2013/万勇，刘永沛主编. —北京：知识产权出版社，2016. 1

（知识产权经典译丛）

ISBN 978 - 7 - 5130 - 3922 - 2

Ⅰ.①伯… Ⅱ.①万… ②刘… Ⅲ.①知识产权法—案例—美国 Ⅳ.①D971.23

中国版本图书馆 CIP 数据核字（2015）第 280326 号

责任编辑：齐梓伊   责任校对：董志英

装帧设计：张　冀   责任出版：刘译文

知识产权经典译丛

国家知识产权局专利复审委员会组织编译

伯克利科技与法律评论：美国知识产权经典案例年度评论（2013）

万　勇　刘永沛　主编

出版发行：知识产权出版社有限责任公司	网　　址：http：//www.ipph.cn
社　址：北京市海淀区马甸南村 1 号（邮编：100088）	天猫旗舰店：http：//zscqcbs.tmall.com
责编电话：010 - 82000860 转 8176	责编邮箱：qiziyi2004@qq.com
发行电话：010 - 82000860 转 8101/8102	发行传真：010 - 82000893/82005070/82000270
印　刷：北京科信印刷有限公司	经　销：各大网上书店、新华书店及相关专业书店
开　本：720mm×1000mm　1/16	印　张：19.5
版　次：2016 年 1 月第 1 版	印　次：2016 年 1 月第 1 次印刷
字　数：300 千字	定　价：78.00 元

ISBN 978-7-5130-3922-2

京权图字：01-2014-8465

序

当今世界，经济全球化不断深入，知识经济方兴未艾，创新已然成为引领经济发展和推动社会进步的重要力量，发挥着越来越关键的作用。知识产权作为激励创新的基本保障，发展的重要资源和竞争力的核心要素，受到各方越来越多的重视。

现代知识产权制度发端于西方，迄今已有几百年的历史。在这几百年的发展历程中，西方不仅构筑了坚实的理论基础，也积累了丰富的实践经验。与国外相比，知识产权制度在我国则起步较晚，直到改革开放以后才得以正式建立。尽管过去三十多年，我国知识产权事业取得了举世公认的巨大成就，已成为一个名副其实的知识产权大国。但必须清醒地看到，无论是在知识产权理论构建上，还是在实践探索上，我们与发达国家相比都存在不小的差距，需要我们为之继续付出不懈的努力和探索。

长期以来，党中央、国务院高度重视知识产权工作，特别是十八大以来，更是将知识产权工作提到了前所未有的高度，作出了一系列重大部署，确立了全新的发展目标。强调要让知识产权制度成为激励创新的基本保障，要深入实施知识产权战略，加强知识产权运用和保护，加快建设知识产权强国。结合近年来的实践和探索，我们也凝练提出了"中国特色、世界水平"的知识产权强国建设目标定位，明确了"点线面结合、局省市联动、国内外统筹"的知识产权强国建设总体思路，奋力开启了知识产权强国建设的新征程。当然，我们也深刻地认识到，建设知识产权强国对我们而言不是一件简单的事情，它既是一个理论创新，也是一个实践创新，需要秉持开放态度，积极借鉴国外成功经验和做法，实现自身更好更快的发展。

自 2011 年起，国家知识产权局专利复审委员会携手知识产权出版社，每年有计划地从国外遴选一批知识产权经典著作，组织翻译出版了《知识产权经典译丛》。这些译著中既有涉及知识产权工作者所关注和研究的法律和理论问题，也有各个国家知识产权方面的实践经验总结，包括知识产权案件的经典判例等，具有很高的参考价值。这项工作的开展，为我们学习借鉴各国知识产权的经验做法，了解知识产权的发展历程，提供了有力支撑，受到了业界的广泛好评。如今，我们进入了建设知识产权强国新的发展阶段，这一工作的现实意义更加凸显。衷心希望专利复审委员会和知识产权出版社强强合作，各展所长，继续把这项工作做下去，并争取做得越来越好，使知识产权经典著作的翻译更加全面、更加深入、更加系统，也更有针对性、时效性和可借鉴性，促进我国的知识产权理论研究与实践探索，为知识产权强国建设作出新的更大的贡献。

　　当然，在翻译介绍国外知识产权经典著作的同时，也希望能够将我们国家在知识产权领域的理论研究成果和实践探索经验及时翻译推介出去，促进双向交流，努力为世界知识产权制度的发展与进步作出我们的贡献，让世界知识产权领域有越来越多的中国声音，这也是我们建设知识产权强国一个题中应有之意。

申长雨

2015 年 11 月

前　言

　　这本译著传递的不仅仅是特定领域的专业知识，还述说着中美两国在法学交流、尤其是知识产权研究和教育合作的一段佳话。

　　从 2010 年 3 月开始，上海交通大学凯原法学院与加州大学伯克利分校法学院建立了比较密切的伙伴关系。一年之内院长之间举行了三次晤谈，这样的交流频度恐怕还是很罕见的。徐小冰老师与对方涉外事务负责人的反复联系和磋商，更是不计其数。在 2011 年埃德利院长造访上海时，两院还签署了共同研究备忘录，同意互派博士生和教授进行访问，并且在每年秋季同时开设采取同样教材和同样教学方法的知识产权经典案例研讨课。根据这项协议，伯克利—凯原知识产权同步课程所选案例评论最终还要结集，以中英两种文字同时出版。

　　万勇老师与刘永沛老师以自己的学术造诣和出色的组织协调能力，使得知识产权领域的这个教学和研究合作项目达到了预期的目标，取得了圆满成功。"三三制"法科特班的学生们集体选修这门课程并承担年度案例评论的翻译作业，展示了作为涉外型卓越法律人才的素质和才识，赢得了广泛的好评。正是由于凯原法学院师生的精彩表现，不久前伯克利法学院还主动提议进一步扩大两个学院之间实质性教研合作的范围，开设新的同步课程，参与的机构不限于伯克利科技与法律中心，涉及的学科也不限于知识产权。

　　现在，作为正在不断发展的伯克利—凯原伙伴关系的一个象征，作为法科特班知识产权中美同步课程的初期成果，《伯克利科技与法律评论：美国知识产权经典案例年度评论》终于付梓了。项目主持人万勇老师向我索序，自当欣然允诺。借这个机会，我要向有关教师和学生、向热情支持该工作的各位专家表示祝贺和感谢。当然还有欣慰，还有自豪感，也一并致意。

　　我相信，这本书以及后续出版的系列评论集必将有益于中国知识产权学说体系的进一步丰富和发展，必将有益于案例教学法的引进和推广，必将有益于比较法学的繁荣。不言而喻，也必将有益于凯原法学院与伯克利法学院在全球化运动中并驾齐驱。

　　是为序。

季卫东

写于莘城霜叶时节

目　录

合理使用与规模数字化

——从作家协会诉 Hathitrust 案看复制依赖技术的未来

安琪拉·西格弗雷德·迪亚兹（Angel Siegfried Diaz）* 　著

吴骏达　译

万　勇　校

从传统的口口相传到云存储及云共享的突破性发展，社会不断地通过保存和获取原始内容中的知识而获益。数字化时代，使世界各地的人们得以存储、组织和分享照片及录像，用来完成学术著作。尽管可以通过互联网访问所有信息，但大学图书馆的收藏及存档仍未向公众开放，并且将这些存档数字化的成本仍然太高。[1] 2004 年，谷歌公司宣布了其关于扫描和数字化一些主流大学图书馆的收藏的计划。[2] 该计划将创造一个使用户能够在整个扫描库中进行检索的平台。[3] 对于那些仍受版权保护的作品，为了向用户提供上下文，检索结果不包括检索关键词前后的部分内容。[4] 此外，检索结果页面还会提供合法购买该作品的链接。不希望参与该项目的权利人可以选择退出该项目，而在公共领域的作品则完全开放并允许下载。[5] 与谷歌公司合作的各大学连同互联网档案

---

* 作者为加州大学伯克利分校法学院法律博士。本文的分析仅代表作者个人的观点。

[1] 参见 Peter Menell, *Knowledge Accessibility and Preservation Policy for the Digital Age*, 44 Hous. L. Rev. 1013, 1015（2007）at Note 2（密歇根大学预测，需要花费 1000 年以上，才能通过现代技术和科技将其拥有的七百万册收藏完全电子化）。一些欧洲国家已经通过相同的努力取得了成功，但是还没有像谷歌图书项目那么大规模的计划。

[2] 参见 Press Release, Google, Google Checks out Library Books, http://googlepress.blogspot.com/2004/12/google-checks-out-library-books.html, last visited at Dec. 14, 2004.

[3] 谷歌图书馆计划, http://books.google.com/googlebooks/library/index.html., 访问日期：2013 年 3 月 28 日。

[4] 同上注。

[5] 同上注。

馆共同建立了名为 Hathitrust 的机构，Hathitrust 将促进 "大规模集体行为"，并将数字扫描后的作品通过谷歌对外进行推广。❶

　　然而，许多权利人抱怨，未经授权对作品进行扫描的行为侵犯了其版权，并对谷歌和 Hathitrust 提起诉讼。现在，经过八年的等待和观望，在 Hathitrust 案中，法院首次将合理使用理论运用于以制作全文搜索索引为目的，未经授权扫描作品的情形。❷ 为了与越来越多支持给予用于教学和科研的技术特权的先例相适应，法院认为 Hathitrust 的索引属于一种转换性使用，与基础作品的表达性目的不同。❸ 此外，法院认为，Hathitrust 对作品数字扫描并为阅读障碍群体制作副本的行为是合理的❹，因为 Hathitrust 提供服务的该市场是版权所有人没有预期提供服务的，而且还可依据版权法第 121 条适用例外。❺

　　本文将论述在 Hathitrust 案判决后，数字图书馆和其他依赖规模数字化产品的未来。首先，本文简要介绍美国的版权保护及保护途径，并就如何实现鼓励版权创造及版权保护、合理使用的平衡进行论述。随后，将在论述现代版权法及其规定的法定豁免条款前，分析早期国家档案的形式和确立。此后，将在梳理法律条文的基础上，论述合理使用原则，并重点论述合理使用原则在教学及科研用途目的情形下的适用。

　　其次，本文将就初审法院关于作家协会诉 Hathitrust 案的判决，以及合理使用原则适用于 Hathitrust 全文搜索索引和专为阅读障碍群体制作的副本的原因进行论述。本文认为，该判决是正确的，因为该判决不仅巩固了判例法关于保护性用途的规定，也说明了转换性目的对公众利益不构成威胁。此外，本文认为，同样的理由不应当适用于 Hathitrust 为阅读障碍群体制作的副本。在未来上诉法院的审判中，合理使用原则的应用及对第 121 条的解释，很可能会被限缩并加以更正。❻

　　再次，本文将论述 Hathitrust 案判决对谷歌图书案未来发展的影响。本文认为，Hathitrust 案判决中关于合理使用原则的适用，为谷歌图书案正在进行的协商谈判提供了借鉴。❼ 尽管谷歌公司进行的是商业利用，但其有关合理使

---

❶　参见 Hathitrust's Past, Present, and Future, http：//www. hathitrust. org/blogs/perspectives – from – hathitrust/Hathitrusts – past – present – and – future. , last visited at March 28, 2013.

❷　参见 Authors Guild, *Inc. v. Hathitrust*, No. 11 CV – 4351（HB）, 2012 WL 4808939（S. D. N. Y. Oct. 10, 2012）.

❸　同上注，第 14 页。

❹　本文中的阅读障碍群体是指由于视力或者其他身体缺陷，无法阅读书面作品的个人。

❺　同上注，第 15 页。

❻　2013 年 2 月 25 日原告递交副本，http：//thepublicindex. org/docs/cases/hathitrust – 2ndcir/41 – ag – brief. pdf.

❼　参见 Compl., *Author's Guild v. Google Inc.*, https：//www. eff. org/node/53647.

用的抗辩与 Hathitrust 一样具有同等的作用，因为谷歌公司不存在对版权作品的内容进行艺术性替代的行为，谷歌图书计划帮助而不是损害了版权作品市场。

最后，从公共政策的角度阐释为了保护有用技术业已付出的司法努力，并就如何更好地实现版权促进教育、科研、保存及获取的目的提出立法建议。本文提出的建议如下：（1）扩大版权法第108条有关图书馆特权的范围，使其能适用于规模数字化及非商业性开发；（2）扩大第121条有关为印刷品阅读障碍者制作复制品的受保护主题的范围；（3）建立管理委员会，对孤儿的作品进行管理；（4）对技术使用实行分级保护，使受版权保护的作品在使用时，其原始的表述性内容不被替代。

一、美国版权法概述：通过版权保存、获取及合理使用，促进科学和实用技术进步

"为促进科学和实用技术进步"，美国宪法赋予国会权力，"对作家和发明家的著作与发明，在一定期限内给予专有权保障"。[1] 尽管该条款的主要目的是激励作者，但其实它所包含的范围更为广泛。开国先贤试图通过公众服务和受保护的公共领域促进学习进步。[2] 本部分将介绍美国版权保护的发展历程。从早期版权法有关手续的要求，到现代版权法有关各种法定例外的规定，获取、保存及合理使用的内容，始终是确定版权保护范围及侵权责任范围需要考虑的因素。

（一）早期的美国版权法：手续与目录的作用

1. 备档要求与史密森学会的设立，加强了对版权作品的保护

从最早的版权法开始，法律要求通过分级和设立国会图书馆来提升对版权作品的保护。根据1790年法案，注册作品的作者需要在注册后两周内，在一份或多份报纸上，就其注册的作品进行公示，且该公示必须持续四周以上。[3]此外，只有当作者或版权所有人在居住地所在地区法院的注册办公室缴存一份作品的印刷品复制品后，其版权才受到保护。[4] 除了避免未来可能出现的关于

---

[1] 《美国宪法》第1条第8款。

[2] 参见 L. Ray Patterson & Craig Joyce, *Copyright in 1791: An Essay Concerning the Founders' View of the Copyright Power Granted to Congress in Article I, Section 8, Clause 8 of the U. S. Constitution*, 52 Emory L. J. 909, 946 (2003).

[3] Act of May 31, 1790, ch. 15, § 3, 1 Stat. 124, 125.

[4] 同上注。

作者身份的争议外，公示和缴存要求也成为确保版权作品已经存档并向公众开放的有效途径。❶ 此后不久，美国国会成立了史密森学会，扩大了缴存的要求：要求作者在作品出版后三个月内，向史密森学会❷及国会图书馆馆长❸缴存版权作品的复制品。

与地区法院的缴存要求不同，向史密森学会及国会图书馆缴存复制品并非获取版权的先决条件。❹ 因此，向史密森学会及国会图书馆缴存复制品的主要目的是扩大国家收藏、保存及供公众使用的图书范围。为了促进这一目标，并易于作者提交作品复制品，美国国会免除了作者邮寄复制品的费用。❺ 不幸的是，海量的新作品不断涌入史密森学会，而这些新作品主要都是教科书及印刷品，几乎没有创造性及富有学术性的作品。❻ 此外，这些新作品进行存档的价值不大，且难以储存。❼ 国家图书馆推行立法改革，废除了早期低效的存档方案，撤消了存档要求，并转由美国内政部负责管理版权作品的记录及副本。❽ 作者只需向国会图书馆提交其作品副本，不需要再向地区法院提交。

2. 美国国会图书馆转化为国家资源库

在随后的版权法修正案中，国会试图以国会图书馆作为载体，更好地向公众开放国家收藏的作品。1865 年，美国国会授权美国国会图书馆馆长对作品登记一个月内未提交副本的作者提交书面通知。❾ 作者在收到书面通知一月内，仍未提交作品副本的，将失去版权保护。❿ 五年后，国会将罚款新增为对已对作品做过登记但未提交副本的作者的惩戒手段。⓫ 1870 年，美国国会授权国会图书馆馆长⓬

---

❶　参见 Peter Menell, *Knowledge Accessibility and Preservation Policy for the Digital Age*, 44 Hous. L. Rev., at 1026 – 27.

❷　Act of Aug. 10, 1846, ch. 178, § 10, 9 Stat. 102, 106 (1851).

❸　同上注。

❹　参见 *Jollie v. Jacques*, 13 F. Cas. 910, 912 (S. D. N. Y. 1850)

❺　参见 Act of Mar. 3, 1855, ch. 201, § 5, 10 Stat. 683, 685.

❻　参见 Peter Menell, *Knowledge Accessibility and Preservation Policy for the Digital Age*, 44 Hous. L. Rev., at 1027.

❼　参见 Peter Menell, *Knowledge Accessibility and Preservation Policy for the Digital Age*, 44 Hous. L. Rev. (引用 1856 年第 40 册史密森学会年度报告)。

❽　参见 Peter Menell, *Knowledge Accessibility and Preservation Policy for the Digital Age*, 44 Hous. L. Rev., at 1027 (引用 Act of Feb. 5, 1859, ch. 22, §§ 5 – 6, 11 Stat. 379, 280).

❾　1856 年版权法 ch. 126, § 3, 13 Stat. 540, 540, 由 1909 年版权法 ch. 329, § 63, 35 Stat. 1075, 1088 (1856) 修改。

❿　同上注。

⓫　参见 Act of Feb. 18 1867, ch. 43, § 1, 14 Stat. 395, 395 (授权国会图书馆对作品出版后 1 个月内未进行备案的作者处以 25 美元的罚款)。

⓬　参见 Act of July 8, 1870, ch. 230, §85, 16 Stat. 212.

全权负责美国的版权事务，❶ 并要求其就已提交副本的作品制作目录，并向国会进行年度报告。1870 年版权法特别规定，为获取版权保护，作者必须在作品登记后 10 日内，提交作品副本。❷ 1870 年版权法延续了此前提交副本免邮费，❸ 以及逾期不提交副本将被罚款的规定。❹ 上述转变使得新作品可以快速地进入国会图书馆的收藏，扩大了国会图书馆的收藏规模。

国会的新规定使得大学教育越发强调原创性研究，增加了新作品的数量，正如严格提交副本要求大幅扩充了国家收藏的规模。❺ 国会预计这种转变会增加学者对国家收藏的访问和需求，为了适应这种变化，美国国会在 1891 年修订了版权法，并要求美国国会图书馆定期发布其藏品目录，以便公众进行研究。❻ 尽管 19 世纪后期版权法修正案的效用有限，但反映出了国会对公众利益，而非私人垄断的越发重视。

（二）现代美国版权法中的安全阀：专有权利的限制及合理使用

自 20 世纪以来，版权法发生了翻天覆地的变化。1909 年，国会第一次对版权法作出重大修订，制定了一部新的版权法（即 1909 年的版权法）。从立法历史上看，专利委员会的报告表明，版权法的立法目的不仅是保护作者的利益，而是侧重于维护公众利益。❼ 尽管 1909 年版权法是 20 世纪美国版权法现代化的第一次尝试，但其效果却杯水车薪。此外，新技术的不断涌现以及国际版权作品市场的蓬勃发展，也引发了许多关于版权保护范围的疑惑和问题。为了解决上述新问题，明确版权保护的范围，美国版权局开展了 35 项研究，调查美国版权法的实际作用及其与国际社会的不同之处。❽ 然而，随着影视行业的影响不断增强，以及影印技术所带来的机遇和挑战，各方利益存在冲突，导致国会停止了美国版权局的各项研究。❾

---

❶ Cong. Globe, 41st Cong., 2d Sess. 2684 (1870).
❷ Cong. Globe, 41st Cong., 2d Sess., 第 2683 页。
❸ 同上注。
❹ 同上注，备注第 30 页。
❺ 参见 Peter Menell, *Knowledge Accessibility and Preservation Policy for the Digital Age*, 44 Hous. L. Rev. 1028 – 29.
❻ 参见 Peter Menell, *Knowledge Accessibility and Preservation Policy for the Digital Age*, 44 Hous. L. Rev., at 1029.
❼ H. R. Rep. No. 60 – 2222, at 7 (1909).
❽ 参见 Harry G. Henn & Walter J. Derenberg, Introduction *to* 1 Studies on Copyright ix, ix (Arthur Fisher Memorial ed. 1963).
❾ 参见 Peter Menell, *Knowledge Accessibility and Preservation Policy for the Digital Age*, 44 Hous. L. Rev., quoting H. R. Rep. No. 89 – 2237, at 31 – 32 (1966)（讨论现下的版权法无法与新技术相适应）。

研究和谈判最终导致了 1976 年版权法的诞生。本部分将介绍 1976 年版权法的规定、后续发展，以及合理使用原则的作用。1976 年版权法在很大程度上延续了 1909 年版权法的规定，但强调了为研究而进行保存和获取的重要性；为此，1976 年版权法延续了提交副本要求的规定，❶ 在美国国会图书馆内设立电视及广播档案馆，❷ 并对图书馆提供法定保护，允许其进行非商业用途的影印。❸ 随着数字技术的发展，国会在《数字千年版权法》中为保存和获取确立了一系列新规定。❹ 最后，1976 年版权法首次明确规定了合理使用原则，合理使用原则继续发挥安全阀的作用，允许公众出于教学、科研目的使用版权作品。

1. 当代美国版权局的作用：致力于保存及归档

虽然 1976 年版权法保留了提交副本要求，但提交副本不再是获取版权保护的前置条件。❺ 美国国会注重实践中备案要求对版权保护的有效作用，并试图通过罚款来确保新作品陆续流入国家档案馆。对于未能登记备档的权利人，美国版权局可就每件作品收取 250 美元的罚金，在作者故意的情况下，可以加处 2500 美元的罚款。❻ 1976 年版权法同样要求美国版权局为版权作品制作目录，并要求版权登记人在兼顾实用性及有效性的基础上，为每种个人媒介制作目录。❼

2. 版权法第 108 条对图书馆的保护及对国家档案馆的扩张解释

由于职能的转变以及国家档案馆维持大量可供使用的记录所面临的困难，私立及公立大学开始使用新技术，以便让其用户可以更好地获取图书馆收藏的作品。国会鼓励大学的这种行为，并通过在 1976 年版权法中规定第 108 条和第 121 条，为图书馆规定了一系列法定版权侵权责任豁免内容。

版权法第 108 条伴随"影印革命"应运而生，影印技术促进了知识的获取和传递，但也使大量复制版权作品而损害版权市场的行为成为可能。❽ 国会

---

❶ 参见 Copyright Act of 1976, § 101, 90 Stat. 2579.

❷ 参见 American Television and Radio Archives, Pub. L. No. 94 – 553, § 113, 90 Stat. 2541, 2601 (1976).

❸ 参见 Copyright Act of 1976, § 108, 90 Stat. 2541.

❹ 参见数字千年版权法, Pub. L. 105 – 304, § 404, 112 Stat. 2860, 2890 (1998).

❺ 参见 Copyright Act of 1976, § 101, 90 Stat. at 2579 (current version at 17 U. S. C. § 407 (2000)).

❻ 同上注。(current version at 17 U. S. C. § 407 (d) (2000)).

❼ 参见 Copyright Act of 1976, § 108, 90 Stat. 2541. 2592 – 93 (current version at 17 U. S. C. § 707 (a) (2000)).

❽ 参见 2 – 8 Melville B. Nimmer & David Nimmer, Nimmer on Copyright, § 8.03 (1992)；同时参见 17 U. S. C. § 108.

并没有采用适用不确定的合理使用原则来规范图书馆影印行为的方式（对此，将在下文第一部分（二）3 予以论述），而是规定了详细的法定豁免类型，允许图书馆对版权作品进行非商业性复印，而不用担心承担直接或者间接侵权责任。❶ 这一法定豁免体现了国会意图实现促进科技进步与保护作者权利之间的平衡。

图书馆和档案馆要寻求版权法第108条的保护，需要满足以下要件：❷ 第一，该复制行为不具有任何直接或间接的商业利益目的；❸ 第二，图书馆及档案馆必须对公众开放，或者至少对属于其馆藏范围的某一专业领域的研究人员开放。❹ 上述规定使得所有类型的图书馆更易为公众进入，也有利于实现国会确保版权"服务于公众利益"的立法目的。❺ 第三，所有版权作品的复制和发行都必须包含版权标记。❻ 此外，版权法第108条第（d）款第（1）项推定请求图书馆复制是为了研究目的，这就要求图书馆应拒绝可能将复制品用于其他用途的读者的请求。❼

总而言之，版权法第108条以及对国家档案馆的扩张解释反映出以下立法精神：允许图书馆和档案馆在不损害版权市场的前提下，充分利用先进技术，丰富其馆藏，进而更好地为公众提供服务。这种竞争性利益的平衡，体现出了图书馆在保存和传播知识方面的重要作用。❽

除了版权法第108条以外，国会试图豁免图书馆适用数字千年版权法中的反规避条款来规制版权。❾ 版权法第1201条通过禁止规避技术的方式，来限制

---

❶ 参见 2 - 8 Melville B. Nimmer & David Nimmer, Nimmer on Copyright, § 8.03 (1992)；同时参见 17 U. S. C. § 108.

❷ Copyright Act of 1976, § 108, 90 Stat. at 2546.

❸ 同上注，§ 108 (a) (1). 值得注意的是，"商业意图"是指复制或者分销的目的，并非图书馆的特性。这将法定豁免的范围，从非营利性的图书馆扩大到了商业性和盈利性机构。对法条进行文意解释，可以发现，"商业目的"是指复制和销售的行为本身。因此，即使是盈利性图书馆将复制的作品用于商业用途，其复制版权作品的行为，也受到法律保护。

❹ 同上注，§ 108 (a) (2).

❺ 参见 H. R. Rep. No. 60 - 2222, at 7 (1909).

❻ Copyright Act of 1976, § 108.

❼ 同上注。

❽ 例如，国会在1998年将索尼伯纳版权保护期限延长条令中的版权保护期限，延长了20年。国会通过扩张版权法第108条第h款所规定的图书馆所享有的特权，制衡延长的版权保护期限。参见索尼伯纳版权保护期限延长条令，Pub. L. No. 105 - 298, 112 Stat. 2827 (1998). 版权法第108条第h款规定的法定豁免事由，允许图书馆及档案馆在版权保护期限的最后20年内，复制和分发绝版作品及孤儿作品的副本，用于教育或者保存作品。但国会侧重保护版权人的利益，因此图书馆适用法定豁免，需要遵循合理的条件包括：（1）作品未作商业使用；（2）不得索取合理费用；（3）版权人未向版权登记机关登记如何获取其作品。

❾ 数字千年版权法，Pub. L. 105 - 304, § 103, 112 Stat. at 2866 (current version available at 17 U. S. C. § 1201 (d)).

对数字复制品的访问，从而保护版权所有者的权利。❶ 然而，版权法第1201条对于图书馆的豁免仅限于图书馆采用规避技术以判断是否要将该作品纳入其馆藏的行为。❷

3. 合理使用原则与非表达性使用

除了1976年版权法关于法定豁免的规定，国会还将长期作为版权侵权的抗辩理由——合理使用原则成文法化。❸ 版权法第107条的开头部分也体现了促进教学及公众访问的目标，它引导法院作出有利于以下行为有关的判决："批评、评论、新闻报道、教学（包括为课堂使用而进行的多份复制）、学术或研究。"❹ 在最近一起涉及合理使用原则的案件中，美国最高法院认为，合理使用原则旨在确保版权法没有"扼杀法律旨在促进的创造力"。❺

版权法第107条要求法院在判断一种使用是否属于合理使用时，应当考虑以下四个因素：（1）该使用的目的与特点，包括该使用具有商业性质，或是为了非营利的教育目的；（2）该版权作品的性质；（3）所使用部分的质与量与版权作品作为一个整体的关系；（4）该使用对版权作品潜在市场或价值所造成的影响。❻

上述四个因素仅对法院起指导性作用，它们并非穷尽列举，也不具有决定性。❼ 此外，法院在判断某一特定行为是否属于合理使用时，还需要考虑各因素之间的相互关系。❽ 尽管每个因素都有其特有的意义，但任一因素都不起决定性作用；应根据版权法的立法目的，结合所有因素以及适用结果予以综合考虑。

下文将就各因素的含义和作用进行逐一论述，并重点阐释合理使用原则在不同使用目的时（通常为非表达性目的）该如何适用。❾

（1）因素一："使用的目的与特点"。在考虑第一个因素时，法院主要考查版权作品的使用是否具有转换性，以及使用目的的性质（商业性或非营利

---

❶　数字千年版权法，Pub. L. 105－304，§ 103，112 Stat. at 2866（current version available at 17 U. S. C. § 1201（d））.

❷　同上注。

❸　Copyright Act of 1976, § 107, Pub. L. No. 94－553, 90 Stat. at 2546（current version available at 17 U. S. C. § 107）. "相关法律修改不得以任何方式改变、限制或者扩张该理论" 4－13 Nimmer on Copyright 13－05（1992）.

❹　17 U. S. C. § 107（2006）.

❺　*Campbell v. Acuff－Rose Music*, 510 U. S. 569, 577（1994）.

❻　17 U. S. C. § 107（2006）.

❼　Campbell, 510 U. S. 569, 577（1994）.

❽　同上注，第578页。

❾　同上注。

性）。尽管没有明确的规定，但法院通常适用以下判断方法来评估第一个因素：作品的转换性使用越强，其商业化属性就越弱。

转换性使用是指，该使用目的与版权作品最初的创作目的不同。❶ 在许多涉及合理使用的判例中，最高法院认为，转换性使用是指，"通过对原作增添新的内容而提供社会福利，以及在该过程中，创造了新的价值"。❷ 后续的联邦巡回上诉法院的判决进一步扩展了转换性使用的适用范围，将在全新的背景下使用作品的行为也涵盖进来——取代原表达的范围，但基本上还处于对原作品的评论的范围。❸ 例如，法院认为，搜索引擎对版权作品提供索引的行为，具有转换性。❹

法院在考察第一个因素时，也需要考虑该使用是商业性目的还是非营利性目的。❺ 最高法院曾认为，商业性使用可以被推定为不构成合理使用；但后来最高法院的观点往后退了一步，认为仅凭商业性目的，不足以推定该使用不属于合理使用。❻ 此外，合理使用的相关判例表明，使用是否具备商业性的问题，更适合在第四个因素（是否损害版权作品的潜在市场）中进行分析。❼

（2）因素二："版权作品的性质"。就第二个因素而言，法院考查版权作品的性质；富有创造性的作品更接近于版权保护的核心，应予以更多的保护以制止复制。❽ 因此，对于小说、绘画等富有创造性的作品，保护范围应大于维修手册之类的功能性作品。❾

除了审查作品是具有创造性还是功能性之外，法院在考察第二个因素时，也需要考察该作品是否已绝版。在 1976 年版权法参议院报告中，立法机关曾表示，无法通过"正常渠道"获取的绝版作品往往更容易被认定为合理使用。❿ 由于后来的一大批案件的判决结果与该报告相悖，因此国会在版权法第107 条的木尾，增加了一段内容，以限制未出版作品在认定构成合理使用时的权

---

❶ Campbell, 510 U. S. , 第 579 页。

❷ 同上注。

❸ 参见 Perfect 10, Inc. v. Amazon. com, Inc. , 508 F. 3d 1146 (9th Cir. 2007)；并参见 Kelly v. Arriba Soft Corp. , 336 F. 3d 811 (9th Cir. 2003).

❹ 同上注。

❺ 17 U. S. C. 107 (1) (2006).

❻ *Campbell*, 510 U. S. at 585.

❼ Matthew Sag, Copyright and Copyright and Copy – Reliant Technology, 103 Nw. U. L. Rev. 1607, 1646 (2009).

❽ 4 – 13 Nimmer on Copyright § 13. 05 [2] [a] (1992).

❾ 同上注。

❿ 同上注, § 13. 05 [2] [b] [i].

重："作品是否出版，不影响基于上述全部因素作出符合合理使用的结论。"❶
这一修订，确保了对于未出版作品及绝版作品的使用，不会被类型化地认定为
构成合理使用，以提供保护，防止故意令作品无法获取的情形。❷

（3）因素三："使用的量与质"。在第三个因素中，法院需要考察原始作
品被使用的数量与质量。考察使用的"质量"时，必须考察"与版权作品作
为一个整体的关系"。❸ 进行分析时，不应过多关注两件作品之间的实质性相
似程度，而应关注被使用的部分"就其使用目的以及市场替代可能性而言，
是否合理"。❹ 因此，如果某一评论使用了"一本书的核心内容"，则其不构成
合理使用，因为该评论很可能减少人们对该版权作品的需求；❺ 然而，如果复
制整张照片，但展示缩小后的复制品只是为了将互联网用户链接到提供原始图
片的网站，则可能属于合理使用。❻ 类似地，为了破解完整作品载有的"［计
算机程序的］功能性要件"而通过反向工程进行的中间复制的方式，来复制
整部作品，属于合理使用。❼

（4）因素四：对版权作品"潜在市场"的影响。合理使用原则的最后一
个因素，要求法院考察该使用对"版权作品潜在市场或价值的影响"。❽ 最高
法院认为，第四个因素"毫无疑问是判断合理使用时最重要的一个因素"。❾
不过，不能仅仅因为潜在的许可市场可能会发展，就意味着该因素自动地有利
于版权所有者。❿ 法院对潜在的许可收益作了限制，"在考察和评估二次使用
时"，仅考虑"传统的、合理的或者可能发展的市场"。⓫ 例如，在 Campbell
诉 Acuff - Rose 音乐公司案中，法院认为不太可能发展出"批评性或讽刺性评

---

❶ Act of Oct. 24, 1992, Pub. L. No. 102 - 492, 106 Stat. 3415（current version at 17 U. S. C. § 107
（2006））.

❷ 4 - 13 Nimmer on Copyright § 13.05 ［b］［iii］（1992）.

❸ 17 U. S. C. § 107 (3)（2006）.

❹ *Peter Letterese & Assoc. v. World. Inst. of Scientology Enters.*, 533 F. 3d 1287, 1314 (11th Cir.
2008).

❺ Harper & Row Publishers, *Inc. v. Nation Enters.*, 471 U. S. at 565.

❻ *Perfect 10 v. Amazon*, 508 F. 3d 1146, 1168 (9th Cir. 2007)（法院认为，当使用的照片数量未支
持任何一方当事人时，以手机下载缩略图片的潜在的最小危害来作出判决，是合理的）；并参见 *Kelly v.
Arriba Soft Corp.*, 336 D. 3d 811, 821 (9th Cir. 2003)（复制整张照片作为搜索工具用于连接网络与用户
的行为是合理的）.

❼ *Sega Enter. Ltd. v. Accolade, Inc.*, 977 F. 2d 1510, 1528 (9th Cir. 1992).

❽ Harper & Row, 471 U. S. at 566；*See also* 4 - 13 Nimmer on Copyright § 13.05 ［4］（在判断是否
使用合理使用原则时，如果各因素之间存在分歧，则应当重点判断第四个因素）.

❾ 17 U. S. C. § 107 (4).

❿ *American Geophysical Union v. Texaco*, 60 F. 3d 913, 930 n. 17 (2d Cir. 1994).

⓫ 同上注，第 930 页。

论"的许可市场。❶ 法院还认为,版权法并未提供保护,以制止批评性评论损害对原始作品的需求。❷ 同样地,在 Perfect 10 诉亚马逊公司案中,第九巡回上诉法院驳回了原告关于谷歌公司的转换性搜索索引行为损害其小比例手机照片市场的诉讼请求。❸

(三) 适用合理使用原则

1. 技术领域内的转换性使用:搜索引擎和反剽窃软件

Perfect 10 案是涉及合理使用原则在转换性技术领域适用的一个早期案件。❹ 该案的基本案情是:谷歌公司的图片搜索引擎根据用户的搜索关键词,依照相关度提供缩略图。❺ 低分辨率的缩略图被转换为链接,当用户点击缩略图时,其内嵌的 HTML 设置会将用户链接到高分辨率图像存储和发布的网站。❻ Perfect 10 作为一家商业公司,通过在主页上提供版权保护的裸模图片,依靠点击量来牟利。❼ 谷歌公司的图片搜索引擎无法对 Perfect 10 网站上的图片进行抓取或索引,但可以识别并响应存储在第三方网站上的图片。❽ 基于上述事实,Perfect 10 起诉谷歌公司构成版权侵权。❾

第九巡回上诉法院认为,谷歌公司将图片采取缩略图形式进行使用,是具有高度转换性的,因为使用缩略图的目的,不是艺术性表达,而是"服务于其他功能":将图片转换为"电子参考工具",从而提供了社会福利。❿ 此外,法院认为,谷歌公司是否复制了整个图片不是重点,因为它是"在新背景下应用,且服务于不同的目的"。⓫ 最后,法院认为,由于原告未能证明谷歌用户确实将图片下载到手机上的事实,因此,判决谷歌公司没有对 Perfect 10 的手机缩略图下载市场造成损害。⓬ 法院在分析合理使用原则时,强调搜索引擎"对公众有重要利益",认为其实用性超过了对手机下载未来市场所造成

---

❶ *Campbell v. Acuff - Rose Music, Inc.*, 510 U. S. 569, 592 (1994).

❷ 同上注。

❸ *Perfect 10, Inc. v. Amazon. com, Inc.*, 508 F. 3d 1146, 1168 (9th Cir. 2007).

❹ 同上注;并参见 *Kelly v. Arriba Soft*, 336 F. 2d 811 (9th Cir. 2003).

❺ 同上注,第 1156 页。

❻ 同上注。

❼ 同上注,第 1157 页。

❽ 同上注。

❾ 同上注,第 1157 页。

❿ 同上注,第 1165 页。

⓫ 同上注。(引用 *Kelly v. Arribasoft Corp.*, 366 F. 3d at 819; Mattel, *Inc v. Walking Mountain Prods.*, 353 F. 3d 792, 796 – 98 (9th Cir. 2003)).

⓬ 同上注,第 1168 页。

的损害。❶

在 Perfect 10 案判决一年以后，在 AV ex rel. Vanderbye 诉 iParadigms 有限公司案中，两名高中生对 iParadigms 公司提起了诉讼，认为该公司使用其论文及其他文章的行为，侵犯了他方的版权。❷ iParadigms 公司是一家为教育机构提供反剽窃软件的商业机构，该公司开发的 Turnitin 软件，被用于自动检测高中生及大学生的文章是否为其原创。❸ 教师将学生的作品录入数据库后，❹ 可以将当前作品与数据库和网络资源进行比对，从而判断该作品是否存在剽窃。❺ 美国第四巡回上诉法院与审理 Perfect 10 案的法院持近似观点，认为：抄袭检测是一项具有高度转换性的服务，即将学术表达转换为抄袭检测。❻ 法院认为，尽管 iParadigms 公司复制了完整的作品，但其使用目的是正当的，且反剽窃软件仅显示作品的部分内容，使用户得以判断是否存在剽窃，其行为属于合理使用。❼ 最后，法院指出，不存在学生论文的相关市场，因此驳回了原告关于损害其潜在市场的诉讼请求。❽ 法院在综合考虑合理使用原则的四个因素后，判决该公司属于合理使用。❾

Perfect 10 案和 iParadigms 案均表明，法院一直适用合理使用原则来保护公众获取版权作品，开展学习。法院的这种倾向性有利于实现国会通过保存和获取知识，进而推动科学进步的立法意图。下一节将讨论两所大学通过互联网复制版权作品用于教育目的的合理使用问题。

2. 保护为教学目的的复制：视频流和 E 存储

在 Assn. 信息媒体与设备公司诉加州大学案中，法院批准了被告申请撤销违反许可及版权侵权诉讼的动议。❿ 在该案中，原告与加州大学以及加州大学洛杉矶分校（UCLA）的一些个人用户签订了许可协议，许可被告使用原告的

---

❶ *Perfect* 10, *Inc. v. Amazon. com*, *Inc.*，第 1168 页。

❷ *AV ex rel. Vanderhye v. iParadigms*, LLC, 562 F. 3d 630, 634 (4th Cir. 2009).

❸ 同上注。

❹ 同上注。

❺ 同上注，http：//www. turnitin. com/en_ us/products/originalitycheck.，访问日期：2013 年 2月 5 日。

❻ *AV ex rel. Vanderhye v. iParadigms*, LLC, 562 F. 3d at 639. (4th Cir. 2009).

❼ *AV ex rel. Vanderhye v. iParadigms*, LLC, 562 F. 3d at 639. (4th Cir. 2009)，第 642 页。

❽ 同上注。

❾ 同上注。

❿ *Ass'n for Info. Media & Equip. v. Regents of the Univ. of California*, CV 10 – 9378 CBM MANX, 2011 WL 7447148 (C. D. Cal. Oct. 3, 2011) No. CV – 10 – 9378 CBM (MANX), 2011 WL 7447148, at ﹡1 (C. D. Cal. Oct. 3, 2011).

DVD 光碟。❶ 随后，加州大学洛杉矶分校修改了 DVD 光碟的格式，让该校的学生和员工可以通过在线流媒体与学校网络使用该光碟。❷ 在加州大学洛杉矶分校拒绝停止上述行为后，原告向法院起诉。❸ 法院认为，许可协议授权加州大学洛杉矶分校公开使用许可作品，包括通过 DVD 以及在线流媒体，在校园范围内使用上述作品；因此，法院批准了被告请求撤销诉讼的动议。❹ 法院在未作详细解释的情况下，即认为短期复制行为属于合理使用。❺ 法院援引了 Perfect 10 案的判决来支持其观点，但加州大学洛杉矶分校的使用行为与 Perfect 10 案存在显著区别。谷歌公司是通过复制缩略图为互联网用户提供定位工具，而在本案中，使用复制品的目的与原作品的目的完全一致，即观看作品的表达性内容。❻

　　法院很快也驳回了原告关于加州大学洛杉矶分校对原告 DVD 的保护措施违反《数字千年版权法》的诉讼请求。❼ 法院认为：原告所提出的证据，只是通过推测来宣称加州大学洛杉矶分校曾与第三方签订合同，允许其绕过 DVD 的保护系统，而未能提供其他实质性证据，因此，驳回了原告的诉讼请求。❽ 虽然更进一步的调查确有可能会获取被告使用 DVD 的详细情况，但法院迅速地驳回原告的起诉，体现出法院鼓励大学将更多的版权作品用于教育目的的倾向。

　　最近，在剑桥大学出版社诉 Becker 案中，初审法院在很大程度上保护了佐治亚州立大学在其 E－存储系统中使用版权作品的行为。❾ 三家专业的学术著作出版商（也得到了美国出版商协会和版权结算中心的支持）起诉佐治亚州立大学的电子存储政策，认为佐治亚州立大学未经权利人许可，复制版权作品的部分内容，并通过电子存储系统向学生开放的行为，侵犯了其版权。❿ 由于原告未能提供证据链，因此，许多诉讼请求未能获得法院的支持；法院对合理使用原则进行分析以后认为，虽然佐治亚州立大学的使用目的不具备转换性，但作为非营利性教育机构将作品用于教学用途，这一点对佐治亚州立大学

---

❶ Ass'n for Info. *Media & Equip. v. Regents of the Univ. of California*, CV 10－9378 CBM MANX, 2011 WL 7447148（C. D. Cal. Oct. 3, 2011）No. CV－10－9378 CBM（MANX）, 2011 WL 7447148, at ＊1（C. D. Cal. Oct. 3, 2011）.

❷ 同上注。

❸ 同上注。

❹ 同上注，第 6 页。

❺ 同上注。

❻ *Perfect* 10 *v. Amazon*, 508 F. 3d at 1156（9th Cir. 2007）. .

❼ Assn. for Info. Media & Equip., 2011 WL7447148 at ＊7.

❽ 同上注。

❾ *Cambridge University Press v. Becker*, 863 F. Supp. 2d 1190（N. D. Ga. 2012）.

❿ 同上注，第 1201 页。

极为有利。❶ 法院对版权作品的性质进行分析后，发现该因素有利于被告，因为涉案作品的用途"是为了提供信息和教育"，而对此类作品的保护程度，要弱于科幻小说等富有创造性的作品。❷ 在分析使用的质与量时，法院认为不应对大学使用版权作品严加限制；不过，法院同时指出，大学最好还是只复制版权作品的小部分内容，认为复制版权作品 10% 以下的内容是"非常少的"，比较容易被认定为构成合理使用。❸ 最后，在考虑对市场的影响时，法院指出，如果出版商可以建立数字摘要的许可市场，则该因素有利于出版商；而在其他情况下，该因素有利于佐治亚州立大学。❹ 只要不存在相关许可市场，则原告就无法证明学生可能会因为存在在线摘要，而不购买该作品。❺ 詹姆斯·格里曼教授（James Grimmelmann）认为上述判决可能会导致大量孤儿作品被滥用，因为没有明确的版权所有人可以提供许可（或者购买纸质版）。❻

正如上文所述，国会及司法判决都表现出以下倾向：对以保存、获取、教育和研究为目的的使用的保护优先于作品的版权。

二、作家协会诉 Hathitrust 案

作家协会诉 Hathitrust 案是谷歌图书计划所引发的又一起案件，该案的焦点是：被告允许谷歌公司对其收藏的作品进行数字化，以换取对相关电子复制品的许可使用。❼ Hathitrust 将上述作品的复制品收录到 Hathitrust 数字图书馆。❽ Hathitrust 对其收藏的作品进行分类，并予以区别对待，分类标准如下：（1）作品是否有明确的作者；（2）作品是否属于孤儿作品；（3）作品是否已进入公有领域。❾

对于有明确作者的版权作品，Hathitrust 存储了它们的数字复制品以用于

❶ Assn. for Info. Media & Equip.，第 1225 页。
❷ *Cambridge University Press v. Becker*，863 F. Supp.，第 1227 页。
❸ 同上注，第 1254 页。詹姆斯·格里莫曼（James Grimmelmann）认为，复制版权作品十分之一以下的内容，属于合理使用。参见 *Inside the Georgia State Opinion*，http：//laboratorium. net/archive/2012/05/13/inside_ the_ georgia_ state_ opinion，访问日期：2012 年 11 月 11 日。
❹ 同上注，第 1254 页。
❺ 同上注，第 1256 页。
❻ James Grimmelmann，*Inside the Georgia State Opinion*，Laboratorium，http：//laboratorium. net/archive/2012/05/13/inside_ the_ georgia_ state_ opinion，访问日期：2012 年 11 月 11 日.
❼ *Authors Guild v. Hathitrust*，No. 11 CV‑4351（HB）2012 WL 4808939 at *1（S. D. N. Y Oct. 10, 2012）.
❽ 同上注。
❾ 同上注，第 2 页。

保存，允许其用户在作品库中进行全文搜索，并允许存在印刷品阅读障碍者获取（access）其收藏的作品。❶ 尽管用户可以在全作品库进行检索，但检索结果仅显示搜索关键词所在的页码，以及在该页上出现的次数。❷

在本案发生前，Hathitrust 对用户完全开放孤儿作品，用户可以检索和获取孤儿作品的全文。但前提是，这些孤儿作品已经不再销售，且无法找到其版权所有者——还需要公示孤儿作品的书目信息 90 天。❸ 不过，在本案发生以后，Hathitrust 不再采用此种方案。❹

作家协会提起版权侵权之诉，主张：（1）大规模数字化的行为，违反了版权法第 108 条和第 106 条的规定；（2）作为适用第 108 条第（3）款特别规定的法定豁免的图书馆，不得援引合理使用原则作为抗辩理由；（3）必须颁布禁令，防止 Hathitrust 继续向谷歌图书计划提供原告的版权作品；（4）拟定的孤儿作品计划将导致大规模侵权，因此，应予以禁止，不能继续；（5）应责令 Hathitrust 返还其拥有的所有未经授权的数字复制品。❺

法院认为，目前讨论孤儿作品计划，时机还不成熟，因此未就该问题作出判决。❻ 不过，法院迅速地就原告的以下主张作了回应。原告认为：图书馆可以寻求第 108 条的保护，因此，合理使用原则对其不予适用；法院则认为："第 108 条使用了明确的措辞规定，图书馆享有包括合理使用以外的其他权利。"❼ 法院适用版权法第 107 条判决：搜索索引以及为存在印刷品阅读障碍者提供获取服务的行为，均受到合理使用原则的保护。

（一）使用的目的和性质

法院认为，合理使用原则的第一个因素极其有利于 Hathitrust，因为其搜索索引以及为印刷品阅读障碍者提供获取服务均具有高度转换性。❽ 在判断二次使用是否是为了完全不同的目的时，法院认为：搜索索引与版权作品的功能是完全不同的，前者提供的是"卓越的搜索能力"。❾ 此外，法院认为：向印

❶ *Authors Guild v. Hathitrust*, No. 11 CV‑4351（HB）2012 WL 4808939，第 2 页。
❷ *Authors Guild v. Hathitrust*, No. 11 CV‑4351（HB）2012 WL 4808939 at ＊1（S. D. N. Y Oct. 10, 2012）。
❸ 同上注。
❹ 同上注。
❺ 同上注，第 3 页。
❻ 同上注。
❼ 同上注，第 8 页。
❽ 同上注，第 11 页。
❾ 同上注。

刷品阅读障碍者提供获取服务的行为也具有转换性；缺乏相关市场，可以表明在创作基础作品时不曾预期过该市场。因此，法院最后认为：二次使用与基础作品是截然不同的。❶

（二）版权作品的性质

尽管涉案书籍接近"版权保护的核心领域"，但法院沿用了美国第二巡回上诉法院在 Bill Graham 诉 Dorling Kindersley 有限责任公司案的审理思路，认为：当使用具有高度转换性时，第二个因素的作用是有限的。❷

（三）复制作品的数量

与第二个因素相似，由于 Hathitrust 的使用所具有的高度转换性，因此，第三个因素——复制基础作品的质与量——对任何一方都不有利。❸ 虽然 Hathitrust 复制了完整的版权作品，但法院考察的是复制的范围"就其使用目的而言，是否合理"。❹ 此外，制作搜索索引以及为阅读障碍者提供获取服务，必须要复制完整的作品，因此法院认为该因素也不利于作家协会。❺

（四）对作品潜在市场与价值的影响

由于 Hathitrust 的使用是非商业性的，因此，法院认为，作家协会需要提供"优势证据，以证明未来损害存在较大可能"。❻ 首先，法院认为，购买额外的复制品并不能令 Hathitrust 进行转换性使用，原告提出 Hathitrust 采取保护措施不充分的主张，法院不予支持。❼ 其次，在讨论对于潜在许可市场造成的损害时，法院仅考虑"传统的、合理的以及很可能发展的市场"。❽ 法院认为，尽管通过版权结算中心可能会发展出集体许可市场，但法律并未要求其考虑该潜在市场。❾ 此外，法院认为，根据 Hathitrust 现有的规模，要为存在印刷品阅

---

❶ *Authors Guild v. Hathitrust*, No. 11 CV－4351（HB）2012 WL 4808939 at ＊1（S. D. N. Y Oct. 10, 2012）. 对于该作用的粗略说明更主要的还是为了分析这种使用对潜在市场的危害。

❷ 同上注，第 12 页。引用 *Bill Graham Archives v. Dorling Kindersley Ltd.*，448 F. 3d at 612（当版权作品被用于转换性用途时，第二个因素的作用十分有限）。

❸ 同上注。

❹ 同上注，引用 Sony, 464 US. At 449－50.

❺ 同上注。

❻ *Authors Guild v. Hathitrust*, No. 11 CV－4351（HB）2012 WL 4808939，第 13 页，引用 Sony，464 US. At 451.

❼ 同上注。

❽ 同上注，第 13 页，引用 *American Geophysical Union v. Texaco*，60 F. 3d at 930.

❾ 同上注，第 14 页，引用 Sony，446 U. S. at 456.

读障碍者提供作品而设立许可市场是不可能的;❶ 并认为,应当由国会通过《美国残疾人法案》来保护阅读障碍者的利益。❷

综上,通过对合理使用四因素的分析,法院得出如下结论:增强搜索能力,保存稀有作品,为印刷品阅读障碍者广开获取作品的渠道,都有助于实现版权保护促进艺术及科学发展的目标。❸ 法院认为,与该使用产生的巨大社会效益相比,"剥夺公众使用版权作品能为作者带来的只是杯水车薪"。❹

最后,法院判决如下:Hathitrust 为了存在印刷品阅读障碍者复制"已出版的非戏剧作品"的行为,属于版权法查菲修正案(Chafee Amendment)的保护范围。查菲修正案允许"以特殊格式,专为盲人及其他残障人士使用"而复制及发行非戏剧作品。❺ 该法定例外仅适用于"获得授权的主体","主要任务"是为印刷品阅读障碍者"提供特殊服务"的非营利性组织或政府部门,而 Hathitrust 符合这一例外的要求,因为其宗旨之一正是为印刷品阅读障碍者提供获取版权作品的服务。❻

三、作家协会诉 Hathitrust 案:当下展望

Hathitrust 案的判决体现了美国法院系统鼓励图书馆及教育机构充分运用高新技术,提高保存水平,实行现代化教学,更好、更加便利地开展研究。结合法院早期为了能使公众获取更多的互联网资源,在网络链接及图片搜索工具方面所作出的司法努力,可以看出,法院正在逐步消除壁垒,从而发挥数字化时代下技术的优越性。

然而,这些新的司法保护也并非完美无缺。为了保护实用技术的持续发展,法院对相当多的法律规范都采取了限缩解释方式。尽管采取这种方式来解释现有法律以获取理想的判决结果似乎比较有效,但却容易导致一审判决在上诉中很容易被推翻。此外,由国会重新起草法律似乎是解决此问题的更好的办法。然而,国会修改法律的可能性微乎其微,法院的作用就显得更加重要,必

---

❶ *Authors Guild v. Hathitrust*, No. 11 CV –4351 (HB) 2012 WL 4808939,第14页,引用Sony, 446 U. S. at 456.

❷ *Authors Guild v. Hathitrust*, No. 11 CV –4351 (HB) 2012 WL 4808939,第13页,引用Sony, 464 US. At 451.

❸ 同上注。

❹ 同上注,第15页,引用 Library Amici Brief, Authors Guild, *Inc. v. Hathitrust*, No. 11 CV 6351 HB, 2012 WL 4808939 (S. D. N. Y. Oct. 10, 2012)).

❺ 同上注,引用17 U. S. C. § 121 (2006).

❻ 同上注。

须协调好各种互相矛盾的利益，寻求最佳的共存方式。

不幸的是，有关为教育和档案馆存储目的的使用有关技术的判决，大多仍然处于起步阶段。大多数此类案件都会上诉，解决规模数字化以及复制依赖技术的相关问题可能需要经过很多年，才会有足够分量的判决出现。在一审法院判决一个月后，作家协会提起上诉，合理使用原则的适用范围可能会缩小，一审判决面临重重困难。❶ 首先，本部分将预测上诉的判决结果，以及判决对作家协会诉谷歌公司案的潜在影响。本文认为，两种使用均应被认定为构成合理使用，因为它们都是对作品进行的转换性使用；它们带来的公共利益，远超过对作家协会造成的损害。在促进保存及获取作品的技术不断发展的背景下，美国第二巡回上诉法院的判决是令人满意的，因为该判决在很大程度上解决了因国会未作出规定所造成的法律问题。最后，本部分将讨论如何发展版权法，以使得各种竞争性利益在数字时代能够共存。

（一）Hathitrus 案二审判决：保护搜索索引使第二巡回上诉法院进入转换性使用的第三波浪潮

自 Leval 法官发表"合理使用标准"一文，强调指出使用作品的目的和性质是"合理使用的灵魂"这一观点以来，已经过去 20 多年了。❷ Leval 法官认为，应鼓励转换性使用，因为转换性使用可以促进新作品的创作以及新老作品之间的互动——增加基础作品的价值。❸ 新老作品之间的互动，将基础作品作为"原材料"，通过"创造新信息、新艺术、新理解和新视角"，进行转换，从而促进科学和实用艺术的发展，这些均有利于社会发展，因而属于合理使用原则的保护范围。❹ 在 Leval 法官的文章发表以后，美国各地的法院开始用更为广阔的视角来看待"转换性"，并接受了以下理念：对于能提供公共福利的、采用新技术使用版权作品的行为，应予以保护。

有关合理使用的判决的第一波浪潮，是为了保护以软件反向工程为目的的中间复制。在世嘉（Sega）公司诉 Accolade 公司案中，第九巡回上诉法院保护了 Accolade 公司从事的反向工程行为：Accolade 公司使用世嘉公司游戏卡带的源代码，用于设计能在世嘉创世游戏机上运行的视频游戏卡带。本案中，Ac-

---

❶ Gary Price, *Authors Guild Appeals Hathitrust Decision*, *Library Copyright Alliance Issues Statement*, *Infodock Et*, http://www.infodocket.com/2012/11/09/authors – guild – appeals – hathitrust – decision – library – copyright – alliances – statement. 访问日期：2013 年 2 月 2 日。

❷ Judge Pierre N. *Leval*, *Toward A Fair Use Standard*, 103 Harv. L. Rev. 1105 (1990).

❸ 同上注，第 1111 页。

❹ 同上注。

colade 公司对世嘉创世纪游戏的"功能性"内容予以分析，使其游戏卡带可以在世嘉公司的控制台上运行。❶ 尽管之前的文献并没有相关评论或介绍，但笔者认为，美国第九巡回上诉法院判决的内在逻辑基础是：Accolade 公司实施的反向工程，有助于打破世嘉公司在游戏主机及游戏卡带市场的双重垄断，从而更好地有利于社会发展。❷

有关合理使用的判决的第二波浪潮，是保护对于版权作品进行细微修改，然后将其纳入二次使用范围的行为。在比尔·格雷厄姆档案馆（Bill Graham Archives）诉多林金德斯利有限公司案（Dorling Kindersley, Ltd.）中，美国第二巡回上诉法院判决，将享有版权的海报转换为描述 20 世纪 60 年代的著名乐队的新作品的行为，属于合理使用原则的保护范围。❸ 在该案中，被告创作了一本 480 页的咖啡桌书籍，以时间为主线，通过缩小后的海报照片、附带文字及艺术造型的门票，讲述了"感恩而死"乐队的故事。❹ 法院认为，音乐会海报的作用是提供即将举行的演出信息，而书籍使用海报和门票，则是为了介绍乐队的发展历程。❺ 与世嘉案那一波判决不同，比尔·格雷厄姆波案这一波判决所保护的作品，在使用原作品时，其目的与基础作品是不同的，而且也是在不同的市场上开展竞争的；而前者则是在同一市场中竞争。

最近掀起的有关合理使用的判决的第三波浪潮，判决结果都是有利于保护最终能提供公共利益、用于不同目的、能对版权作品进行转换型使用的技术。从凯利（Kelly）诉阿利帕软件公司（ARRIBA）案，到随后的 Perfect 10 诉亚马逊案，美国第九巡回上诉法院均判决网络服务提供商胜诉，认为对版权作品的缩略图提供索引，将其转换为链接点，用户可以在线获取版权作品的行为，受版权法保护。❻ 在上述两个案件中，使用目的都是商业性，对原作品也没有任何评论。❼ 然而，索引以及搜索结果，为互联网用户获取大量信息，提供了重要的公共服务。❽ 正如本文第一部分所述，推动科学技术发展，使公众更易获取版权

---

❶ *Sega Enter. Ltd. v. Accolade, Inc.*, 977 F. 2d 1510, 1527 (9th Cir. 1992). 参见 *Sony Computer Entertainment v. Connetix Corp.*, 203 F. 3d 596, 602 (9th Cir. 2000)（保护使 PlayStation 兼容 PC 操作系统的反转程序）。

❷ 同上注，第 1523 页。

❸ *Bill Graham Archives v. Dorling Kindersley, Ltd.*, 448 F. 3d 605, 615 (2d Cir. 2006).

❹ 同上注，第 607 页。

❺ 同上注，第 609 页。

❻ 参见 *Perfect 10, Inc. v. Amazon. com, Inc.*, 508 F. 3d 1146 (9th Cir. 2007)；*Kelly v. Arriba Soft Corp.*, 336 F. 3d 811 (9th Cir. 2003).

❼ 同上注。

❽ 同上注。

作品，并在其基础上，创作出更多新作品，一直是版权法的宗旨之一。随后，在 Perfect 10 案中，美国第四巡回上诉法院允许将版权作品用于抄袭检测软件，因为抄袭检测软件的作用是检测作品的原创性，而不是表达作品的内容。❶

Hathitrust 图书馆藏的目录搜索功能，提供了远优于其他任何图书馆、可获取的数据库，具有重要的社会福利功能。此外，Hathitrust 的数字图书馆可以确保大规模的作品保存，解决老旧作品的损耗问题。最后，Hathitrust 为存在印刷品阅读障碍的用户提供了数以千计的作品，如果没有 Hathitrust，这些阅读障碍者无法从其他渠道获得这些作品。

贝尔（Baer）法官对 Hathistrust 案的判决，在很大程度上借鉴了第四和第九巡回上诉法院的判决，提及了上述种种好处。第二巡回上诉法院的判决结果，对解决将版权作品用于使用户获取知识，而不是作品的表达性内容的技术使用，是否受合理使用原则保护的有关问题，具有明确的指引作用。一审法院在分析合理使用原则时，援引了比尔·格雷厄姆案、Perfect 10 案和 iParadigms 案的判决，扩张解释了转换性使用。❷ Hathitrust 数据库提供了卓越的搜索功能，而不是简单的使用版权保护作品，与基础作品的使用目的完全不同。❸ Hathitrust 数据库的搜索能力，已经衍生出文本挖掘等新的学术研究方法。❹

一审法院关于合理使用的判决，在上诉中很可能会被维持原判。贝尔法官对合理使用的分析，涵盖了现有的全部相关案件的判决，是非常全面和透彻的。他的观点反映了以下呼声：对于为了非表达性使用而进行未经授权的复制，应有一些区别对待，不应将其纳入版权保护的范围。诚如马修·萨格（Matthew Sag）教授所言，一旦充分理解了表达性替代物的性质，对复制技术的影响就会具体化：不能当然地认为，非表达性使用版权作品构成版权侵权。❺ 然而，法院的观点也存在一些问题，下一部分将讨论合理使用原则有关为印刷品阅读障碍者制作复制品的判决内容。

（二）上诉法院可能会推翻一审法院关于印刷品阅读障碍者适用合理使用保护的判决

基于与保护 Hathitrust 数据库搜索索引相同的逻辑，一审法院认为为印刷

❶ 参见 *Infra*, Section I. B. 4.
❷ Authors Guild, *Inc. v. Hathitrust*, No. 11 CV‑4351（HB）2012 WL 4808939, at *11（S. D. N. Y Oct. 10, 2012）.
❸ 同上注，第 12 页。
❹ 同上注，第 14 页。
❺ 同上注，第 30 页。

品阅读障碍者制作复制品属于合理使用。❶ 尽管有关转换性使用的很多标准都可适用于搜索索引，但要将这些标准适用于为印刷品阅读障碍者复制作品的行为，并不是那么容易。搜索索引只显示作品中相关搜索关键词所在的页码及出现的次数，而为印刷品阅读障碍者复制的却是完整的版权作品。尽管为印刷品阅读障碍者提供的复制品是具有转换性的，但毕竟复制了原作品的表达性内容，而该项权利应当保留给版权所有人。❷

为了回应可能出现的反对意见，法院试图援引版权法第 121 条有关残疾人特殊待遇的规定。❸ 然而，上述努力也很难奏效，因为需要扩张解释法条规定的"经授权主体"的范围。版权法第 121 条规定，保护的前提是：有关主体应当是"主要提供与盲人或其他残障人士的培训、教育、适应性阅读、信息访问需求等相关的特殊服务"的非营利组织或政府机构。❹ 此外，法律仅保护复制用于教育和职业培训的"非戏剧文学作品"。❺ 在涉案作品中，"大概 76% 的作品是小说"，因此，Hathitrust 制作的复制品是否受第 121 条的保护，仍然值得商榷。

贝尔法官在判决时考虑了很多政策性因素。首先，该服务主要是为印刷品阅读障碍者提供的。当前，仅有不到 5% 的版权作品可以供印刷品阅读障碍者使用，而且还没有专为印刷品阅读障碍者服务的版权许可市场。❻ 这一情形，很可能是因为较低的市场需求造成的。跟据密歇根大学的统计，该校仅有 32 名学生需要使用为印刷品阅读障碍者提供的复制品。❼ 专为印刷品阅读障碍者服务的许可市场可能永远无法建立，第二巡回法院应当考虑美国残疾人法案的立法目的，维持 Hathitrust 的使用。然而，法官也可能会认为，司法机关应当严格解释法律，由国会来修改法律，扩大保护范围。考虑到不存在相关替代市场，以及版权法促进创作和学习的目的，第二巡回上诉法院应当保护印刷品阅读障碍者的权利，使其获取过去几十年都未以其能阅读的格式提供的版权作品；判决采取狭义解释，最终可能促进国会修改法律。

（三）换汤不换药：Hathitrust 案对谷歌图书案的影响

谷歌图书计划扫描了图书馆收藏的数以万计的书籍，使任何互联网用户都

---

❶ *Authors Guild, Inc. v. Hathitrust*, No. 11 CV‑4351（HB）2012 WL 4808939（S. D. N. Y Oct. 10, 2012）.

❷ 参见 17 U. S. C. § 106（2）（2006）.

❸ Hathitrust, 2012 WL 4808939, 第 15 页。

❹ 17 U. S. C § 121.

❺ 同上注。

❻ Hathitrust, 2012 WL 4808939, 第 14 页。

❼ 同上注。

能进行完全搜索。❶ 该产品还为用户提供了可以从图书馆借阅及图书销售商购买的链接。❷ 该产品中的图书类别包罗万象，从科幻类、非科幻类到参考书和食谱等，无所不包。❸ 该产品向公众免费开放，不过，谷歌在搜索结果旁放置了广告。❹

用户输入搜索关键词后，系统将显示含有关键词的书籍列表。❺ 在有些情形下，用户可以阅读书中含有检索关键词的段落。❻ 谷歌公司采取了保护措施，以防止图书被重现（reconstructed）；搜索结果也是以图片形式显示，以确保它们不能被复制和粘贴。❼ 已进入公有领域的图书，可以在谷歌图书计划中全文阅读；出版商可以要求，允许用户阅读某些页面，以作为广告使用。❽ 事实上，许多出版商为了获取高额的市场收益，已经这样做了。❾

将 Hathitrust 案中的有关合理使用的分析运用到谷歌图书案，将会得到类似的结论。谷歌图书的使用是具有高度转换性的使用，尽管具有商业性，但与该使用有助于实现版权法促进保存与获取知识，从而促进科学和实用艺术的进步的程度相比，其商业性也就不再重要了。

1. 谷歌图书计划使用版权作品，不是为了艺术性表达，而是为了让用户获取与其检索的关键词相关的作品

在许多方面，谷歌图书计划都为数字化时代使用卡片目录作出了表率。与传统的由图书管理员制作目录不同，谷歌公司允许用户自由选择关键词，在整个数据库（包括数以百万计看似不相关的书籍）中进行检索。谷歌图书计划的卡片目录显示了版权作品的文本及信息，但仅限于含有检索关键词的段落；它并没有提供足够多的上下文，替代用户购买或从图书馆借阅的需求。❿

2. 谷歌图书计划包含的数百万作品所对应的版权保护程度各不相同

某些类型的作品，例如小说，由于更接近版权的核心，因此，应予以更大

---

❶ 参见谷歌图书馆计划，About Google Books，http：//www. google. com/googlebooks/library. html，访问日期：2013 年 3 月 18 日。

❷ 同上注。

❸ Def. 's Mem. Supp. Mot. for Summ. J. at 7, *Authors Guild, Inc. v. Google Inc.*, 770 F. Supp. 2d 666 (S. D. N. Y. 2011) (No. 05 CV 8136 (DC)).

❹ 同上注，第 8 页。

❺ 同上注。

❻ 同上注，第 1 页。

❼ 同上注，第 10 页。

❽ 同上注，第 11 页。

❾ 同上注，第 17 页。

❿ 同上注，第 10 页。

范围的保护。❶ 其他类型的作品，例如，学术著作（数据库的主要组成部分）、使用说明书、字典，由于它们是根据有关事实进行表达和整理的，因此只应予以较小范围的保护。❷ 不过，正如法院在 Hathitrust 案中所指出的那样，在处理涉及具有高度转化性作品的问题时，版权作品本身性质的重要性十分有限。❸

3. 只有在完整的作品被扫描后，搜索功能才会提供有用的结果

不能低估该因素的重要性，需要考虑使用的质与量，尤其是在商业利用时，应确保使用的质与量是合理的。谷歌在提供搜索服务时，必须使用完整的版权作品。这种使用是非表达性的，因为系统使用作品的目的并不是显示其内容。检索结果包含作品的段落是为了告知用户作品含有搜索关键词的位置。分析使用作品的数量，是为了判断复制行为是否足以损害版权所有人的权利。在 Cambridge 案中，法院认为复制作品的数量，相较教育目的而言，是合理的。在谷歌图书案中，谷歌公司屏蔽了作品的绝大多数内容，仅提供其中的一小段，确保了作品的实质内容不会被复制。考虑到谷歌图书计划具有的研究目的，其提取和显示的数量及质量是合理的。

4. 谷歌图书计划通过提供搜索服务，使用户了解其感兴趣的书籍，有利于版权作品市场的发展

谷歌图书提供链接，告知用户获取作品的渠道，扩大了书籍的需求。Hathitrust 仅向其图书馆用户开放，因此未损害相关市场；谷歌图书计划则扩张了属于其数据库中的基础作品的市场。谷歌图书计划提供的服务，很好地结合了现代化检索与传统的书籍浏览，免去了用户前往书店和翻阅实体书的麻烦。

Hathitrust 和谷歌公司均未对版权内容进行直接的商业化使用。美国联邦最高法院在索尼诉环球影城案中指出，不能因为鼓励作者进行创作，就禁止并不会对潜在市场及版权作品价值造成显著影响的使用行为。❹ 不能因为许可收入的可能损失，就阻止谷歌图书计划前进的步伐，因为不存在相关的预期市场，且该服务使大规模保存和获取成为可能，具有重大的公共利益。美国第二巡回上诉法院在比尔·格雷厄姆案的判决中指出，如果法院在任何案件中，都想当然地认为只要二次使用的使用者未向版权所有人支付费用，潜在的许可收

---

❶ 参见 *Campbell v. Acuff - Rose Music, Inc.*, 510 U. S. 569, 586（1994）.

❷ 事实上，一些教授已经提交了"法庭之友"意见，反对作家协会提起的集体诉讼，认为该集体诉讼不能充分代表学术界的利益，因为学术界中有些作者愿意支持谷歌图书计划构成合理使用。http：//thepublicindex. org/docs/cases/authorsguild - 2ndcir/32 - academic - amicus. pdf.，访问日期：2013 年 2 月 5 日。

❸ Hathitrust, 2012 WL 4808939，第 12 页.

❹ *Sony Corp. of America v. Universal City Studios, Inc.*, 464 U. S. 417, 450（1984）.

入即受到损害，那么合理使用原则的第四个因素将始终有利于版权所有人。❶衡量潜在的许可收入损失时，应当比较使用作品所能产生的公共利益及对作者创作新作品所造成的不利影响。

综合考虑上述四个因素后，谷歌图书计划适用的有关合理使用原则的抗辩理由，与 Hathitrust 具有同等说服力。尽管与 Hathitrust 相比，谷歌提供的服务不仅可用于保存和科研；谷歌提供大规模保存、获取和搜索功能，是无与伦比的（即使和国会图书馆相比）。衡量公共利益与潜在的许可收入损失后，保护谷歌图书计划，更有助于促进艺术与实用技术的发展。考虑到国会无法为具有高度转换性目的的技术进行有意义的版权法变革，以实现版权法第 107 条开头所宣称的立法目的；对于法院而言，合理使用原则可能是当前保护实用技术，对作者创作的积极性造成相对较小损害的最佳方案。

四、国会修改法律过于理想化，可能无法实现

国会修改版权法，这一解决方案，尽管不现实，却可以使法律规范与数字化时代的技术进步相适应。首先，本部分建议国会扩大版权法第 108 条有关图书馆和研究机构法定豁免的范围，实现促进获取、确保保存和便利科研的目的。其次，建议国会扩大版权法第 121 条有关为印刷品阅读障碍者制作复制品的保护主体的范围。最后，建议国会考虑将非表达性使用移除版权保护领域。

（一）扩大版权法第 108 条有关图书馆和教育机构法定豁免的范围

版权法第 108 条关于图书馆的法定豁免肇始于"影印技术革命"，在互联网时代，新技术发展也极大地扩张了复制和发行的范围，并显著降低了成本。❷在图书馆和大学迅速实现现代化的当下，国会无法及时修改法律，造成了许多障碍，其中两个例子就是：图书数字化和学校电子存储系统。

与其依靠独立的法院判决来放缓"涓滴效应"进程，不如通过版权法改革来解决问题。可以从版权法第 108 条有关图书馆法定豁免的规定着手，因为国会已经允许图书馆复制版权作品，用于非商业性使用，而不承担直接或者间接侵权责任。❸与以往一样，美国版权局应当开展研究，吸收图书馆、教育机构、技术公司及版权所有人的意见，以确定对版权法第 108 条进行修改的范围。

---

❶ *Bill Graham Archives v. Dorling Kindersley Ltd.*，448 F. 3d at 614（2d Cir. 2006）.

❷ 参见 Matthew Sag, Copyright and Copyright and Copy – Reliant Technology, 103 Nw. U. L. Rev.，第 1612 页.

❸ 参见 Copyright Act of 1976，§ 108, 90 Stat. 2541.

首先，应当将版权法第 108 条保护的主体从"图书馆和档案馆"扩大到"教育机构"。上述三类主体均应享有特殊待遇，可以为了研究、获取、教育及保存目的，使用数字复制品用于表达性或非表达性使用。随着技术发展，扩大版权法第 108 条的保护范围，可能会损害作品市场，因此，在扩张第 108 条以后，要获得保护，需要严格遵守成文法规定。此外，图书馆和教育机构复制作品的数量必须符合使用目的。修改版权法，有利于形成 Evans 法官在 Campbell 案中提及的明线规则。❶

为了弥补使用版权作品的种种限制，仍然应将复制完整作品的转换性使用作为版权法第 108 条的法定例外。这种保护是必要的，可以确保 Hathitrust 的搜索索引得以继续发挥社会效用。根据版权法第 108 条的规定，寻求使用户可以访问其全部收藏的机构，无须实施选择—退出机制，因为这样会削弱他们提供真正有用且具综合性的搜索索引的能力。上述规定，使得公立和私立大学可以继续保存和获取作品，进而实现国会所希望的促进科学进步的目的。复制版权作品产生的公共利益，远超过对图书市场造成的潜在损失，且搜索功能并不是作品创造性内容的表达性替代。

（二）扩大版权法第 121 条的保护范围

国会应当扩大版权法第 121 条有关为印刷品阅读障碍者制作复制品的适用范围，使印刷品阅读障碍者可以获取过去几十年无法获取的版权作品。数字复制品的出现，为阅读障碍者获取和复制版权作品提供了便利。在 Hathitrust 案中，法院认为不存在为印刷品阅读障碍者提供收藏于国家图书馆中的作品的市场。❷ 但是，版权法第 121 条将受保护主体的范围限制为"经授权主体"，即提供"与盲人或其他残障人士的培训、教育、适应性阅读、信息访问需求等相关的特殊服务"的非营利组织或政府机构。❸ 很难想象有人会认同，促进所有社会成员更好更快地获取版权作品，不是版权法的宗旨。考虑到相关商业性市场可能无法被建立，国会应扩大版权法第 121 条的保护范围，保护有关为印刷品阅读障碍者制作复制品的行为。此外，"已授权主体"的外延应扩大，使其涵盖所有非商业性使用。这将使得谷歌图书计划可以向印刷品阅读障碍者开放其数据库，并制作不含有广告的特殊版本。正如贝尔法官所述，缺乏相关市

---

❶ *Cambridge Univ. Press v. Becker*, 863 F. Supp. 2d 1190, 1236（N. D. Ga. 2012）（法院认为，复制版权作品百分之十以下的内容，用于教学用途，属于合理使用）。

❷ *Authors Guild, Inc. v. Hathitrust*, 11 CV 6351 HB, 2012 WL 4808939, at 15（S. D. N. Y. Oct. 10, 2012）.

❸ 17 U. S. C. § 121（d）（1）（2006）.

场，正是表明服务产生的收益远超过对版权所有人造成的潜在损失的一个证据。事实上，在过去数十年里，作者也一直对该损失听之任之。❶

五、结论

数字图书馆提供了卓越的搜索功能，有效地连接起世界各地的读者，使他们可以更方便地购买和借阅书籍。数字图书馆这一技术性突破，将大学图书馆收藏的书籍予以分散化，使所有用户都可以获取。尽管 Hathitrust 和谷歌公司提供的并非数字公共图书馆，但都通过大规模数字化的使用方式，促进了大规模的保存，为公众提供了大量的版权作品。版权作品的获取和保存，贯穿整个版权法发展历程，版权法变革的宗旨始终是保护公共利益。教育和研究为作者提供创作新的科学技术和艺术作品的手段，因此，便于这些目标实现，同时又没有表达版权作品的基础性内容的技术，应得到保护。

不断发展的新技术，一直对版权法造成挑战。因此，有必要与时俱进地修改法律，以适应技术的发展。合理使用原则具有适度的灵活性，平衡了新技术的公共利益与版权所有者的权利。Hathitrust 的判决显示，法院倾向于教育和科研机构使用新技术，将版权作品用于传播知识。

在科学技术日益发展的背景下，法院在判决时，需要协调和平衡互相矛盾的各种利益，使它们和谐共存。谷歌图书计划为用户提供的服务，仅限于用户输入关键词在数据库内进行检索，且采用了安全措施，确保版权作品的市场需求不会因此减少。对于此类行为，应当予以鼓励；因为转换性使用的保护范围必须与作者享有的专有权利相协调，确保版权法继续鼓励创作和传播原创作品。

---

❶ Hathitrust, 2012 WL 4808939, at 15.

升级之痛：游戏复制及该产业的发展动态

尼古拉斯·兰波洛斯（Nicholas Lampros）* 著

姜心荷　译

万　勇　校

2009 年 5 月，Xio 互动公司，一家由一名大学毕业新生 Desiree Golden 创建的小型公司，在 iPhone OS 的操作系统平台上发布了一款名为 Mino 的电子游戏。[1] 在之后的几个月内，Xio 再次发布了该游戏的新版本，并将之命名为 Mino Lite。[2] 根据游戏名单上所提供的应用说明文本，此两款游戏有许多方面值得推荐：多样化的输入选择方式、原创的音乐配乐、两套标准的游戏模式，为手机用户提供的多用户游戏模式，甚至设置了可供玩家们讨论游戏策略或旁观正在进行中的游戏的聊天室。[3] 然而，对于游戏本身的说明却非常简略，Mino 被简单地总结为一项"速度更快的、特点更鲜明的""Tetromino"式的游戏。[4] 而且，在说明文本的末尾处有一项免责声明："Mino 以及 Xio 互动公司与 Tetris 或 Tetris 公司没有任何关联"。[5]

---

* 作者为加州大学伯克利分校法学院法律博士。

❶ 参见 *Tetris Holding, LLC v. Xio Interactive, Inc.*, 863 F. Supp. 2d 394, 397（D. N. J. 2012）。自 2010 年 6 月发布第四代系统之后，iPhone OS 更名为 iOS。参见 David Chartier 在 MACWORLD 上的发言，*iPhone OS Gets New Name, Video Culling*, MACWORLD, http://www.macworld.com/article/1151812/iphone_os_4_wwdc.html, last visited at June 7, 2010.

❷ *Tetris Holding*, 863 F. Supp. 2d at 397.

❸ 由于之后的诉讼，本案涉及的两款游戏已从最初进行销售的 iTunes App Store 上下架。参见上注。该文本是从 148apps.com 网站中截取的，该网站出于存档的目的仍然保留了游戏列表。参见 App Detail – Mino, 148APPS, http://www.148apps.com/app/315238201, 访问日期：2012 年 12 月 18 日。

❹ 同上注。

❺ 同上注。

这份免责声明，理所当然地解释了为什么没有必要对这个游戏进行进一步的说明，以及接下来会发生什么。对于视频游戏历史具有基本认识的任何人来说，从游戏屏幕的截图以及对于此款游戏的非常简略的描述中，都可以明显看出 Mino 与 Tetris 具有高度的相似性，后者自从 20 世纪 80 年代诞生以来，在全球各地广受欢迎，在各类游戏平台上已销售数百万份。❶ 这两个游戏具有非常高的相似性，很快引发了法律问题。管理 Tetris 许可的 Tetris 控股有限责任公司（以下简称 Tetris 公司），根据《数字千年版权法》向销售该款游戏的苹果应用商店（iTunes App Store）发出了要求下架 Mino 的通知。❷ 根据苹果应用商店当时的政策，除非一方提起诉讼，否则应用程序不会一直保持下架状态；因此，Tetris 公司提起了诉讼，指控 Xio 侵犯了它的版权和商标权。❸ 2012 年 5 月，新泽西州的联邦地区法院作出了有利于 Tetris 公司的判决。❹ 因此，结束了 Xio 互动公司的短暂生命。

类似 Golden 女士、Xio 和 Tetris 的故事并不少见。它只不过是代表最近版权诉讼适用于电子游戏产业风潮的最新的判决之一。这一风潮，在流行媒体和学术界被戏称为"克隆战争"，❺ 它又一次使版权法在保护软件方面成为关注的焦点。版权法处理克隆问题的方式，例如，对待 Golden 女士的公司生产的产品的方式，远不具有突破性；随着时间的不断推移，许多学者开始认识到软件版权的保护范围应当是狭窄的，而且应根据具体情形从必要性的角度予以确定，以使得法院能够在以下二者之间实现有效的平衡：保护过于单薄而不能有

---

❶　有关 Tetris，TETRIS HOLDINGS, LLC，参见 http：//www. tetris. com/about - tetris/index. aspx，访问日期：2012 年 12 月 18 日。

❷　*Tetris Holding*, 863 F. Supp. 2d at 397.

❸　同上注。

❹　同上注，第 396 页。

❺　参见，例如 Simon Parkin, *Clone Wars：Is Plagiarism Killing Creativity in the Games Industry?* guardi-an. co. uk， http：//www. guardian. co. uk/technology/gamesblog/2011/dec/21/clone - wars - games - industry - plagiarism；Erik Kain, *Clone Wars：Zynga vs. EA and the Baffling Laziness of Copycat Games*，For-bes，http：//www. forbes. com/sites/erikkain/2012/08/10/clone - wars - zynga - vs - ea - and - the - baffling - laziness - of - copycat - games/，访问日期：2012 年 8 月 10 日；Shaun Spaulding, Indie Video Game Developers：The Clone Wars, Heavy Targets, http：//www. heavytargets. com/copyright - law/indie - vid-eo - game - developers - the - clone - wars/，访问日期：2013 年 2 月 2 日。在版权侵权的相关文本中"克隆"的使用已有数年，"克隆战争"这一概念本身的流行是由于 George Lucas 所推行的 Star Wars 的电影，其中最著名的是 Star Wars：Episode II - Attack of the Clones (20th Century Fox 2002) 及其续集 Star Wars：Clone Wars (Cartoon Network Studios 2003)。作者对于这一词组在电子游戏版权侵权诉讼中的频繁应用提出的最佳解释建立在某些记者和学者的假设上，即星球战争的粉丝和电子游戏玩家之间存在巨大的重叠。

效地刺激创新，以及保护过于宽泛而阻碍了进一步的创新。❶

    Golden 女士涉及的案件本身，并没有太多令人感到惊讶的地方；其之所以受到关注是因为引发这一案件产生的视频游戏的整体生态环境，以及这一系统希望版权法在面对迅速发展的信息传播技术可以起到什么作用。视频游戏行业的发展动态，使得许多能够防止潜在的侵权复制品进入市场领域的机制失去作用，由于数字视频游戏市场一直在不断发展，使得比以往多得多的开发商涌入这一市场。由于这一市场缺乏传统的守门人，例如，实体零售商、拷贝分销商，因此，版权法采用比之前更能够应变的处理方式。换句话说，一个游戏行业领域的版权法律师并不能使克隆复制的产品下架，因为这个架子本身是数字化的，填充这些架子的程序本身也是自动化的。❷ 对于任何开发者来说，如果他们开发的游戏类似 Xio 那样，与现有的游戏软件过于相似，将面临侵权诉讼的危险；这一危险越来越具有普遍性，并通过销售平台上的"删除"通知与和解协议表现出来。❸

    本文将以视频游戏产业中的所谓"克隆战争"为视界，揭示目前有关软件版权的相关问题。这不仅能够使我们更好地理解目前视频游戏产业不断变化的趋势，而且为版权法如何为软件提供更为全面的保护，以适应目前的数字信息时代提出了相关建议。第一部分简要介绍了目前视频游戏产业的基本状况，特别分析了新的技术发展是如何造就了一个特别能够容易产生克隆复制的环境；第二部分论述了版权法保护软件的方式；第三部分讨论了在某些特别重要的电子游戏销售平台上的删除程序；第四部分通过对于重要的、具有代表性的案例的分析，考察了所有的相关影响因素在实践中的作用方式；第五部分为我们能从"克隆战争"中学到什么提出了一些结论性意见，这有可能扩大版权法的适用范围。

一、新的视频游戏发展环境

    尽管与克隆游戏有关的版权法一直处于较为稳定的状态，视频游戏产业本身却一直在不断的发展、变化。新的分销方式使得进入这一市场的主体越来越

---

❶ Peter S. Menell, *Envisioning Copyright Law's Digital Future*, 46 N. Y. L. Sch. L. Rev. 65 – 66 (2002 –2003)（版权法为电子程序提供了很低程度的保护）；Pamela Samuelson, Randall Davis, Mitchell D. Kapor, & J. H. Reichman, *A Manifesto Concerning the Legal Protection of Computer Programs*, 94 Colum. L. Rev. 2308, 2360 (1994)（引用第二巡回法院在 Computer Associates International, Inc v. Altai Inc 案中的判决，即从一个不适当的分级方法中"扭转局面"）。

❷ 参见下文第一部分。

❸ 参见下文第三部分。

多，手机游戏以及社交游戏数量的激增，创造了一个不断迅速变化，特别适宜克隆开发者发展的市场环境。本部分将论述这一行业不断改变的成员数量和经济状况，数字分销平台的发展，因这些条件而产生的新的游戏类型，以及克隆现象如何适应这一环境。

（一）全新的视频游戏市场

现在再提及信息传播比以往都快已经是陈腔滥调了，但这确实很有道理。❶ 高速无线网络的普及，使得人们无论在何时何地，都可以从电脑、平板电脑或手机上获得大量必要的数据来运行复杂的程序，比如视频游戏。可以无处不在地连接网络的移动设备——最普遍的是智能手机以及最近的平板电脑——尽管并不是专门用来玩游戏的，但是智能游戏的确推进了这一产业革命，原来那个仅仅在个人游戏和商场游戏机的语境中讨论视频游戏产业的时代已经一去不复返了。

和其他商业形式一样，视频游戏经济在大规模地向网络化发展。一项市场调查表明，最快至今年年底，网络线上销售的视频游戏的规模将超过门市销售。❷ 目前，最大的网上销售平台之一：苹果公司的 iTunes App Store，每天能收到超过 100 件由各游戏开发商递交的希望能够在 iTunes 平台上销售他们的产品的申请。❸ 新的视频游戏开发商日渐迅速成长，其中既包括小型的独立工作室，也包括资金充裕的投资者；2011 年，消费者用于购买视频游戏的支出为 160 亿美元。❹ 与 2010 年相比，这一金额有小幅减少，但是这在很大程度上是

---

❶ 参见 Peter S. Menell, *Envisioning Copyright Law's Digital Future*, 46 N. Y. L. Sch. L. Rev. , 第 109 ~ 111 页："更有效的文件格式和压缩工具减少了进入和存储上述内容所需要的存储容量和带宽"; Terrence O'Brien, *How Fast Information Travels*, *From 1805 Until Today*, Switched, http://www. switched. com/2009/09/06/the – speed – of – information – over – the – last – 200 – years, 访问日期: 2009 年 9 月 6 日，"分析了一张随着时间的推移，全球的新闻在多快时间内能到达伦敦的表格"，同样可见 Dale N. Hatfield, *The Challenges of Increasing Broadband Capacity*, 63 Fed. Comm. L. J. 49 (2010 – 2011)，讨论了为了满足现今宽带服务的需求所面临的技术挑战。

❷ 参见 James Brightman, *Online Game Sales to Surpass Retail by 2013*, *Total Worldwide Game Sales at* $ 81 Billion in 2016 – DFC, IndustryGamers, http://www. industrygamers. com/news/online – game – sales – to – surpass – retail – by – 2013 – total – worldwide – game – sales – at – 81 – billion – in – 2016 – dfc, 访问日期: 2011 年 9 月 7 日。

❸ App Store Metrics, 148Apps. biz, http://148apps. biz/app – store – metrics/? mpage, 访问日期: 2012 年 9 月 9 日。

❹ 数字来源于 NPD Group Industry2011 年报告。NDP 每月销售数字是这个行业最为直观的经济指标。参见 *2011 Total Consumer Spend on All Games Content in the U. S. Estimated Between* $ 16.3 to $ 16.6 *Billion*, Press Release NPD Group, https://www. npd. com/wps/portal/npd/us/news/press – releases/pr_ 120116/, 访问日期: 2012 年 1 月 12 日。

因为处于终端的硬件销售速度比较迟缓。❶

　　处于变化之中的视频游戏市场的一个显著特点就是，游戏玩家人数的膨胀。2012 年，娱乐软件协会（ESA）——一家迎合视频游戏和电脑游戏发行商的商业和公共事务需求的行业组织，发布了游戏产业年度服务人数统计数据。❷ 这一统计表明，游戏玩家的平均年龄为 30 岁，68% 的游戏玩家的年龄为 18 岁以上，47% 的游戏玩家为女性。❸ 这些数据表明，社会上某些对于游戏玩家的印象是不公正且老套的，如，游戏玩家大部分都是青少年或者孤僻的不合群者，这一偏见在如今甚至不存在最基本的合理基础。❹ 与此同时，青少年游戏以及家用游戏的市场仍然很大，NPB 组织在 2011 年进行的另一项调查表明，2~17 岁的儿童和青少年，有 91% 的人曾经玩过某种形式的游戏，这一玩家数量的爆炸很大程度上可以归因于多功能的手机平台的发展，尤其是智能手机和平板电脑。❺ 非常易于理解的是，一位从来没有玩过游戏的成年人更有可能花费 99 美分为他拥有的 iPhone 手机购买一款"切水果"游戏，❻ 而不是花费 200 美元来购买 Xbox 360 游戏机及相关游戏，❼ 更不用说花费差不多 1977 美元的价格购买一台 Atari 2600 了。❽

　　日益发展的视频游戏市场的另一个特点是，随着社交网络的发展，游戏玩家的人数膨胀。娱乐软件协会 2012 年的报告指出，62% 的游戏玩家目前会玩多用户游戏，其中 33% 的玩家玩社交类游戏，33% 的玩家使用智能手机玩游戏。❾ 社交网络游戏和手机游戏被广泛认为是游戏产业未来的两个主要发展方

❶　参见 Jeff Taylor, NPD Games Sales: Not the Full Story, Seeking Alpha, 对这些销售数字作了更为深入的分析，http://seekingalpha.com/article/482571 - npd - game - sales - not - the - full - story，访问日期：2012 年 4 月 6 日。

❷　参见 2012 Essential Facts About the Computer and Video Game Industry, Electronic Software Association, http://www.theesa.com/facts/gameplayer.asp，访问日期：2012 年 12 月 19 日。

❸　同上注。

❹　通过一项对于 MMO EverQuest 2 玩家的社会学研究，检验并证伪了将游戏玩家视为反社会的孤僻者的陈词滥调，参见 Dmitri Williams, Nick Yee & Scott E. Caplan, Who Plays, How Much, and Why? Debunking the Stereotypical Gamer Profile, 13 J. Computer - Mediated Communication 993 (2008).

❺　*The Video Game Industry is Adding 2 - 17 Year - Old Gamers at a Rate Higher Than That Age Group's Population Growth*, Press Release NPD Group, https://www.npd.com/wps/portal/npd/us/news/press - releases/pr_ 111011/，访问日期：2011 年 11 月 11 日。

❻　Fruit Ninja by Halfbrick Studios, iTunes Preview, https://itunes.apple.com/us/app/fruit - ninja/id362949845? mt = 8，访问日期：2012 年 12 月 19 日。

❼　Xbox 360, Microsoft Store, http://www.microsoftstore.com/store/msstore/cat/categoryID. 50606600，访问日期：2012 年 11 月 5 日。

❽　Atari 2600 History, Atari Age, http://www.atariage.com/2600/index.html? SystemID = 2600，访问日期：2012 年 11 月 5 日。

❾　ESA, http://www.theesa.com/facts/gameplayer.asp，访问日期：2012 年 12 月 19 日。

向。据统计，70% ~ 80% 的手机下载软件为游戏应用。❶ 一项调查表明，到2015 年，手机游戏产业的收入将会高达 540 亿美元。❷ 手机游戏和社交游戏还为游戏产业增添了新的收益模式：游戏过程付费模式和"免费"模式。❸ 免费游戏是指大众不花钱就可以玩的游戏。❹ 此类游戏通过出售游戏中的额外的特权、商品、在游戏的货币体系中为玩家提供能够通过长时间游戏或者使用现实货币购买的优势等方式来赚取收益。❺ 虽然仅有很小一部分的免费游戏玩家愿意为游戏花钱，但是这些玩家确实花费了可观数量的钱财。❻ 与传统的视频游戏收益方式，如零售或缴纳使用费不同，这一新的商业模式激励游戏开发商采用比之前更为多样和广泛的模式，对游戏内容进行商品化。基于更为广泛的玩家基础，这些发展趋势表明，游戏产业日渐成熟，未来潜力会逐渐增长，同时能够不断作出改变。

（二）数字发行方式的发展

视频游戏市场发展的第二个重要原因是数字发行平台的发展。历史上，视频游戏开发商非常依赖于实体发行和零售商来销售他们的游戏。虽然在20 世纪八九十年代，它们也曾作出在网络上销售电子游戏数据的一些早期尝试，但直到宽带网络日渐普及，数字发行才开始成为切实可行的广泛传播方式。❼ 当然，无线网络的普及更是手机游戏和社交游戏迅猛发展的必要前提。

为了更好地理解数字发行对视频游戏销售平台以及后续的侵权诉讼所引起的变化，我们可以回溯 Xio 和 Desiree Golden 的故事。传统上来说，将电子游戏投放市场的程序，可以分解为以下几个步骤：融资、开发、生产、发布、制作、

---

❶　Mobile Gaming is Dominating the Gaming Industry, Geekaphone, http：//geekaphone. com/blog/mobile – games – by – the – numbers/，访问日期：2011 年 7 月 27 日。

❷　*Press Release：Mobile Entertainment Service Revenues to Reach ＄54 billion by 2015 Propelled by Surge in Consumer Smartphone Adoption*，Juniper Research，http：//juniperresearch. com/viewpressrelease. php？ pr = 233，访问日期：2011 年 3 月 2 日。

❸　Yannick Lejacq, *Something for Nothing：How the Videogame Industry Is Adapting to a 'Freemium' World*, Int'l Bus. Times, http：//www. ibtimes. com/something – nothing – how – videogame – industry – adapting – freemium – world – 789466，访问日期：2012 年 9 月 5 日。

❹　对于"免费游戏"这一经济模式的更为详尽的背景介绍，参见 *Freemium Gaming Metrics* 2012，*Casual Games Sector Report*，Casual Connect，http：//casualconnect. org/research – reports/，访问日期：2012 年 12 月 19 日。

❺　同上注。

❻　同上注。

❼　Peter S. Menell, *Envisioning Copyright Law's Digital Future*, 46 N. Y. L. Sch. L. Rev.，第 109 页。

分销以及零售。❶ 如果 Golden 希望在 1994 年开发出 Mino 游戏，她首先会将她的游戏推销给一位出版商，以寻求资金支持。该出版商随后会推广该游戏，然后要么自行制作该游戏，并向零售商发行；要么与制作公司和发行公司联系。❷ 在后一种情况下，发行公司将制作游戏，并以出版商的名义将该游戏分销给零售商。❸ 最后，零售商会决定是否购买这款游戏，购买多少，以及如何向顾客推销这款游戏。

对于游戏开发者来说，这一模式具有很多的缺点：有多层次的参与者，开发者必须使他们确信这个产品的市场可行性；它延长了游戏从开发者到市场的时间；而且它使得必须花费额外的费用去克服这些障碍，这一费用要么由开发者承担，要么转移至消费者。❹ 这些缺点的最终影响就是，为这个产品的开发者和市场之间制造了多重的人为选择。发行、分销和零售作为守门人，在试验之前就会各自作出独立的决策，判断开发者的产品是否值得投放市场。

数字化的发行方式则刺穿了这层隔膜，并创造了一个更类似于自由市场的环境。现在，互联网成了许多游戏下载的媒介，许多下载平台也占据了市场的主导地位。Valve's Steam 平台是个人电脑游戏平台无可争议的领导者。❺ iTunes App Store 和 Google Play 分别是 iOS 操作系统和安卓操作系统智能手机游戏软件的领导者。此外，Facebook 是社交游戏领域的重要引领者，同时也交叉参与了手机游戏市场。虽然这些发行平台都采用了它们各自的协议来审查潜在的游戏应用，但它们都以一种非常惊人的速度将游戏介绍到市场。❻ 游戏开发者仅

---

❶　参见 Killian J. McCarthy, Maya Fiolet & Wilfred Dolfsma, The Nature of the New Firm: Beyond the Boundaries of Organisation and Institutions 102（2011）.

❷　同上注。

❸　同上注。

❹　同上注，第 103 页。

❺　2009 年，Steam 的竞争者之一估算 Steam 拥有 PC 下载市场 70% 的市场份额。参见 John Funk, Steam is 80% of PC Digital Distribution Market, The Escapist, http://www.escapistmagazine.com/news/view/96259 - Steam - Is - 70 - of - PC - Digital - Distribution - Market, 访问日期：2009 年 11 月 20 日。虽然有推测认为，在此之后 Steam 的市场份额有所下跌，但是它仍然是 PC 下载市场的领导者，而且它已宣布有计划地进军硬件市场，并发布控制台式的 PC 软件包。参见 Jason Schreier, Gabe Newell: Living Room PCs will Compete with Next - Gen Consoles, http://kotaku.com/5966860/gabe - newell - living - room - pcs - will - compete - with - next + gen - consoles, 访问日期：2012 年 12 月 8 日。

❻　举例来说，Steam 对于可能的游戏申请的审查程序，正从一个内部委员会审查向一个更为着重群体的、被称之为"Steam Greenlight"的方式转变。在 Greenlight 模式下，未来的游戏开发者提交少量的游戏描述、屏幕截图和有关他们开发的游戏的描述性文本。这一群体成员可以"投票"决定他们是否愿意在 Steam 平台上发布这一游戏。这一程序要求缴纳少量的提交费用，但其主要目的是阻碍不认真严肃的提交。所有由这一提交程序所取得的费用将会捐献给 Child's Play 慈善团体。参见 Steam Greenlight, Steam, http://steamcommunity.com/workshop/about/? appid = 765&section = faq, 访问日期：2011 年 12 月 22 日。

仅需要上传某一个游戏或者应用，这一游戏可能立刻就可上线，供其潜在客户下载或者购买。虽然这些平台都为提供这一服务收取费用❶，但是这些费用都能够被因不采用传统的实体发行方式而节省的费用抵消，而且开发者还可以享受能够迅速将新产品传递给顾客的优势。用严格的经济用语来说，这一系统还会为市场带来更少的限制，任何拥有游戏的人都可以销售它，使得市场更加自由，软件开发者能够依靠产品和价格的优势获利，而不必受到分销商或者零售商主观判断的影响。

但是，一个更为开放的市场也有它的缺点。网上销售所产生的平民化影响，使得任何人都可以在网上销售游戏，而无需与行业有联系或者加入实体的分销网络，这制造了一个更加难以监管的市场环境。虽然在出版和发行层面的守门人是否侵犯了自由市场具有争议，但他们至少满足了一个实际的需求：他们可以选择不出版或者发行一款涉嫌非法克隆的游戏。视频游戏的分销商可能不能完全理解版权侵权的司法标准，但是，任何对电子游戏有一定专业知识的人都能够轻易地判断一款类似 Mino 的游戏其设计与 Tetris 过于相似。此外，由于数字发行方式导致的低门槛，使得越来越多的开发者进入视频游戏市场，保持一个诚实的名声以及同伴之间的友好关系变得不是那么必要了，这增加了导致复制行为的欺诈协商出现的可能性。❷ 曾经只有少数几家大公司拥有设计视频游戏的技术资源，而如今任何拥有设计游戏的基本工具的人就可以设计一款产品并投放市场。❸ 这一变化，会令开发者的原始数量呈火箭式爆发增长，从而极大地增加了克隆行为的可能性；大型的行业公司与小规模刚起步的小公司在规模和资源上存在不对等性，这一反常的权力对比，降低了依照法律精神解决争端的可能性。一方面，一家刚起步的公司可能是在宿舍设计一款游

---

❶ 例如，Apple 和 Google 公司对于从他们平台上销售的所有应用程序，都要收取销售价格 30% 的费用。参见 Distribute your App—iOS Developer Program, Apple, https：//developer. apple. com/programs/ios/distribute. html，访问日期：2013 年 2 月 4 日；Transaction Fees, Android Developer Help, Google, https：//support. google. com/googleplay/android – developer/answer/112622？ hl = en&，访问日期：2013 年 2 月 4 日。

❷ 从失败的商业谈判中所产生的复制诉讼是常见的。最近的 6Waves v. Spryfox 案为我们提供了一个实际的判例。在此案中，6Waves 公司和 Spryfox 公司商讨 Spryfox 为 6Waves 开发它的流行的 Triple Town 游戏的另一版本。最终谈判破裂，然而，不久之后，6Waves 公司就发布了它自己的游戏，Yeti Town，一款和 Triple Town 非常相似的游戏，Spryfox 公司向 6waves 公司提起了版权侵权诉讼，最终双方当事人和解。参见 Andy Chalk, 6waves Settles Yeti Town Cloning Lawsuit, The Escapist, http：//www. escapistmagazine. com/news/view/120080 – 6waves – Settles – Yeti – Town – Cloning – Lawsuit，访问日期：2012 年 11 月 11 日。

❸ 参见 About the Application Development Process, Mac Developer Library, http：//developer. apple. com/library/mac/#documentation/General/Conceptual/ApplicationDevelopmentOverview/Introduction/Introduction. html#//apple_ ref/doc/uid/TP40011186 – CH1 – SW1，访问日期：2013 年 1 月 12 日。

戏——类似 Xio，它与一家大型公司对抗，并没有什么可损失的。这家公司可能得出如下结论：就是推出一款大幅度借鉴一款著名游戏的游戏，它可以在短期内获得金钱、名声、顾客的好评，这可能比任何长期的法律后果都重要。从另一方面来说，如果一家小公司付出了大量努力，制作了一款具有创新性的游戏，它也有可能没有资源通过法律手段保护自己的权利，无论侵害其权利的对象是行业大佬，还是其他的小规模开发者。

（三）悲观主义的原因

目前，视频游戏行业存在几大趋势，虽然与克隆现象并不密切相关，但是也为我们提供了部分背景知识。忽略整个市场规模的不断扩大，不少该行业巨头的市场价值在去年发生下滑，引发了投资者对这个行业金融安全的担忧。Zygna 公司❶自从 2011 年 12 月股票公开上市之后，股价即大幅下跌；❷ 2012 年 10 月，又开始大幅裁员❸，这两条消息都是报纸头条；此后，其他电子游戏公司，例如 Electronic Arts❹ 和 THQ❺ 的市值也大幅萎缩。虽然这一问题部分原因可能是 Zynga 在 IPO 之后出现的问题，❻ 不过，有部分业内人士认为，免费社交游戏急速增长的泡沫正在被挤压。❼ 正如电影工业一样，大型视频游戏开发商的资产在很大程度上依赖于一个成功或不成功的游戏发行。Electronic Arts 将它最近的业绩下滑归因于 Medal of Honor：Warfighter 不理想的销售结果；❽ 而 Zynga 由于其推出的 "Farmville 2" 大获成功，因此，其市值已得到了显著

---

❶　Zynga 是克隆诉讼的常客，不论是作为原告还是被告。见下文四（三）部分。

❷　所有的股价数据来源于 Google Finance. NASDAQ：ZNGA, Zynga, Inc., http：//www. google. com/finance? cid = 481720736332929，访问日期：2012 年 12 月 19 日。

❸　Zynga CEO Mark Pincus Confirms Layoffs：5% of Workforce, Potential Closures for U. K., Japan Offices, TechCrunch, http：//techcrunch. com/2012/10/23/zynga – ceo – mark – pincus – confirms – layoffs – 5 – of – workforce – potential – closures – for – u – k – japan – offices，访问日期：2013 年 10 月 23 日。

❹　NASDAQ：EA, Electronic Arts, Inc., Google Finance, http：//www. google. com/finance? q = NASDAQ%3AEA&ei =9V_ WULDaMKCclwOoVQ，访问日期：2012 年 12 月 19 日。

❺　PINK：THQI, THQ, Inc., Google Finance, http：//www. google. com/finance? q = NASDAQ%3ATHQI&ei = c2HWUODUA5f0lgOv9gE，访问日期：2012 年 12 月 19 日。

❻　参见 Taylor, 17 U. S. C. § 102（b）。

❼　Kyle Orland, *Gameloft CFO Warns of Social Gaming "Bubble"*, Gamasutra, http：//gamasutra. com/view/news/34764/Gameloft_ CFO_ Warns_ Of_ Social_ Gaming_ Bubble. php#. UNZkbbbD7cE，访问日期：2011 年 5 月 20 日。

❽　Dean Takahashi, *EA acknowledges Medal of Honor：Warfighter sales will be below expectations*, VB/GamesBeat, http：//venturebeat. com/2012/10/30/ea – acknowledges – medal – of – honor – warfighter – sales – will – be – below – expectations/，访问日期：2012 年 10 月 30 日。

的恢复。❶ 此外，值得注意的是，在游戏市场的总体规模不断扩大的同时，也伴随着剧烈的市场动荡。虽然游戏行业整体的未来看上去很强劲，但目前这个行业的参与者能否更好地适应新的市场环境，仍有待观察。

（四）新游戏

简言之，在这个不断变化的市场中，研究流行的游戏种类是有必要的。通过研究一些最为成功的游戏以及一些主要的游戏类型，来揭示新游戏行业的特点，这些特点在克隆诉讼中也有所体现。

1. 简洁

虽然那些需要游戏操纵台或者电脑键盘和鼠标的复杂电子游戏仍然拥有广阔的市场，但社交网络游戏和手机游戏倾向于采用更为有限的控制。因此，任何希望在此类市场成功的游戏界面必须尽可能简洁，一般来说，不要超过一个触摸屏，或者在社交网络游戏中仅采用鼠标。通过游戏的主体和艺术设计设计出简单和普适的主题，是非常有益的，因为这些主题会使得这些游戏接触更为广泛的普通人群。

2. 操作简便

令手机游戏和社交游戏成功的原因——无处不在的网络连接对那些过度需要复杂设备和长时间连续游戏的游戏不利。设计任何游戏的主要目的都是足够好玩，令玩家愿意继续玩这个游戏，在游戏设计上允许玩家迅速地登入和退出，同时能够获得丰富的体验，只有这样，才能更好地满足一般手机和社交游戏玩家的需要。具有多用户异时游戏功能的游戏——某一玩家可以与其他玩家交流和共同游戏而不需要多玩家同时游戏——也将越来越流行。❷

3. 社交性

无处不在的网络连接的关键点在于保持连接畅通。这也是为什么越来越多的开发商故意在他们的游戏中加入多用户社交互动的原因。❸ 虽然这一互动可

---

❶ Owen Thomas, *Suddenly, Zynga is the Farmville Company Again*, Business Insider, http：//www. businessinsider. com/farmville‐2‐zynga‐2012‐10，访问日期：2012 年 10 月 24 日。

❷ Ryan Rigney, *Asynced：Multiplayer Gaming's New Revolution*, GameLife, Wired, http：//www. wired. com/gamelife/2012/04/asynced‐gaming/，访问日期：2012 年 4 月 11 日。

❸ Dean Takahashi, *Zynga CEO：We Aren't the Copycats on Bingo Social Game（exclusive interview）*, Venture/GamesBeat, http：//venturebeat. com/2012/01/31/zynga‐mark‐pincus‐copycat‐interview/，访问日期：2012 年 1 月 31 日。Zynga 公司 CEO, Mark Pincus 表示"我们（公司）的政策从最初开始就是设计最好的游戏——最有趣以及最方便社交——为每一种类型的游戏玩家"。与 Russ Pitts, *Don't Be a Hero—The Full Story Behind Spec Ops：The Line*, Polygon 对比，http：//www. polygon. com/2012/11/14/3590430/dont‐be‐a‐hero‐the‐full‐story‐behind‐spec‐ops‐the‐line，访问日期：2012 年 8 月 27 日，一位游戏开发者将其游戏的多用户功能比作"患有绝症的发展"。

以很直接，比如和你认识的朋友在 Words With Friends 中对抗；即使完全是单用户的界面，也有可能包括额外的社交游戏功能，比如有建议你向你的朋友发出邀请让他也来玩这个游戏的设计。通过游戏玩家进行市场推广，使得开发者获利。❶ 游戏中成就的集中显示也是一个流行的社交手段。❷ 与传统的游戏只能在屏幕上的高分排行榜中展示玩家的成绩相比，新游戏的社交性，使得玩家可以通过表明他们完成了多少目标或任务，进行间接竞争。这说明，游戏提供了不止一种方法来连接游戏本身和玩家的现实社交网络。

4. 可转化为现实货币的游戏内经济

在游戏中，分数、金币或者其他货币的统计计算并不新鲜，但在现今的许多游戏中，这些游戏中的货币可以用现实中的货币来购买，通常被称作"微型交易"❸ 或"应用内购买"❹。一旦一位游戏玩家获得了这些游戏货币，他就可以用来获得游戏中额外的特权和优势。❺ 更为突出的是，这使得游戏开发者可以采用不同于传统的付费购买游戏或付费购买游戏时间的模式，来对游戏内容进行商业化开发。许多游戏同样提供这种所谓的"免费"模式，同时在游戏中设置障碍，这一障碍可以通过在游戏中购买的所谓优势"商品"来克服。❻ 此种"商品"通常采用玩家可以使用的额外的道具的形式❼，但这一方式也可应用于游戏中减少特定资源的行为，如在游戏循环中的"能量机制。"❽ 在有特定能量机制的游戏中，玩家采取某一行为消费有限的资源，这一资源随

---

❶　虽然并没有特别为游戏作出说明，Facebook 的 CEO，Mark Zuckerberg，在 2007 年的一次采访中谈及此类应用程序设计的有利条件，他表示，当广告与人们已经尝试的事物一致时，广告最能发挥作用……他们与朋友分享信息，他们通过了解他们的朋友正在做的事情，……在这之中已包含了对于新型的广告方式的全新的机会。而且我认为，在接下来几个月或几年中我们将看到更多的发展。参见 Laura Locke, *The Future of Facebook*, Time（July 17, 2007）。

❷　参见 *Game Center Programming Guide*：*Achievements*，Apple，http：//developer. apple. com/library/ios/#documentation/NetworkingInternet/Conceptual/GameKit_ Guide/Achievements/Achievements. html，访问日期：2013 年 2 月 5 日。

❸　参见 *Steamworks - Microtransactions*，Valve，http：//www. steamgames. com/steamworks/ov_ micro. php，访问日期：2013 年 2 月 5 日。

❹　参见 *Getting Started With In - App Purchase*，Apple，https：//developer. apple. com/in - app - purchase/In - App - Purchase - Guidelines. pdf ，访问日期：2013 年 3 月 8 日。

❺　同上注。

❻　同上注。

❼　同上注。

❽　参见 Simon Parkin，*"Energy"：A Black Spot on the Heart of Contemporary Game Design*，HookShot，Inc.，http：//www. hookshotinc. com/energy - black - spot - on - the - heart - of - contemporary - game - design/，访问日期：2012 年 7 月 2 日。

着时间流逝逐渐减少；一旦资源耗尽，玩家将不能继续游戏。❶ 通常，这将导致游戏时间变得有限，迫使游戏玩家为了在更短的游戏时间内通关，而频繁登录；当然，这是设计手机和社交游戏时希望发生的情形。玩家也可以选择通过使用现金购买游戏中更多的资源。可以说，这种游戏功能的设置依赖于"时间等于金钱"的老话；通过花费金钱，游戏玩家可以在短时间内玩更多的游戏。

二、界定保护范围

确定版权法对于某一特定作品的具体保护范围，需要在受版权法保护的作品的表达与不受版权法保护的作品的思想之间确定一个边界。❷ 在计算机程序领域——计算机程序的代码以文字作品形式被固定，但是其主要价值却是通过软件的实际操作功能体现的❸——要确定这一边界是一项十分具有挑战性的工作。自20世纪七八十年代以来，软件产业变得日益重要，版权法也随之发展，以应对这一新媒介带来的挑战。❹ 本部分将通过讨论版权法的基本理论以及一些相关的原则，介绍版权法在软件行业应用的基本背景。之后，将简要介绍几个具有里程碑意义的案例，这些案例所确立的原则一直沿用到今天。

（一）版权保护客体的基础

版权法源于美国宪法第1条第8款，该条授予国会"为促进科学和实用技艺的进步，对作家和发明家的著作和发明，在一定期限内给予专利权的保障"的权利。❺ 该条款被认为揭示了专利法和版权法的立法目的，即通过刺激科学和艺术的发展实现公共利益的需要。❻ 通过赋予艺术家和科学家从他们的创新中获取收益的权利，以获得私人利益，也是一个重要的立法目的，但是这一目

---

❶ 参见 Simon Parkin, "*Energy*"：*A Black Spot on the Heart of Contemporary Game Design*, HookShot, Inc., http://www.hookshotinc.com/energy-black-spot-on-the-heart-of-contemporary-game-design/，访问日期：2012年7月2日。

❷ 参见 Baker v. Selden 案，101 U. S. 99, 103 (1879)。

❸ Pamela Samuelson, Randall Davis, Mitchell D. Kapor, & J. H. Reichman, *A Manifesto Concerning the Legal Protection of Computer Programs*, 94 Colum. L. Rev.，第2315页。

❹ Peter S. Menell, *Envisioning Copyright Law's Digital Future*, 46 N. Y. L. Sch. L. Rev.，第65页。

❺ 美国宪法第一条第八款。

❻ 参见 *Mazer v. Stein*, 347 U. S. 201, 219 (1954)，最高法院认为，"国会赋予专利和版权背后的经济学逻辑是，通过鼓励个体的行为来保障个人权利是促进公共利益的最好方式。作者和发明家在科学和应用艺术中倾注了天赋，对于这些创造性活动所作出的牺牲应得到商业上的回报"。

的是第二位的。❶ 根据版权法的规定，版权法仅保护"原创作品中的有形表达"。❷ 目前，《美国版权法》列举了八种作品类型，其中有两种通常被视为与视频游戏密切相关：文学作品和视听作品。❸ 版权法同时特别排除了对于"无论采用何种形式进行描述、解释、表现，任何思想、程序、系统、体系、操作方式、概念、原则以致发现"的保护。❹ 虽然这些内容直到1976年《美国版权法》通过时，才被明确排除在保护范围之外❺，但是，"思想表达两分法"——版权保护只延及思想的表达，而不延及被表达的思想——早已是版权法的基本规则。❻ 合并原则和必要场景原则（*scènes à faire*）也为思想表达两分法原则提供支撑。❼

根据合并原则，如果某一表达与其思想联系非常紧密，以至于思想与表达已经"合并"，则该表达不受保护。❽ 合并的情形非常少见，通常出现在具有"实用功能"的作品中，或者当表达某一思想，仅有少量有限的表达方式时，此时保护基础思想的某一表达，将导致他人无法利用该思想排除公众解除其他表达的可能。❾ 由于版权法的立法目的是促进科学艺术的发展，保护公共利益；为确保此类表达的基础思想处于公共领域，版权法对此类表达不予保护。❿

必要体裁原则是指：某一具体类型和体裁的基本特点不受版权的保护，不予保护的原因与以上类似，任何艺术家希望在将来采用这一类型或体裁必须具有类似的特点。⓫ 一般来说，包含这些常用元素所必要的基本的表达都不能为适用版权保护作出合理的解释。⓬

总的来说，这一原则体现了在决定版权对于包括软件和电子游戏在内的任

---

❶ 参见 *United States v. Paramount Pictures*, 334 U.S. 131, 158 (1948).

❷ 17 U.S.C. § 102 (a) (2012).

❸ 同上注。

❹ 17 U.S.C. § 102 (b).

❺ 4 MELVILLE B. NIMMER & DAVID NIMMER, NIMMER ON COPYRIGHT § 2.03 [D] Matthew Bender, rev. ed. 2010。

❻ *Apple Computer, Inc. v. Franklin Computer Corp.*, 714 F.2d 1240, 1252 (3d Cir. 1983) （"这一条款并不是为了扩大或者限制版权法所保护的范围，而是为了重申思想和表达之间的基本界限仍然没有改变"）（citing H.R. Rep. No. 1476, 94th Cong., 2d Sess. 57, *reprinted in* 1976 U.S. Code Cong. & Ad. News at 5670）。

❼ 4 Nimmer § 13.03 [B] [3], [4].

❽ 参见 *Kay Berry, Inc. v. Taylor Gifts, Inc.*, 421 F.3d 199, 209 (3d Cir. 2005)。

❾ 同上注。

❿ 同上注。

⓫ 参见 *Cain v. Universal Pictures Co.* 案, 47 F. Supp. 1013, 1017 (C.D.Ca. 1942)。

⓬ 4 Nimmer § 13.03 [B] [4].

何作品的具体保护范围时，所必须考虑的基础性规则。20世纪八九十年代一系列的里程碑式的判决，阐释了法院如何具体适用这一原则。

（二）版权法适用于软件的试金石

本节将讨论侵犯软件版权案件的第一波浪潮。第一部分将讨论版权侵权诉讼请求的基本要素，第二部分将讨论软件版权保护领域的一些基础性案例，它们包括：Stern电子公司诉Kaufman案❶；苹果电脑公司诉Franklin电脑公司案❷；Whelan Associates Inc. v. Jaslow Dental Lab案❸以及Computer Associates International Inc. v. Altai Inc. 案❹。

1. 主张侵犯版权的要素

版权所有人要成功地提出侵犯版权的主张，必须具备以下两个要件：（1）享有有效的版权；（2）被告未经授权复制了享有版权的作品。❺ 每一要素都包含下位要素。

在版权的诸多要素中，与本文最相关的是独创性以及哪些客体可以获得版权保护。在版权侵权诉讼中，提供版权登记证明，可被视为提供了存在上述两个要素的初步证据。当原告提供了版权登记证明以后，举证责任即转移到被告，由其举证推翻这一证据。❻ 在克隆诉讼中，被告通常提出的反驳理由是：原告的作品不具备独创性❼，或客体不受版权保护。这两个问题属于法律问题，而非事实问题；这也就意味着，在诉讼中，它们应由法官而非陪审团决定。❽

要证明未经授权复制，也需要证明存在两个要素：一个是事实上的问题，即被告是否接触过原告的作品，并且复制了该作品；另一个是法律上的问题，即被诉侵权作品与原告作品之间的相似性是否足够满足可诉的要求。❾ 以上两个要素通常被称为"接触"和"实质性相似"。需要着重指出的是，"实质性

---

❶ *Stern Electronics, Inc. v. Kaufman*, 669 F. 2d 852 (2d Cir. 1982).

❷ *Apple Computer, Inc. v. Franklin Computer Corp.*, 714 F. 2d 1240 (3d Cir. 1983).

❸ *Whelan Associates Inc. v. Jaslow Dental Lab*, 797 F. 2d 1222 (3d Cir. 1986).

❹ *Computer Associates International Inc. v. Altai Inc.*, 982 F. 2d 693 (2d Cir. 1992).

❺ 4 Nimmer § 13.01.

❻ 同上注，§ 13.01 [A].

❼ 一般来说，被告主张，原告事实上是从其他人手中取得了这一有争议性的权利，因此并不存在版权侵权。

❽ 参见 4 NIMMER § 13.03 [E] [c] [3] (*citing Oravec v. Sunny Isles Luxury Ventures*, L. C., 527 F. 3d 1218, 1227 (11th Cir. 2008)).

❾ 同上注，§ 13.01 [B].

相似"是指：被指控侵权的内容与受到保护的客体之间存在相似性；因为版权法并不保护思想，在侵权诉讼中，证明在思想层面存在相似性，并不能在侵权诉讼中用来证明存在"实质性相似"。❶

2. 代码和固定

如今，对于视频游戏提供版权保护，通常可采用两种形式：将程序代码本身作为文学作品予以保护，将游戏作为视听作品予以保护。❷ 这种保护方式的历史可以追溯到 20 世纪 80 年代早期的两个案例：苹果电脑公司诉 Franklin 电脑公司案❸和 Stern 电子公司诉 Kaufman 案。❹

在苹果电脑公司案中，第三巡回上诉法院认为，无论是以源代码还是目标代码形式进行表达的计算机程序，都应作为"文学作品"享有版权保护。❺ 在此案中，苹果公司对一家电脑公司提起了版权侵权诉讼，指控该公司复制了苹果的操作系统软件，以便能制造出与其他苹果软件相兼容的个人电脑。❻ 法院认为，文学作品的范围不仅局限于文字，也包括源代码和目标代码中所可能采用的符号和数字。❼ 同时，第三巡回上诉法院驳回了本案地区法院的观点，即版权保护仅延及"能够被人类读者所阅读"的作品。❽ 为了得出这一结论，第三巡回上诉法院主要依照根据 CONTU 报告修订的版权法❾，指出：版权法使用简明的语言，将保护范围从"以任何有形表达形式体现的作品，无论直接地或者依靠机器设备的帮助能够理解或者沟通"扩展到"采用任何形式表达的作品"。❿ 法院接着指出："只读存取器（ROM）中存储的计算机程序"已经足够满足固定的要求，即使它并不是"传统意义上的作品"。⓫ 因此，当计算机程序存储在电脑存储器中时，它可以作为文学作品受到保护。

在 Stern 电子公司案中，软件可以获得版权保护的观点，从另一个角度被

---

❶ 参见 4 NIMMER § 13.03［A］［1］.

❷ 参见 *Tetris Holding*, *LLC v. XIO Interactive*, *Inc.*, 863 F. Supp. 2d 394, 400（D. N. J. 2012）.

❸ *Apple Computer*, *Inc. v. Franklin Computer Corp.* 案, 714 F. 2d 1240（3d Cir. 1983）.

❹ *Stern Electronics*, *Inc. v. Kaufman* 案, 669 F. 2d 852（2d Cir. 1982）.

❺ 参见 *Apple Computer* 案, 714 F. 2d 第 1249 页。

❻ 同上注，第 1243 页。

❼ 同上注，第 1249 页。

❽ 同上注，第 1248 页。

❾ 1976 年版权法由于未能适应电子工业的发展而受到了广泛的批评。因此，国会授权国家新兴技术适用版权作品委员会（CONTU）研究这一课题。CONTU 在 1979 年完成了一份最终报告，建议在成文法的范围内引入电子程序作为版权法保护的作品。这一报告之后被正式地引入国会制定的法律中。参见 National Commission on New Technological Uses of Copyrighted Works, Final Report 1（1979）。

❿ *Apple Computer* 案, 714 F. 2d at 1248（citing 17 U. S. C. § 102（a））.

⓫ 同上注，第 1249 页。

质疑：视频游戏的视听显示成分并不足以满足固定性的要求。❶ 在该案中，Stern 电子公司从开发视频游戏"Scramble"的版权所有人 Konami 工业有限责任公司手中获得了在北美和南美推广和销售该游戏的排他许可。❷ Stern 获得了一项针对 Omni 视频游戏的初步禁令，禁止 Omni 公司销售与 Stern 公司开发的游戏在视觉与听觉上几乎完全一样的"Scramble"游戏。❸

在上诉中，Omni 公司表示版权法只将计算机程序的代码作为文学作品进行保护，但是视听元素并不属于版权法的保护范围，因为它们并没有固定，依赖于游戏玩家的输入。由于 Omni 公司采用的是不同的代码，重新创作出了这些元素，该公司认为它并不构成侵权。❹ 然而，第二巡回上诉法院驳回了这一论点，并支持了禁令，法院认为视听元素"通过被永久存储于存储设备中，并能够借助于游戏中的其他元素被感知"，就已满足了固定性的要求。❺ 法院更进一步认为，并不能因游戏依靠游戏玩家的输入就排除版权法的保护，因为游戏的视听内容仍然是保持不变的，并且不断地、系统地对输入进行反馈，使得"按顺序不断重复的画面，可以作为视听作品获得版权保护"。❻

苹果电脑公司案和 Stern 电子公司案促使以下原则得以确立：视频游戏和计算机程序，可以作为文学作品和视听作品获得保护。尽管展示的视听内容并不是完全静态的，但其作为游戏玩家不断输入的结果，具有充分的系统性，从而能满足获得版权保护所必需的固定要求。❼ 然而，这些案例没有充分指明，如何很好地将游戏中存在的受保护的表达与不受保护的思想加以区分。❽

3. 抽象和过滤

Whelan 案❾和 Altai 案❿这两个案例帮助澄清了在软件领域，受保护的表达与不受保护的思想之间的边界。在 Whelan 案中，第三巡回上诉法院第一次明确地提出了区分思想与表达的"抽象法"，虽然这一方法在之后广受批评，但

---

❶ *Stern Electronics, Inc. v. Kaufman* 案，669 F. 2d 852, 855（第二巡回上诉法院，1982 年）。

❷ 同上注，第 854 页。

❸ 同上注，第 855 页。

❹ *Stern Electronics, Inc. v. Kaufman* 案，669 F. 2d 852, 855（第二巡回上诉法院，1982 年）。

❺ 同上注，第 856 页。

❻ 同上注，第 857 页。

❼ 参见 Peter S. Menell, *Envisioning Copyright Law's Digital Future*, 46 N. Y. L. Sch. L. Rev., 第 78 页。

❽ 同上注，第 79 ~ 80 页。

❾ *Whelan Associates Inc. v. Jaslow Dental Lab* 案，797 F. 2d 1222（第三巡回上诉法院，1986 年）。

❿ *Computer Associates International Inc. v. Altai Inc.* 案，982 F. 2d 693（第二巡回上诉法院，1992 年）。

在第三巡回上诉法院的辖区，这一方法仍然被广为采用。❶ 第二巡回上诉法院在审理 Altai 案时，提出了一项包括抽象、过滤、比较三个步骤的检验法，该方法获得了更为广泛的采用。

在 Whelan 案中，第三巡回上诉法院认为，区分思想和表达的正确方式，是将实用作品的核心目的或功能抽象为思想，而将其他并不必然实现这一目的的其他功能视为受版权保护的表达。❷ 在该案中，第三巡回上诉法院认为"（该软件的）思想是对牙科实验室的有效组织……由于有多种程序架构可用来表达这一思想，因此，程序的结构对于这一思想而言就不是必要的"。❸ 因此，法院认为，本案所涉及的 Dentalab 程序可以获得版权保护。❹

然而，Whelan 案所确立的原则，由于过分依赖于复杂且含糊地从程序中抽象出核心功能的任务，因而受到了法院以及评论者的广泛批评。❺ 因此，第二巡回上诉法院在 Altai 案中提出了另一种不同的方法，这一方法获得了广泛地接受。❻ 在 Altai 案中，原告 Computer Associates 的前员工为他的新雇主 Altai 公司开发了一个新程序，但是，这一程序严重地抄袭了他之前在 Computer Associates 工作时参与研发的程序。❼ 为了回应这一版权侵权的指控，Altai 公司指定了其他员工根据对期望的功能所进行的文字描述，使用全新的代码，重写

---

❶　参见 *Altai* 案，982 F. 2d at 705（我们认为，*Whelan* 案所确立的在电子程序中区分思想和表达的方式过于依赖哲学上的区别而未注重实际的考量）；参见 *Plains Cotton Coop. Ass'n v. Goodpasture Computer Serv.*, *Inc.* 案，807 F. 2d 1256，1262（第五巡回上诉法院，1987 年）（批评并拒绝适用 Whelan 案中确立的方法）；参见 *Sega Enters. v. Accolade*, *Inc.* 案，977 F. 2d 1510，1525（第九巡回上诉法院，1992 年）（然而，Whelan 案中确立的方式，由于过于单纯而被广泛且热烈地批评）；参见 *Tetris Holding*, *LLC v. Xio Interactive*, *Inc.* 案，863 F. Supp. 2d 394，401（地区法院，2012 年）（虽然，面对如此多的批评，第三巡回上诉法院在 *en banc* 中表明拒绝抛弃它坚持这一方式的立场）。

❷　*Whelan* 案，797 F. 2d at 1236.

❸　同上注，第 1240 页。

❹　同上注，第 1238 页。

❺　如，参见 Stephen R. Englund, *Idea*, *Process*, *or Protected Expression?*: *Determining the Scope of Copyright Protection of the Structure of Computer Programs*, 88 Mich. L. Rev. 866, 881（1990）；Peter S. Menell, *Analysis of the Scope of Copyright Protection for Application Programs*, 41 Stan. L. Rev. 1045, 1087（1989）。

❻　参见 *Altai* 案，982 F. 2d at 706，*Atari Games Corp. v. Nintendo of Am. Inc.* 案，975 F. 2d 832，839，（第二巡回上诉法院，1992 年）（采用了 Altai 案中的抽象—过滤—比较的方式）；*Sega Enters. Ltd. v. Accolade*, *Inc.* 案，977 F. 2d 1510，1525（第九巡回上诉法院，1992 年）（第二巡回上诉法院的方案是合适的）；*Gates Rubber Co. v. Bando Chem. Indus.*, *Ltd.* 案，9 F. 3d 823，834（第十巡回上诉法院，1993 年）；*Engineering Dynamics*, *Inc. v. Structural Software*, *Inc.*, 26 F. 3d 1335，1342，1343（第五巡回上诉法院，1994 年）。

❼　*Altai* 案，982 F. 2d，第 699 ~ 700 页。

编写了程序。❶ 在对程序进行评估，以确定是否存在实质性相似时，第二巡回上诉法院采用了一项新的三步检验法，这三个步骤分别是：抽象、过滤和比较。❷ 法院对计算机程序进行抽象的过程作了如下描述：

> 法院应当仔细分析、研究被诉侵权的程序的结构，分离其具有的每一个抽象层面。这一过程从分析代码开始，以获得这一程序的清晰的最重要的功能结果。随着过程的演进，回顾和重新描摹程序员的每一个步骤是非常有必要的，虽然这一过程与开发这一程序的步骤完全相反。❸

法院指出，一旦被诉侵权的程序被正确地进行抽象分析，下一个步骤就是从受保护的表达中过滤出不受保护的思想。这一过程具有高度的事实特定性，而且必须在每一个抽象层面进行。❹ 这一必要的过程体现了合并原则：一般来说，由效率决定的功能不能得到保护，同样，由外界因素决定的元素以及与公共利益有关的元素也不能得到保护。❺ 一旦过滤出了所有不受保护的元素，最后一步是比较剩下的所有受保护的元素，以确定是否存在实质性相似。❻ 将上述方法适用于 Altai 案时，法院认为两个程序并不存在实质性的相似。❼ 虽然第二巡回上诉法院在 Altai 案中采用的方法仍然具有高度的事实特定性，但该方法已经为其他法院所广泛接受，❽ 并受到了评论家的赞许。❾

三、不断增加的删除通知

由于视频游戏市场的大部分份额转移到了数字发行平台，这些平台在监管版权人和侵权人之间的争端时，成了有争议的第三方。由于版权法仍然只提供最基本的保护，在实践中，这些平台所采用的具有争议性的监管方式是通知与删除，这些都由平台的审查员来判断。根据《数字千年版权法》的规定，类

---

❶ *Altai* 案，982 F. 2d，第 700 页。

❷ 同上注，第 706~711 页。

❸ 同上注，第 707 页。

❹ 同上注。

❺ 同上注，第 707~710 页。

❻ 同上注，第 710 页。

❼ 同上注，第 714 页。

❽ 如，参见 *Sega Enters. Ltd. v. Accolade, Inc.* 案，977 F. 2d 1510, 1525（第九巡回上诉法院，1992年）（第二巡回上诉法院的方法是适当的）；*Baystate Tech. , Inc. v. Bentley Systems, Inc.* 案，947 F. Supp. 1079（地区法院，1996 年）。

❾ 如，参见 Bender, *Computer Associates v. Altai: Rationality Prevails*, 8 The Computer Lawyer 1（Aug. 1992），Peter S. Menell, *The Challenges of Reforming Intellectual Property Protection for Computer Software*, 94 Colum. L. Rev. 2644, 2652（1994）.

似这些数字发行平台的网络服务提供商："在接到主张侵权的通知后……立即删除被主张侵权的资料或断开访问被主张侵权资料的链接"，可以就侵权资料不承担间接侵权责任。❶ 数字发行平台根据上述法律规定，采取了非常清晰的程序，将被诉侵权的作品下架，准确地反映了《数字千年版权法》的具体要求。虽然有法律规定，但在实践中，很少有涉及克隆游戏的争议进入司法诉讼程序，通常采用的是调解程序；调解程序也被在应对下架通知时第三方审查人如何适用该法律所影响。本部分将讨论几个最具影响力的发行平台所采用的下架（删除）程序，并将讨论它们在多大程度上吸收了版权法的规定。

（一）Valve 的 Steam 平台

由 Valve 开发的 Steam 平台是个人电脑游戏数字发行的引领者。❷ Steam 网站上的声明，特别指出：任何认为自己的版权受到侵犯的版权所有人，应与 Valve 的版权机构联系，并提供如下信息：（1）被侵权作品的具体信息；（2）侵权作品的具体信息及网络地址；（3）联系信息；（4）一份含有提交通知的一方签名的声明，声明内容为：本人基于善意，认为通知中指明的对资料的使用是未经授权的，本人是版权持有人或经授权代表版权持有人从事相关行为之人，通知中的所有信息都是准确的。❸ 这些要求模仿了 DMCA 对通知与删除的规定。❹ 该网站对于具备什么条件才构成有效的版权要求所提供的唯一指引，就是提供了一个指向美国版权局网站的链接。❺

（二）Google Play

Google Play 平台对于提交下架通知的具体规定几乎和 Steam 平台完全一样；不过，Google Play 增加了一个步骤，提供了一个用于联系谷歌版权部门的电子表格，同时提供了数字签名系统，以加快主张权利的进程。❻ 在向开发者

---

❶ 17 U. S. C. § 512（a）（1）（c）。

❷ 参见 John Funk，*Steam is 80% of PC Digital Distribution Market*，The Escapist，http：//www. escapistmagazine. com/news/view/96259 – Steam – Is – 70 – of – PC – Digital – Distribution – Market，访问日期：2009 年 11 月 20 日。参见 Jason Schreier，*Gabe Newell：Living Room PCs will Compete with Next – Gen Consoles*，http：//kotaku. com/5966860/gabe – newell – living – room – pcs – will – compete – with – next + gen – consoles，访问日期：2012 年 12 月 8 日。

❸ *Legal*，*Info*，Valve，http：//www. valvesoftware. com/legal. html，访问日期：2012 年 12 月 22 日。

❹ 参见 17 U. S. C. § 512（c）（3）（A）（i – vi）。

❺ *Legal Info*，Valve，http：//www. valvesoftware. com/legal. html，访问日期：2012 年 12 月 22 日。

❻ 版权侵权陈述报告，Google Help Home，http：//support. google. com/bin/request. py？&product = androidmarket&contact_ type = lr_ dmca，访问日期：2012 年 12 月 22 日。

提供的发行服务条款中，谷歌还增加了一个条款，规定谷歌将会把它"单方面"认为侵犯他人知识产权的产品予以下架。❶ 在进行此类下架时，谷歌保留偿还任何在前一年购买了这项产品的顾客支付的费用的权利，而且有权要求被侵权的一方支付这些费用。❷ 谷歌同时会将所有它收到的下架通知存档，并向第三方的版税结算中心或者公众公开。❸

（三）iTunes App Store

iTunes App Store 所采用的下架协议，与 Google 所采用的协议几乎是完全一样的。App Store 提供了一份附有所有必要信息的表格；请求人在填完表以后，该表将会通过电子方式寄给苹果的版权部门。❹ 在网站相连的网页上，Apple 提供了构成有效版权的必要背景信息，包括解释"版权存在于思想的表达，而非思想本身"。❺ 在其 App Store Review Guidelines 中，除了指明有关质量和内容的各种形式，Apple 同样指明使用"受保护的第三方的材料"，例如，版权，"在提出要求时必须有书面的权利确认"。❻

（四）Facebook

Facebook 的具体操作方式和其他的数字分销平台略有不同。Steam、Google Play 和 Apple Store 都为顾客提供了直接下载的服务，Facebook 的用户一般都是登录网站并在社交网站上在线玩游戏，无论是通过网页浏览器还是他们的手机程序。然而，Facebook 对于侵权作品的下架程序仍然是大致相同的，他们要求同样的法定信息披露，而且也提供了联系版权机构的自动生成的表格。❼ 根据申请文件，他们启动了这一程序并决定是否要将被认为侵权的产品下架。❽

---

❶ *Developer Distribution Agreement*, Google Play, http：//play. google. com/about/developer - distribution - agreement. html#showlanguages，访问日期：2012 年 12 月 22 日。

❷ 同上注。

❸ *Removing Content From Google*, Google, http：//support. google. com/bin/static. py? hl = en&ts = 1114905&page = ts. cs，访问日期：2012 年 12 月 22 日。

❹ *Legal Questions—Claims of Copyright Infringement*, Apple, http：//www. apple. com/legal/contact/# copyright - infringement，访问日期：2012 年 12 月 22 日。

❺ Copyright Information, Apple, http：//www. apple. com/legal/trademark/copyright. html，访问日期：2012 年 12 月 22 日。

❻ 同上注。

❼ Reporting Copyright Infringements, Facebook, https：//www. facebook. com/help/400287850027717，访问日期：2013 年 2 月 5 日。

❽ 同上注。

四、有关侵权的简略研究

本文的前三部分介绍了克隆战争的背景材料，讨论了最新的判例能够为我们清晰地描摹出这些概念如何在实践中具体应用的具体画面。这一部分将讨论克隆侵权的三个不同的案例，以确定它们所体现的该领域的大趋势以及版权法的所扮演的具体角色。首先，我们将更深入地讨论 Mino 案；其次，我们将讨论 Scrabulous 案中的起伏；最后，我们将讨论包括牵涉社交游戏巨头 Zynga 在内的一系列的案例。

（一）Tetris（或使用其他名字）

虽然 Xio Interactive 案帮助我们说明了许多之前讨论的问题在实践中的情况，此案作为具有实际指导意义的另一个原因是，它不同于克隆诉讼的整体趋势，因而具有重要的地位，它的争议是由法庭判决解决的。绝大部分克隆侵权的案例是在缺少法庭的情况下通过和解解决的。很显然，高昂的诉讼费用是动因之一。但是，如何区分表达和思想趋向于依靠不精确的分析步骤，如何恰当地分析一个游戏的严峻事实，使得判决结果难以预测。❶ 当备选方案是将一个具有实际价值的知识产权的命运交由法官处理时，许多公司更倾向于利用协商解决问题。

本案中，针对 Tetris，LLC 提出的侵权请求，Xio 提出了一个完全标准意义上的克隆的抗辩：它没有复制任何受保护的创造性表达，相反的，它只复制了 Tetris 中不受保护的规则和功能性元素。❷ 法庭驳回了 Xio 的抗辩，并且认为"从总体来看两个游戏是完全一致的"，而且"在视觉元素上 Tetris 和 Mino 具有如此多的相似处使得这已经类似于字面的复制"。❸ 法庭同样认为，两个游戏中同时出现的大量的游戏元素也构成侵权，因为"这些元素都不是 Tetris 中的思想（或规则以及功能性元素），而是思想的表达"。❹

虽然这一判决是由地区法院作出的，但是在电子游戏版权诉讼领域的发展中它仍然具有一定价值。此案与其他克隆案例具有很多相似之处，最显著的一

---

❶　*Tetris Holding*, *LLC v. Xio Interactive*, *Inc.* 案，863 F. Supp. 2d 394，399（地区法院，2012 年）。

❷　参见 Eric Goldman, *Recent Ruling in Triple Town/Yeti Town Game App Dispute Provides Cautionary Lessons for Both EA and Zynga*, Forbes（2012 年 9 月 27 日），http：//www. forbes. com/sites/ericgoldman/2012/09/27/recent – ruling – in – triple – townyeti – town – game – app – dispute – provides – cautionary – lessons – for – both – ea – and – zynga.

❸　Tetris Holding, LLC, 863 F. Supp. 2d，第 410 页。

❹　同上注，第 413 页。

点在于，这是一家具有知名的知识产权的大型电子游戏公司向一家小型的刚起步的企业主张侵犯知识产权的案件，本案中涉及的游戏是在手机应用平台中相对简单的，使得游戏中的表达性元素和功能性元素更为交叉。

但是，此案的不同之处表明，它可能具有非常有限的预见价值。最为显著的是，Xio 公司的产品是一个极为明显的克隆复制的产品：当在观看游戏、视频和屏幕截图时，法院发现这两个游戏之间的相似之处如此明显以至于看上去几乎是完全一致的，在法院看来，这显然证明了实质性相似。❶ 同样，显而易见的是这一复制并未经过授权，Ms. Golden 承认她的公司在制作 Xio 时下载了 Tetris 游戏的若干版本并且试图使 Xio 看上去尽可能像 Tetris。❷ 此外，另外两个因素也推翻了 Xio 的只复制了不受保护的元素的抗辩。首先，Tetris 是一个自从电子游戏产生就出现了的历史非常悠久的游戏，它的游戏模式在事实上被其他游戏模仿过，但从来没有任何一款游戏复制得如此明显，这意味着存在其他方式表达这款游戏包含的思想，而且这使得不存在适用合并原则的可能性。❸ 其次，Tetris 采用了一种完全随意的、富有想象力的方式处理掉落的游戏方块，这与其他的平面游戏完全不同，所以法院认为这一思想可以用除了 Mino 选择复制的方式之外的许多种方式进行表达。❹

法院如何进行实质性相似的分析同样值得深入探究。在新泽西州，法庭受限于 Whelan 案中所确立的分析方式。❺ 然而，法庭选择了在一定程度上使这一分析方式与 Altai 案中确立的抽象—过滤的分析方式相一致。❻ 在 Tetris 案中，法庭认为，无论如何来表达这一程序中的具体步骤，是 Altai 案中的"抽象—过滤"还是 Whelan 案中的以目的为基础，此案的中心任务都是"区分 Tetris 中受版权法保护的表达和不受版权法保护的元素，之后确定被告的 Mino 游戏的表达与原告的表达之间是否存在实质性相似"。❼ 在分析 Tetris 时，法院如此表明：

> Tetris 是一款益智类游戏，玩家可以熟练控制由不同正方形方块组成的几何形的游戏方块。游戏方块从界面的顶端跌落到低端并在低端累积。一旦上一个游戏方块到达游戏空间中能到达的底端，玩家就

---

❶ Tetris Holding, LLC, 863 F. Supp. 2d，第 410 页。

❷ 同上注，第 397 页。

❸ 同上注，第 412 页。

❹ 同上注，第 408 页。

❺ *Whelan Assocs. , Inc. v. Jaslow Dental Lab* 案，797 F. 2d 1222，1234（第三巡回法院，1986 年）。

❻ Tetris Holding, 863 F. Supp. 2d，第 403 页。

❼ 同上注。

能得到一个新的游戏方块。在游戏方块下落的过程中，玩家可以调整它的形状以吻合已经积累的部分。这款游戏的任务是使所有的游戏方块累积成一条水平线。一旦达成这一任务，这一条线就会消失，玩家将能得分，也将有更多的游戏空间以供游戏。但是，如果方块累计并碰到游戏界面的顶端，则游戏结束。❶

从这一抽象分析可以看出，法庭采用了一个有趣的步骤，既然游戏的所有元素都可以归结于游戏的规则本身，Xio 认为那些与游戏的功能相关的元素不受版权法保护的抗辩不能成立。❷

此案同样体现了实践中的下架程序。Mino 最初发布于 iTunes App Store 上，很快 Mino 就通过了审核并供顾客购买。它获得了大量积极的反馈，而且由于它具有多用户功能，优于目前 iTunes App Store 所提供的 Tetris 的版本，得到了用户的称赞。❸ 虽然如此，在 Tetris, LLC 向 iTunes 发出了告知侵权的通知之后，Mino 被迅速下架。❹ iTunes App Store 作为它审查程序的一部分，告知 Tetris, LLC，除非 Tetris, LLC 采取更正式的法律行动，否则 Mino 将会重新在 iTunes App Store 上架，这使得 Tetris, LLC 提起了诉讼。❺ 通过这种方式，iTunes App Store 事实上将自己的审查职责转移给司法系统，拒绝在游戏的相似性上作出自己的裁定，这使得判断游戏相似性的主体成为法院，由法院依照法律进行判断。值得注意的是，在此时争端解决的成本飙升，开发和上载这个游戏的成本都不高，Tetris, LLC 启动的下架程序也不要求实质性的费用。但是，司法费用的加入使得这个价格平衡被戏剧化地改变，这当然也解释了为什么这类情况下，当事人会选择和解而非诉讼。

（二）Scrabulous

有关游戏 Scrabulous 的案例讲述了另一个有关细微差别的故事。此案表明，时机、流行度以及对于版权法的全面理解如何一起作用，从而决定一款游戏的成功。

故事开始于 2005 年，Rajat 和 Jayant Agarwalla 产生了设计一个网站的想法，以使玩家们在网站上能够玩知名的拼字游戏 *Scrabble*。他们在印度度过了

---

❶ Tetris Holding, 863 F. Supp. 2d，第 409 页。

❷ 同上注，第 409 页。

❸ Mino, 148 Apps, http://www.148apps.com/reviews/mino/，访问日期：2013 年 1 月 21 日。

❹ Tetris Holding, 863 F. Supp. 2d，第 397 页。

❺ 同上注。

少年时代，当时经常会玩这个游戏。❶ 2006 年，他们开发出了此网站，最初仅获得了有限的玩家基础。❷ 为了获得更大的用户群，这两兄弟开发了一个采用同一名称的 Facebook 应用，很快他们自豪地发现，他们成为了最为流行的 Facebook 游戏的所有人，每天有超过 700000 名玩家登入此游戏，每月为他们带来了大约 25000 美元的收入。❸ 然而，Hasbro 公司，Scrabble 游戏在美国的版权所有人，Mattel 公司以及 Scrabble 游戏的全球版权所有人，反感其他人使用他们的知识产权迅速成功。❹ Scrabble 版权方并未迅速地提起诉讼，2008 年上半年，Hasbro 公司和 Mattel 公司试图购买 Scrabulous，但这两兄弟拒绝了这一要求，并提出了 1000 万美元的高价，大大高于 Hasbo 公司愿意支付的价格。❺

收购的不成功，使得 Hasbro 公司选择依照规则，提起了版权侵权诉讼，并在 2008 年 7 月要求 Facebook 启动下架程序，将该游戏下架。❻ Agarwalla 将此应用从 Facebook 上下架，❼ 并试图把他们的游戏重新命名为 Lexulous，❽ 这是一个类似的拼字游戏，但是采用了不一样的商标、不同的总分分配方式以及略微改变了的游戏规则。❾ 其自身的版权得到了保护，Hasbro 公司在当年 12 月撤回了诉讼。❿

2008 年 3 月，Mattel 公司在 Facebook 上发布了他自己的拼字游戏，Scrab-

---

❶ Heather Timmons, *Online Scrabble Craze Leaves Game Sellers at Loss for Words*, N. Y. Times, http：// www. nytimes. com/2008/03/02/business/02game. html？ _ r = 0&sq = facebook% 20scrabulous&st = cse&adxnnl = 1&scp = 10&adxnnlx = 1356292130 – QhTbl1Og0u6V8ESO5AoV4A，访问日期：2008 年 3 月 2 日。

❷ 同上注。

❸ 同上注。

❹ 同上注。

❺ *What Price Scrabulous？*，N. Y. Times，http：//dealbook. nytimes. com/2008/03/04/scrabulous – founders – look – to – score – big – report – says/，访问日期：2008 年 3 月 4 日。

❻ Brad Stone, *Hasbro Notches Triple – Word Score Against Scrabulous with "Lawsuit"*，NYTimes. com，http：//bits. blogs. nytimes. com/2008/07/24/hasbros – notches – triple – word – score – against – scrabulous – with – lawsuit/，访问日期：2008 年 7 月 24 日。

❼ Vindu Goel, *Game Over：Scrabulous Shut Down on Facebook*，Bits，N. Y. Times，http：// bits. blogs. nytimes. com/2008/07/29/facebook – shuts – down – scrabulous/，访问日期：2008 年 7 月 29 日。

❽ Stefan Fatsis and Michele Norris, *Word Score！ Scrabulous Returns as Lexulous*，NPR，http：// www. npr. org/templates/story/story. php？ storyId = 99338221，访问日期：2009 年 1 月 14 日。

❾ 同上注。

❿ *SCRABBLE Maker Hasbro Drops Lawsuit over Online Word Game*，AFP，Google，http：//www. google. com/hostednews/afp/article/ALeqM5g5DtKdbBIfIzl9dDqor4B9tOmIgQ，访问日期：2008 年 12 月 15 日。

ble by Mattel。至 2013 年 3 月 9 日，Lexulous 平均每月有 166.632 名用户；❶ 而 Mattel 发布的，由主要的电子游戏开发商 Electronic Arts 开发的 Mattel 公司的 Scrabble 游戏，平均每月有 1266664 名用户。❷

　　这似乎是一个恰当且合理的结果，但这个故事却更为复杂。2009 年 7 月，当重新命名的 Lexulous 游戏和具有官方授权的 Scrabble 游戏都试图取得原本的 *Scrabulous* 游戏的普及度的时候，一个新的开发者加入了拼字游戏的领域：Zynga。它依照 Lexulous 的模式开发了 Words With Friends 游戏，保留了拼字游戏的基础思想，通过布局方式和计分方式的改变正好能够避免可能会提起的版权侵权。Words With Friends 还提供了一个更为简洁的界面和让玩家任意选择对手的功能。通过这些改进，Zynga 在 Facebook 的应用市场上迅速发展，它的表现使其他两个对手在普及性上黯然失色。至 2013 年 3 月 9 日，它自称平均每月已经有 13666160 名用户。❸

　　这三个游戏在各个时期的起落表明，聪明的市场参与者可以利用现有的对电子游戏薄弱的版权法保护方式来充分利用市场需求。最初，Agarwalla 发现了市场对于类似 Scrabble 的拼字游戏的巨大需求。然而，它们缺少相关的法律风险防控能力，不知道复制一款 Scrabble 一样的游戏将会使他们承担侵权责任，这使他们极大地高估了他们游戏的价值。当 Hasbo 公司和 Mattel 公司试图购买该款游戏时，谈判因此破裂。Mattel 公司和 Hasbro 公司能够保护它们自己的版权，但是缺少更新游戏以不断充分适应市场需求的能力。Zynga 公司，在这个环境下，并没有开发出一个完全原创的智力产品，也没有发现一个新的市场，贡献了最少的创造性，但通过开发和营销一款此类游戏中最符合市场需求的游戏，在此三者中商业上最为成功，通过迅速地发布和营销 Words With Friends，Zynga 公司能够满足此类拼字游戏的需求，此外，它通过对游戏中的表达作出最小的改变以避免承担侵权责任。Zynga 公司绝不会是最后一次尝试采用此种方式。

（三）Zynga 或者最好的为什么不必是第一人

　　Zynga 目前成为手机和社交游戏领域的行业领导者，与此同时，它也成为

---

❶ 所有应用使用数据来源于 AppStats. eu，它跟踪了 Facebook 的游戏应用数据。*Lexulous Word Game*, AppStats. eu, http：//appstats. eu/apps/facebook/1000098 - lexulous - word - game，访问日期：2013 年 3 月 9 日。

❷ *SCRABBLE*, AppStats. eu, http：//appstats. eu/apps/facebook/1000466 - scrabble，访问日期：2013 年 3 月 9 日。

❸ *Words With Friends*, AppStats. eu, http：//appstats. eu/apps/facebook/1005784 - words - with - friends，访问日期：2013 年 3 月 9 日。

克隆诉讼中最经常出现的当事人之一。这两个现象并不是毫不相关的。Zynga 公司接受了一套以 Words With Friends 的成功为典型的方法。Zynga 公司的 CEO，Mark Pincus 甚至在公司内部备忘录中承认："我们不需要成为市场中第一人，我们必须成为市场中的最好的……我们通过对游戏的改进，使游戏免费、更为社会性、更容易接触以及具有最高的质量。"❶ 虽然这除了对信念的核心表达并没有其他的内容，但能很有趣地注意到这一信念与版权法保护软件的方式是一致的。采用足够的保护以激励创新，但又将这一保护范围限定在较窄的范围内以允许接下来的开发者继续推进这一创新。

Zynga 通过对于诉讼的激进的立场证实了 Pincus 先生的观点，这可以从它对待侵权的声明的两面的态度体现出来。Electronic Arts 于 2012 年提起了一项诉讼，认为 Zynga 的 The Ville 游戏对其出品的 The Sims Social 游戏造成了侵权，❷ 此外在此年早些时候 Buffalo Studios 指控 Zynga Bingo 克隆了其出品的 Bingo Blitz。❸ 小规模的开发者 Nimblebit 由于过高的费用而回避了司法诉讼，但通过向法庭提供一张与 Zynga 开发的 Dream Heights 游戏的对比图片，指称其侵犯了 Nimblebit 开发的 Tiny Tower 的版权。❹ Zynga 一般都强硬地回应这些原告提起的侵权诉讼。该公司经常声称，所有的游戏在一定程度上都必要地侵犯其之前游戏的某种权利的观点，这一观点与 Zynga 公司的"在改进中也能体现创新"这一观点想吻合。❺

然而，这并不是说 Zynga 在保护它自己的知识产权方面不积极。在一个案例中，Zynga 起诉 Brazilian 所启动的 Vostu 如此多地复制了它开发的游戏，以至于 Vostu 复制了游戏中的失误之处。❻ Vostu 回应称，Zynga 在过去的几年中

---

❶ Keith Andrew, *We're Not the First but We Aim to be Best says Zynga CEO Pincus*, *Refuting Clonegate*, Zynga News, PocketGamer. biz, http：//www. pocketgamer. biz/r/PG. Biz/Zynga + news/news. asp？c = 37418，访问日期：2012 年 12 月 22 日。

❷ 参见 Complaint, Electronic Arts v. Zynga, 3：12 – cv – 04099（N. D. Cal. filed Aug. 3, 2012）。

❸ 参见 an Takahashi, *Zynga CEO*：*We Aren't the Copycats on Bingo Social Game*（*exclusive interview*），Venture/GamesBeat, http：//venturebeat. com/2012/01/31/zynga – mark – pincus – copycat – interview/，访问日期：2012 年 1 月 31 日。

❹ 参见 Paul Tassi, *Everything Wrong with Zynga in One Image*, Forbes, http：//www. forbes. com/sites/insertcoin/2012/01/25/everything – wrong – with – zynga – in – one – image/，访问日期：2012 年 1 月 25 日。

❺ 有关 Zynga 提供的一系列对于某些方面此类游戏复制的视觉比较，参见 Paul Tassi, *A Photo Retrospective of the Games Developers Say Zynga Has Cloned*, Forbes, http：//www. forbes. com/sites/insertcoin/2012/08/08/a – photo – retrospective – of – the – games – developers – claim – zynga – has – cloned/，访问日期：2012 年 8 月 8 日。

❻ Michael Arrington, *WAR！Zynga Sues the Hell Out Of Brazilian Clone Vostu*, TechCrunch, http：//techcrunch. com/2011/06/16/war – zynga – sues – the – hell – out – of – brazilian – clone – vostu/，访问日期：2011 年 6 月 16 日。

一直在做同样的事，这两家企业共享相同的投资人，这个诉讼仅仅是对于该两家公司合作帮助 Zynga 公司在巴西拓展其市场的这一商业合作失败的报复。❶ 当 Zynga 的案子仍在等待美国法院裁决的时候，Zynga 公司同时在巴西提起了诉讼，巴西法院迅速地发布了一项禁令，要求在 48 小时内停止运行 Vostu 的游戏。❷ 美国法院的法官，由于担心他对于这个案子的审判权受到巴西法院的干扰，基于 Zynga 对于美国司法权的藐视，试图命令巴西法院不要发布这样一项禁令。❸ 虽然此案很大程度上具有司法性质，但当这个案子最终判决时，❹ 它表明了当牵涉国际版权法时，克隆案例所显示出的不同的特点。

从 Zynga 的个案当中所能搜集到的资料相比整个大趋势来说是很少的。就绝大部分而言，这个案子几乎和 Words With Friends 所表现的方式一样：一家小公司开发了一个成功的游戏，Zynga 复制了这个游戏并在很多方面进行了升级，并通过其在市场上的控制力取得商业上更大的成功。虽然对于这一完全建立在别人的原创性基础上并借此获利的商业模式，可能会有些声誉不佳的说法，但是这一商业模式并不，或者说在理论上并不违背版权法的目的。由于 Zynga 实际上对于这些游戏作出了改进和创新，很难说实用艺术和科学的进步被阻挠了。如果说存在什么不公平，这更大程度上是商业性的而非源自法律，Zynga 的较大的规模使得其较之于小规模的开发者可以在更大的范围内推广它的游戏，同时高昂的司法费用使得它避免承担了很多它本来可能要面对的法律责任。

然而，Zynga 自身创新模式的一个重要瑕疵在于，它对于循环推理的依赖。它基于开发了更好的游戏来评价自身的克隆行为，而用来论证开发了更好的游戏的依据在于辉煌的销售数额；这些销售数额经常是克隆的直接结果。虽然严格的资本主义经济学家可能争辩说销售更多的产品意味着市场认为这个产品更具有优势，但是 Zynga 混淆因果关系仍然是具有一定危险的。❺ 质疑 Zynga

---

❶ Michael Arrington, *U. S. Judge Slaps Around brazilian Court in Zynga v. Vostu*, TechCrunch, http：// techcrunch. com/2011/08/11/u－s－judge－slaps－around－brazilian－court－in－zynga－v－vostu/，访问日期：2011 年 8 月 11 日。

❷ 同上注。

❸ 同上注。

❹ Leena Rao, *Zynga, Vostu Settle Copyright Lawsuit*; *Brazilian Gaming Company to Pay Up*, Tech-Crunch, http：//techcrunch. com/2011/12/06/zynga－vostu－settle－copyright－lawsuit－brazilian－gaming－company－to－pay－up/，访问日期：2011 年 12 月 6 日。

❺ Zynga 公司从那些对于它不断增长的用户基础和新的电子社交机制过于关心的人们那里惹来了批评，批评它损害了游戏的美学的、艺术的和游戏设计方面的元素。参见 Yannick Lejacq, *Something for Nothing*：*How the Videogame Industry Is Adapting to a 'Freemium' World*, Int'l Bus. Times。One commentator labeled Zynga's repetitive, social gameplay elements as "coercive" and lacking in creativity and termed its place in the social gaming market as "The Zynga Abyss." Benajmin Jackson, *The Zynga Abyss*, The Atlantic, http：// www. theatlantic. com/technology/archive/2012/01/the－zynga－abyss/251920/，访问日期：2012 年 1 月 24 日。

公司取得了更好的销售业绩的原因在于，它在手机游戏和社交游戏市场上已经具有了名牌效应，它通过市场声誉和控制力来和顾客联系并销售游戏，而不需要考虑实际上对原始的游戏作出了多少改进。由于无法控制市场的不平等性，我们难以判定商业上的成功是基于市场能力还是游戏的创新。尤其是此类案件通常是以和解方式解决，使得法院难以进行完整的法律分析。但仍然有理由怀疑，Zynga 所谓的创新看上去更像是为了迎合版权法狭窄的保护需求所作出的装点门面的调整。

最新得以解决的 Electronic Arts v. Zynga 案被认为是对于 Zynga 公司"快速模仿"方式某种程度上的批评。[1] 在此案中，Electronic Arts 作为电子游戏工业的一个比 Zynga 规模更大的公司，其下属部门 Maxis 指称 Zynga 开发的 The Ville 侵犯了 Maxis 开发的 The Sims Social 的版权。[2] 这项指控的范围非常深入，不仅仅是游戏机制本身，还包括角色类型、设计、艺术设计，甚至房间的设置以及红—绿—蓝的颜色设计方案。[3] 最初，双方当事人似乎都有将这个争议提交法院解决的决心和资源，这使得这个案子有机会能够改变版权法在电子游戏诉讼领域的适用范围。[4] 但是，即使这个案子交由法庭审理，这项版权指控的特殊的环境使得即使能够证明侵权，也仅和 Tetris Holding 案一样仅能够证明版权法另一非常狭窄的适用范围。相反的，由于这两个游戏集中于普通人能够操纵的日常的、现实的活动，法院也许可以基于体裁原则总结出许多游戏中不受版权法保护的元素，Electronic Arts 不能被赋予拟制模仿现实世界的垄断权力。最后，对于那些希望能够看到版权法的里程碑式的改变的人来说，[5] 由于案件

---

[1] 参见 Owen Thomas, *EA And Zynga Have Given Up On A Pointless Lawsuit Over An All - But - Dead Game*, Bus. Insider, http：//www. businessinsider. com/ea - zynga - the - ville - lawsuit - 2013 - 2，访问日期：2013 年 2 月 15 日；Erik Kain, *Clone Wars：Zynga vs. EA and the Baffling Laziness of Copycat Games*, Forbes, http：//www. forbes. com/sites/erikkain/2012/08/10/clone - wars - zynga - vs - ea - and - the - baffling - laziness - of - copycat - games/，访问日期：2012 年 8 月 10 日。在商业领域，"快速模仿"是指一家公司并不参与完整的创新，相反采用快速模仿创新者以吸收和改进他们的创新，而不用冒在研发上花费过多的风险。参见 Ana Andjelic, *The Fast - Follower Digital Game Plan*, AdAge Digital, http：//www. cmo. com/articles/2012/12/7/the - fast - follower - digital - game - plan. frame. html，访问日期：2012 年 12 月 4 日。

[2] 参见 Complaint, Electronic Arts v. Zynga, 3：12 - cv - 04099（N. D. Cal. 2012 年 8 月 3 日）。

[3] 同上注。

[4] 参见 Steve Peterson, *Zynga Slams EA in Court Filing, Calls Them "Desperate,"* GamesIndustry Int'l, http：//www. gamesindustry. biz/articles/2012 - 09 - 14 - zynga - slams - ea - in - court - filing - calls - them - desperate，访问日期：2012 年 9 月 14 日。

[5] 参见 Ben Maxwell, *EA and Zynga Settle The Ville Legal Dispute Out of Court*, Edge Online, http：//www. edge - online. com/news/ea - and - zynga - settle - the - ville - legal - dispute - out - of - court/，访问日期：2013 年 2 月 18 日。

中两家公司均选择了法庭外和解的方式，使得此案仅仅成为 Zynga 的另一有关克隆的商业交易而已。❶

五、克隆这事儿

在回顾"克隆战争"的所谓的战场的时候，一个立刻可以得出的结论是，他们在很大程度上被错误地命名了。从法律的立场来看，它们之间并不存在特别好战的因素。相反，它们代表了一个迅速发展的市场和一个狭窄的、事实特定化的法律标准之间的冲突，很难在法庭之外预料结果。与此同时，在电子游戏行业之内，成本正在下跌。技术手段正在提高开发、分销和零售的水平，成本在不断下降，使得大量的新成员涌入这个行业。

然而，价格标签仍然保持着不断上涨，即在法庭维护版权的司法费用持续攀升。由于目前电子游戏行业正在不断地壮大和多样化，在某种程度上，新加入的成员并没有进入司法程序所必须的相应的经济资源，数字分销平台提供了下架程序作为"半司法"的审查和上诉程序第一步。在陷入巨额的司法费用或设定新的稳定的司法标准之间，数字分销平台应当在法律范围内承担尽可能健全的下架审查以及申述制度的责任，以使开发者如果不能在法庭内，至少能通过市场取得相应的补偿。

当然，将权利集中于少数几家数字分销平台是有风险的，但同时将版权法作为仅有少数富有的市场开发者能够动用的王牌也是有风险的。这也许远不是一个完美的主意，但是对于这个行业来说这似乎是最可能的发展方向。当发展使得市场变得更加易于进入时，分销平台必须准备好成为这一领域新的守门人，不仅拥有管理版权侵权指控的权力，而且可以控制顾客的准入。从长期来看，这事实上可以帮助这一行业更长远地向大众化发展，当一些分销平台变得日益有影响，大型开发者分销能力的优势可能会缩减，一个小型的、资金不充足的、预算有限的开发者也能够仅基于他们开发的游戏来进入竞争的环境。相反的，大型的游戏开发者也有可能通过他们的优势资源废止有利的分销交易，更加深了这个环境的不平衡。现在，在软件保护领域将无法预料、不合常理的判决排除在外，版权法也并不是以这样或那样的方式发生作用。相反，克隆诉讼将会继续远离法庭并趋向于通过数字分销平台设置的审查机制进行解决。如果克隆战争真的到了战争的程度，将会有更多的战役打响。

---

❶ Frank Cifaldi, *EA and Zynga Settle The Ville Copycat Case Out of Court*, Gamasutra, http://www.gamasutra.com/view/news/186789/EA_and_Zynga_settle_The_Ville_copycat_case_out_of_court.php#.UScXdOjD7cG，访问日期：2013 年 2 月 15 日。

减免损害赔偿金原则与版权

凯西·胡廷（Casey Hultin）* 著

顾 韵 译

万 勇 校

最近，联邦第一和第八巡回上诉法院分别就点对点文件分享侵犯版权案件作出了判决。这些案件中的被告都是日常生活中的普通人，但这些案件中的损害赔偿数额却并不一般，部分案件的赔偿数额甚至超过了100万美元。法院在上述案件中都适用了普通法上的减免损害赔偿金原则。当证据表明陪审团裁定的损害赔偿额明显过高时，减免损害赔偿金原则允许法院降低损害赔偿的数额。当法院允许减免损害赔偿时，接受损害赔偿的一方可以选择接受减免后的赔偿金额。如果接受损害赔偿的一方对于减免后的赔偿金额并不满意，他们也可以选择进行一场新的诉讼。在 Sony BMG Music Entertainment v. Tenenbaum 案中，陪审团认为被告应就其非法下载34首歌曲的行为向原告支付67.5万美元的损害赔偿金，之后被告提出了要求减免损害赔偿的动议，然而法院认为本案不应适用减免损害赔偿金原则。❶ 与此相反，在 Capitol Records, Inc. v. Thomas - Rasset 案中，陪审团判决原告应获得192万美元的损害赔偿金，相当于被告对其下载的每首歌应赔偿8万美元，明尼苏达州地区法院支持了被告要求减免损害赔偿金的动议。❷ 法院认为该案适合适用减免损害赔偿金原则，而该案原告并未接受减免后的赔偿额，而是提起了一场新的诉讼。❸

本文主要分为三部分。第一部分介绍了减免损害赔偿金原则的发展历史，

---

* 作者为加州大学伯克利分校法学院法律博士。

❶ *Sony BMG Music Entertainment v. Tenenbaum*, 2012 WL 3639053, No. 07 - 11446 - RWZ（D. Mass Aug. 23, 2012）.

❷ *Capitol Records, Inc. v. Thomas - Rasset*, No. 11 - 2858（8th Cir. Sept. 11, 2012）.

❸ 同上注。

第二部分介绍了该原则与版权法的互动，第三部分介绍了该原则将来可能的适用方式。最近，美国唱片业协会（RIAA）宣布其不会再提起针对个人侵权者的诉讼，这使得针对服务商提起的诉讼成为弥补网络版权侵权损害的最好方式。目前，也有由独立电影制片人起诉的案件正在进行中，这些案件是针对利用点对点文件分享网络进行下载的用户。目前，尚不能确定减免损害赔偿金原则是否可以适用于这些案件。在针对帮助侵权者的诉讼中，损害赔偿金额不可能太高而"震惊良心"，因此减免损害赔偿金原则并不太可能适用于这些案件。

一、有关减免损害赔偿金原则的背景知识

"当陪审团裁决的损害赔偿数额过于巨大以至于使法院的'良心'感到震惊时"，减免损害赔偿原则允许法院降低被告应支付给原告的损害赔偿数额。❶ 法院"能依赖自己对审判中所涉所有证据的理解"，决定陪审团裁决的损害赔偿数额是否过高。❷ 如果法院在审查各项庭审证据后认为裁决的数额"过高"，❸ 那么其可以适用减免损害赔偿金原则，而原告可以选择接受或不接受减免后的赔偿额。如果原告选择不接受减免后的损害赔偿额，作为替代措施，原告可以提起新的诉讼程序。❹ 在原告没有选择提起新的诉讼程序的情况下，各个巡回法院对于原告是否还可以就减免损害赔偿的判决进行上诉这一问题存在分歧。❺

本部分将首先回顾减免损害赔偿金原则的发展历史，尤其是最高法院就适用这一原则所发展的判例法。随后，将讨论减免损害赔偿金原则在第七修正案下的合宪性问题。

（一）减免损害赔偿金原则的历史

减免损害赔偿金原则第一次在联邦法院系统出现，是在 1822 年的 Blunt 诉

---

❶　参见 *Eich v. Bd. of Regents for Cent. Mo. State Univ.*，350 F. 3d 752，763（8th Cir. 2003）.

❷　*Capitol Records Inc. v. Thomas - Rasset*，680 F. Supp. 2d 1045，1050（D. Minn. 2010）（citing *Schaefer v. Spider Staging Corp.*，275 F. 3d 735，738（8th Cir. 2002））.

❸　*Eich*，350 F. 3d，at 763.

❹　参见 *Korotki v. Goughan*，597 F. supp. 1365，1368（D. Md. 1984）.

❺　参见 *Gilbert v. St. Louis - San Francisco R. Co.*，514 F. 2d 1277（5th Cir. 1975），认为原告被迫接受减免损害赔偿以后，仍可以就减免后的赔偿额提起上诉；不过，在 Collum 诉 Butler 案中（421 F. 2d 1257（7th Cir. 1970）），法院认为：当原告选择接受减免损害赔偿而非进行新的诉讼时，就已经放弃了减免后的赔偿额上诉的权利。

Little 案中。❶ 在该案中，在陪审团作出了一个损害赔偿金数额过高的裁决后，被告提出动议要求提起新的诉讼。❷ 法院确定了一个适当的损害赔偿金数额，并指示原告可以选择接受这一数额或者提起一个新的诉讼。❸ 最高法院在北太平洋铁路公司诉 Herbert 案中，认为：法院有权减免损害赔偿金。❹ 减免损害赔偿金原则的正当性理由，不仅在于其有助于控制陪审团过高的裁决数额，也限制了诉讼所耗费的时间。诉讼双方当事人可以依据减免损害赔偿金原则达成令人满意的解决方案，无需完成案件的全部诉讼程序，节省了双方额外的巨额费用。

在联邦法院适用减免损害赔偿金原则之前，该原则首先出现在英国普通法中。18 世纪的一些判例法表明，减免损害赔偿金原则及与之相对应的增加损害赔偿金原则❺，都是英国普通法的一部分。❻ 此外，于 1856 年首次出版的《梅恩论损害赔偿》（*Mayne's Treatise on Damages*）一书，指出减免损害赔偿金原则可能脱胎于法官经常采用的避免再次进行庭审的一种非正式做法：

> "当陪审团作出裁决的数额过高时，为了减少启动新的庭审程序，法官通常会建议律师接受一个赔偿总额。在律师不同意的情形下，法院无权采用将损害赔偿减少至一个合理数额的方式，来代替启动新的庭审程序。近来判决的案件也表明，如果赔偿数额过低，而原告要求法院启动新的庭审程序，那么即使是在被告同意的情况下，法院也无权增加赔偿数额。❼

进一步来说，在损害赔偿数额比较确定的情况下，例如，债务案件，法院通常会采取上述做法。然而，在一些损害赔偿数额的确定相对主观的案件，例如，人身伤害案件中，法院通常不采用上述做法。❽ 与英国普通法十分相似的是，在联邦法院的判决中，通常并不适用减免损害赔偿金原则。尽管减免损害赔偿金原则的适用频率不高，但该原则的适用，一直都受最高法院关键判决的影响。正如下文所述，这些最高法院的判决构成了现在分析和实施减免损害赔偿原则的规则框架。

---

❶ 参见 Suja A. Thomas，*Re - Examining The Constitutionality of Remittitur Under the Seventh Amendment*，64 Ohio St. L. J. 731，731 - 32（2003）（citing *Blunt v. Little*，3 F. Cas. 760（C. C. D. Mass. 1822）.

❷ 同上注。

❸ 同上注。

❹ 参见 *Northern Pac. R. R. Co. v. Herbert*，116 U. S. 642，646 - 47（1886）.

❺ 当法院增加陪审团裁决的赔偿金额时，就会适用增加损害赔偿金原则（additur）。

❻ 对此问题的一般论述，参见 *Blunt*，3 F. Cas. 760.

❼ 同上注，引用了 John Dawson Mayne，Mayne's Treatise on Damages，580（1st ed. 1856）.

❽ 参见 *Dimick v. Schiedt*，293 U. S. 474，480（1935）.

1. Dimick v. Schiedt 案废除了增加损害赔偿金原则，支持了减免损害赔偿原则

在 Dimick 诉 Schiedt 一案中，法院审查了增加陪审团裁决的损害赔偿金数额的合宪性，同时也在减免损害赔偿原则和增加损害赔偿原则的关系的背景下，分析了减免损害赔偿原则的合宪性。❶ 在该案中，由于被告驾驶汽车时存在过失，原告获得了 500 美元损害赔偿的裁决。❷ 原告认为这一裁决金额过低，请求启动新的庭审程序。❸ 一审法官予以同意，并且作出裁定：除非被告同意赔偿 1500 美金，否则将启动新的庭审程序。❹ 被告同意这一金额，但原告却对这一裁定提出上诉，认为该案件有权再次请陪审团审理。❺ 上诉法院推翻了原审法院的裁定，认为增加损害赔偿金的做法是违宪的。❻ 最高法院最终同意了上诉法院的判决，认为增加损害赔偿金原则违反了宪法第七修正案。❼

最高法院在审查 1791 年制定宪法时普通法中是否存在增加损害赔偿原则的同时，审查了减免损害赔偿原则的合宪性。❽ 最高法院认为：增加损害赔偿原则并未在英国普通法下充分建立起来，从而没有满足上述要求。❾ 最高法院接着讨论了另一个论证埋由，该理由认为联邦法院适用了减免损害赔偿原则，因为增加损害赔偿原则类似于减免损害赔偿原则，因此类似地增加损害赔偿原则也应具备合宪性。❿ 为支持这一分析，最高法院还讨论了减免损害赔偿原则的合宪性。⓫ 根据对 1791 年之前的专著和一系列普通法案例的分析，最高法院认为有足够的证据证明：在 1791 年，减免损害赔偿原则已经存在了。⓬ 自 Dimick 案以来，法院一致认为联邦法院有权减免损害赔偿金。⓭

2. 一审法院有决定减免损害赔偿金的裁量权

在 Neese 诉 Southern Railway Co. 案中，最高法院维持了一审法院将 6 万美

---

❶ 参见 *Dimick v. Schiedt*, 293 U. S. , 第 474 页。
❷ 同上注。
❸ 同上注，第 475 页。
❹ 同上注。
❺ 同上注。
❻ 同上注，第 476 页。
❼ 同上注。
❽ 同上注。
❾ 同上注。
❿ 同上注，第 482 页。
⓫ 同上注。
⓬ 同上注，第 477～478 页（认为论文组成了足够证据证明减免损害赔偿原则存在于普通法下）。
⓭ 参见例如 *Denholm v. Houghton Mifflin Co.* , 912 F. 2d 357, 361 (9th Cir. 1990); *Evers v. Equifax, Inc.* , 650 F. 2d 793, 797 (5th Cir. 1981); *Johnson v. Rogers*, 621 F. 2d 300, 306 (8th Cir. 1981); *Homles v. Wack*, 464 F. 2d 86 (10th Cir. 1972).

金的损害赔偿金减免至 1 万美金的判决，因为减免损害赔偿金原则赋予了一审法院适当减免损害赔偿金的裁量权。❶ 在该案中，在陪审团作出了支持原告的裁决后，被告提出动议，以损害赔偿金数额过高为由要求启动新的庭审程序。❷ 一审法院并未接受被告的动议，而是认定减免损害赔偿金额更为合适。❸ 原告接受了这一数额；被告则针对减免损害赔偿金的决定提出了上诉，主张一审法院滥用其裁量权。❹ 上诉法院同意了被告的诉请，认为一审法院确实滥用了其裁量权。❺ 然而，最高法院推翻了上诉法院的判决，认为一审法院减免损害赔偿金额的判决存在强有力的证据支持，并未滥用其裁量权。❻

3. 决定如何减免损害赔偿金时考虑《联邦民事程序规则》第 59 项是合适的

在最高法院作出 Neese 案判决的三十多年之后，最高法院在 Browning - Ferris Industries, Inc. v. Kelco Disposal, Inc. 案中，再次讨论了一审法院适用或拒绝适用减免损害赔偿金原则的问题，并认为法院应适用《联邦民事程序规则》（FRCP）第 59 条确立的指导原则来帮助其作出判决。❼ 在 Browning - Ferris 案中，被告对陪审团针对一项反垄断行为作出 600 万美元惩罚性损害赔偿金的裁决提出了上诉。❽ 上诉法院支持了这一损害赔偿金数额，认为原审法院在否决被告动议进行新庭审程序或是减免损害赔偿金这一问题上，并未滥用其裁量权。❾ 最高法院支持了上诉法院的判决，认为在实际损失为 5.1 万美元的情况下，拒绝减免 600 万美金的惩罚性损害赔偿金并非滥用自由裁量权。❿ 最高法院认为，在认定采取减免损害赔偿金是否适当时，一审法院应考虑《联邦民事程序规则》第 59 条。⓫ 最高法院认为参照第 59 条来判断损害赔偿金数额是否过高并决定是否支持启动新的庭审或者减免损害赔偿金的动议是一种合适的方法，（同时其）拒绝创立一项规则来限制损害赔偿金和惩罚性赔偿

---

❶ 参见 *Neese v. Southern Ry. Co.*, 350 U. S. 77 (1955).

❷ 同上注。

❸ 同上注。

❹ 同上注。

❺ 同上注。

❻ 同上注，第 78 页。

❼ *Browning - Ferris Indust.*, *Inc. v. Kelco Disposal*, *Inc.*, 492 U. S. 257, 279 (1989)，需要注意的是，FRCP 第 59 条认为应关注与地区法院在拒绝支持动议时是否滥用了自由裁量权。

❽ 同上注，第 259 页。

❾ 同上注，第 262 页。

❿ 同上注。

⓫ 同上注，第 278 页。

之间的相对比例。❶

（二）减免损害赔偿金原则与美国宪法第七修正案

自 Dimick 案以来，关于减免损害赔偿金原则在美国宪法第七修正案下的合宪性问题，学术界已经多有讨论。❷ 美国宪法第七修正案确定了陪审团在民事审判程序中的地位，并大致确定了在何种情形下法院可以作出潜在意义上改变陪审团裁定的判决。❸ 目前，根据 Dimick 案，减免损害赔偿金原则是合宪的，并不违反美国宪法第七修正案的"重新审查条款"。❹

重新审查条款规定："在普通法的诉讼中……除根据普通法规则外，任何法院不得重新审查已由陪审团裁决的事实。"❺ 在实践中，该条款意味着法院认定陪审团裁决金额过高的判决可能违宪。然而，对于损害赔偿金合宪性问题的分析，根据对"重新审查条款"的不同理解而有所不同。❻ 有一些研究损害赔偿金合宪性问题的学者认为："普通法规则"仅限于在美国宪法制定时存在于英国普通法下的规则。❼ 其他学者则认为"普通法规则"的概念是变动的，且应灵活理解，不应局限于某个特定的时间段。❽ 对减免损害赔偿金原则合宪性的质疑，主要基于以下理由：在 1791 年，有关普通法规则应已经存在。❾ 该观点认为：最高法院并没有充分研究当时英国有关减免损害赔偿金的判例法，因此其并没有足够的依据主张该普通法规则存在的程度已足够适用"重新审查条款"。❿ 上述观点在 Dimick 案中得到了部分支持，最高法院在减免损害赔偿金原则及增加损害赔偿金原则在 1791 年之前是否存在这一问题上，引用了类似的 1791 年之前的判例，并且认为两者都违反了美国宪法第七修正案。⓫ 然

---

❶ *Browning - Ferris Indust. , Inc. v. Kelco Disposal, Inc.* , 492 U. S. 257, 279 (1989)，第 279 页。

❷ Suja A. Thomas, *Re - Examining The Constitutionality of Remittitur Under the Seventh Amendment*, 64 Ohio St. L. J. 731, 731 - 32 (2003) (citing *Blunt v. Little*, 3 F. Cas. 760 (C. C. D. Mass. 1822).

❸ 同上注，第 732 页。

❹ 参见 *Dimick v. Schiedt*, 293 U. S. 474, 480 (1935).

❺ U. S. CONST. amend. VII.

❻ Suja A. Thomas, *Re - Examining The Constitutionality of Remittitur Under the Seventh Amendment*, 64 Ohio St. L. J. , 第 763 ~ 764 页。

❼ 同上注。

❽ 参见 Kenneth S. Klein, *The Myth of How to Interpret the Seventh Amendment Right to a Civil Jury Trial*, 53 OHIO ST. L. J. 1005, 1025 (1992)，引自 *Galloway v. United States*, 319 U. S. 372, 390 (1943).

❾ 同上注。

❿ 同上注，第 734 页。

⓫ 同上注，*Dimick v. Schiedt*, 293 U. S. 474, 482 (1935)。Dimick 案的法院引用了英国判例法证明减免损害赔偿原则和增加损害赔偿原则几乎同等程度存在，但是其仍然认为由于增加损害赔偿原则在 1791 年的英国普通法中并未充分的建立起来，该原则违宪。

而，在作出 Dimick 案判决的时候，联邦法院的先例已经确立了减免损害赔偿金的原则及其功能，最高法院也解释了减免损害赔偿金和增加损害赔偿金与第七修正案的立法目的之间的关系并不相同。❶ 最高法院已经反复声明：美国宪法第七修正案的立法目的是保护陪审团对案件进行实质性审判，而非在程序上要求陪审团审判的必要性。❷ 在 Dimick 案中，最高法院认为：在适用减免损害赔偿金原则的情况下，如果陪审团要裁决更高的赔偿数额，则必须以其认为减免后的赔偿数额并不足够为前提，而在适用增加损害赔偿金原则的情况下，如果陪审团要拒绝支持更高的赔偿数额，则其也要默示地证明其认为较低的赔偿数额已经足够了。❸

州法中有关减免损害赔偿金的等价条款符合美国宪法第七修正案。在 Gasperini v. Center for Humanities, Inc. 案中，最高法院认为，第二巡回法院适用纽约州法典中有关减免损害赔偿金的等价条款，来判断一审法院运用裁量权减免赔偿金数额是否有误是适当的。❹ 在该案中，Gasperini 起诉人文中心（the Center for Humanities）侵犯其摄影作品幻灯片的版权，他上诉至最高法院，主张根据纽约州的法律，特别是《纽约民事程序法律规则》（CPLR）第 5501 条第（c）项，法院控制陪审团裁定中赔偿金的数额是违反美国宪法第七修正案的。❺ CPLR 第 5501 条第（c）项通过考察判决是否"严重偏离了合理的赔偿金的数额"，来衡量赔偿金额是否过高。❻ 这一标准与传统的普通法下适用的"震撼良心"（shock the conscience）的标准不同。❼

最高法院审查了确定最初赔偿金数额的依据。❽ 在审判过程中，Gasperini 请求专家证人出庭作证，证明每张摄影作品幻灯片 1500 美元的"行业标准"价值是以幻灯片所有者在创作者终身及死后 50 年内，通过许可费所获得的收入为标准的。❾ 然而，第二巡回法院认为有关"行业标准"的证据不足以成为如此高额赔偿金的合理依据；照片的唯一性、通过展示照片所获得的实际收入，例如，签署的在将来出版的书籍中进行展示的交易金额，都是需要考虑的

---

❶ 参见 Correction Of Damage Verdicts By Remittitur And Additur, 44 Yale L. J. 318, 323 – 24 (1934).
❷ 同上注。
❸ 参见 Dimick, 293 U. S. at 490 – 91.
❹ 参见 Gasperini v. Center for Humanities, Inc., 518 U. S. 415 (1996).
❺ 同上注，第 421 页。
❻ 同上注，第 415 页。
❼ 同上注，第 416 页。
❽ 同上注，第 422 页。
❾ 同上注，第 420 页。

因素。❶ 最高法院在本案中签发了调卷令，以便确定一项适当的标准，来判断在损害赔偿诉讼中，陪审团裁决的数额是否过高。❷ 最高法院认为，为了判断在纽约州法律下裁决的赔偿金数额是否过高，审判法院需要考虑纽约州的其他相关判决。❸ 在这一过程中，最高法院也讨论了上诉法院是否可以依据美国宪法第七修正案自行减免赔偿金额的问题。❹ 有意思的是，虽然在本案中，最高法院最终作出了上诉法院可以自行减免赔偿金额的结论，但最高法院还是撤销了第二巡回法院的判决，并将案件发回地区法院，要求其根据照片的独创性及其他相关因素对赔偿金额进行重审。❺ 最高法院的这一判决表明，可以管辖多个州的联邦上诉法院无权依据美国宪法第七修正案减免赔偿金数额。❻

　　由于自 1934 年之后最高法院并未重新审查普通法下减免损害赔偿金原则的合宪性问题，因此，减免损害赔偿金原则依然被认为符合美国宪法第七修正案的规定。同时，考虑到减免损害赔偿金原则这一问题被最高法院审查的频率不高，因此，在可预见的将来，这一原则有可能一直具有合宪性。

二、减免损害赔偿金原则和版权

　　最近，在两起重要的点对点文件分享侵犯版权案件中，减免损害赔偿金原则的问题再次浮出水面。❼ 虽然在这两起案件中都适用了"震撼良心"标准，且赔偿金数额也相似，但是法院却就是否适用减免损害赔偿金原则问题得出了不同结论。❽ 法律对版权损害作了规定，对每件侵权作品的损害赔偿额规定了一个范围。本部分将讨论法定赔偿在版权法下的功能，以及在 Feltner v. Columbia Pictures Televisions，Inc 案后，法院在确定法定赔偿时所扮演角色的变化。随后，本部分将以点对点文件分享案例，即 Sony BMG Music Entertainment 案和 Capitol Records 案为视角，来考察在版权法中，减免损害赔偿金原则和法定赔偿是如何互动的。

---

❶ 参见 *Gasperini v. Center for Humanities, Inc.*，第 419 页。
❷ 同上注。
❸ 同上注，第 438 页。
❹ 美国宪法第七修正案解释了在有陪审团的民事审判中法院所扮演的角色；同上注。
❺ 同上注。
❻ 同上注，第 439 页，Stevens 法官的反对意见。
❼ 参见 *Sony BMG Music Entertainment v. Tenenbaum*，2012 WL 3639053，No. 07－11446－RWZ（D. Mass Aug. 23，2012）；*Capitol Records, Inc. v. Thomas－Rasset*，No. 11－2858（8th Cir. Sept. 11，2012）.
❽ See Tenenbaum III，2012 WL 3639053，at ＊1；Thomas－Rasset V，692 F. 3d at 905.

（一）版权法中的法定赔偿

根据版权法的规定，原告有权在最终判决作出之前的任何时间选择适用法定赔偿。[1] 法定赔偿的范围是：每件侵权产品赔偿 750 美元至 15 万美元。[2] 法定赔偿范围数额较高的区间，即每件侵权产品赔偿 3 万美元至 15 万美元，只能适用于故意侵权案件。[3] 从历史角度来看，在版权法中规定法定赔偿的目的是，在原告难以证明实际损失的情形下——这一情形在版权侵权案件中经常发生——用这种方式为原告提供一些赔偿。[4] 然而，从现行的版权法来看，法定赔偿制度还具有鼓励版权人注册的额外目的，因为只有在作品出版后三个月内将其版权予以注册的作者，才可适用法定赔偿。[5] 此外，国会还修改了版权法，规定法定赔偿的计算标准，依据"每件侵权产品"，而非"每一侵权行为"计算，以此在保证赔偿金数额不会过高的同时，也能对潜在侵权者施加足够的威慑。[6] 然而，由于采取"每件侵权产品"的标准，从而使得可获得的赔偿金数额的范围很大，因此，这一保护措施并不能保证赔偿金数额不会过高。[7] 除了规定每件侵权产品赔偿 3 万美元至 15 万美元的范围仅适用于故意侵权的情形以外，国会并未在版权法中规定如何确定法定赔偿金数额的指导原则。[8] 这导致在版权侵权案件中，法院可能判决的赔偿金数额的范围相当大；同时，由于缺乏清晰的规则，对于法院而言，适用减免损害赔偿金原则是确定出一个更为合理的赔偿金额的最好选择。

Feltner 案削弱了法院在决定法定赔偿金中的作用。最初在有关著作权法赔偿金这一问题上，在陪审团裁决被告是否侵犯了原告的著作权之后，Feltner 案中的法院决定法定赔偿金的数额。[9] 在 Feltner 案中，陪审团认为，被告在哥伦比亚电影公司撤销其许可后，继续广播哥伦比亚公司的电视节目，构成了故意侵犯原告版权的行为；在陪审团作出这一认定之后，一审法院法官判决原告的

---

[1] 17 U. S. C. § 504 (c) (2006).

[2] 同上注。

[3] 同上注。

[4] Pamela Samuelson & Tara Wheatland, *Statutory Damages in Copyright Law: A Remedy in Need of Reform*, 51 WM. & MARY L. REV. 439, 446 (2009).

[5] 17 U. S. C. § 504 (c).

[6] Pamela Samuelson & Tara Wheatland, *Statutory Damages in Copyright Law: A Remedy in Need of Reform*, 51 WM. & MARY L. REV., 第 453 页。

[7] 同上注。

[8] 17 U. S. C. § 504 (c).

[9] 参见 *Feltner v. Columbia Pictures Televisions, Inc.*, 523 U. S. 340 (1998).

每件被侵权作品最高获赔 2 万美元，赔偿总额为 880 万美元。❶ 在上诉时，第九巡回法院支持了一审法院判决的数额。❷ 在审查这一问题时，最高法院认为：根据美国宪法第七修正案，法定赔偿应属于由陪审团裁决的事项。❸ 最高法院将这一案件发回重审，要求由陪审团对法定赔偿金数额作出裁决。❹ 在重审时，陪审团裁决原告的每件被侵权作品应获赔 7.2 万美元，赔偿金总额为 3168 万美金，是之前法官判决数额的 3.5 倍。❺

被告再次向第九巡回法院提出上诉。其主张：一审的赔偿额是违宪的，因为从版权法的文本来看，法定赔偿金数额应由法官决定。❻ 第九巡回法院没有采纳被告的这一观点，认为最高法院的判决并未使版权中的法定赔偿条款违宪。❼

Feltner 案的判决切断了以往法院可以用来控制法定赔偿数额，使其不至于过高的途径。❽ 1998 年之后，法官仅存的途径是减免法定赔偿数额或认为赔偿金数额过高从而违宪。将法定赔偿金额交由陪审团决定，易于导致原告获得高额的赔偿金；当被告是个人侵权者时，有时赔偿金数额过于惊人。❾ 在这些案件中，减免损害赔偿金数额为法官提供了一种途径来撤销过高的赔偿金额，使得裁决的赔偿金额和实际损失保持一种更加合理的关系。这正是减免损害赔偿金原则在下列版权案件中所扮演的角色。

（二）索尼 BMG 音乐娱乐公司诉 Tenenbaum 案

审理 Sony BMG 音乐娱乐公司案的法院，根据上诉法院的要求，考虑了是否应当减免赔偿金数额的问题，并且最终认为该数额对于被告 Joel Tenenbaum 是不合适的。1999 年，作为一名大学生，Joel Tenenbaum 开始利用互联网点对

---

❶ 参见 *Feltner v. Columbia Pictures Televisions*, *Inc.*，第 344 页。

❷ 同上注。

❸ 同上注，第 355 页。

❹ 同上注。

❺ *Columbia Pictures Television*, *Inc. v. Krypton Broad. of Birmingham*, *Inc.*，259 F. 3d 1186, 1195 (9th Cir. 2001).

❻ 同上注，第 1192 页。

❼ 同上注，第 1198 页。Feltner 随后申请上诉至最高法院，但是被拒绝了。*Columbia Pictures Television*, *Inc. v. Krypton Broad. of Birmingham*, *Inc.*，259 F. 3d 1186 (9th Cir. 2001)，cert. denied sub nom. *Feltner v. Columbia Pictures Television*, *Inc.*，534 U. S. 1127 (2002).

❽ Pamela Samuelson & Tara Wheatland, *Statutory Damages in Copyright Law: A Remedy in Need of Reform*, 51 WM. & MARY L. REV. 第 456 页。

❾ 参见 *Columbia Television Pictures*, 259 F. 3d at 1195. 最初的法定赔偿裁定 Feltner 每件侵权作品应赔偿 2 万美元，而陪审团判决 Feltner 每件侵权作品应赔偿 7.2 万美元，同上注。

点文件分享程序下载歌曲。[1] 在下载完毕后，他将歌曲放入他的分享歌曲文件使歌曲也可被他人下载。[2] 起初，Tenenbaum 用 Napster 下载文件，当 Napster 因构成版权帮助侵权而被关闭以后，Tenenbaum 转而使用其他服务商，例如 Limewire 和 Kazaa 等来满足其对音乐的需求。[3] 2002 年，当 Tenenbaum 进入 Goucher 学院时，他的父亲曾警告他，使用点对点文件分享网络下载歌曲是非法版权侵权行为。[4] 此外，Goucher 学院也对学生提出过警告，从网络下载音乐文件可能会面临的诉讼风险。[5] 尽管 Tenenbaum 明知其行为是违法的，直到 2007 年，他仍一直使用这类服务。[6] 2005 年，Tenenbaum 收到了一家律师事务所的律师函。这封律师函通知他，该律所已知晓其非法下载歌曲的行为，其可以选择接受庭外和解或者诉讼。[7] Tenenbaum 回应，其愿意以 500 美元和解该案。[8] 律师事务所拒绝了 Tenenbaum 的出价，要求其支付 1.2 万美元来和解该案。[9] Tenenbaum 不愿和解，决定进行诉讼。[10]

1. 一审法院有关损害赔偿金和减免损害赔偿金的认定

在一审时，法官裁决支持原告，并且仅将侵权行为是否为故意以及合理的赔偿金数额应为多少交由陪审团决定。[11] 原告出示证据，表明 Tenenbaum 非法下载了数千首歌曲；不过，原告在本案中，仅针对其中的三十首歌曲。[12] 根据《美国法典》第 17 编第 504 条第（c）项，原告有权选择适用法定赔偿，而不是实际损失的计算方法。[13] 与实际损失不同，即使缺乏有关实际损失或被告利润数额的证明，原告依然可以获得法定赔偿。[14] 根据陪审团认定是否构成故意侵权行为，法定赔偿金可能低至每首歌获赔 750 美元，也可能高至每首歌获赔 3 万到 15 万美元。[15] 一审法院对陪审团提出了以下指导意见："故意侵权是指：

---

[1] 参见 *Sony BMG Music Entertainment v. Tenenbaum*, 721 F. Supp. 2d 85, 90（D. Mass. 2010）.

[2] 同上注。

[3] 同上注。

[4] 参见 *Sony BMG Music Entertainment v. Tenenbaum*, 660 F. 3d 487, 489（1st Cir. 2011）.

[5] 同上注。

[6] 同上注，*Tenenbaum I*, 721 F. Supp. 2d, 第 90 页。

[7] 同上注。

[8] 同上注。

[9] 同上注。

[10] 同上注。

[11] 同上注，第 87 页。

[12] 同上注，第 90 页。

[13] 同上注。

[14] 同上注。

[15] *Tenenbaum I*, 721 F. Supp. 2d, 第 90 页。

被告知道其行为构成版权侵权行为，或在完全无视版权持有人权利的情况下实施有关行为。"❶ 陪审团认为，被告故意从互联网上下载歌曲，而且还分享歌曲。令人震惊的是，陪审团裁决原告对其在诉讼中针对的 30 首歌曲每首获赔 2.25 万美元。❷

虽然这一数额既处在法定赔偿金对故意侵权行为设定的数额限制之内，也处在对非故意侵权行为设定的数额限制之内，但 Tenenbaum 认为该赔偿数额过高，因此提出进行重新审判或减免损害赔偿金数额的动议。❸ 法院适用了 Segal v. Gilbert Color System, Inc. 一案确立的标准，来审查陪审团裁决的数额是否"过于巨大以至于震撼良心，或过高以至于允许其存在将构成对公正的背离"。❹ 原告明确表示，其不会接受减免后的赔偿金数额。❺ 法院并未使用减免损害赔偿金的方式来降低数额，转而审查被告主张的所涉赔偿金数额侵害其正当程序权利的抗辩理由。❻

虽然减免损害赔偿金和认定赔偿金额过高而构成违宪，都可以导致赔偿金额降低，但只有适用减免损害赔偿金原则时，才需要原告参与。❼ 认定赔偿金额过高而构成违宪时，原告无权拒绝接受降低的赔偿金数额，此时，原告唯一的救济途径就是对该判决提出上诉。❽

在本案中，一审法院认为赔偿金额总计 67.5 万美元过高，构成违宪。❾ 一审法院承认，尽管裁定的赔偿金额处于国会设定的范围之内，Tenenbaum 也知道其进行诉讼将可能承担的赔偿金额。❿ 然而，一审法院在将本案裁决的金额和其他版权侵权案件中大多数陪审团的裁决进行了比较之后，⓫ 认为，本案裁决的赔偿金显著高于通常数额，也高于政府希望通过设立法定赔偿制度所达到的目的必需的数额。⓬ 因此，一审法院将每首歌的赔偿金从 2.25 万美元减至 2500 美元。⓭

---

❶　参见 *Tenenbaum II*, 660 F. 3d 487, 507 (1st Cir. 2011).

❷　参见 *Tenenbaum I*, 721 F. Supp. 2d, 第 87 页.

❸　同上注, 第 88 页.

❹　同上注（引用 *Segal v. Gilbert Color Sys. Inc.*, 746 F. 2d 78, 81 (1st Cir. 1984)).

❺　同上注.

❻　同上注, 第 89 页.

❼　同上注, 第 93 页.

❽　同上注.

❾　同上注, 第 89 页.

❿　同上注, 第 88 页.

⓫　同上注, 第 89 页.

⓬　同上注.

⓭　同上注.

原被告双方都提出了上诉。❶

2. 第一巡回法院认为一审法院本应考虑减免损害赔偿金

第一巡回法院推翻了一审法院的判决，认为一审法院违反了宪法回避原则——该原则要求法院在可以替代决定另一问题时必须回避决定合宪性问题。❷ 第一巡回法院也讨论 Tenenbaum 提出的有关版权法违宪，以及法定赔偿条款对其行为不适用的抗辩理由，不过，法院没有采纳 Tenenbaum 的观点。❸ 第一巡回法院认为，一审法院在未考虑是否可以适用减免损害赔偿金原则的情况下，就先考虑赔偿金数额的合宪性问题，这一做法是错误的，因此第一巡回法院将案件发回一审法院重审，要求其考虑是否可以适用减免损害赔偿金原则。❹

3. 一审法院考虑了减免损害赔偿金原则，但仍认为其并不合适

在重审时，原一审法官 Gertner 已经退休，Zobel 法官考虑了减免损害赔偿金原则的适用问题。❺ Zobel 法官认为："只有当裁决金额超过了根据向陪审团提交的所有证据——并且以对胜诉方最有利的方式解释这些证据——对损害赔偿金进行理性估价后的数额时，减免损害赔偿金才是合适的。"❻ Zobel 法官运用了和原审法院相同的标准，即 Segal 案确立的标准，来判断是否可以适用减免损害赔偿金原则。❼ 根据"数额过高"和"震撼良心"这两个核心概念，Zobel 法官认为，本案并无适用减免损害赔偿金的基础。❽ 一审法院以提供给陪审团用以决定赔偿金额的一系列非穷尽性因素为其考量的起点。❾ 这些因素包括：

> "侵权行为的性质，被告的目的和意图，被告可能的获利和/或被告节省的费用；由于侵权行为而使得原告失去的收益，版权的价值；侵权行为持续的时间；在收到通知或明知构成侵权行为后，被告是否继续实施侵权行为以及威慑被告和其他侵权者的需要。"❿

---

❶ *Tenenbaum II*, 660 F. 3d 487, 489 (1st Cir. 2011).

❷ 同上注。

❸ 同上注。

❹ *Tenenbaum II*, 660 F. 3d, 第 490 页。

❺ 参见 *Tenenbaum III*, No. 07 – 11446 – RWZ, 2012 WL 3639053, at ＊1.

❻ 同上注，at ＊002。

❼ 同上注。

❽ 同上注。

❾ 同上注。

❿ 同上注。

　　首先，一审法院认为，基于上述因素，有关证据可以支持裁决的赔偿金额。❶ 证据表明："音乐唱片公司利润的主要来源为他们对其签约艺术家音乐作品所享有的专有复制和发行的权利。"❷ 这一证据在考虑原告的收入损失和版权价值时具有重要影响。❸ 其次，原告提供证据，证明了点对点文件分享网络是如何运行以及帮助非法下载的，尤其是音乐作品的非法下载。❹ 这一证据支持了威慑因素的需求。❺ 最后，原告也提供了证据，证明 Tenenbaum 下载行为的持续时间和严重性，Tenenbaum 的非法行为持续了 8 年，且涉及数千首歌曲。❻

　　还有其他证据，可以进一步证明 Tenenbaum 是故意侵权。❼ 例如，他无视多次有关其行为可能引发诉讼的警告而继续下载非法音乐作品。❽ Zobel 法官认为，相关证据充分支持了赔偿金额，并且拒绝了 Tenenbaum 请求重新审判或者减免损害赔偿金的动议。❾

　　Tenenbaum 案说明：即使赔偿金额十分巨大，尤其是与被告合法购买原告的被侵权作品所需的费用相比；在考虑是否减免损害赔偿金时，裁决的赔偿金额也可能并未达到"震撼良心"的程度。

（三）Capitol 唱片公司诉 Thomas – Rasset 案

　　Capitol 唱片公司案从另一方面展现了法院如何适用减免损害赔偿金原则来适当地减少点对点文件分享案件中裁决的赔偿金数额。2005 年，Capitol 唱片公司和其他唱片公司雇佣了在线调查公司 MediaSentry，来调查侵犯这些公司版权的可疑行为。❿ MediaSentry 公司发现了在 Kazaa 网站上一名为 "tereastarr" 的文件分享用户。⓫ MediaSentry 在 tereastar 的分享文件夹中发现了超过 1700 首歌曲，其中包括各用户从 Kazaa 上下载之后并分享给其他用户的歌曲。⓬ Medi-

---

❶　参见 *Tenenbaum III*，No. 07 – 11446 – RWZ，2012 WL 3639053，at ＊002.

❷　同上注。

❸　同上注。

❹　同上注。

❺　同上注。

❻　同上注。

❼　同上注，at ＊003.

❽　同上注。

❾　同上注。

❿　参见 *Thomas – Rasset V*，692 F. 3d 899，903（8th Cir. 2012）.

⓫　同上注，第 904 页。

⓬　同上注。

aSentry 尝试通知 tereastarr，其侵权行为已经被发现，但是 tereastarr 从未回应。[❶]

美国唱片业协会（RIAA）向法院申请传票，要求获得与 tereastarr 的 IP 地址关联的用户的真实姓名，获知该用户的姓名为 Jammie Thomas - Rasset。[❷] RIAA 致函 Thomas - Rasset，希望可以达成庭外和解。[❸] Thomas - Rasset 联系了 RIAA，但双方并未达成协议。[❹] 2006 年，Capitol 唱片公司和其他唱片公司对 Thomas - Rasset 提起诉讼，诉因是侵犯了这些公司依据《美国法典》第 17 编第 106 条所享有的复制专有权和发行专有权，以及故意侵犯其依据《美国法典》第 17 编第 106 条所享有的版权。[❺]

Thomas - Rasset 承认"tereastarr"是其常用的网络和其他电脑账户用户名。[❻] 在本案审判开始前，Thomas - Rasset 曾在读大学时撰写过有关 Napster 网站合法性问题的案例研究，并且知晓 Napste 最终因违法而被关闭。[❼] 尽管存在这一研究，Thomas - Rasset 拒绝承认其在本案之前知道 Kazaa 的存在，并且声称其从未使用过 Kazaa。[❽]

Thomas - Rasset 在不同时间就有关谁可能下载了这些文件，提出了不同的理由。[❾] 在她的口供中，她声称她的硬盘被调换了，也许是其他人在她使用该硬盘之前下载了文件。[❿] 她也试图将侵权行为归责于她的丈夫和两个儿子。[⓫] 唱片公司最初提议以 5000 美元进行庭外和解，[⓬] 但是 Thomas - Rasset 拒绝了这一建议。[⓭]

在 2007 年 10 月一审程序中，陪审团认为 Thomas - Rasset 构成故意侵权，

[❶] 参见 *Thomas - Rasset V*, 692 F. 3d 899, 904 (8th Cir. 2012).

[❷] 同上注。

[❸] 同上注。

[❹] 同上注，第 903 页。

[❺] 同上注，第 905 页。

[❻] 同上注。

[❼] 同上注。

[❽] 同上注。

[❾] 同上注。

[❿] 同上注。

[⓫] *File - Sharer Says Kid May Have Done It*, CBS NEWS (*June* 22, 2009), http：//www. cbsnews. com/ 2100 - 502303_ 162 - 5103122. html.

[⓬] Sara Yin, *Jammie Thomas Refuses to Pay $1.5 Million Fine For Illegal Downloads*, PC MAG (Nov. 5, 2010), http：//www. pcmag. com/article2/0, 2817, 2372230, 00. asp.

[⓭] 参见 *Capitol Records, Inc. v. Thomas - Rasset (Thomas - Rasset I)*, 579 F. Supp. 2d 1210, 1227 (D. Minn 2008).

并裁决原告应获得22.2万美元的赔偿金。❶ 然而，一审法院在指示陪审团审理时，错误地解释了版权法中构成"发行"行为的要求。❷ 由于这一错误，法院启动了新的庭审程序，但并未处理裁定的赔偿金是否合宪的问题。❸

1. 一审法院在第二次审理过程中授权适用减免损害赔偿金原则

第二次审判开始于2009年6月。❹ 对于 Thomas – Rasset 来说，No Doubt's Bathwater 以及其他此类20世纪90年代的音乐佳作，只会变得更加昂贵。❺ 此次审判的陪审团根据版权法法定赔偿条款，裁决赔偿金为192万美元，即24首歌的每首歌赔偿8万美元。❻ Thomas – Rasset 要求法院依据下列理由拒绝适用这一裁决金额：因为她是个人侵权者，所以版权法的法定赔偿条款对她不适用；裁定的法定赔偿金过高且令人"感到震惊"，故应当予以减免，或者赋予 Thomas – Rasset 提起新的庭审程序的权利。❼

法院首先考虑了 Thomas – Rasset 要求减免损害赔偿金的动议。❽ 在考虑是否适用减免损害赔偿金原则时，法院适用了 Eicb v. Board of Regents for Central Montana State University 案确定的标准："除非存在明显的不公正或令人震惊的结果，否则裁决的赔偿金数额不应被视为过高。"❾ 唱片公司主张：减免损害赔偿金违反美国宪法第七修正案，因此一审法院无权减免法定损害赔偿金。❿ 法院并不同意这一观点，认为美国宪法第七修正案的目的在于保护诉讼当事人获得由陪审团进行审理的权利，由于原告仍然有权提起新的庭审程序，而非接受减免后的数额，因此减免损害赔偿金额的做法不会损害原告获得陪审团审理的权利。⓫

在决定减免损害赔偿金是否合适时，法院接着考虑了法定赔偿金额是否达到了"过高"标准。⓬ 在其考量过程中，法院考虑了法定赔偿和实际损失之间

---

❶ 参见 *Capitol Records*, *Inc. v. Thomas – Rasset*, 579 F. Supp. 2d 1210, 1213（D. Minn 2008）。

❷ 同上注，第1213页。

❸ 同上注。

❹ 参见 *Capitol Records*, *Inc. v. Thomas – Rasset*, 680 F. Supp. 2d. 1045, 1050（D. Minn. 2010）。

❺ 同上注，*No Doubt's Bathwater* 是 Thomas – Rasset 从 Kazaa 下载的歌曲之一。

❻ 同上注。

❼ 同上注。

❽ 同上注。

❾ 同上注，引自 *Eich v. Bd. of Regents for Cent. Mo. State Univ.*, 350 F. 3d 752, 763（8th Cir. 2003）。

❿ 同上注。

⓫ 同上注，第1051页。

⓬ 同上注。

的关系。❶ Thomas – Rasset 提供证据，证明在本案中法定赔偿和实际损失之间的比例至少是 5333：1（根据合法购买整张唱片的价格），甚至有可能高达 62015：1（根据单独购买各首歌曲的价格）。❷ 原告指出：适用版权法下的法定赔偿制度并不要求证明实际损失。然而，法院并不同意，并且指出：设立法定赔偿的目的确实"有一部分是为了赔偿被侵权人的损失，因此，法定赔偿应与实际损失之间存在某种关联"。❸ 原告进一步反对 Thomas – Rasset 计算法定赔偿和实际损失之间比例关系的做法，并且指出就 24 首侵权歌曲而言，其受到的实际损害明显高出一次购买一首歌或一张唱片的花费。❹ 原告主张：Thomas – Rasset 在分享文件夹中保有这些文件，这使得这些文件可供数百万其他用户下载，其他人从她的分享文件中每下载一次歌曲，都应以一次性购买该歌曲的价格纳入原告所受的损害中。❺ 其他用户可能也会将他们的文件放入分享文件夹中，使得这些文件可供更大数目的用户下载。❻ Thomas – Rasset 的回应是：依据分享文件来处罚她，无异于让她为整个非法下载音乐的系统承担责任，这是违宪的。❼

随后，法院考虑了有关故意的主观状态的证据和本案中的威慑因素。❽ 故意的主观状态和威慑作用也属于《美国法典》第 17 编第 504 条规定的确定法定赔偿金适当数额的因素。❾ 法院指出：陪审团认为 Thomas – Rasset 在读大学时对 Napster 网站进行了研究，因此其明知下载享有版权的音乐作品是违法行为。❿ 法院认为，Thomas – Rasset 最初否认在其电脑上曾经使用过点对点文件分享程序，以及之后暗示是其孩子和前男友行为，说明 Thomas – Rasset 不愿意为其行为承担责任，而这是在本案中"需要进行严厉威慑"的因素。⓫

法院紧接着权衡了上述因素，以决定适用减免损害赔偿金原则是否合适。⓬ 法院认为：Thomas – Rasset 的目的只是下载免费音乐，而不是营利，因

---

❶ 参见 *Capitol Records, Inc. v. Thomas – Rasset*，第 1052 页。
❷ 同上注。
❸ 同上注，第 1050 页。
❹ 同上注。
❺ 同上注。
❻ 同上注。
❼ 同上注，第 1053 页。
❽ 同上注。
❾ 同上注。
❿ 同上注。
⓫ 同上注。
⓬ 同上注。

此大部分赔偿金是建立在威慑目的的基础上的。❶ 考虑到这一点，法院认为，威慑这一目的不足以说明对"仅以获得免费音乐为目的而偷窃并非法发行 24 首歌曲"的行为承担 200 万美元赔偿金是公正的。❷ 法院也指出，原告无法依据有关实际损失的证据来支持如此高额的赔偿金裁决。虽然版权法并未要求原告证明实际损失，但是原告依然应当证明法定赔偿和实际损失之间存在着某种关联。❸ 尽管原告提供了证据，证明计算 Thomas - Rasset 的侵权行为和在线侵权行为总体上造成的实际损失是十分困难的，但是法院仍然认为："为个人目的而偷窃 24 首歌曲，并因此承担 200 万美元的赔偿金，令人感到过于震惊。"❹

　　在决定适用减免赔偿金原则后，法院下一步需要确定合适的赔偿金数额。❺ Thomas - Rasset 要求将赔偿金数额减至 1.8 万美元。❻ 法院适用了"最大恢复规则"来决定合适的赔偿金数额，这一规则要求法院将赔偿金数额减至"陪审团本应决定的最大数额"。❼ 法院指出，适用减免损害赔偿金原则并不意味着不应适用陪审团的推理，而意在将赔偿金数额带回"现有记录中存在的最大数额，使得法定赔偿金的裁决不至于令人感到过于震惊或可怕"。❽ 尽管原告主张法院应考虑其他类似案件中陪审团裁决的数额，不过原告只提及了 Tenenbaum 案，但是法院指出：第八巡回法院已经确立了以下原则：每一个案件都应在其"独特的事实框架"得出结论，在确定赔偿金时参照其他案件的做法并不合适。❾ 法院还指出：审理 Tenenbaum 案的法院也在考虑是否减免赔偿金数额，所以即使该案应被纳入考虑范围，其所占的份量也是很轻的。❿

　　法院最终决定，根据对故意侵权行为适用三倍赔偿金的先例，将赔偿金数额减至每件被侵权的唱片赔偿法定赔偿最低数额的三倍。⓫ 法院谨慎地指出：其无意在版权法中创造一项三倍赔偿条款，其仅仅是力图对非商业侵权者找寻一个没有"进入极为不公正范围"的赔偿金数额。⓬ 原告可以选择接受每首歌

❶ 参见 *Capitol Records, Inc. v. Thomas - Rasset*，第 1053 页。
❷ 同上注。
❸ 同上注，第 1053 ~ 1054 页。
❹ 同上注，第 1054 页。
❺ 同上注。
❻ 同上注。
❼ 同上注，引自 *K - B Trucking Co. v. Riss Int'l Corp.*，763 F. 2d 1148, 1163 (10th Cir. 1985).
❽ 同上注，第 1055 页。
❾ 同上注，引自 *K - B Trucking Co. v. Riss Int'l Corp.*，763 F. 2d 1148, 1163 (10th Cir. 1985).
❿ 同上注，第 1055 页。
⓫ 同上注，第 1056 页。
⓬ 同上注。

2250 美元赔偿金的裁决，或者提起新的庭审程序。❶ Thomas – Rasset 提出了重新考虑减免赔偿金的动议，这一动议遭到了法院的拒绝。❷ 唱片公司拒绝接受减免后的金额，提起了新的庭审程序。❸

2. 一审法院以原告不会接受减免后的金额为由拒绝再次考虑减免损害赔偿金

在第三次审判中，陪审团仅决定法定赔偿金的数额。❹ 陪审团裁决每首歌赔偿 6.25 万美元，总计 150 万美元。❺ Thomas – Rasset 提出修改判决的动议，法院再次同意了这一动议，将赔偿金降低至每首歌 2250 美元。❻ 然而，由于原告在前两次审判中表明其不愿意接受减免损害赔偿金，法院转而以 150 万美元的赔偿金过高，可能违宪为由来降低赔偿金数额。❼ 这一决定引发了双方上诉至第八巡回法院。

3. 第八巡回法院并未对减免损害赔偿金发表评论

诉讼双方都对新的法定赔偿金额提出了上诉。❽ 唱片公司主张应恢复在第一次审判中陪审团最初作出的 22.2 万美元赔偿金，而 Thomas – Rasset 主张在该案中适用任何法定赔偿金额都是违宪的。❾ 第八巡回法院撤销了判决，发回重审，并要求"根据指示得出（是否适用）22.2 万美元赔偿金判决"。❿ 然而，这一决定除在重述该案程序事实外，并未讨论是否应当减免损害赔偿金。⓫

在 Tenenbaum 案和 Thomas – Rasset 案中，法院考虑了类似的因素来决定赔偿金数额是否足够高到应予适用减免损害赔偿金原则。⓬ 两起案件中最大的考虑因素是陪审团的裁决是否有足够的证据作为基础。⓭ 审理 Tenenbaum 案的法

---

❶ 参见 *Capitol Records*, *Inc. v. Thomas – Rasset*，第 1061 页。

❷ 参见 *Capitol Records*, *Inc. v. Thomas – Rasset*, 2010 WL 4286325, No. 06 – 1497（MJD/LIB）*001（D. Minn. Oct. 22, 2010）.

❸ 参见 *Capitol Records*, *Inc. v. Thomas – Rasset*（*Thomas – Rasset IV*）, 799 F. Supp. 2d 999, 1001（D. Minn. 2011）.

❹ 同上注。

❺ 同上注。

❻ 同上注。

❼ 同上注，第 1003 页。

❽ 参见 *Thomas – Rasset V*, 692 F. 3d 899, 902（8th Cir. 2012）.

❾ 同上注。

❿ 同上注，第 916 页。

⓫ 同上注。

⓬ 参见 *Thomas – Rasset II*, 680 F. Supp. 2d 1045, 1053 – 54（D. Minn. 2010）; *Tenenbaum III*, No. 07 – 11446 – RWZ, 2012 WL 3639053, at *2 – 3（D. Mass. Aug. 23, 2012）.

⓭ 同上注。

院认为有足够的证据作为陪审团裁决的基础，并就此打住，未考虑其他因素；审理 Thomas – Rasset 案的法院还考察了其他因素，例如，法定赔偿和实际损失之间的关系，用以支持遭受的实际损失的事实，证明故意主观状态的证据和威慑的需要。❶

三、将来在版权案件中适用减免损害赔偿金原则

2008 年，RIAA 已经声明其不会再以使用文件分享网站为由起诉个人侵权者。❷ 因此，RIAA 从点对点文件分享行为中获得对其损失的赔偿的策略已经发生了改变。❸ 作为对个人侵权者进行起诉的替代方案，RIAA 转而对为个人侵权行为提供便利的服务商进行诉讼。❹ 服务商的范围从为个人下载提供服务的服务商到类似 YouTube 允许用户上传其个人内容的网站。❺ 现仍在进行的版权所有者和个人点对点文件分享者之间的诉讼，主要来自小规模的独立电影制片人。❻ 法官在这些诉讼中是否可以适用减免损害赔偿原则，仍有待考查。本部分将探索减免损害赔偿金原则在这两种更常见的网络版权侵权案件中可能的适用。首先，本部分第（一）节将会在基于 Viacom v. Youtube 案件的假设情景中，讨论减免损害赔偿金原则的适用问题，不过，与实际案情不同的是，在该情景中，双方就损害赔偿问题提起了诉讼。随后，本部分第（二）节将讨论在由小规模、独立电影制作人对点对点文件个人分享者提起的诉讼中，减免损害赔偿金原则的适用问题。

（一）Viacom 诉 Youtube

在 Viacom v. YouTube 案中，Viacom 以 YouTube 网站允许用户免费上传其享有版权的视频为由提起诉讼。❼ 地区法院同意了 YouTube 公司作出简易判决的动议，认为 YouTube 的行为属于《数字千年版权法》避风港条款的适

---

❶ 参见 *Thomas – Rasset II*，680 F. Supp. 2d 1045，1053 – 54（D. Minn. 2010）；*Tenenbaum III*，No. 07 – 11446 – RWZ，2012 WL 3639053，at ∗2 – 3（D. Mass. Aug. 23，2012）.

❷ Eliot Van Buskirk，*RIAA to Stop Suing Music Fans*，*Cut Them Off Instead*，WIRED，http：//www. wired. com/business/2008/12/riaa – says – it – pl，访问日期：2008 年 12 月 19 日。

❸ 同上注。

❹ 同上注。

❺ 同上注，*Viacom Int'l，Inc. v. YouTube，Inc.*，676 F. 3d 19，25 – 26（2d Cir. 2012）.

❻ 参见 Lee Gesmer，Porn Movies，*Copyright Trolls and Joinder*（*Yes，Joinder*），MASS L. BLOG，http：//www. masslawblog. com/copyright/porn – movies – copyright – trolls – and – joinder – yes – joinder，访问日期：2012 年 10 月 31 日。

❼ 参见 *Viacom*，676 F. 3d at 28.

用范围。❶《数字千年版权法》避风港条款规定，如果服务提供商的行为符合了一系列门槛标准和具体的避风港要求，则服务提供商承担的版权侵权责任将受到限制。❷ 在上诉时，第二巡回法院撤销了一审法院作出简易判决的指令，将案件发回至一审法院重审，以确定 YouTube 是否明知或故意无视具体的侵权行为。❸ 一审法院和第二巡回法院都未考虑将享有版权的视频发布至 YouTube 网站所造成的潜在损失。❹ 如果对上述案件进行了审批，并且 Viacom 获得胜诉，损害赔偿金额可能是天文数字，从而引发是否应适用于减免损害赔偿金原则的问题。

1. 如果 Viacom 在重审中胜诉，那么 YouTube 能否成功减免损害赔偿金

因为一审法院尚未听取 Viacom 有关 YouTube 网站侵权的证据，所以预测一审法院是否会减免损害赔偿金数额十分困难。❺ 然而，参考 Tenenbaum 案和 Thomas – Rasset 案中一审法院在决定是否适用减免损害赔偿金原则时所考虑的因素，仍具有指导意义。❻

在审理 Thomas – Rasset 案时，有关损害赔偿部分，最令法院感到困扰的是，裁决的赔偿金数额和实际损失不成比例。❼ 对于法院来说，特别有问题的地方是，如果其认定裁决的赔偿金数额与实际损失并非不成比例，法院用来比照的实际损失只能依整体的非法下载行为确定，而非仅根据 Thomas – Rasset 的行为来确定。❽ 上述情况与 Viacom 案的案情不同，在该案中，YouTube 网站作为为互联网侵权提供便利的服务商，直接接触了大量的侵权案件。❾ 在 Thomas – Rasset 案中，几乎不可能确定因 Thomas – Rasset 的侵权而造成的实际损失为多少；而与 Thomas – Rasset 案不同，在 Viacom 案中，法院可以很容易计算 YouTube 通过其网站为侵权行为提供便利而造成的损失。❿ 通过考虑被侵权作品的

---

❶　参见 *Viacom*, 676 F. 3d at 29.

❷　同上注，第 27 页。

❸　同上注，第 41 ~ 42 页。

❹　同上注。

❺　同上注。

❻　参见 *Thomas – Rasset II*, 680 F. Supp. 2d 1045, 1053 – 54（D. Minn. 2010）；*Tenenbaum III*, No. 07 – 11446 – RWZ, 2012 WL 3639053, at ＊2 – 3（D. Mass. Aug. 23, 2012）.

❼　参见 *Thomas – Rasset II*, 680 F. Supp. 2d, 第 1053 ~ 1054 页。

❽　同上注。

❾　与个人侵权者接触其下载和上传的东西不同，服务器或服务商接触通过其上传的每件作品的内容。

❿　参见 Rob Reid, *The Numbers Behind the Copyright Math*, TED BLOG, http：//blog. ted. com/2012/03/20/the – numbers – behind – the – copyright – math，访问日期：2012 年 3 月 20 日。通过观察侵权服务商，特别是 Napster 出现前后几年间权利人利润上的损失来估算这些服务商造成的损害的数额。

数量、视频被观看的次数以及原告相应的本可以获得的收入，法院可以相对准确地作出估算。❶ 这并不是说损害的计算不再重要，而只是 YouTube 侵权行为通过下载、观看和分享数据更容易量化，将侵权行为的损失归咎于 YouTube 比归咎于 Thomas – Rasset 更容易。❷

　　Tenenbaum 案和 Thomas – Rasset 案中分析的许多其他因素，也可能会影响减免损害赔偿金原则的适用。❸ 如果被告是一家获利巨大的大型公司，则"数额过高"的标准显然会更难达到。❹ Viacom 起诉 YouTube 要求赔偿 10 亿美元。❺ 考虑到 2006 年 YouTube 被收购时，收购价格为 16.5 亿美元，❻ 以及在 2012 财政年度 YouTube 大约为 Google 盈利 10 亿美元，❼ 因此，本案中损害赔偿的数额相比于 Thomas – Rasset 的赔偿数额，似乎并不显得过于令人震惊。❽ 虽然 Thomas – Rasset 通过从网络上下载歌曲可能会节省一些费用，但其节省的金额不会接近 125 万美元。❾ 在 Viacom 案中，赔偿金额接近于 YouTube 创造的收益，❿ 而且 YouTube 通过侵权视频获利，⓫ 所以损害赔偿金数额不大可能令人"感到震惊"。⓬ 当赔偿金不太可能令人感到震惊，适用减免损害赔偿金原则，就不太可能是可行方案。⓭ 即使适用减免损害赔偿金原则是合适的，Viacom 仍可以选择拒绝适用减免损害赔偿。

---

　　❶ 参见 *Thomas – Rasset II*, 680 F. Supp. 2d, 第 1053 ~ 1054 页，考虑如何通过一个类似的公式计算个人侵权损害所占的作用。

　　❷ 同上注。

　　❸ 同上注；*Tenenbaum III*, No. 07 – 11446 – RWZ, 2012 WL 3639053, at ＊2 – 3（D. Mass. Aug. 23, 2012）.

　　❹ 参见 *Thomas – Rasset II*, 680 F. Supp. 2d, 第 1053 ~ 1054 页，讨论法定损害和实际损害之间的关系。

　　❺ 参见 Frederick Townes, *Viacom Sues YouTube for ＄1 Billion … The End of the Tube?*, MASHABLE, http：//www. mashable. com/2007/03/13/viacom – youtube/, 访问日期：2007 年 3 月 13 日。

　　❻ 参见 *Viacom Int'l, Inc. v. YouTube, Inc.*, 676 F. 3d 19, 25 – 26（2d Cir. 2012）.

　　❼ 参见 Erick Schonfeld, Citi: *Google's YouTube Revenues Will Pass ＄1 Billion in* 2012（*And So Could Local*）, TECHCRUNCH, http：//www. techcrunch. com/2011/03/21/citi – google – local – youtube – 1 – billion, 访问日期：2011 年 3 月 21 日。

　　❽ 参见 *Thomas – Rasset II*, 680 F. Supp. 2d, 第 1053 ~ 1054 页。

　　❾ 同上注。

　　❿ 参见 Frederick Townes, *Viacom Sues YouTube for ＄1 Billion … The End of the Tube?*, MASHABLE, http：//www. mashable. com/2007/03/13/viacom – youtube/, *Viacom*, 676 F. 3d, 第 28 页。

　　⓫ 参见 Ellen Seidler, *YouTube（and Netflix）monetize online piracy*, VOX INDIE, http：//voxindie. org/ YouTube – netflix – monetize – piracy, 访问日期：2013 年 1 月 26 日。

　　⓬ 参见 *Thomas – Rasset II*, 680 F. Supp. 2d, 第 1053 ~ 1054 页。

　　⓭ 同上注，第 1050 页。

2. Viacom 也许会拒绝减免损害赔偿金，而选择启动新的庭审程序

即使一审法院授权减免损害赔偿金，例如 Thomas - Rasset 案那样，Viacom 也许仍会选择拒绝减免损害赔偿金，而选择启动新的庭审程序。❶ 如果 Viacom 拒绝减免后的金额，则会有一场新的庭审程序；如果陪审团裁决 Viacom 应获得较高的损害赔偿金，鉴于 Viacom 已经表现出其不愿意接受减免后的赔偿金数额，法院很有可能不再对数额进行减免。❷ 对于像 Viacom 这样的大公司，在已经花费大量金钱进行诉讼的情况下，其不太可能选择接受减免后的数额，而不追求获得更高赔偿金的机会。❸ 考虑到选择进行新的庭审程序，可以为庭外和解赢得更有利的谈判地位，同时谈判获得的赔偿数额可能高于减免后的赔偿数额，Viacom 选择接受减免后的损害赔偿金数额似乎更不可能。❹ 由于减免损害赔偿金原则本来在 Viacom 案适用的可能性就不大，而且 Viacom 接受减免后的赔偿额的可能性也一样不大，减免损害赔偿金原则在这一案件中似乎并不会扮演重要的角色。

（二）独立电影制片人案件

剩下的可能在版权侵权案件中适用减免损害赔偿金原则的类型就是：有关独立电影制片人对个人侵权者提起的诉讼。由独立电影制片人提起的诉讼案件，通常都是由独立电影的制片人提起，例如 The Hurt Locker❺，或者由色情电影制片人提起。❻ 这两个团体尝试了新的诉讼策略——试图将侵权作品的数个下载者作为共同被告，通常一开始不列明其姓名——以追究用户从种子流下

---

❶ 参见 *Thomas - Rasset II*, 680 F. Supp. 2d，第 1050 页。

❷ 参见 *Thomas - Rasset IV*, 799 F. Supp. 2d 999, 1001（D. Minn. 2011）。

❸ 参见 Lisa Lerer, *Viacom's Expensive Suit*, FORBES, http: //www. forbes. com/2007/03/27/ youtube - viacom - google - tech - cx_ ll_ 0328google. html，访问日期：2007 年 3 月 27 日（估计 Viacom 为其和 YouTube 及 Google 诉讼的法律费用将上升至 3.5 亿美元）。

❹ 参见 Greg Sandoval, *Jammie Thomas Rejects RIAA's ＄25，000 Settlement Offer*, CNET（Jan. 27, 2010），http: //news. cnet. com/8301 - 31001_ 3 - 10442482 - 261. html? tag = mncol; 9n，访问日期：2010 年 1 月 27 日。在法院将 Thomas - Rasset 的赔偿金减至 5.2 美元后，Capitol Records 试图与 Thomas - Rasset 以低于减免后赔偿金的数额和解，但 Thomas - Rasset 拒绝了这一数额。2.5 万美元高于最初的以 2000 美元和解的方案。

❺ 参见 Ernesto, *Hurt Lock BitTorrent Lawsuit Dies, But Not Without Controversy*, TORRENTFREAK, torrentfreak. com/hurt - locker - bittorrent - lawsuit - dies - but - not - without - controversy - 111222，访问日期：2011 年 12 月 22 日。

❻ 参见 Lee Gesmer, *Porn Movies, Copyright Trolls and Joinder（Yes, Joinder）*, MASS L. BLOG, http: //www. masslawblog. com/copyright/porn - movies - copyright - trolls - and - joinder - yes - joinder，访问日期：2012 年 10 月 31 日。

载他们电影的责任。❶ 这两个团体至今都未取得太大的成功。❷

在这些诉讼案件中，原告对多个——有时甚至多达数千个❸——"无名氏"被告提起诉讼，仅列出与每个"无名氏"相关联的 IP 地址，因为这是原告在起诉时拥有的唯一信息。❹ 一旦提起诉讼，原告会向法院申请传票，要求互联网服务提供商提供与 IP 地址相关的个人信息。❺ 在获得个人信息之后，原告将致函被告，向被告发出要约，看其是否接受小额赔偿金来进行庭外和解。❻ 庭外和解程序使得被告免于在诉讼中公开其姓名；尤其当被侵权的作品为色情电影时，很多被告为避免个人尴尬愿意支付赔偿金。❼ 然而，如果被告不理不睬，那么原告将会把他们完全当作被告处理。❽ 不过，这类案件尚无进入庭审程序，并被判损害赔偿的先例。❾

1. 如果独立电影制片人起诉点对点文件分享网站，那么适用减免损害赔偿金原则可能是合适的

如果独立电影的制片人，例如 The Hurt Locker，起诉一家点对点文件分享网站，有关赔偿金的分析可能会和 Tenenbaum 案和 Thomas – Rasset 案中的分析类似。❿ 电影制片人可以利用电影零售价格，来证明如果那些从点对点文件分享网站上下载的用户购买或租用这些电影，他们将获利多少数额。⓫ 如果陪审

---

❶   参见 Lee Gesmer, Porn Movies, *Copyright Trolls and Joinder* (*Yes, Joinder*), MASS L. BLOG, http：//www. masslawblog. com/copyright/porn – movies – copyright – trolls – and – joinder – yes – joinder，访问日期：2012 年 10 月 31 日。

❷   在 Vontage Pictures 试图通过传票获得一系列与 IP 地址相关联的个人信息后，大部分的 IP 地址信息就从此案中被排除了。Ernesto, Hurt Lock BitTorrent 案件结束的并未没有任何争议。Torrentfreak. com/hurt – locker – bittorrent – lawsuit dics but – not – without – controversy – 111222/. 参见 Third Degree Films v. Does 1 – 47 (D. Mass. October 2, 2012) (认为原告不能一次性地将"无名氏"被告加入诉讼中，原告必须提起个人诉讼。)；SBO Pictures, Inc. v. Does 1 – 3036 (N. D. Cal. November 30, 2011) (认为允许原告将下载了具有明示性内容的被告加入诉讼中会产生胁迫性的影响而不应该被允许)。

❸   参见 SBO Pictures (N. D. Cal. November 30, 2011) (SBO 电影公司试图在一起诉讼中起诉 3036 位被告)。

❹   同上注。

❺   参见 Lee Gesmer, Porn Movies, *Copyright Trolls and Joinder* (*Yes, Joinder*), MASS L. BLOG, http：//www. masslawblog. com/copyright/porn – movies – copyright – trolls – and – joinder – yes – joinder，访问日期：2012 年 10 月 31 日。

❻   同上注。

❼   同上注。

❽   同上注。

❾   同上注。

❿   参见 *Thomas – Rasset II*, 680 F. Supp. 2d 1045, 1053 – 54 (D. Minn. 2010)；*Tenenbaum III*, No. 07 – 11446 – RWZ, 2012 WL 3639053, at ∗2 – 3 (D. Mass. Aug. 23, 2012)。

⓫   同上注。

团裁决的赔偿金数额与可被证明的损失之间并不存在某种联系，那么类似
Thomas‐Rasset 案那样，法官可能认定减免损害赔偿金是合适的，并且降低赔
偿数额。❶

2. 如果色情电影制片人起诉点对点文件分享网络，由于陪审团裁定的赔
偿金数额可能较低，因此适用减免损害赔偿金原则可能是不合适的

因为色情电影制片人起诉点对点文件分享网络的案件，不太可能进入庭审
程序，所以这类案件很可能不会存在适用减免损害赔偿金原则的问题。❷ 对于
这些电影制片人来说，诉讼是他们的获利来源。❸ 由于很多成人电影根本不会
在市场上销售，因此这些电影制片人并不需要损害赔偿金来弥补点对点文件分
享网站对他们造成的金钱损失。❹ 相反，这些案件的目的就是从被告处获得和
解费用，而非最后将他们诉诸于审判。❺ 无论被告中包括多少"无名氏"用
户，提起诉讼的费用均为 350 美元。❻ 如果原告提出与每一个被告均以 5000 美
元进行庭外和解，那么在第一个用户选择庭外和解时，原告已经拿回了提起诉
讼所需的费用。❼ 如果被诉的用户不接受庭外和解，那么他们的互联网服务商
将会收到法院的传票，使得被告可能成为诉讼中显名的一方，因此被诉的用户
选择庭外和解的动机较为强烈。❽ 很少有人愿意在诸如"Big Butt Oil Orgy 2"
这种版权侵权诉讼中，成为显名被告。❾

如果原被告未能和解，原告继续诉讼，那么所进行的诉讼则大为不同。法
院一直以来都不愿意在案件中出现共同被告，因此，原告有可能不得不对这些

---

❶ 参见 *Thomas‐Rasset II*, 680 F. Supp. 2d 1045, 1053‐54（D. Minn. 2010）；*Tenenbaum III*, No.
07‐11446‐RWZ, 2012 WL 3639053, at * 2‐3（D. Mass. Aug. 23, 2012）.

❷ 参见 Lee Gesmer, Porn Movies, *Copyright Trolls and Joinder*（Yes, Joinder）, MASS L. BLOG, ht-
tp：//www. masslawblog. com/copyright/porn‐movies‐copyright‐trolls‐and‐joinder‐yes‐joinder, 访问
日期：2012 年 10 月 31 日。

❸ 参见 James DeBriyn, Shedding Light on Copyright Trolls：*An Analysis of Mass Copyright Litigation in
the Age of Statutory Damages*, 19 UCLA Ent. L. Rev. 79, 86（2012）.

❹ 同上注。

❺ *Third Degree Films*, 286 F. R. D. at 190.

❻ 参见 Lee Gesmer, Porn Movies, *Copyright Trolls and Joinder*（Yes, Joinder）, MASS L. BLOG, ht-
tp：//www. masslawblog. com/copyright/porn‐movies‐copyright‐trolls‐and‐joinder‐yes‐joinder, 访问
日期：2012 年 10 月 31 日。

❼ 参见 James DeBriyn, Shedding Light on Copyright Trolls：*An Analysis of Mass Copyright Litigation in
the Age of Statutory Damages*, 19 UCLA Ent. L. Rev. 79, 86（2012）.

❽ 参见 Lee Gesmer, Porn Movies, *Copyright Trolls and Joinder*（Yes, Joinder）, MASS L. BLOG, ht-
tp：//www. masslawblog. com/copyright/porn‐movies‐copyright‐trolls‐and‐joinder‐yes‐joinder, 访问
日期：2012 年 10 月 31 日。

❾ *Third Degree Films*, 286 F. R. D. at 190.

被告分别提起诉讼。[1] 由此，原告必须支付由诉讼引起的各项费用，而这些费用会远高于 350 美元的起诉费用。[2] 因此，对于成人电影制片者来说，继续起诉众多"无名氏"被告并进行庭外和解，比进行诉讼获得法定赔偿金更容易。[3]

四、结语

虽然减免损害赔偿金原则在点对点文件分享版权侵权案件——Tenenbaum 和 Thomas – Rasset 案——中都曾被适用过，而且在 Feltner 案后，似乎被视为法官控制法定赔偿金数额的有力工具，但其今后在版权案件中继续适用的可能性却并不大。因为在针对点对点文件分享服务提供商的诉讼中，损害赔偿与实际损失的关系更为紧密，且更难以符合"震惊良心"的标准，所以在这类诉讼中适用减免损害赔偿金原则是不合适的。尽管在独立电影制片人提起的进入庭审程序的诉讼案件中，减免损害赔偿金原则可能起一定的作用，但是在成人电影制片人提起的诉讼中，由于制片人不愿进入庭审程序，因此该原则不会在这类案件中发挥作用。

---

[1] 参见 James DeBriyn, Shedding Light on Copyright Trolls: *An Analysis of Mass Copyright Litigation in the Age of Statutory Damages*, 19 UCLA Ent. L. Rev. 79, 86 (2012).

[2] 同上注。

[3] 同上注。

解密罗塞塔·斯通案：如何在关键词广告中的商标帮助侵权案件里适用最低成本防范原则

萨拉伯·威尔斯·奥睿 (Sarab Wells Orrick)* 著

吴以帆 译

万 勇 校

技术上的创新总是超前于法律，这是因为立法者不可能对一项还没有问世的创新进行规制。如果这项创新的相关权利受到很大侵害，而现有法律却无法提供有效救济，那么与这项技术有关的诉讼将面临很多问题。在过去十年间，互联网领域发生的商标侵权案件层出不穷。在法院试图适用现有商标法来审判这些案子时，法官往往会得出令人疑惑并感到彼此矛盾的结果。

本文将讨论在 Rosetta Stone v. Google 一案中十分突出的关键词广告中的商标帮助侵权。❶ 尽管罗塞塔·斯通公司（Rosetta Stone）已经在 2012 年 11 月同意和解，但这起案件仍然具有十分重要的意义，因为它直面了以下这项挑战——在互联网这个瞬息万变的环境中分析商标帮助侵权。本文将论证如下观点：在考量有关关键词广告中的商标帮助侵权诉求时，法院应当回到侵权法（商标侵权的本体）去寻找指引。

所谓"关键词广告"，指的是这样一个过程：诸如谷歌公司（Google）这样的企业使用独特的搜索算法，把输入的搜索关键字或词与通过搜索得

---

* 作者为加州大学伯克利分校法学院法律博士。

❶ 参见 *Rosetta Stone Ltd. v. Google*, *Inc.*, 676 F. 3d 144 (4th Cir. 2012) [hereafter Rosetta Stone II] aff'g in part 730 F. Supp. 2d 531 (E. D. Va. 2010) [hereafter Rosetta Stone I].

到的结果中的广告相连。❶ 谷歌公司所有的盈利中有很大一部分来源于这种广告。❷ 广告主通过一个网上拍卖系统来竞买这种广告资源。❸ 2010 年，罗塞塔·斯通公司起诉谷歌公司，理由是后者的关键词广告政策构成商标侵权。❹

　　这起诉讼可以说是由搜索关键词所引发的众多诉讼中最新的一起。圣塔克拉拉（Santa Clara）大学法学院知识产权法的教授埃里克·高德曼（Eric Goldman）最近写道："在 2005 年有关销售搜索关键词的诉讼似乎显得那么……"❺ 他的感受告诉我们这样一个事实——尽管有关关键词广告的诉讼由于司法实践和学界理论发生变化而不断演变，但是相关技术以及关键词广告的基本结构并未发生变化。然而，针对商标权人提出的搜索引擎存在帮助侵权行为，法院至今还没有创设出一套明晰的评判标准。

　　本文第一部分将沿着"从普通法上的诉因到成文法上的权利"这一脉络来阐释商标法的起源。第二部分将阐释关键词广告运行的基本原理以及整个关键词广告领域中的竞买者、目的和问题。第三部分将讨论 Rosetta Stone v. Google 一案，聚焦罗塞塔·斯通公司提出的针对帮助侵权的诉请。最后，在第四部分中，本文将论证如果将侵权法中的"最低成本防范原则"适用于 Rosetta Stone v. Google 一案将取得巨大成效。本文认为，谷歌公司能够并且在过去已经进行过类似推演与适用。❻ 作为最低成本防范原则所指向的对象，谷歌公司应当采取措施去应对现实中的问题。从更宽泛的角度来看，在尚无判例来针对一项正在演化的新技术进行规制的情况下，法院还应当在商标法领域适用最低成本防范原则。

---

　　❶ 参见 *Rosetta Stone Ltd. v. Google, Inc.*, 676 F. 3d 144 (4th Cir. 2012)，第 150～151 页。

　　❷ 参见 Corrected Brief for eBay Inc. & Yahoo! Inc. as Amici Curiae Supporting Appellee, *Rosetta Stone Ltd. v. Google, Inc.* No. 10 – 2007, 2010 WL 4956286, at ＊2.

　　❸ 参见 *Rosetta Stone II*, 676 F. 3d at 151.

　　❹ 参见 *Rosetta Stone I*, 730 F. Supp. 2d 531.

　　❺ Eric Goldman, *Fourth Circuit's Rosetta Stone v. Google Opinion Pushes Back Resolution of Keyword Advertising Legality Another 5 – 10 Years*, Tech. & Marketing L. Blog, http：//blog. ericgoldman. org/archives/2012/04/fourth_ circuits. htm. , 访问日期：2012 年 4 月 10 日。

　　❻ "最低成本防范原则"的含义是，有能力以最低成本防止事故发生的一方负有防范事故发生的义务。参见 Guido Calabresi，《事故的成本：以法学和经济学为视角》（The Cost of Accidents: A Legal and Economic Analysis）（1970）。卡拉布雷西法官其合作者道格拉斯·梅拉米德在《财产法、责任法与不能让与：认知教堂》（*Property Rules, Liability Rules, And Inalienability: One View Of The Cathedral*, 85 Harv. L. Rev. 1089, 1096 – 97 (1972)）一书中将这种思考路径进行了简练的归纳。他们在书中写道"在某些特定情况下……如果某一方或者为某种行为能够以最低成本防止损害发生，那么该方或该种行为应当承担这一成本……如果无法确定该方是谁或该种行为是什么，那么应当由能够在市场中以最低交易成本修正权利中的瑕疵的那一方来承担这项成本"。

一、商标起源的再探究

1982 年，最高法院在 Inwood Laboratories v. Ives Laboratories 一案中确认商标帮助侵权是一项诉因。❶ 该项认定是在《兰哈姆法案》（Lanham Act）通过 36 年后方才作出，而《兰哈姆法案》是联邦商标法最新的一次法典化成果。但是，美国法院在《兰哈姆法案》诞生前很久就承认存在着由商标侵权引发的损害。❷ 19 世纪，有诉讼当事人依据侵权法中有关欺诈的内容向法院提起商标侵权之诉。❸ 早在《兰哈姆法案》通过之前的 1924 年，最高法院就曾认定存在商标帮助侵权。❹ 侵权法与商标法的交织并不是一个新鲜事物，这种交织也为处理在瞬息万变的互联网空间中发生的商标案件提供了一种思路。

（一）侵权法中一个不断演化的领域：《兰哈姆法案》前的商标法

美国建国者们认识到需要对专利权和版权进行保护，因而他们在联邦宪法中授权国会为这些权利提供保护。❺ 但是，商标权并不在此列。❻ 在早期商标侵权案件中，欺诈仅仅作为案由出现：侵权者如何进行欺诈并未受到关注。诸如 Coats v. Holbrook❼ 和 Partridge v. Menck❽ 之类的案件呈现的恰恰是当下最为典型的商标侵权模式：一名竞争者复制其竞争对手的商标或产品。当时，纽约州衡平法院将这类损害认定为欺诈。这是一种早期的、比较普遍的认定存在商标侵权的方式。❾ 19 世纪大多数案件都仅限于"防止竞争者不诚信地去吸引顾客（如果没有这些不诚信手段，这些顾客就会与商标权人进行交易）。"❿ 与

---

❶ 参见 Inwood Labs. v. Ives Labs. , 456 U. S. 844 (1982).

❷ 参见 AT&T Co. v. Winback & Conserve Program, Inc. , 42 F. 3d 1421, 1433 (3d Cir. 1994). vacating 851 F. Supp. 617 (D. N. J. 1994)。（有人认为《兰哈姆法案》"不仅发端于规制不正当竞争的普通法，而且该法案的制定者在制定该法案时有意从规制不正当竞争的普通法中汲取养分"。）

❸ 同上注；也可以参见本节（一）部分有关内容。

❹ 参见 William R. Warner & Co. v. Eli Lilly & Co. , 265 U. S. 526 (1924)。

❺ 参见 U. S. Const. art. I, § 8, cl. 8.（"联邦国会应当有权通过在一定期间内允许作者和发明者对其各自作品和发明享有排他权利……来推动科技与艺术的进步"。）

❻ 同上注。需要注意的是：尽管联邦宪法没有明确将商标权列为应受联邦国会保护的一种权利，但联邦宪法的其余部分（诸如贸易条款）授予联邦国会监督商标使用行为的权力。

❼ 参见 Coats v. Holbrook, Nelson & Co. , 2 Sand. Ch. 586 (N. Y. Ch. 1845)（在本案中，法官认为一方主体"试图通过欺诈的方式使用他人名称来招揽生意，而如果没有这一行为，消费者就不会光顾这家店"）。

❽ 参见 Partridge v. Menck, 2 Barb. Ch. 101 (N. Y. Ch. 1847).

❾ 参见 Coats, 2 Sand. Ch. at 594.

❿ 参见 Mark P. McKenna, The Normative Foundations of Trademark Law, 82 Notre Dame L. Rev. 1839, 1843 (2007).

此相对应的是当时潜在的侵权人为数不多。具体而言，商标权人只能在以下情况中获得救济：竞争者不诚信地把商标权人的商标贴在自己的商品上，并用自己的商品冒充商标权人的商品。❶ 当时，商标权保护的范围比现在要窄，但已经被较好地加以界定。❷

　　成文法上对商标权的保护则姗姗来迟。1870 年，联邦国会通过了《商标法》，并在其中规定联邦宪法中有关版权保护的条款也适用于商标权保护。❸ 联邦最高法院不同意《商标法》中的这一规定，其在一系列判决（即所谓的商标权系列案件）中否决了该项法律。❹ 联邦国会则予以回击，其在 1881 年通过了第二部商标立法，联邦国会此次立法的依据是联邦宪法中的商业条款，并且该部法律的适用范围进一步限缩。❺

　　尽管国会一直致力于为商标提供成文法上的保护，但从 19 世纪末期到 20 世纪初期，商标权诉讼仍然是作为侵权（tort）案件进行。法院认为，商标权诉讼所涉及的其实是欺诈与不正当竞争。❻ 奥利弗·R. 米切尔（Oliver R. Mitchell）于 1896 年在《哈佛法学评论》小写道："从逻辑上来看，不正当竞争是一个属概念，而商标是其分支之一。"❼ 第六巡回法院支持这种观点，其认为："有关商标的全部实体法其实是不正当竞争法的一个分支。"❽

　　随着侵权法开始覆盖帮助侵权的法律责任，普通法中的商标侵权案件也逐渐涉及商标帮助侵权。在 William R. Warner & Co. v. Eli Lilly & Co. 一案中，法院认为商标帮助侵权是侵权的一种。❾ 法院认为："一方若诱导他人实施欺诈行为并且为他人完成欺诈行为提供便利的，则该方有过错并应对所造成的损

---

❶　参见 Mark P. McKenna, *The Normative Foundations of Trademark Law*, 82 Notre Dame L. Rev. ，第 1848 页。

❷　同上注，第 1859 ~ 1860 页。

❸　参见 *In re Trade – Mark Cases*, 100 U. S. 82（1879）。

❹　参见 Robert P. Merges, Peter S. Menell, and Mark A. Lemley, Intellectual Property in the New Technological Age 764（6th ed. 2012）.

❺　同上注。

❻　参见 *Frischer & Co. v. Bakelite Corp.* , 39 F. 2d 247, 268（C. C. P. A. 1930）（法官解释道："当法院认定一项行为构成商标侵权时，该行为就进入了反不正当竞争法的视野"）；也可参见 Robert P. Merges, Peter S. Menell, and Mark A. Lemley, Intellectual Property in the New Technological Age，第 765 页（作者认为："商标法的基本原则从根本上来说也是侵权法的核心内容，即不正当竞争和欺诈消费者"）。

❼　参见 Oliver R. Mitchell, *Unfair Competition*, 10 Harv. L. Rev. 275, 275（1896）（但需要注意的是，米切尔补充道：在不正当竞争行为的具体形式刚刚被归纳出来的时候，商标法已经比较成熟了）。

❽　参见 *G. & C. Merriam Co. v. Saalfield*, 198 F. 369, 373（6th Cir. 1912）。

❾　参见 *William R. Warner & Co. v. Eli Lilly & Co.* , 265 U. S. 526（1924）。也可参见 John T. Cross, *Contributory Infringement And Related Theories Of Secondary Liability For Trademark Infringement.* 80 Iowa L. Rev. 101, 1（2008）.

害承担责任。"❶ 法院这一认定引发了一系列案件，这些案件的一方当事人都持有如下观点：一方虽没有直接侵害商标权，但在某些情况下，其也应当对直接侵害商标权的一方所实施的侵权行为承担责任。❷ 1924～1946 年，许多法院在商标争议中都认定存在帮助侵权行为。❸

（二）现代商标法

尽管联邦国会先前认为仅凭侵权法就足以为商标权人和消费者提供充分的保护，但在 20 世纪 40 年代中期，国会认识到应当对现有法律进行法典化梳理。❹ 美国日益增长的经济与普通美国人日益频繁的流动，已经共同导致了地理上的界限愈发不分明。因此，以前一度彼此友好共存的商家现在成了同一地域上的竞争死敌。只有一部强有力的联邦法律才能让所有州的商家在公平的条件下展开竞争。

联邦国会在 1946 年制定了《兰哈姆法案》，以此来将联邦层面的商标法律编撰为一部统一法典，《兰哈姆法案》的内容大多数源于现有普通法。在编撰法典的过程中，立法者援引了已经被融入商标普通法的侵权法原则。例如，《兰哈姆法案》第 1114 项将商标帮助侵权界定为一种诉因：

"15 U. S. C. A. § 1114. 救济，侵害，印刷者和出版方的善意侵权

（1）在没有取得商标注册权利人一致同意的情况下，任何为以下行为者在注册权利人提起的民事诉讼中应当承担责任并应承担下文中提到的赔偿责任。在本项项下的（b）项中，注册权利人无权主张其利润或损失应得到赔偿，除非行为人明知这种模仿行为是为了引起消费者的困惑，或为了引发错误认识，或为了欺骗：

---

❶ 参见 *Warnere*, 265 U. S. at 530 –31（*citing Hostetter Co. v. Brueggeman – Reinert Distilling Co.*, 46 F. 188（E. D. Mo. 1891））.

❷ 参见 Mark P. McKenna, *The Normative Foundations of Trademark Law*, 82 Notre Dame L. Rev.，第 101 页。

❸ 参见 Smiling Irishman, *Inc. v. Juliano*, 45 N. Y. S. 2d 361, 369（Sup. Ct. 1943）；*Irwin v. Fed. Trade Comm'n*, 143 F. 2d 316, 325（8th Cir. 1944）；*Champion Spark Plug Co. v. Emener*, 16 F. Supp. 816（E. D. Mich. 1936）；*Chesebrough Mfg. Co. v. Old Gold Chem. Co.*, 70 F. 2d 383, 385（6th Cir. 1934）. 需要注意的是，并非以上每起案件的法官都认为在该案中存在帮助侵权行为，这些法官在摘要中仅仅认为帮助侵权可以成为一种诉由。

❹ 参见 S. Rep. No. 1333, 79th Cong., 2d Sess. 3（1946），*reprinted in* 1946 U. S. Code Cong. Serv. 1274, 1275（"然而，贸易不再局限于某几个郡市，而是扩展至全国。在州际贸易中出现的商标应当由联邦法令来予以调整。似乎我们现在应当制定而且应当立即制定联邦层面的、在国内适用的、保护州际贸易中商标所有权人权利的法律"）。

（a）以盈利为目的，在商品或服务的销售、许诺销售、分销或打广告的过程中复制、伪造、拷贝或极其近似地模仿一个注册商标，并且这些行为有可能导致消费者产生困惑，或可能引发错误认识，或可能造成欺骗或者以上三者与这些行为有关；

（b）以盈利为目的，在商品或服务的销售、许诺销售、分销或打广告过程中或者在与商品或服务的销售、许诺销售、分销或打广告有关的过程中复制、伪造、拷贝或者极其近似地模仿一个注册商标并且将这些经由复制、伪造、拷贝或极其近似模仿而取得的东西用于标签、标志、印刷品、包裹、外包装、容器或广告，这种使用可能引发消费者的困惑，或引发错误认识，或可能造成欺骗或者以上三者与这种使用有关。"❶

这部法案并没有解释如何判定商标帮助侵权，也没有告诉我们应当如何分析和解决这类案件。然而，考察相应的《兰哈姆法案》的立法历史可以发现如下内容："目前这部法案保留了已经被证明是有用的内容。"❷ 因此，下级法院通过查阅《兰哈姆法案》实施之前的商标法案件先例来解释、细化这部法案。❸

在 1982 年的 Inwood Labs 案之前，联邦最高法院一直没有针对商标帮助侵权进行判决。❹ 茵伍德实验室（Inwood Labs）提起了一个案情十分明晰的商标帮助侵权诉讼，这点与 Warner 案不同。在该案中，制药商茵伍德实验室发现有药剂师将真正的、较为昂贵的茵伍德实验室出品的药物（Cyclospasmol）替换为非茵伍德实验室生产的但与其十分相似的普通药丸。❺ 茵伍德公司并没有起诉那几个药剂师，而是以商标侵权为由起诉了那些普通药丸的生产商。❻ 最高法院认为："商标侵权的法律责任可以予以扩展，使它不仅仅可以适用于那些用别人的商标来错误标识商品的人。"❼ 在这样一项认定中，联邦最高法院

❶ 参见 15 U. S. C. § 1114 (2006).

❷ 参见 S. Rep. No. 1333, 79th Cong., 2d Sess. 3 (1946), reprinted in 1946 U. S. Code Cong. Serv. 1333.

❸ 参见 Warnere, 265 U. S., 第 101 页。也可参见, SK & F, Co. v. Premo Pharm. Lab., Inc., 625 F. 2d 1055 (3d Cir. 1980); Upjohn Co. v. Schwartz, 246 F. 2d 254 (2d Cir. 1957); Teledyne Indus., Inc. v. Windmere Prods., Inc., 433 F. Supp. 710 (S. D. Fla. 1977); Mattel, Inc. v. Goldberger Doll Mfg. Co., 200 F. Supp. 517 (E. D. N. Y. 1961); Coca – Cola Co. v. Snow Crest Beverages, Inc., 64 F. Supp. 980. (D. Mass. 1946), aff'd, 162 F. 2d 280 (1st Cir.), cert. denied, 332 U. S. 809, reh'g denied, 332 U. S. 832 (1947)。

❹ 参见 Inwood Labs, 456 U. S. 844 (1982).

❺ 同上注。

❻ 同上注，第 847 ~ 848 页。

❼ 同上注，第 853 页。

认可商标帮助侵权可以成为一项诉因：

> "正如下级法院所认识的那样……如果一家厂商或一家分销商有意地诱使他人去侵犯商标权或者该厂商或分销商明知或有理由知道他人从事商标侵权行为但仍然继续为其提供商品，那么此时厂商或分销商应当对由此种欺诈所造成的损害结果承担帮助侵权的责任。"❶

联邦最高法院还创设了一种针对商标帮助侵权的"两翼检验法"。❷ 要构成商标帮助侵权，当事人必须至少实施了以下两种行为中的一种：（1）有意地诱使他人实施商标侵权行为；（2）知道或应当知道其正在向侵犯他人商标权的人提供产品。❸ 这一"茵伍德实验室鉴别法"至今仍然被适用。

此后，商标权人继续就商标帮助侵权提起诉讼。然而，由于新技术不断问世，法院分析商标帮助侵权案件越来越困难。互联网变化的速度和技术变化的速度已经大大超过联邦法律构思、制定和通过的最快速度。此外，适用有关旧技术的先例并不总是能提供最佳解决方案。

二、关键在词中：关键词广告带来一系列新问题的原因以及商标权人的应对措施

绝大多数搜索引擎并不通过向其使用者收费来盈利，搜索引擎运营商通过出售与搜索结果相关的广告位来盈利。❹ 在搜索引擎发展的早期，搜索引擎运营商在出售广告位的时候并不考虑搜索引擎使用者搜索的内容是什么。现在大多数搜索引擎采用关键词广告模式，即搜索引擎使用者所键入的搜索词会"触发"相应广告并使其显示出来。❺ 关键词广告项目是搜索引擎——谷歌的主要收入来源。谷歌公司根据广告主的出价来拍卖广告位：对一个特定搜索词出价最高的广告主通常可以取得最好的广告位，而出价较低的广告主只能获得相对较差的广告位。❻ 这种竞拍将会显示搜索引擎用户每点击一次广告，广告

---

❶ 参见 *Inwood Labs*, 456 U. S., 第 853 ~ 854 页。

❷ 同上注，第 854 页。

❸ 同上注。

❹ 参见 Corrected Brief for eBay Inc. & Yahoo! Inc. as Amici Curiae Supporting Appellee, *Rosetta Stone Ltd. v. Google*, *Inc.* No. 10 - 2007, 2010 WL 4956286, at *2.

❺ 参见 *Rosetta Stone II*, 676 F. 3d 144, 150 - 51 (4th Cir. 2012).

❻ 同上注，第151 页。例如，一家出售小工具的公司会希望有人在搜索引擎上搜索"哪里能买到小工具"时本公司的广告能够被显示出来。因此，这家公司会对"哪里能买到小工具"这个短语进行竞买。但是，不只一家出售小工具的公司会想要竞买这类短语。需要注意的是，如果一条广告和搜索短语无关，那么无论广告主出多少钱也无法获得最优越的页面显示位置。

主所需支付的价款数额，即"每次点击价"。❶ 由于只有当搜索引擎使用者发现了一条相关广告时，谷歌公司才可能盈利，因而其乐衷于大量提供那些关注度较高的广告词以供竞拍者选择。❷

在推出广告位竞买之后，谷歌公司先后两次改变了其有关商标使用的重要政策。❸ 2004 年，谷歌公司允许任何一方将商标作为搜索关键词来竞买，不论竞买者自己是否拥有该商标。❹ 例如，谷歌这一政策变化将允许诺德斯特姆公司（Nordstrom）竞买"内曼·马库斯"（Neiman Marcus）这个短语，并借由这个商标来触发诺德斯特姆的广告。当一位谷歌使用者搜索"内曼·马库斯"时，诺德斯特姆的广告会夹杂着其他内容一起显示出来。这样一种细致定位很吸引那些有意压缩成本的广告主，因为消费者在搜索一家公司的时候，往往会对该公司的竞争者产生兴趣。谷歌允许竞买商标这一举措，增加了潜在竞买者。竞买者数量越多，针对搜索关键词的竞买就会越激烈，由此导致的高出价将增加谷歌公司的收益。❺ 为辅助竞买者，谷歌公司会根据竞买者最先选择竞买的搜索关键词来向竞买者建议相关的词组，这些词组就包括商标。❻ 谷歌公司第二项政策变动发生于 2009 年，当时谷歌公司调整了有关关键词广告内容的政策，即允许广告主在它们的广告文字中使用商标，无论该广告主是否是该商标的所有人。❼

谷歌公司以上两项政策变化使得商标所有权人难以控制（他人）对商标权人商标的使用。❽ 现在，商标所有权人除了要在实体地点（比如曼哈顿市运河街）关注自己的商标有没有被他人侵害，❾ 他们还要在网上找有没有侵犯他

---

　❶ 同上注。在上注的这个例子中，任何希望消费者在搜索"哪里能买到小工具"时自家的广告能出现的广告主都可以竞买这个短语。其中出价最高者的广告将被放置在页面顶端，出价第二高者的广告将处在稍往下的位置，以此类推。

　❷ 同上注。

　❸ 同上注。

　❹ 同上注。

　❺ 参见 Google's Keywords Tool, https：//adwords. google. com/o/Targeting/Explorer？ _ c = 1000 000000 &_ u = 1000000000&ideaRequestType = KEYWORD_ IDEAS，访问日期：2012 年 1 月 23 日。

　❻ 同上注。

　❼ 参见 *Roseua Stone II*, 676 F. 3d at 151 − 52.

　❽ 这是谷歌公司的法庭之友所承认的一项事实。参见 Corrected Brief for eBay Inc. & Yahoo! Inc. as Amici Curiae Supporting Appellee, at ＊3.

　❾ 运河街是假冒手包泛滥之地。参见 Willy Staley, *The Bag Men of Chinatown*, N. Y. Times' The Sixth Floor Blog，访问日期：2013 年 2 月 8 日。http：//6thfloor. blogs. nytimes. com/2013/02/08/the − bag − men − of − chinatown/. 这个问题不仅仅在曼哈顿存在，在洛杉矶的桑堤亚大街以及其他地点都存在这样的问题。参见 Shan Lee, *Counterfeit Gap joins the counterfeit Gucci*, L. A. Times, http：//articles. latimes. com/2012/feb/ 03/business/la − fi − cheap − fakes − 20120204，访问日期：2012 年 2 月 3 日。

们商标权的行为。❶ 商标权人在网上搜索商标侵权行为的难度，不同于他们在街上搜索商标侵权行为的难度，在网上侵犯一项商标权更容易，因为对那些打算通过侵犯他人商标权或通过盗版来大肆获利的人而言，他们只需要用极低的成本去设计一个网站，然后参与谷歌的关键词竞买项目即可。❷ 罗塞塔·斯通公司就是这种行为的受害者之一，该公司已经在谷歌上发现了促销盗版罗塞塔·斯通软件的广告。❸ 盗版者利用了罗塞塔·斯通的商标来吸引消费者，因为目前还没有出台有力的限制互联网上商标使用行为的核查制度。谷歌公司以上两项政策变动弱化了商标权人对其商标的控制力，同时增加了商标侵权行为在谷歌搜索页面上出现的几率。

关键词广告是互联网上特别容易滋生帮助侵权的几个领域之一。商标权人目前已经采取两种方案来应对这种情况。在某些情况下，商标权人会起诉那些侵犯他们商标权的个体。❹ 此外，商标权人会起诉搜索引擎以及其他为独立侵权行为提供便利者。❺

当一些零散个体侵犯商标权时，商标权人会起诉这些个体。Hearts on Fire v. Blue Nile 案就属于这种情形。❻ 火之心公司（Hearts on Fire）作为商标权人起诉作为同行业（珠宝销售业）中准竞争者的蓝色尼罗河公司（Blue Nile），理由是后者将前者的商标——"火之心"作为关键词广告触发器进行竞买并且在后者关键词广告中使用该商标。❼ 火之心公司担心蓝色尼罗河公司向消费者销售钻石的行为会导致消费者感到疑惑并且误导消费者，从而使火之心公司利益受损。❽ 由于火之心公司仅仅是想制止蓝色尼罗河公司的侵权行为，前者可以且事实也直接起诉了蓝色尼罗河公司。火之心公司不必通过起诉谷歌公司来制止蓝色多瑙河公司的行为，这种做法本身并不有效而成本却很高。

---

❶ 这是罗塞塔·斯通公司的法庭之友所提出的一点。参见 Brief for Convatec et al. as Amici Curiae Supporting Appellant at *2, *Rosetta Stone II*, 676 F. 3d 144（No. 10 – 2007），2010 WL 4306013；Brief for Volunteers of America, Inc. as Amicus Curiae Supporting Appellant at *4 – 5, *Rosetta Stone II*, 676 F. 3d 144（No. 10 – 2007），2010 WL 4317118.

❷ 参见 First Amended Complaint at ¶, *Rosetta Stone II*, 676 F. 3d 144（No. 10 – 2007），2010 WL 835474.

❸ 同上注，¶ 31.

❹ 参见 *Tiffany*, 600F. 3d at 93.

❺ 同上注。

❻ 参见 *Brookfield v. W. Coast Entm't*, 174 F. 3d 1036（9th Cir. 1999）；*Savin Corp. v. Savin Group*, 391 F. 3d 439（2d Cir. 2004）；*Australian Gold v. Hatfield*, 436 F. 3d 1228（10th Cir. 2006）；*Hearts on Fire v. Blue Nile*, 603 F. Supp. 2d 274（D. Mass. 2009）.

❼ 参见 *Hearts on Fire*, 603 F. Supp. 2d at 278 – 79.

❽ 同上注。

如果侵权者并不明确或者数量极多时，商标权人会选择起诉搜索引擎而非侵权者个体。❶ 通过梳理，我们发现：对这些案件的原告而言，寻找那些侵权者有可能就像是打一场高度危险的"打鼹鼠"游戏，即在不止一个案件上花费了大量资源后才发现这只是个开始。就算一个商标权人发现了一名侵权者并制止了其侵权行为，另一个侵权人又会出现。与其这样，商标权人还不如将精力集中在所有侵权行为中都存在的一个主体上——帮助侵权人。此时，就和玩某些嘉年华游戏一样，最后的结果完全取决于那一击。

蒂芙尼公司（Tiffany）❷ 就曾经运用了以上这种起诉帮助侵权人的策略。作为一家全国闻名的奢侈珠宝销售商，蒂芙尼公司起诉了作为大型网上拍卖站的易趣公司（eBay），主张易趣构成商标帮助侵权。❸ 易趣不仅消极地允许使用者在易趣上发布商品销售公告，而且主动地通过收费广告的形式推销这些商品。❹ 蒂芙尼公司主张：易趣公司允许在易趣网上销售二手蒂芙尼商品并且为这些二手蒂芙尼商品做广告已经构成商标帮助侵权，因为易趣公司知道这些二手商品中有一些可能是假货。❺ 第二巡回法院作出了有利于易趣公司的裁判，法院认为蒂芙尼公司无权在其商品被第一次售出后仍然对这些商品所在的市场施加控制，即便市场上充斥着蒂芙尼假货。❻

第二巡回法院在考虑易趣公司"在为假货小贩销售侵权商品提供便利的行为"是否"应当受到处罚"时，采用了 Inwood Labs 一案中的考量方法。❼ 由于蒂芙尼公司并没有对 Inwood Labs 检验法的第一翼检验提出异议，第二巡

---

❶　参见 *Lockheed Martin Corp. v. Network Solutions, Inc.*, 194 F. 3d 980 (9th Cir. 1999); *Playboy Enters. v. Netscape Commc'ns Corp.*, 354 F. 3d 1020 (9th Cir. 2004); *Gov't Emps. Ins. Co. v. Google, Inc.*, 330 F. Supp. 2d 700 (E. D. Va. 2004); *800 - JR Cigar, Inc. v. GoTo. com, Inc.*, 437 F. Supp. 2d 273 (D. N. J. 2006); *1 - 800 Contacts, Inc. v. WhenU. Com, Inc.*, 414 F. 3d 400 (2d Cir. 2005); *Google Inc. v. Am. Blind & Wallpaper*, C 03 - 5340JF (RS), 2007 WL 1159950 (N. D. Cal. Apr. 18, 2007); *Tiffany Inc. v. eBay Inc.*, 600 F. 3d 93 (2d Cir. 2010); *Rescuecom Corp. v. Google, Inc.*, 562 F. 3d 123 (2d Cir. 2009). 值得注意的是，以上这些案件发生的同时也有很多针对个体侵权人的案件在发生，因而以上这些案件并不能说明在这类侵权案件中原告的诉讼策略已经发生转变。在这些案件中，法院分别考量了不同的因素。例如，在 American Blind 一案中，法院一定程度上开启了在这类案件中对于涉案商标显著性的考察；在 Rescuecom 一案中，法院则主要着眼于何为"商业使用"。

❷　参见 *Tiffany*, 600 F. 3d at 93.

❸　同上注。

❹　同上注，第97页、第101页。

❺　同上注，第101页。

❻　同上注，第97页。

❼　同上注，第103页。本文第一部分提到：Inwood Labs 的两翼检验法关注当事人以下两方面：（1）是否有意促成商标侵权；（2）是否知道或应当知道它在向侵犯他人商标权的某一方主体提供产品。*Inwood Labs. v. Ives Labs.*, 456 U. S. 844, 854 (1982).

回法院着重关注的是 Inwood Labs 检验法的第二翼，即易趣"是否向其知道或应当知道正在侵犯他人商标权的人继续提供服务。"❶ 蒂芙尼主张易趣知道或有理由知道易趣应当对商标侵权承担责任，因为蒂芙尼的假冒产品充斥了整个易趣网站。❷ 地区法院认为易趣仅仅"粗略地知道其网站上他人销售的蒂芙尼商品中有一部分可能是假货。"❸ 法院论述道："Inwood Labs 测试明确地要求'向其知道或应当知道正在侵犯他人商标权的人继续提供……'的被告应当承担帮助侵权责任。"❹ 法院认为，易趣"不断地采取措施来改进其技术，并且开发出了反欺诈措施，这些措施不仅在技术层面可行而且触手可及"。❺ 这些措施包括创建工具以发现有关假冒商品的公告、及时地将蒂芙尼发现的假冒商品清单撤下，并且允许蒂芙尼公司在商品清单公布前几个小时内审查这些清单。❻ 因此，易趣仅仅需要对那些蒂芙尼公司或者易趣内部机制明确发现的假冒商品承担责任。蒂芙尼主张：易趣网站上假货的告示之多以至于易趣公司应当对每一项与蒂芙尼有关的公告承担责任。第二巡回法院认为，蒂芙尼这项主张是一种对 Inwood Labs 测试过于宽泛的理解，而且从易趣的角度来看，蒂芙尼的这种理解也毫无裨益。❼

以上这种语境下的三者（商标权人、商标侵权人与商标帮助侵权人）之间的互相影响在 2010 年罗塞塔·斯通公司诉谷歌公司一案中都出现了。

三、全然不懂：对一项新技术的误读使得罗塞塔·斯通案的地区法院陷入困惑

罗塞塔·斯通公司在市场上开发了最受欢迎的语言学习软件，为消费者提供了不同阶段、超过 30 种语言的培训项目。❽ 罗塞塔·斯通公司不仅仅在销售而且在消费者认可度上都占据上风。根据一项消费者调查，74% 的消费者知道罗塞塔·斯通公司，而只有 23% 的消费者知道罗塞塔·斯通的最大竞争对

---

❶ 参见 *Tiffany*, 600 F. 3d at 106（quoting *Inwood Labs.*, 456 U. S. at 854）.

❷ 同上注，第 106 页。

❸ 同上注。

❹ 同上注，第 107 页。

❺ 同上注，第 100 页。

❻ 同上注，第 99 ~ 100 页。

❼ 同上注，第 107 ~ 108 页。蒂芙尼公司还认为这项判决会使得易趣敢于故意无视其网站上侵犯他人商标权的商品。第二巡回法院没有采纳这种观点，法院认为市场自身就能有效监督易趣公司从而促使其诚信经商。*Id.* at 109 – 10.

❽ 参见 *Rosetta Stone II*, 676 F. 3d 144, 150（4th Cir. 2012）; First Amended Complaint, at ¶ 14.

手。● 由于语言学习软件买来是用来亲身体验的，所以罗塞塔·斯通公司依靠其巨大的品牌影响力和高品质产品来推动销售。罗塞塔·斯通公司从 2002 年开始在谷歌搜索引擎上打广告。❷ 由于罗塞塔·斯通公司出品的软件价格相对较高，而非法复制该软件的成本较低，因而罗塞塔·斯通语言学习软件成了盗版"重灾区"。❸ 这些盗版者与软件复制者也在谷歌上为他们的非法软件打广告。❹ 因此，消费者把假冒的罗塞塔·斯通软件和正品搞混了，有时这种混淆会导致消费者购买假冒软件。❺ 罗塞塔·斯通公司不可能有效地查找出每一份侵权广告，并对每一起盗版行为提起诉讼，这会耗费其大量资源。因此，罗塞塔·斯通公司选择起诉谷歌公司。

罗塞塔·斯通公司认为谷歌公司的关键词广告系统不应当建议或者允许他人将罗塞塔·斯通公司商标用于触发他人的广告或将罗塞塔·斯通公司商标用于他人广告的文字中。❻ 罗塞塔·斯通公司的起诉包含五项内容：商标侵权、商标帮助侵权、商标替代侵权、商标淡化与不当得利。❼ 其中帮助侵权是针对"第三方对罗塞塔·斯通商标的侵权性使用，即第三方使用罗塞塔·斯通的商标来触发'赞助链接'"。❽ 谷歌公司否认鼓励或者有理由知道第三方广告主使用罗塞塔·斯通商标是侵权行为。❾

弗吉尼亚州东部地区法院对罗塞塔·斯通公司五项诉请都作出了有利于谷歌公司的即决判决。❿ 第四巡回法院同意其中两项判决，但将剩余三项（直接侵权、商标淡化和商标帮助侵权）发回重审。⓫ 这起案件在 2012 年 11 月上旬以和解结案，⓬ 但该案仍然值得仔细审视，因为它点出了将商标法适用于新技术上这一过程中不断应运而生的问题。

---

❶　参见 *Rosetta Stone II*, 676 F. 3d at n. 2.

❷　同上注，第 150 页。

❸　参见 First Amended Complaint, at ¶¶ 105, 12.

❹　同上注。

❺　参见 *Rosetta Stone II*, 676 F. 3d at 156 – 58.

❻　参见 First Amended Complaint, ¶ 6.

❼　参见 *Rosetta Stone II*, 676 F. 3d at 149.

❽　First Amended Complaint, ¶ 85.

❾　参见 Def.'s Mem. Supp. Mot. Summ. J. at ＊12, *Rosetta Stone II*, 676 F. 3d 144（No. 10 – 2007）2010 WL 1404259.

❿　参见 *Rosetta Stone I*, 730 F. Supp. 2d 531, 552（E. D. Va. 2010）.

⓫　参见 *Rosetta Stone II*, 676 F. 3d at 173.

⓬　参见 Joe Mullin, *Google settles Rosetta Stone lawsuit, its last major dispute over AdWords*, Ars Technica, http：//arstechnica. com/tech – policy/2012/11/google – settles – rosetta – stone – lawsuit – its – last – major – dispute – over – adwords/，访问日期：2012 年 11 月 1 日。

（一）地区法院判决

地区法院考虑了包括商标权原理、相关判决先例以及现实类比法在内的亦或传统亦或其他可接受的商标权案件审理思路。但是，地区法院未能抓住这起纠纷的关键点。地区法院将谷歌公司用于缓和商标侵权问题的措施与本文已经介绍的 Tiffany v. eBay 一案中易趣公司所采取的缓和措施进行比较进而得出结论：两者非常相似。❶ 然而，在即决判决阶段，法院作出这样的事实认定是不恰当的。此外，地区法院还错误地适用了功能性原则，这显示出其对该原则的宗旨产生了误读。❷ 然而，地区法院最为谬误的判断源于其对关键词广告的误解。

地区法院将本案所涉及的谷歌公司行为与时代广场广告牌的所有者的行为进行了对比。❸ 地区法院此种处理方式恰是其致命伤：未能抓住谷歌公司和罗塞塔·斯通公司之间纠纷的本质。地区法院认为：

> 时代广场川流不息的人潮以及繁忙的交通，使得矗立在时代广场的广告牌能保证许多人看到这些广告，这和谷歌搜索关键词广告的原理一致。关键词广告提供给广告主一个上佳机会来展示他们的产品和服务。此外，两者除了在位置和式样方面相似外，广告牌使得广告主有机会通过扩展和装饰来打出富有创意的广告，而谷歌关键词广告也具备这一特性，因为关键词广告允许广告主在谷歌网站上自行设计他们赞助链接的内容。❹

但是，地区法院上述分析忽略了商标的特性。广告主综合考虑广告牌的位置以及该位置附近的人口分布来决定是否出资在该广告牌上打广告。❺ 广告牌场景下的广告主会通过数据分析并考虑他们所希望吸引的客户群来最终确定（或精准确定）对他们而言最理想的广告牌设置地点。谷歌关键词广告的广告主也具备这一特性。不论是在广告牌场景下还是关键词广告场景下，广告主都希望他们所打出的广告不仅仅被那些对其产品有兴趣的人看到。如果劳氏公司（Lowe's）在一家"家得宝"（Home Depot）门店旁设立广告牌，这无疑是合法的。如果劳氏公司在每一家"家得宝"的广告牌旁设立劳氏的广告牌，这也

---

❶ 参见 *Rosetta Stone I*, 730 F. Supp. 2d at 548 –49（comparing Google's actions to eBay's as described in Tiffany Inc. v. eBay Inc. , 600 F. 3d 93, 98 –100（2d Cir. 2010））.

❷ 同上注，第 545 ~ 546 页。

❸ 同上注，第 550 页。

❹ 同上注。

❺ 参见 *Outdoor Advertising & Billboard Advertising Costs*, CBSOutdoor. com, https：//www. cbsoutdoor. com/outdoor101/rates. aspx，访问日期：2013 年 2 月 22 日。

是合法的。然而，在以上这个假设中，劳氏公司不会关注家得宝商标在哪里出现，而是关注家得宝通过打广告或者设立店铺的方式在哪里投入了家得宝的企业资源。劳氏是通过家得宝的商业行为来获知家得宝的经营策略，而非将家得宝商标用于为劳氏自己的营销行为服务。但如果我们把关键词广告与之进行对比，我们就会发现差别所在。在谷歌关键词广告中，是由包含商标的关键词来触发广告的，那么关键词广告的广告主不仅在网民点击该广告前不需要支付任何费用，而且这些关键词广告也只有在网民所进行的搜索包含商标时才会出现。因此，广告牌与关键词广告两者的基本运作原理不同。

地区法院还认为，如何制定广告牌广告的内容属于广告主自主决定的范畴，实际上是将广告的内容和广告文字的内容相等同，这种认识是错误的。❶罗塞塔·斯通公司并非主张谷歌关键词广告不应当有文字，或者谷歌关键词广告不应当由广告主自主决定，其主张的是关键词广告的文字不应当侵犯其商标权。这种不应当侵犯商标权的主张也可以指向广告牌广告，而且事实上已经有人这样做了（尽管并没有成功）。❷此外，时代广场上可以设置广告的位置非常有限，而互联网空间则没有边界。因此，地区法院以时代广场广告牌所做的类比并不准确并且该类比不恰当地描绘了谷歌公司和罗塞塔·斯通公司之间的纠纷。

（二）第四巡回法院的意见

第四巡回法院部分支持了地区法院的判决，具体而言它支持了地区法院驳回罗塞塔·斯通公司关于替代侵权和不当得利的诉请，但撤销并要求地区法院重新审理关于以下三项内容的判决——商标直接侵权、商标帮助侵权和商标淡化。❸第四巡回法院指出地区法院在本案中适用 Tiffany 一案裁判要旨是不当的。❹但是，第四巡回法院并未指出地区法院判决思路有误。

第四巡回法院的决定并没有完全消除谷歌公司目前推行的关键词广告政策构成商标侵权的可能。尽管 Rosetta Stone v. Google 一案已经以和解结案，但是至少已有一位学者提出如果谷歌不改变其关键词广告政策或者谷歌未能在法院拿到一份大获全胜的判决，那么谷歌公司接下来仍有可能面临其他公司提起的

---

❶ 参见 *Rosetta Stone I*, 730 F. Supp. 2d at 550.

❷ 参见 Mike Masnick, *Legal Fight Over Billboards About Trademarks On The Hotness Of Your Wife*, Techdirt, http://www.techdirt.com/articles/20100113/2330097747.shtml，访问日期：2010 年 1 月 25 日。

❸ 参见 *Rosetta Stone II*, 676 F. 3d 144, 149–50 (4th Cir. 2012).

❹ 同上注。

类似诉讼。❶ 第四巡回法院受理针对谷歌的索赔请求，会将谷歌公司置于以下这种不尽如人意的局面：如果没有一项明确否认谷歌关键词广告构成商标侵权的判决，那么谷歌公司将可能成为诉讼中的众矢之的。❷

当法院在为是否适用某条法律规定绞尽脑汁时，它们会从成文法、立法史以及先例中寻求帮助，但在本案中，以上三项都无法为法院提供有力帮助。有一位学者指出："法院在面对一些可能引发大量版权侵权行为与大量商标权侵权行为的关于新技术的问题时，往往难以从现有法律中寻得帮助。"❸ 然而，第四巡回法院指出："帮助侵权是起源于普通法中的侵权法（law of torts），并经由司法判决所创立的一项原则。"❹ 此外，第四巡回法院没有指出地区法院说理错误，而且事实上还运用了该项说理。

尽管最近的帮助侵权案件并未提供与本案在案情上相似的先例，但是这些案件为我们提供了一个分析类似案件的框架。这个框架就是最低成本防范原则。

四、解码：最低成本防范原则是如何架起问题与解决方法之间桥梁的

正如本文第三部分所阐述的那样，地区法院在本案中适用先例时非常吃力，这说明当技术的发展超前于法律制定的情况下，法院将遭遇难题。此时的法院不应试图辨别哪一条现有规则最适宜于本案，而是应当回到一些相对传统的原则中区寻找帮助：

> "若当事人并未实际参与制造或分销最终被认定为假冒货物的商品，而此时我们对某条规则是否适用于这类当事人存有疑义时，我们应当将商标侵权视为侵权的一种，并在普通法中寻找有关责任边界问题的答案。"❺

如果商标侵权已经被当作一种侵权来处理，那么法院应当适用最低成本防范原则来解决眼前的问题。

---

❶ Eric Goldman, *Fourth Circuit's Rosetta Stone v. Google Opinion Pushes Back Resolution of Keyword Advertising Legality Another 5 - 10 Years*, Tech. & Marketing L. Blog, http：//blog. ericgoldman. org/archives/2012/04/fourth_ circuits. htm. ，访问日期：2012 年 4 月 10 日。

❷ 埃里克·高曼认为罗塞塔·斯通一案之后会有其他案件被提起，但是这些案件胜诉几率不大，因为这些案件和罗塞塔·斯通案相似度较低。同上注。

❸ 参见 Mark Bartholomew, *Copyright, Trademark and Secondary Liability After Grokster*, 32 Colum. J. L. & Arts 445, 446（2009）.

❹ 参见 *Rosetta Stone II*, 676 F. 3d at 163（internal citations and quotations omitted）.

❺ 参见 *Hard Rock Cafe Licensing Corp. v. Concession Servs. , Inc.*, 955 F. 2d 1143（7th Cir. 1992）.

在思考如何填补侵权行为造成的损害时，侵权法会兼顾政策与经济效果两方面。谷歌公司和罗塞塔·斯通公司均已提出了有关政策方面的重要主张，所以现在需要考虑经济效果这个额外因素。正如本文第一部分所论述的那样，帮助侵权行为对应帮助侵权责任。一直以来，法院在处理帮助侵权责任案件时都适用了最低成本防范原则来认定谁应当承担损失。最低成本防范原则已经不止一次被适用于类似案件并且被证明适宜于用来解决此类案件。在 Rosetta Stone 一案中，谷歌公司能够以最低成本来避免损害发生，因而其应当付出这一成本来避免损害发生。

（一）谷歌公司与罗塞塔·斯通公司彼此相冲突的政策目的

谷歌公司及其法庭之友提出了四项有关为何谷歌关键词广告政策并没有侵犯商标权的政策立论：第一，它们主张关键词广告为搜索引擎的运营提供了经费，而搜索引擎则为公众上网提供了便利；因此，搜索引擎所创造的正向价值应当抵消侵权行为所造成的损害。[1] 第二，它们主张联邦宪法第一修正案保护谷歌公司向公众传递信息的商业行为。[2] 第三，它们主张关键词广告强化了商标权人之间的竞争。[3] 尽管"很小一部分"消费者可能"不具备……（在众多广告中进行筛选所需的）能力"，但他们由此产生的困惑并不能否定"全社会的确借由谷歌页面上的对比广告获得了收益（因为人们由此可以货比三家）。同时，这些广告主也支付了广告费从而使那些对罗塞塔·斯通商品表现出浓厚兴趣的网民有机会了解到这些广告主发布在谷歌页面上的有关'罗塞塔·斯通'商品的真实描述"。[4] 第四，它们认为罗塞塔·斯通公司作为商标权人应当保护自己的商标权不受侵犯，而谷歌公司并不对使用谷歌的人所为的侵权行为承担责任。[5]

罗塞塔·斯通公司及其法庭之友不同意上述观点。它们认为对于解决本案中的侵权问题而言，谷歌公司显然处在更有利的位置。[6] 此外，谷歌公司事实

---

❶ 参见 Corrected Brief for eBay Inc. & Yahoo! Inc. as Amici Curiae Supporting Appellee，at ＊2.

❷ 参见 Brief for Public Knowledge & Electronic Frontier Foundation as Amici Curiae Supporting Appellee，*Rosetta Stone II*，676 F. 3d 144.（No. 10－2007），2010 WL 4952558，at ＊21.

❸ 参见 Corrected Brief for eBay Inc. & Yahoo! Inc. as Amici Curiae Supporting Appellee，at ＊6；Brief for Public Knowledge & Electronic Frontier Foundation as Amici Curiae Supporting Appellee，*Rosetta Stone II*，676 F. 3d 144.（No. 10－2007），2010 WL 4952558，at ＊2.

❹ 参见 Brief for Public Citizen as Amicus Curiae Supporting Appellee at ＊29，*Rosetta Stone II*，676 F. 3d 144（No. 10－2007），2010 WL 4931029.

❺ 参见 Corrected Brief for eBay Inc. & Yahoo! Inc. as Amici Curiae Supporting Appellee，at ＊3.

❻ 有关改变商业模式的内容，参见 Brief for Convatec et al. as Amici Curiae Supporting Appellant，at ＊22. 有关保护商标权的内容，参见 Brief for Carfax et al. as Amici Curiae Supporting Appellant，at ＊21－22，676 F. 3d 144（No. 10－2007），2010 WL 4306014. 有关消费者困惑的内容，参见上注，at ＊22.

上从这些侵权行为中获利了。❶ 最后，谷歌公司是事实上唯一能够有效防止此类侵权行为发生的主体。❷ 有人提出：如果法庭不责令谷歌公司改变其关键词广告政策，那么谷歌公司将继续侵害商标权。❸ 其他人认为关键词广告为人们所带来的收益并不能抵消商标权人所受到的损害。❹ 商标法不断演进，其目的之一就是减轻消费者负担。如果侵权行为致使消费者感到疑惑或给其造成不便，则商标法目的会落空。

当数项公共政策的目标都指向同一个解决方案时，我们倾向于仅仅根据那些公共政策来对一项恶行进行评判。然而，本案中公共政策的目标彼此冲突，因而这些公共政策势必不能彼此调和。从本案商标法的一对目标出发，我们会得出两个不同结论：保护消费者这一目标会导致一项有利于罗塞塔·斯通公司的判决作出，而促进竞争的目标将导致一项有利于谷歌公司的判决作出。

（二）为什么在本案中应当适用最低成本防范原则

在侵权案件中有许多方式来认定谁有过错或者谁应当承受损失。然而，这些方式中并不是每种都能够被适用于任何案件。本案中有三方主体：被侵权人、侵权人与帮助人或第三方。被侵权人可以采取措施防止损害发生。例如，在本案中，它可以起诉。侵权人也可以通过不从事侵权行为来防止损害发生。但如果侵权人数量庞大并且可能拒不执行生效判决，制止一位侵权人的侵权行为对于制止另一位侵权人的侵权行为而言帮助很小，此时帮助者似乎就成为除了侵权人以外最适宜成为被告的主体，因为如果帮助者不予以协助，侵权人就无法实施他们的侵权行为。因此，在被侵权人与帮助者之间，帮助者能够最有效地防止侵权行为发生。

当双方都能避免损害发生时，法院会遵从最低成本防范原则，进而"要求能够以最低成本避免损害发生的一方来填补损害，无论这一方是侵权人、被侵权人或是第三方。"❺ 通说认为，最低成本防范原则是由圭多·卡拉布雷西教授（Guido Calabresi）（现担任法官）于 1970 年在其著作《事故的成本》中

---

❶ 参见 Brief for Convatec et al. as Amici Curiae Supporting Appellant, at ＊2 - 3；也可参见 Brief for Volunteers of America, Inc. as Amici Curiae Supporting Appellant, at ＊4 - 5.

❷ 参见 Brief for Carfax et al. as Amici Curiae Supporting Appellant, at ＊22.

❸ 同上注，at ＊3.

❹ 参见 Brief for Convatec et al. as Amici Curiae Supporting Appellant, at ＊22 （"即便商标侵权人有可能调整其商业模式以使他人商标权不再受侵犯，但仍然不能因此放任侵权行为继续下去"）。

❺ Tort Law and Economics （Encyclopedia of Law and Economics） 16 （Michael G. Faure, ed. , 2009）.

提出的。❶ 他认为，在某些案件中，如果双方都能避免事故发生，那么本可以以最低成本避免事故发生的一方应当被认定为有过错的一方。❷ 这种着眼于未来的思考路径鼓励主体尽可能地去避免事故发生，从而（希望）能够减少事故发生。❸ 尽管互联网空间中的商标帮助侵权与现实世界中的事故不同，但是这两类情形中侵权人和受害人都能够避免损害发生。

　　这样一种思维路径在商标侵权中并不鲜见，其在新技术领域中被运用得尤其广泛。第二巡回法院在 Tiffany v. eBay 一案中就运用了这种思维路径。❹ 经过一场"漫长"的庭审，❺ 第二巡回法院对易趣公司所引入的、用以帮助知识产权人保护其品牌、产品和商标的多种项目、系统和政策进行了评估。❻ 对买家而言，易趣公司设置了买方保护程序。根据此程序，易趣公司将对买到假冒商品的消费者进行先行赔付。❼ 对于品牌拥有者而言，易趣设置了一个名叫"授权商户计划"（verified rights owner）的通知移除系统。该系统允许知识产权人向易趣公司通报知识产权人认为的潜在侵权清单，之后易趣公司将对这些清单进行审查，（如果情况属实）将删除这些清单。❽ 易趣公司还允许知识产权人创建"关于我"（about me）网页来直接和易趣使用者进行沟通、通过让买家在某些品牌的卖家发布销售清单后 6~12 小时后才能看到这些清单，从而使知识产权人有时间对涉及侵权的广告进行审查并加以标记，以及使知识产权人可以限制他人其他行为。❾ 在公司内部，易趣建立了拥有 4000 名员工的"诚信与安全"（trust and safety）部门来监控"欺诈引擎"（fraud engine）。该"引擎"会辨别非法清单并使用过滤器来找到更多隐蔽广告；该"引擎"还会在卖家试图贴出含有蒂芙尼商品的清单时，向该卖家发送特殊警告信息，并会

---

❶　Guido Calabresi，《事故的成本：以法学和经济学为视角》（The Cost of Accidents：A Legal and E-conomic Analysis）（1970）.

❷　卡拉布雷西法官与其合作者道格拉斯·梅拉米德在《财产法、责任法与不能让与：认知教堂》（*Property Rules，Liability Rules，And Inalienability：One View Of The Cathedral*，85 Harv. L. Rev. 1089，1096 - 97（1972））一书中将这种思考路径进行了简练的归纳。他们在书中写道"在某些特定情况下……如果某一方或者为某种行为能够以最低成本防止损害发生，那么该方或该行为应当承担这一成本……如果无法确定该方是谁或该种行为是什么，那么应当由能够在市场中以最低交易成本修正权利中的瑕疵的那一方来承担这项成本。"

❸　参见 Tort Law and Economics，Encyclopedia of Law and Economics，at 84.

❹　参见 *Tiffany Inc. v. eBay Inc.*，600 F. 3d 93，98 - 100（2d Cir. 2010）.

❺　参见 *Rosetta Stone II*，676 F. 3d 144，165（4th Cir. 2012）.

❻　参见 *Tiffany*，600 F. 3d at 99.

❼　同上注。

❽　同上注。

❾　同上注。

在该清单最终被挂出来以后将该清单加以标记以供核查；"引擎"还会暂时禁止那些被怀疑实施侵权行为的卖家在易趣网上的行动自由。❶ 尽管易趣公司从技术层面控制其网站，但是它并不能完全掌控那些由易趣使用者所发布的内容。然而，易趣拥有鉴别假冒商品的手段。尽管易趣为了在其网站上杜绝假冒产品出现已经付出了很多努力，蒂芙尼公司仍然主张，除非易趣停止将所有蒂芙尼产品不加区分地进行统一标注，否则易趣不可能知道其网站上是否有人销售假冒商品，地区法院认为无论市场上假冒的蒂芙尼商品有多少，蒂芙尼公司都没有权利控制其产品所在的二手市场。❷ 由于易趣公司似乎已经做了除在其网站上禁止蒂芙尼所有产品销售（如果要求易趣这样做将是极不合理的）以外所有它能做的来鉴别假冒商品，地区法院由此认为易趣公司并不符合茵伍德实验室一案中抽象出来的两翼检验法中的一翼，即"知道或应当知道"，因而易趣公司并不构成商标帮助侵权。❸

尽管易趣公司花费了大量精力与资源来构建上述体系，但对于开发网站后台技术来防止侵权行为再次发生而言，易趣公司仍然是最低成本防范原则所指向的对象。如果让蒂芙尼公司设立一个专门从事侵权商品清单搜索工作的部门；或让蒂芙尼公司买下所有声称是蒂芙尼正品的商品；或者让蒂芙尼公司自己开发能够用于搜索侵权商品清单的电脑软件，那么由此产生的耗资将是个天文数字。如果没有易趣的帮助，那么蒂芙尼公司能做的也仅限于辨别侵权商品清单，因为蒂芙尼无法防止消费者看到这些清单，也无法防止卖家在易趣网站上挂出这些清单，也无法在这些清单出现在易趣网之前去辨识它们是否属于侵权商品清单。让蒂芙尼公司承担各种技术性工作将浪费大量精力与资源。然而，蒂芙尼公司仍然是鉴别假冒蒂芙尼商品的最佳人选。易趣公司对蒂芙尼产品并不熟悉，对其他著名品牌产品也不熟悉，易趣公司无法正确地鉴别各个品牌的商品是正品还是假冒商品。如果让易趣公司承担专业鉴定所有可能被挂到易趣网站上进行销售的商品这一任务，那么由此产生的花费与蒂芙尼公司所受有的损害相比也是不相称的。因此，法院在原被告之间就所应承担的任务进行了分割——每一方只承担自己最为擅长的那部分。

谷歌公司和罗塞塔·斯通公司在本案中的境遇与易趣公司和蒂芙尼公司很相似。商标权人希望立即并且永久地禁止他人对其商标的使用。商标侵权人数

---

❶ 参见 *Tiffany*, 600 F. 3d at 99.

❷ 同上注，第97页，第二巡回上诉法院认为，蒂芙尼内部所做的有关假货所占全部商品之比例的报告不科学继而没有予以采信。

❸ 同上注，第109页。

不胜数，——去追踪和锁定他们也是不经济的做法。第三方可以一定程度上控制其网站上发布哪些内容，但对于在该网上发布哪些内容享有更大主导权的则是网站使用者。正如蒂芙尼一案，本案中法院也有两种选择：亦或让谷歌公司在其关键词广告项目中改变有关商标权的政策；亦或让罗塞塔·斯通公司召集一批员工来追踪并锁定所有侵权广告，并且在谷歌关键词广告项目中参与竞买其所拥有的一切商标而且出价要高于其他竞买者。

（三）Rosetta Stone v. Google 一案：基于最低成本防范原则的分析

与易趣公司一样，本案中谷歌公司至少从表面看拥有很大的权限，并且最适合来解决本案中的问题。首先，谷歌公司作为其关键词广告项目的唯一所有人和运营者，其有能力来解决这个问题。其次，谷歌公司在此之前已经解决了相似问题：谷歌公司曾对其有关版权的政策进行了修正并且已经在非正式地悄然变动其商标权政策。最后，谷歌公司是最低成本防范原则所指向的对象：相比谷歌公司，罗塞塔·斯通公司远没有相应的能力来探究和解决这些问题。在谷歌公司能力范围内有好几种方法能被用来缓和商标侵权问题。借由最低成本防范原则，我们可以得出以下确定无疑的结论：谷歌公司能够解决本案中的问题；谷歌公司已经解决了类似问题；谷歌公司应当解决本案中的问题。

1. 谷歌公司能够解决本案中的问题

作为关键词广告项目的设立者、拥有者和运营者，谷歌公司对发布在其网站上的广告拥有排他控制权。谷歌公司通过计算机程序或在某些情况下通过内部员工来过滤这些广告。❶ 在广告主上传一则广告后，对此广告的过滤完全发生在谷歌公司内部。谷歌公司可以在任何时候移除这些广告。❷ 谷歌公司制定了广告主必须遵守的详细规则。❸ 此外，由于受到"保护指令"的约束，谷歌公司内部信息受到严格保密，因而罗塞塔·斯通公司在起诉之前无从知晓关键词广告项目如何运作。❹ 就目前而言，罗塞塔·斯通公司必须等到侵权广告被挂在网上之后，才能对侵权广告进行评价、向谷歌发函或与谷歌就清除侵权广

---

❶ 参见在伯克利法学院与谷歌公司前广告雇员所进行的访谈内容（2012 年 12 月 14 日）。

❷ 参见 *Help for Trademark Owners*, Google Advertising Policies, https：//support. google. com/adwordspolicy/answer/2562124？ hl = en&ref_ topic = 1346940，访问日期：2013 年 3 月 11 日（这份文件表明商标权人可以对关键词广告项目中所出现的商标被侵犯的情形向谷歌公司提出异议，这也就意味着谷歌公司拥有移除涉嫌侵犯他人商标权的广告的最终控制权）。

❸ 参见 AdWords Policy Center, Google Advertising Policies, https：//support. google. com/adwordspolicy/answer/1316548？ rd = 1，访问日期：2013 年 3 月 11 日。

❹ 事实上，即便笔者已经接触了几位谷歌公司的雇员，但是仍然仅能了解到那些已经公诸于世的资料。庭审材料目前已经被封存。

告展开合作。如果罗塞塔·斯通公司依照谷歌公司口中所谓完善的措施来保护其商标权，那么它必须投入大量资源来持续不断地寻找侵犯其商标权的广告。在找到这些广告后，罗塞塔·斯通公司必须通知谷歌公司。即便此时，谷歌公司仍然可以对罗塞塔·斯通公司发来的这类通知不予理睬。

2. 谷歌公司已经解决了类似问题

谷歌公司在此之前曾解决过类似问题。2012 年 8 月之前，谷歌搜索算法对于其网站上内容的合法性不予考虑，例如，它是否取得相应许可、是否被合法拥有或者其是否侵犯他人版权。❶ 由于受到来自娱乐业的压力，谷歌公司宣布将会在其搜索引擎算法中加入来自版权人的、合乎法律的移除通知。❷ 此外，谷歌公司还禁止在其搜索页面上发布有关包括烟草在内某几类产品的广告，并且谷歌已经成功地防止这几类产品广告的出现。❸

谷歌公司已经开始改变其触发和展示广告的方式。罗塞塔·斯通公司在起诉中不仅仅提到了侵权广告出现的形式，也提到了谷歌公司相关政策以及这些政策如何运行。❹ 然而，这项起诉并没有准确地反映关键词项目目前是如何运作的。现在，如果有人在谷歌上搜索商标词，谷歌页面上显示的搜索结果中广告已大幅减少（甚至已几乎没有）。❺ 谷歌公司称其并没有改变其商标权政策而是仅仅基于一种更全面的认识来重新构建该政策。❻ 该声明与事实上的搜索结果并不吻合。这种搜索结果的数量变化已经扩展到诸如"露露柠檬"（Lululemon）和"宝宝与宝宝"（bumble and bumble）这样的任意商标，一些诸如"花旗银行"和"野马"这样的暗示性商标，❼ 以及诸如"书"（books）、"企业"（Inc.）和"无线电广播"（radio shack）这样的描述性商标。❽

---

❶ 参见 Amy Chozick, *Under Copyright Pressure, Google to Alter Search Results*, N. Y. Times' Media Decoder Blog, http://mediadecoder. blogs. nytimes. com/2012/08/10/google – to – alter – search – results – to – reflect – a – sites – history – of – copyright – infringement/，访问日期：2012 年 8 月 12 日。

❷ 同上注；也可参见 Julianne Pepitone, *SOPA explained：What it is and why it matters*, CNNMoney, http://money. cnn. com/2012/01/17/technology/sopa_ explained/index. htm，访问日期：2012 年 1 月 20 日。

❸ 参见 *Tobacco products*, Google Advertising Policies, http://support. google. com/adwordspolicy/bin/ answer. py? hl = en&answer = 176038&topic = 1310883&ctx = topic，访问日期：2013 年 2 月 23 日。

❹ 参见 First Amended Complaint, *supra* note 54, at ¶¶ 28, 31, 51, 52.

❺ 笔者最早是在 2012 年 9 月观察到这一变化的。

❻ 参见 *AdWords Trademark Policy*, Google Advertising Policies, http://support. google. com/adwordspolicy/bin/answer. py? hl = en&answer = 6118&topic = 1346940&ctx = topic，访问日期：2012 年 10 月 23 日。

❼ 这点无疑适用于所有暗示性商标。例如，"花花公子"曾经发布过另一则广告，广告中出现了似乎不属于花花公子公司的商标。

❽ 笔者通过在谷歌搜索引擎上进行这些以及其他搜索，早在 2012 年 9 月就已经发现这一变化。这些搜索结果是笔者个人所做的实证研究。

　　第四巡回法院在 2012 年 4 月将本案发回重审，而罗塞塔·斯通公司和谷歌公司在 2012 年 11 月达成和解协议，这两个时间点似乎存在关联。尽管该和解协议的内容仍未公开，但从时间上看，是和解促使有关谷歌关键词广告的政策发生变化。谷歌搜索引擎所发生的变化，暗示其内部已在进行最低成本防范分析，并且已经做出判断：对谷歌自身而言，效仿易趣公司从内部进行调整是一个优于不断面对诉讼的选择。

　　3. 谷歌公司应当解决本案中的问题

　　正如本文第四部分第（二）点所论述的那样，最低成本防范原则是针对本案和类似案件的一种理想的分析框架。谷歌公司、易趣公司和其他公司为我们提供了一个有益的平台。由于这些平台上的大部分内容由平台使用者发布，因而谷歌和易趣等公司无法完全掌控这些内容。如果创新能力极强的公司对由网站使用者所造成的损害承担所有责任，这无疑是不公地处罚它们并阻碍其正常经营。这种结局并非我们所期望的。法院应当鼓励像谷歌公司这样创新能力极强的公司以一种对他人商标权负责的态度开展经营而非过度插手其经营模式。最低成本防范原则对双方进行评估，其关注双方如何能防范同一损害再次发生。在本案中，由于谷歌公司能够以最低成本防范关键词广告中商标侵权的出现，因而谷歌公司负有解决该问题的义务。谷歌公司可以通过以下方式来实现这一目的。

　　谷歌公司事实上可以撤销其在 2004 年和 2009 年对其关键词广告政策所做出的调整。在 2004 年做出的调整，允许非商标所有权人购买商标词来充当广告触发器。❶ 在 2009 年做出的调整，允许非商标所有权人在他们广告的文字中使用商标词。❷ 基于以下两个原因，撤销 2004 年的政策变动将是卓有成效的。首先，该撤销将确保有人搜索商标词时没有任何广告会显示出来。这样一来罗塞塔·斯通公司就不用担心"某些公司搭罗塞塔·斯通公司品牌的便车"了，二来可以把那些容易和商标权人的商标搞混的那些商标和短语移除。❸ 第二，如果有的消费者足够聪明，能够在使用搜索引擎时输入特定并准确的含有（罗塞塔·斯通）商标的词组，那么此时只能有罗塞塔·斯通的广告被显示出来。分辨能力相对差一些的消费者就需要在网上众多的广告中进行筛选。这样的话，一方面罗塞塔·斯通的商标归属不再存疑，同时比较广告以及对商标的合法使用也不会受到影响。由此，商标权人将不再被谷歌公司"绑架"而必

---

❶　参见 *Rosetta Stone II*, 676 F. 3d 144, 151 (4th Cir. 2012).

❷　同上注。

❸　参见 First Amended Complaint, *supra note 54*, at ¶¶ 2, 5.

须参与竞买它们自己的商标了。在短期内，关键词广告利润可能大幅下降，但显而易见的是，那些之前购买商标词并将其用于触发广告的广告主将继续对关键词广告感兴趣，只不过他们会竞买其他词组罢了。❶谷歌公司可以为有意参与关键词广告项目的商标权人设定一个最低价，这个最低价可以参考同类商品的广告、商标权人所打的其他广告或者该广告被点击的可能性。这样的话，谷歌公司可以通过向那些愿意通过购买自己所有的商标以用作触发词的商标权人收取较为可观的费用，而那些不愿意参加关键词广告的商标权人也不会感到自己是被迫参加关键词竞买的。

未经充分考量就撤销谷歌公司在 2009 年对其关键词广告所做的政策调整则会矫枉过正。这项政策变动表明谷歌公司对于在广告的文字中使用商标还是持审慎态度的。正如第四巡回法院所作的如下解释：

> 2009 年，谷歌政策发生了变动，即允许在以下四种情形中有限地使用（他人的）商标：（1）竞买人是该商标所指向的商品正品的零售商；（2）竞买人为该商标指向的商品正品制造或销售零部件；（3）竞买人提供使用该商标所指向的商品正品时所需的配件和所需的其他商品；（4）竞买人提供该商标所指向的商品正品的有关信息或负责审查该商品。谷歌公司当时新开发的技术使得其能够自动检查竞买人提供的关键词广告链接网站，以确定竞买人是否合法地在其广告文字中使用（他人）商标，而谷歌在 2009 年的这项政策变动也是在其开发出这套技术之后推出的。❷

如果只要一则广告使用了含他人商标的词组就被禁止，那么商标权人由此所获得的控制力就超过了现行法律所许可的限度。对商标的合理使用包括非商标权人在自己的广告中使用包含他人商标的词组。如果完全禁止，则会赋予商标权人过大的权利。

如果我们想找到一个蕴含合理使用思想的平衡点，那么我们可以学习易趣公司的做法，比如建立广告内容审查的制度，即由谷歌公司设计一个工具，该工具会自动将内容包含"罗塞塔·斯通"的广告发送给罗塞塔·斯通公司。之后，罗塞塔·斯通公司审查每一条这样的广告并在这些广告被贴到网上以

---

❶ 在网上打广告能取得多大成效取决于网民对广告的印象（这种印象则取决于一则广告在网页上显示的次数的多少）。次数越多，网民就越有可能记住这种商品。商标权人如果对自己所有的商标进行竞买，那么搜索这个商标关键词的网民就会同时看到自然搜索结果以及借由关键词广告项目而显示出来的搜索结果，这样公众对某个品牌的认知度就会得到双重提升。

❷ 参见 *Rosetta Stone II*, 676 F. 3d at 151 –52.

前，将对广告的反对意见发给谷歌公司。如果谷歌公司审查这些广告后认为其没有侵犯罗塞塔·斯通公司的商标权，那么这两家公司将遵循一个对双方而言都可以接受的程序来解决这个问题。这一机制相对而言比较费时费力，但它将鉴别侵权广告的任务交给了罗塞塔·斯通公司。这一任务分配是正确的，因为相比谷歌公司而言，罗塞塔·斯通公司更有动力去捍卫其商标权。

根据一位谷歌公司前雇员所述，谷歌公司已经有了一个与上述系统相类似的系统，但该系统使用频率不高。❶ 此外，谷歌公司在涉及商标使用上的态度变化虽然没有在其官方政策中得以体现，但却体现了谷歌公司日益提升的发现侵权行为的能力。❷ 这些变化和谷歌公司在庭上所作陈述并不一致。谷歌公司的这些变化表明，在谷歌内部已经根据最低成本防范原则进行了相应评估，并且谷歌认识到它可以避免这些损害发生。如果是这样，那么谷歌公司现在的行为与其之前在著作权领域的行为是一致的，从中我们可以看出，谷歌公司正在成为商标权人的合作伙伴而非敌人，这对于谷歌公司和罗塞塔·斯通公司而言都有益。

五、消除下一个疑惑

根据最低成本防范原则，我们认为在 Rosetta Stone 一案中，谷歌公司应当防止商标侵权发生。谷歌公司控制着关键词广告的整个运作过程。尽管推行审查与筛选机制将使谷歌公司现有商业运作模式受到限制，但是罗塞塔·斯通公司事实上只有在商标侵权实际发生之后才能有所作为。与此同时，只有罗塞塔·斯通公司才能准确认定所有使用其商标的行为中哪些是恰当的，哪些属于侵权。但是，只有谷歌公司才有能力去设置能够避免侵权发生的后台程序。尽管借由易趣公司的例子，我们了解到设置这些程序会耗费大量资源，但是如果不这样做则无疑会令人无法接受。如果每季度盈利 20 亿美元的易趣公司能够承担前文提到的设置后台程序所必需的开销，那么每季度盈利 100 亿美元的谷歌公司当然也负担得起这笔费用。❸

本文认为：在面对新兴科技领域中的商标帮助侵权时，最低成本防范原则是一种理想的分析工具。本文的结论并非是谷歌公司在任何商标帮助侵权案件

---

❶ 参见 *Rosetta Stone II*，676 F. 3d，第 125 页。

❷ 同上注。

❸ 参见易趣公司盈利季报，ycharts. com，http：//ycharts. com/companies/EBAY/revenues；*Google Revenue Quarterly*，ycharts. com，http：//ycharts. com/companies/GOOG/revenues，访问日期：2013 年 1 月 23 日。

中都应当承担责任。法院需要根据个案的不同情况来适用最低成本防范原则。从实际情况出发，在有关涉及商标帮助侵权的关键词广告案件中，由于只有谷歌公司有能力去设置有助于甄别商标使用行为是否属于侵权的后台程序，所以谷歌公司可能是最低成本防范原则所指向的对象。然而，由于互联网使用行为、人们的经验以及技术本身都在迅猛地变化着，因而广告技术的下一次变革可能会要求商标权人去改变它们的商业模式。之前的有关商标法在互联网领域的适用的判例法往往很复杂而且难以掌握，而最低成本防范原则提供了一种最佳的解决方案。

仁者见仁的红色：
美学功能性案例分析

克里斯汀娜·法默（Christina Farmer）[*] 著

克里斯汀娜·法默（Christina Farmer）[*] 著

吴梦曦　译

万　勇　校

　　"情人眼里出西施"[❶] 这句家喻户晓的格言，恰当地解释了商标法中的美学功能性原则。如果消费者购买某一产品，只是单纯因为其美学特征，那么根据美学功能性原则，该产品特征便不能作为商标受到保护。[❷] 美学功能性原则，这个被托马斯·麦卡锡[❸]称为"逆喻"（oxymoron）的概念，自其被提出来之后的70年里，一直困扰着商标法领域的律师、法官以及学者。[❹] 法院一

---

　[*]　作者为加州大学伯克利分校法学院法律博士。

　[❶]　Margaret Wolfe Hungerford，"The Duchess"，Molly Bawn，140（1878）。尽管这句格言背后的想法起源于 Hungerford 写下 Molly Bawn 的数年之前，但她仍然是第一个将其精确地表达出来的人。参见 Bridget Ilene Delaney，Phrase Origins：Beauty is in the Eye of the Beholder，Yahoo！Voice，http：//voices.yahoo.com/phrase－origins－beauty－eye－beholder－6194556.html，last visited at June 15，2010.

　[❷]　具有美学功能的产品之所以能在各种竞争产品中被消费者选中，主要是因为外观设计吸引人，而且被购买的主要原因是其装饰价值。竞争对手模仿其设计，通常不是为了让消费者相信他在购买被模仿者的商品，而是由于该特殊设计体现了购买者所希望的基本要素。Louis Altman & Malla Pollack，Callmann on Unfair Comp.，Tr. & Mono § 19.9（4th ed. 2012）.

　[❸]　J Thomas McCarthy，McCarthy on Trademarks and Unfair Competition Law § 7.81（4th ed. 2012）. McCarthy 认为，美学功能性原则是"对实用功能性原则进行的毫无根据的扩张"。在其著作中，McCarthy 认为将实用和美学都贴上功能性标签是"错误的措辞"。他还指出，"装饰性美学设计与实用性设计是相对立的"。

　[❹]　参见 Erin M. Harriman，*Aesthetic Functionality：The Disarray Among Modern Courts*，86 Trademark Rep. 276，276（1996）.

直批评该原则的范围过于宽泛❶，有的法院甚至完全没有意识到它存在的重要性。幸运的是，不是所有的法院都放弃了美学功能性原则，因为有些法院认识到该原则在知识产权领域所具有的地位。美学功能性原则拒绝给予产品特征以商标法保护——如果（在此方面）给予一个产商排它性的保护——会令其他竞争者处于与声誉无涉的严重不利地位。❷

商标法的立法目的是向消费者保证他们购买的是某一特定生产者的产品，商标法对产品美学功能性特征的保护，仅限于该装饰性特征的"主要功能是用于将该产品与其他产品相区分"的范围。❸ 美学功能性原则在防止消费者混淆与防止对具有美学功能性，而非来源识别性产品特征的垄断的公共利益之间建立了一种平衡。❹ 显然，"美学功能性是独立于识别来源的。"❺ 如果某一产品特征被认为具有功能性，则无论其是否表明来源，该特征都不能予以保护。❻ 在功能性案件中，商标所有者有时提出以下抗辩理由：系争特征——被告认为该特征具有功能性——可以识别特征来源，因此不应被认为具有功能性。然而，这一抗辩理由不足以支持应当对产品特征提供商标法保护的主张；它不能解决以下重要的担忧：在不使用受保护的产品特征时，竞争者可否在市场上展开有效的竞争。❼

美国联邦最高法院在 TrafFix 公司诉 Displays 公司一案❽中承认了：在美学

---

❶　参见 *Kleene Corp. v. Paraflex Indus. Inc.*, 653 F. 2d 822, 825（3d Cir. 1981）（拒绝使用 Pagliero 案的测试，因为它过于宽泛，阻碍创造）。参见 Stephen F. Mohr & Glenn Mitchell, Functionality of Trade Dress: A Review and Analysis of U. S. Case Law 1（Int'l Trademark Ass'n 2d ed. 1994）.

❷　*TrafFix Devices, Inc. v. Mktg. Displays, Inc.*, 532 U. S. 23, 33（2001）, quoting from *Qualitex Co. v. Jacobson Products Co., Inc*, 514 U. S. 159, 165（1995）.

❸　Deborah J. Krieger, *The Broad Sweep of Aesthetic Functionality: A Threat to Trademark Protection of Aesthetic Product Features*, 51 Fordham L. Rev. 345, 363（1982）.

❹　参见 A. Samuel Oddi, *The Functions of "Functionality" in Trademark Law*, 22 Hous. L. Rev. 925, 927 – 28（1985）.

❺　Brief for Law Professors as Amicus Curiae Supporting Defendants – Counter – Claimants – Appellees, *Christian Louboutin S. A. v. Yves Saint Laurent Am. Holdings, Inc.*, 696 F. 3d 206（2d Cir. 2012）（No. 11 – 3303 – cv）, 2012 WL 59424, at *2. 根据《兰哈姆法》，功能性原则是对侵犯商标行为的抗辩理由，甚至可以对抗已经具有无可争议的商标。15 U. S. C. § 1115（b）（8）（2006）；另参见：Michael Grynberg, *Things Are Worse than We Think: Trademark Defenses in a "Formalist" Age*, 24 Berkeley Tech. L. J. 897, 920 – 21（2009）；Keith M. Stolte, *Functionality Challenges to Incontestable Trademark Registrations Before and After the Trademark Law Treaty Implementation Act*, 92 Trademark Rep. 1094, 1094 – 95（2002）.

❻　参见 *TrafFix Devices, Inc. v. Mktg. Displays, Inc.*, 532 U. S. 23, 33（2001）.

❼　参见 Pagliero v. Wallace China Co., 198 F. 2d 339, 340（9th Cir. 1952）；In re Owens – Corning Fiberglas Corp., 774 F. 2d 1116, 1126 – 27（Fed. Cir. 1985）；Wallace Intern. Silversmiths, Inc. v. Godinger Silver Art Co., Inc., 916 F. 2d 76, 80（2d Cir. 1990）.

❽　*TrafFix Devices, Inc.*, 532 U. S. 23 at 33（2001）.

功能性案件中竞争的重要性。具体而言，最高法院认为，"在美学功能性案件中，有必要考察是否存在'与声誉无关的显著不利地位'。"❶ 虽然一些评论家和法院认为最高法院就美学功能性原则的表述只是附带意见（dicta），❷ 但最高法院对该原则的承认，使其在商标法中的地位合法化了。

最近的 Maker's Mark 烈酒公司诉 Diageo 公司案❸，以及 Christian Louboutin 诉 Yves Saint Laurent 美国股份公司案❹，对美学功能性原则进行了解释，也适用了最高法院在 TrafFix 公司诉 Displays 公司❺一案中所确立的检验法。在 Maker's Mark 烈酒公司案中，第六巡回上诉法院接受了两个不同的酒厂——Makers' Mark 波旁酒公司和 Reserva de la Famila 龙舌兰酒公司有关使用红色滴状蜡封的上诉请求。❻ Maker's Mark 烈酒公司以其著名的波旁酒而闻名，自 20 世纪 50 年代开始，就在酒瓶上使用红色滴状蜡封。❼ Jose Cuervo 是一家龙舌兰酒生产商，自 2001 年开始在美国销售其独特的 Reserva de la Familia 龙舌兰酒；❽ 它的龙舌兰酒瓶上也使用红色滴状蜡封密封。❾ Maker's Mark 希望保护其红色滴蜡密封在酒精产业领域的使用，因此，起诉 Jose Cuervo 侵犯其商业外观（trade dress）。❿ 作为对侵权指控的抗辩，Jose Cuervo 提出了美学功能性抗

---

❶ *TrafFix Devices*, *Inc.*, 532 U. S. 23 at 33（2001）.

❷ 参见 Yevgeniy Markov, Raising the Dead: How the Ninth Circuit Avoided the Supreme Court's Guidelines Concerning Aesthetic Functionality and Still Got Away with It in Au‐Tomotive Gold, 6 Nw. J. Tech. & Intell. Prop. 197, 197（2008）（解释道 TrafFix 案中，法院从来没有 "涉及美学功能性原则上的问题，而仅仅建议将其应用到其他相关案件。"）Alexandra J. Schultz, Comment, Looks Can Be Deceiving: Aesthetic Functionality in Louboutin and Beyond, 15 Tul. J. Tech. & Intell. Prop. 261, 267（2012）（并指出，"最高法院的话被评论家们认为是法院的附加意见，并没有得到贯彻执行。"）参见 Bd. of Supervisors for Louisiana State Uni. Agric. & Mech. Coll. v. Smack Apparel Co., 550 F. 3d 465, 487 – 88（5th Cir. 2008）（我们的巡回法院一直拒绝承认美学功能性的概念……我们不相信在 TrafFix 案中，法院的附加意见会要求我们放弃我们一直以来拒绝承认美学功能性原则的做法）.

❸ *Maker's Mark Distillery*, *Inc. v. Diageo N Am.*, *Inc.*（*Maker's Mark II*），679 F. 3d 410（6th Cir. 2012），*aff'g Maker's Mark Distillery*, *Inc. v. Diageo. N. Am.*, *Inc.*（*Maker's Mark I*），703 F. Supp. 2d 671（W. D. Kent. 2010）.

❹ *Christian Louboutin S. A. v. Yves Saint Laurent Am. Holdings*, *Inc.*（*Louboutin II*），696 F. 3d 206（2d Cir. 2012）.

❺ *TrafFix Devices*, *Inc.*, 532 U. S. 23（2001）.

❻ *Maker's Mark II*, 679 F. 3d at 414.

❼ 同上注，第 417 页。

❽ 同上注。

❾ 同上注。

❿ 同上注。

辩理由，主张：红色滴状蜡封具有美学功能性。❶ 在第六巡回上诉法院作出判决几个月后，第二巡回上诉法院也在相关案件中讨论了美学功能性原则。❷ Louboutin 是一家生产奢侈红底鞋的厂家，明星们经常穿着它生产的红底鞋出现在红地毯上。Louboutin 起诉的厂家是另一个时尚品牌——伊夫·圣罗兰（YSL），因为 YSL 宣布其计划生产一种全红色的鞋。❸ YSL 也像 Jose Cuervo 在第六巡回上诉法院进行抗辩时一样，提出了美学功能性原则作为抗辩理由，认为 Louboutin 著名的红底鞋具有美学功能性。❹ 尽管法院很少适用这一原则，但在过去的一年里，这两个巡回上诉法院都就红色这一颜色是否应受商标法保护进行讨论时，将美学功能性原则作为讨论的核心问题。❺

本文将就美学功能性原则在知识产权法中的重要地位，以及两个法院近来对这一原则的尝试性适用展开论述。第二巡回上诉法院对 Louboutin 案作了正确的判决，认为：没有任何规则禁止在时尚行业将颜色作为商标予以保护，对于 Louboutin 的商标保护范围限于红色鞋底。第二巡回上诉法院适用最高法院在 TrafFix 案中所确立的美学功能性检验法，对于在美学功能性案件中需要进行的具体事实分析予以了明确。与此相反，第六巡回上诉法院在 Maker's Mark 案中，由于忽视了红色滴蜡密封在酒精饮料行业中的功能，而未能正确适用美学功能性原则。法院的说理较少，因此，不能为下级法院确立一个明晰的先例予以遵循。令人困惑的是，第六巡回上诉法院虽然适用了美学功能性原则，但是却拒绝明确承认该原则在其管辖范围内的地位。

本文的第一部分将对商标法与其他知识产权部门法之间的关系进行概述。然后，将考察美学功能性原则的发展历史。第二部分将简要介绍最近适用美学功能性原则的案件，即第六巡回上诉法院审理的 Maker's Mark 案和第二巡回上诉法院审理的 Louboutin 案。第三部分解释了第六巡回上诉法院在 Maker's Mark 案中未能正确适用美学功能性原则，而第二巡回上诉法院则在 Louboutin 案中建立了非常好的分析架构，可以为其他法院在实施 TrafFix 案确立的美学功能

---

❶ *Maker's Mark Distillery, Inc. v. Diageo N. Am. , Inc.* （*Maker's Mark I*），703 F. Supp. 2d 671, 686（W. D. Kent. 2010）.

❷ *Louboutin II*, 696 F. 3d 206（2d Cir. 2012）. The Second Circuit released its decision on Sept. 5, 2012, while the Sixth Circuit had decided *Maker's Mark II* on May 9, 2012. *Maker's Mark II*, 679 F. 3d at 410.

❸ Casey Hall & Will Ashenmacher, *Trademarks and the Aesthetic Functionality Doctrine*, Legal Current, http://legalcurrent. com/2012/11/30/trademarks – and – the – aesthetic – functionality – doctrine/，访问日期：2012 年 11 月 30 日。

❹ *Louboutin S. A. v. Yves Saint Laurent Am. , Inc.* （*Louboutin I*），778 F. Supp. 2d 445, 449（S. D. N. Y. 2011）.

❺ 参见 *Maker's Mark II*, 679 F. 3d at 418.

性检验法时提供借鉴。

一、美学功能性原则的发展历史

（一）美学功能性原则在知识产权法的地位

美学功能性原则处于知识产权三个分支——专利、版权和商标——的实质性交叉领域。[1] 由于存在交叉，法院一直认为这一原则十分复杂，难以适用。[2] 但是，商标法的目标阐明了美学功能性原则在知识产权中的地位，同时也对该原则应如何适用提出了建议。商标法的主要目的是防止消费者从误认的制造商那里误购商品。[3] 为防止此种消费者混淆的情形发生，商标法允许制造商专有使用某一商标来识别其商品。商标使得制造商将自己的商品与其他人的商品相区分，同时禁止其他制造商使用任何可能与该商标混淆的标记。[4] 商标还"通过让消费者在购买之前能了解商品的特性和质量"，从而减少"信息和交易成本"。[5] 传统商标法不仅保护单词、词组、标志和符号，还为商业外观提供保护。[6] 商业外观是指："材料的设计和包装，如果包装或产品配置（configuration）像商标一样具有识别来源功能，那么甚至还包括产品本身的设计和形状。"[7] 如果竞争者选择仿效独特的商业外观，而导致消费者混淆，那他就构

---

[1] 参见 *Viva R. Moffat*, *Mutant Copyrights and Backdoor Patents*：*The Problem of Overlapping Intellectual Property Protection*, 19 *Berkeley Tech. L. J.* 1473, 1504 – 05（2004）；Mitchell M. Wong, *The Aesthetic Functionality Doctrine and the Law of Trade – Dress Protection*, 83 Cornell L. Rev. 1116, 1154 – 65（1998）；Robert P. Merges, Peter S. Menell & Mark A. Lemley, Intellectual Property in the New Technological Age 908 – 09（5th ed. 2010）.

[2] 参见 Erin M. Harriman, *Aesthetic Functionality*：*The Disarray Among Modern Courts*, 86 Trademark Rep. 276, 276（1996）.

[3] 参见 Stephen F. Mohr & Glenn Mitchell, Functionality of Trade Dress：A Review and Analysis of U. S. Case Law 1（Int'l Trademark Ass'n 2d ed. 1994）.

[4] 同上注。

[5] Robert P. Merges, Peter S. Menell & Mark A. Lemley, Intellectual Property in the New Technological Age，第 733 页。由于商标法重点关注的是消费者，因此，传统上"在商标法中，并不存在类似专利法和版权法那样鼓励发明或创作的立法目的……相反，商标法的基本原则一直都是与侵权、不正当竞争以及欺骗消费者的侵权行为有关。"参见 Stephen F. Mohr & Glenn Mitchell, Functionality of Trade Dress：A Review and Analysis of U. S. Case Law 1（Int'l Trademark Ass'n 2d ed. 1994），第 735 页。

[6] J Thomas McCarthy, McCarthy on Trademarks and Unfair Competition Law § 8：1.

[7] Robert P. Merges, Peter S. Menell & Mark A. Lemley, Intellectual Property in the New Technological Age，第 744 页。

成商标侵权，因为这样的行为就好像复制了产品的品牌名称一样。❶ 有关美学功能性原则的讨论，几乎只在商业外观的案件中才会涉及，因为商业外观不仅能指示商品来源，而且还是"不能受到不公平垄断的有用的产品特征"。❷

商标法对这些独特产品特征提供保护，会与专利法、版权法产生潜在的冲突。❸ 不同于版权与专利，美国宪法没有提及商标。❹ 宪法明确授权国会"为促进科学和实用技艺的进步，对作家和发明家的著作和发明，在一定期限内给予专有权的保障"。❺ 版权和专利制度通过为有关主体提供能够在较短期限内创造强有力权利的有限垄断，而使他们从其具有独创性、新颖性或创造性的工作中受益。❻ 过了法律规定的保护期限以后，公之于众的作品就应允许自由复制。❼ 这一"交易"在作者和发明家享有权利与因授予权利给社会带来的成本之间建立了平衡。❽

尽管商标有多种目的，但商标并不是用来保护新的、有用的或创造性的作品。❾ 相反，商标法保护标记——有时是无期限的保护——是为了帮助消费者作出购买决定，并鼓励商标所有人在市场上建立声誉。❿ 由于知识产权法的每一部门法都有不同的立法目的，不同形式的知识产权保护之间本不应当出现交叉，除非某一产品特征符合多个知识产权部门法的要求。⓫ 然而，如果对那些

---

❶ Joel W. Reese, *Defining the Elements of Trade Dress Infringement under Section* 43（a）*of the Lanham Act*, 2 Tex. Intell. Prop. L. J. 103, 105（1993 – 1994）.

❷ 参见 Anne Gilson LaLonde, 1 Gilson on Trademarks § 2A. 04（2012）.

❸ 同上注。

❹ 同上注，第 30 页。

❺ U. S. Const. art. I, § 8, cl. 8.

❻ 参见 *Mazer v. Stein*, 347 U. S. 201, 219（1954）. 最高法院认为，条款背后授权国会授予专利和著作权的经济哲学是，确信在"科学和实用艺术人才"中通过作者和发明者的天赋促进公共福利政策里，鼓励个人通过努力得到个人的利益是最好的方式，而投入这种创造性活动的时间也应得到相应的报酬。

❼ 参见 Viva R. Moffat, *Mutant Copyrights and Backdoor Patents：The Problem of Overlapping Intellectual Property Protection*, 19 Berkeley Tech. L. J. , 第 1484 ~ 1486 页。

❽ 同上注，第 1483 ~ 1489 页。

❾ 同上注，第 1488 ~ 1489 页；Robert P. Merges, Peter S. Menell & Mark A. Lemley, Intellectual Property in the New Technological Age, 第 735 页。

❿ 参见 Gregory J. Battersby, *Intellectual Property under the Bright Lights of Broadway*, 67 – Jun N. Y. St. B. J. 28, 30（1995）；Viva R. Moffat, *Mutant Copyrights and Backdoor Patents：The Problem of Overlapping Intellectual Property Protection*, 19 Berkeley Tech. L. J. J Thomas McCarthy, McCarthy on Trademarks and Unfair Competition Law § 2. 2.

⓫ 参见 Mitchell M. Wong, *The Aesthetic Functionality Doctrine and the Law of Trade – Dress Protection*, 83 Cornell L. Rev. 1116, 1156 – 61（1998）（"非因来源的名誉而影响市场需求的特征，被推定为不应该被商标授予垄断的一个方面"）*Id.* at 1139.

本来更适合采用专利法和/或版权法保护的产品特征予以商标法保护，就会产生不必要的交叉保护情形。❶ 当制造商试图为那些属于专利或版权保护客体的项目寻求商标保护时，"后门（backdoor）专利"和"变异（mutant）版权"就有可能发生。❷ 如果对这些属于专利法和版权法保护范围的产品特征提供商标保护，则原本只是一个有期限的垄断将变成永久性垄断。功能性原则就是为了防止此种滥用知识产权法的行为。❸

（二）功能性原则

为了防止这种滥用商标法的行为，法院发展了功能性原则：禁止当事人对具有功能性的产品特征或包装设计主张专有权。❹ 1938 年，美国联邦最高法院在 Kellogg 诉国家饼干公司案中，拒绝对国家饼干公司的枕形饼干提供商标保护，其中一个理由是该形状具有功能性；该案是美国最早、也是最著名的涉及功能性原则的案件。❺ 最高法院将产品成本和质量作为功能性原则的考量因素，认为应当允许竞争者使用枕头形状，否则"如果使用其他形状代替枕头形状，饼干的成本将增加，品质将降低"。❻ 法院承认 NABISCO 对其制作枕形饼干的过程享有权利，但是法院认为 NABISCO 对其饼干的设计已经享有过垄断，目前该专利已经过期。❼ 法院认为，一旦 NABISCO 的专利过期，它不能再依据商标法获得专有权，因为公众期望在其专利保护期结束之后，任何人都

---

❶ Viva R. Moffat, *Mutant Copyrights and Backdoor Patents: The Problem of Overlapping Intellectual Property Protection*, 19 Berkeley Tech. L. J., 第 1499 页、第 1504~1512 页。

❷ 同上注，第 1475~1476 页。

❸ 参见 Mitchell M. Wong, *The Aesthetic Functionality Doctrine and the Law of Trade - Dress Protection*, 83 Cornell L. Rev., at 1154. （功能性原则有两个明显的目的：（1）防止有价值的产品功能永久垄断；（2）对商标和其他形式的保护，例如，著作权、专利权）之间的知识产权法律进行分区）。

❹ 参见 Stephen F. Mohr & Glenn Mitchell, Functionality of Trade Dress: A Review and Analysis of U. S. Case Law 1 (Int'l Trademark Ass'n 2d ed. 1994), at 2. Specifically, Mohr and Mitchell note：商标法中的功能性原则产生于以下两者之间的冲突，其一是防止公众将某一产品来源与特定的产品外观相混淆的需要，其二是鼓励通过自由使用提高产品性能的非专利产品特征而进行自由公平市场竞争的政策。J Thomas McCarthy, McCarthy on Trademarks and Unfair Competition Law § 7. 63 (noting that functionality was not codified until 1998)；参见 A. Samuel Oddi, *The Functions of "Functionality" in Trademark Law*, 22 Hous. L. Rev. at 928.

❺ *Kellogg Co. v. Nat'l Biscuit Co.*, 305 U. S. 111, 122 (1938)（认定饼干具有功能性，因为如果使用其他形状，制造饼干的成本会提高，质量会下降）。

❻ 同上注。

❼ 同上注，第 119~120 页。（这是不言自明的，在专利期满后，垄断不再存在，使产品被专利保护的权利成为公共财产。就是这是在这种情况下，专利权才会被授予。）（quoting *Singer Mfg. Co. v. June Mfg. Co.*, 163 U. S. 169, 185 (1896)）。

可以自由使用。❶ 因此，法院采用功能性原则，拒绝给予已过期的专利以商标法的保护，防止该公司对枕形饼干形成永久垄断。❷ 其他法院也曾适用功能性原则，例如，两种颜色的匹配和牛奶瓶盖的设计具有功能性，因此不能获得商标的永久保护。❸

在早期案件中，法院采取的是严格的实用主义方法：只有那些对产品的使用而言绝对必要的产品特征，才能被认为具有功能性，因而不能受到商标法的保护。❹ 法院在判断某一产品特征是否具有功能性时，十分关注质量和成本，主要考察以下两个方面：（1）产品特征对于"该产品的用途或目的是否至关重要"；（2）是否影响产品的成本或质量。❺ 美学功能性原则进化为对实用功能性的补充，用来阻止对那些更适合采用专利法或版权法保护的产品特征提供商标法保护。❻

（三）美学功能性原则的开端

美学功能性原则最早出现在 1938 年《侵权法第一次重述》❼ 的一个评论中："如果消费者购买产品主要是因为产品的美学价值，则该产品特征可能是具有功能性的，因为它们肯定有助于产品价值的实现，从而帮助产品更好地实现预期的目标。"❽ 评论提及了一个具体的例子：为情人节销售的"心形"糖果盒可被认为具有美学功能性，❾ 因为全世界都把爱情与人类的心联系起来。❿ 由于没有替代设计或形状，以满足客户在这一天的美学欲望，因此，心形设计

---

❶ *Kellogg Co. v. Nat'l Biscuit Co.*，305 U. S. 111，122（1938），第 122 页。

❷ 同上注。

❸ 参见 *Diamond Match Co. v. Saginaw Match Co.*，142 F. 727（6th Cir. 1906）（认为两种颜色的搭配提供了一个本质的功能）。*Goodyear Tire & Rubber Co. v. Robertson*，25 F. 2d 833（4th Cir. 1928）（认为组成的机械功能的设计不可注册为商标）。In re Walker – Gordon Lab. Co.，53 F. 2d 548（C. C. P. A. 1931）（认为牛奶瓶盖是一个瓶子的功能部分）。

❹ Deborah J. Krieger，*The Broad Sweep of Aesthetic Functionality*：*A Threat to Trademark Protection of Aesthetic Product Features*，51 Fordham L. Rev.，at 359 – 62（多年来描述了实用功能性原则标准的历史和发展）。

❺ *Christian Louboutin S. A. v. Yves Saint Laurent Am. Holdings*，*Inc.*（*Louboutin II*），696 F. 3d 206，219（2d Cir. 2012）（quoting *Inwood Labs. Inc. v. Ives Labs.*，*Inc.*，456 U. S. 844，850 n. 10（1982））。

❻ Mitchell M. Wong，*The Aesthetic Functionality Doctrine and the Law of Trade – Dress Protection*，83 Cornell L. Rev.，at 1159 – 60。

❼ J Thomas McCarthy，McCarthy on Trademarks and Unfair Competition Law，§ 7. 79.

❽ Restatement（First）of Torts § 742 cmt. a（1938）.

❾ 同上注。

❿ 参见 Wikipedia，*Heart*（*symbol*），Wikipedia，http：//en. wikipedia. org/wiki/Heart＿（symbol），访问日期：2013 年 1 月 24 日。

被认为具有功能性。❶

　　直到 1952 年第九巡回上诉法院对 Pagliero 诉 Wallace 陶瓷公司案作出判决，美学功能性原则才走到商标法前沿。❷ 在该案中，法院认为，酒店陶瓷上的花朵设计具有功能性，因为它们对消费者具有吸引力。❸ 因此，法院拒绝对 Wallace 公司的设计提供商标保护。❹ Wallace 公司也曾多次强调，花朵设计是陶瓷的"重要卖点"，消费者之所以购买是因为该设计。❺ 法院创立并适用了"重要因素"检验法。❻ 根据该检验法，"如果某一产品特征是该产品取得商业成功的重要因素，在不存在版权或专利保护的情况下，出于自由竞争的目的，应允许对其进行模仿"。❼ 第九巡回上诉法院将"重要因素"检验法适用于本案事实，最后认为，Wallace 公司的设计具有功能性。❽

　　虽然第九巡回上诉法院并没有在其判决中提及，但事实上，Pagliero 案也涉及"变异版权"问题。Wallace 公司不能通过版权来保护其设计，因为它在首次发表花朵设计时，没有注明版权标记。❾ Wallace 公司在失去了采用版权保护花朵设计的机会，同时又发现其竞争对手未获许可使用其设计以后，才开始寻求商标法保护。❿ 如上所述，商标法并不是为第一个制作出创新或创意设计的人提供垄断的，其保护目的是指示产品来源。⓫ 如果第九巡回上诉法院允许 Wallace 公司的花朵设计受到商标法保护，则法院实际上就是为本应获得版

---

❶　参见 Anne Gilson LaLonde, 1 Gilson on Trademarks § 2A. 04［5］［a］［i］(2012).

❷　*Pagliero v. Wallace China Co.*, 198 F. 2d 339, 343 (9th Cir. 1952).

❸　同上注。

❹　同上注。

❺　同上注。第九巡回上诉法院也同意花朵设计十分重要并且认为"陶瓷能销售出去的原因是因为具有吸引眼睛的设计"。

❻　同上注，第 343 页。

❼　同上注。

❽　同上注。法院在 Pagliero 案中认为：如果特定的产品特征是产品在商业上的成功的一个重要因素，那么如果在没有专利或版权的情况下，自由竞争的利益允许其模仿。另一方面，当一种特征，更恰当地说，是一种设计只是一个任意的点缀，一种为了便于消费者识别和个性化的外观形式，与产品的基本消费需求无关，要求表现第二含义时，模仿可能被禁止。在这种情况下，因为如果没有模仿仍可进行有效的竞争，因此法律赋予其保护。

❾　Robert P. Merges, Peter S. Menell & Mark A. Lemley, Intellectual Property in the New Technological Age, at 909 fn. 15.

❿　参见 *Pagliero*, 198 F. 2d at 342.

⓫　参见 *Christian Louboutin S. A. v. Yves Saint Laurent Am. Holdings, Inc.* (*Louboutin II*), 696 F. 3d 206, 216 (2d Cir. 2012). (商标法的目的不是通过给发明者一个有用产品的垄断而保护创新。这样的垄断领是专利法或版权法的领域，这两个法旨在鼓励创新，而商标法，旨在为消费者的权利保持一个积极竞争的市场。) (引文省略)。

权法保护的设计提供无期限的保护。❶

Pagliero 案的"重要因素"检验法对美学功能性原则的适用引起了很多争议。许多法院认为，该原则的适用范围涵盖了太多的商标。❷ 有论者认为，Pagliero 案对美学功能性原则的扩张解释，可能会导致任何具有美学吸引力的产品设计都无法获得商标法保护。❸ 自 Pagliero 案之后，法院对待美学功能性原则的态度各异。许多承认美学功能性原则的巡回上诉法院（包括第九巡回上诉法院）已经放弃或限制了 Pagliero 案对美学功能性原则的解释。其他法院则采取了完全不同的检验法，有些法院甚至还完全拒绝适用美学功能性原则。❹

对美学功能性原则采取限制适用的法院，通过"考察商业外观保护在何种程度上排除了替代设计"，来试图"在对美学特征提供商业外观保护所具有的识别来源利益，与此种保护对自由竞争带来的威胁之间建立平衡"。❺ 许多法院一直适用《侵权法第三次重述》所提出的检验法，该检验法对 Pagliero 案确立的原则作了限缩性解释，其最早的内容来源于《1938 年侵权法重述》。

> 如果某一设计的美学价值能带来重要利益，而此种利益又不能通过替代设计来获得，在这种情况下，该设计才具有功能性。由于评估某一设计在美学上的优越性很困难，因此，只有在客观证据证明缺少充分的替代设计时，通常才能认为存在美学功能性。一般来说，只有当替代设计的范围因设计特征的性质或设计具有的美学吸引力而受到限制时，才存在此种客观证据。与实用功能性一样，衡量美学功能性的最终标准是：承认商标权是否会严重阻碍竞争。❻

还有一些法院在适用美学功能性原则时，也是对 Pagliero 案所确立的标准予以限制性解释，不过，它们采取的是另一种方式，即考察竞争对手是否可以

---

❶ 在商标法中讨论功能性原则的概念，许多评论家只讨论专利和商标之间的相互作用，并没有讨论版权的可能性。然而，这些评论员并没有认识到版权到期后，版权主人可以尝试使用商标法获得对他们的设计的永久保护。美学功能性原则通过（1）在他们的专利或版权过期后保护功能性设计最终被发布到的公共领域供任何人自由复制，和（2）如果功能性设计不属于专利和版权的领域内，那么该设计就不被保护，来保护公众的双重利益。Robert P. Merges, Peter S. Menell & Mark A. Lemley, Intellectual Property in the New Technological Age, at 909 – 10.

❷ 参见 Kleene Corp. v. Paraflex Indus. Inc., 653 F. 2d 822, 825 (3d Cir. 1981)（拒绝使用 Pagliero 案的测试，因为它过于宽泛，阻碍创造）。

❸ 参见 Stephen F. Mohr & Glenn Mitchell, Functionality of Trade Dress: A Review and Analysis of U. S. Case Law 1 (Int'l Trademark Ass'n 2d ed. 1994), at 12.

❹ J Thomas McCarthy, McCarthy on Trademarks and Unfair Competition Law, § 7. 80.

❺ Barton Beebe et. al., Trademarks, Unfair Competition, and Business Torts 101 (2011).

❻ Restatement (Third) of Unfair Competition § 17 cmt. c (1995).

在不使用产品特征的情况下开展有效竞争。❶ 这种分析经常被用来配合法院采取的替代设计检验法，以此判断提供商标保护是否会严重阻碍竞争。❷

各巡回上诉法院之所以在适用美学功能性原则时存在差异，部分原因是因为最高法院没有对如何确定某一产品特征是否具有美学功能性作出清晰的阐述。❸ 不幸的是，正如下文所述，即使在最高法院就美学功能性原则作了更为清晰的阐述之后，由于一些法院和评论家将最高法院就此原则所作的表述视为附带意见（dicta），因此导致巡回上诉法院在适用该原则时，仍存在一些混乱。❹

直到 1995 年，美国联邦最高法院才承认美学功能性原则。在 Qualitex 公司诉 Jacobson 产品有限公司案中，最高法院指出，功能性原则"禁止在以下情况下将产品特征作为商标使用：该特征对于产品的使用或用途是必不可少的，或者会影响产品的成本或品质，从而将导致竞争者处于严重不利地位"。❺ 法院采用了《反不正当竞争法第三次重述》的观点："对美学功能性的最终判断标准，是看如果授予产品特征以商标权，是否会严重阻碍竞争。"❻

2001 年，联邦最高法院在 TrafFix 设备公司诉 Marketing Displays 公司案中，重新审视了美学功能性原则，将 Qualitex 案讨论的核心问题解释为只是美学功能性原则的考虑因素之一。❼ 最高法院为功能性原则创立了两步检验法。首先，法院应考察产品特征是否"对产品的使用或用途目的是必不可少的，或者会影响产品的成本或品质"。❽ 这被认为是传统的实用功能性原则检验法的考察范围。❾ 如果答案是肯定的，则检验可以停止，该产品特征将被认为具有

---

❶ Erin M. Harriman, Aesthetic Functionality: The Disarray Among Modern Courts, 86 Trademark Rep. 276, 289, 291, 292 (1996).

❷ 参见 *Wallace Intern. Silversmiths, Inc. v. Godinger Silver Art Co., Inc.*, 916 F. 2d 76, 79–80 (2d Cir. 1990) (quoting *Stormy Clime Ltd. v. ProGroup, Inc.*, 809 F. 2d 971, 976–77 (2d Cir. 1987) (internal quotation marks omitted)); *Abercrombie & Fitch Stores, Inc. v. American Eagle Outfitters, Inc.*, 280 F. 3d 619, 642–44 (6th Cir. 2002).

❸ 直到 1995 年最高法院才提及有关美学功能性原则的意见，直到 2001 年才明确两部分的功能性测试。

❹ 参见 infra notes – and accompanying text.

❺ *Qualitex Co. v. Jacobson Products Co., Inc.*, 514 U. S. 159, 169 (1995) (quoting *Inwood Labs., Inc. v. Ives Labs., Inc.*, 456 U. S. 844, 850 n. 10 (1982)) (internal quotation marks omitted).

❻ *Qualitex Co. v. Jacobson Products Co., Inc.* 第170页 (quoting Restatement (Third) of Unfair Competition § 17 cmt. c (1995)) (如果一个设计的美学价值在于，它能够赋予产品一个不能被其他替代设计复制的好处，那么这个设计就是具有功能性的。)（内部引号省略）。

❼ *TrafFix Devices, Inc. v. Mktg. Displays, Inc.*, 532 U. S. 23, 33 (2001).

❽ 同上注，第32页 (quoting Inwood Labs., *Inc. v. Ives Labs., Inc.*, 456 U. S. 844, 850 n. 10 (1982)).

❾ Orit Fischman Afori, The Role of the Non – Functionality Requirement in Design Law, 20 Fordham Intell. Prop. Media & Ent. L. J. 847, 857 (2009–2010).

功能性。如果答案是否定的，则法院还要"继续进行进一步的考察，确定该产品特征是否为竞争所必需"。❶ 在进行第二步的检验时，法院应考察"专有性使用……是否会将竞争者置于与声誉无关的显著不利地位"。❷ 这一 TrafFix 检验法将法院对实用功能与美学功能的分析分离开来。❸ 在 TrafFix 案后，法院通常会首先考察产品特征是否具有实用功能性；如果通过了这一步检验，法院再考察该特征是否具有美学功能性。❹

尽管最高法院对美学功能性原则进行了阐述，但一些学者认为，最高法院并没有为下级法院创造出可以遵循的先例，因为它对该原则的论述只是附带意见。❺ 这种混乱导致一些巡回上诉法院一直不愿意适用该原则。❻ 不过，第二巡回上诉法院在 Louboutin 案中，对于如何能更有效地适用该原则作了一些澄清。第二巡回上诉法院采取的方法是：在公司保护自己商标的利益与市场保护使用具有功能性的产品特征的利益之间，建立一个更为合理的平衡。

二、2012 年：美学功能性原则年、波旁酒与红底鞋

2012 年，第二巡回上诉法院和第六巡回上诉法院审理的高知名度案件，都将聚光灯打在了美学功能性原则上。❼ 有趣的是，在原告缩小了起初已经获准注册的商标范围之后，两个法院都支持了其产品特征的有效性。❽ 这两个巡

---

❶ Orit Fischman Afori, The Role of the Non - Functionality Requirement in Design Law, 20 Fordham Intell. Prop. Media & Ent. L. J. 847, 857 (2009 - 2010)，第 33 页。

❷ 同上注，第 32 页 (quoting Qualitex Co. , 514 U. S. at 165).

❸ 同上注。

❹ 同上注。

❺ 参见 Yevgeniy Markov, Raising the Dead: How the Ninth Circuit Avoided the Supreme Court's Guidelines Concerning Aesthetic Functionality and Still Got Away with It in Au - Tomotive Gold, 6 Nw. J. Tech. & Intell. Prop. 197, 197 (2008)（解释道 TrafFix 案中，法院从来没有"涉及美学功能性原则上的问题，而仅仅建议将其应用到其他相关案件。"）Alexandra J. Schultz, Comment, Looks Can Be Deceiving: Aesthetic Functionality in Louboutin and Beyond, 15 Tul. J. Tech. & Intell. Prop. 261, 267 (2012)（并指出，"最高法院的话被评论家们认为是法院的附加意见，并没有得到贯彻执行"）。

❻ 参见 Bd. of Supervisors for Louisiana State Uni. Agric. & Mech. Coll. v. Smack Apparel Co. , 550 F. 3d 465, 487 - 88 (5th Cir. 2008)（我们的巡回法院一直拒绝承认美学功能性的概念……我们不相信在 TrafFix 案中，法院的附加意见会要求我们放弃我们一直以来拒绝承认美学功能性原则的做法。）

❼ 同上注。

❽ MAKER'S MARK 酿酒厂将其商标的范围缩小到其红色滴蜡密封，但其原批准的应用包括了所有滴蜡密封在瓶颈处，也不管是什么颜色。Maker's Mark Distillery, Inc. v. Diageo N. Am. , Inc. (Maker's Mark II), 679 F. 3d 410, 417 (6th Cir. 2012)；第二巡回上诉法院在 Louboutin 案中改良了 Louboutin 的商标，只包括红颜色鞋底。Louboutin S. A. v. Yves Saint Laurent Am. Holdings, Inc. (Louboutin II), 696 F. 3d 206, 228 (2d Cir. 2012).

回上诉法院都注意到了最高法院在 TrafFix 案中对美学功能性原则所作的论述，但第六巡回上诉法院认为这只是附加意见，而第二巡回上诉法院则在 Louboutin 案将其作为具有约束力的先例予以遵循。❶

（一） Marker's Mark 诉 Jose Cuervo 案：蜡封之战

图1　Marker's Mark 的蜡封 vs. Jose Cuervo 的蜡封❷

在 Marker's Mark 案中，法院讨论了美学功能性原则是否禁止对波旁酒瓶上的标志性红色滴状蜡封提供保护的问题。❸ 波旁酒在美国文化和商业中具有特殊地位，Marker's Mark 酒厂在其中起了重要的作用。❹ 塞缪尔斯家族——Marker's Mark 酒厂的创始人——从18世纪就开始生产威士忌。❺ 1953年，老比尔·塞缪尔斯为 Marker's Mark 创造了配方。❻ 从1958年开始，公司就在 Marker's Mark 波旁酒瓶上使用红色滴状蜡封，对波旁酒进行商业销售。❼ 塞缪尔斯的妻子从"普遍使用蜡封的古董干邑白兰地酒瓶"那里受到启发，从而想出了在 Marker's Mark 酒瓶上使用滴状蜡封的点子。❽ 在 Marker's Mark 酒瓶上"使用滴状封蜡的目的，主要是传达出一种优雅感和手工制作的形象"。❾ 在华

---

❶　Maker's Mark II, 679 F. 3d at 418；Louboutin II, 696 F. 3d at 221.

❷　Maker's Mark Wins Trademark Protection for Signature Red Wax Seal, tequilatown, http：// www. tequilatown. net/news/makers – mark – wins – trademark – protection – for – signature – red – wax – seal/, 访问日期：2012年5月9日。

❸　Maker's Mark II, 679 F. 3d at 417.

❹　*Maker's Mark Distillery*, *Inc. v. Diageo N. Am.*, *Inc.* （Maker's Mark II），679 F. 3d 410, 416 (6th Cir. 2012).

❺　同上注。

❻　同上注。

❼　同上注，第417页。

❽　Wax Museum History：1958, Maker's Mark, http：//www. makersmark. com/#! /wax – museum/history/9 – 1958，访问日期：2013年1月23日。

❾　Brief for the Appellants at 39, *Maker's Mark Distillery*, *Inc. v. Diageo N. Am.*, *Inc.* （Maker's Mark II），679 F. 3d 410 (6th Cir. 2012) (Nos. 10 – 5508, 10 – 5586, 10 – 5819), 2011 WL 5320863 (referring to Samuels's testimony).

尔街日报发表了一篇文章，专门接受 Marker's Mark 的波旁酒以及红色滴状蜡封以后，Marker's Mark 享誉全国。❶ 后来，1985 年，Marker's Mark 将蜡封注册为商标。❷

在 Marker's Mark 将红色滴状蜡封注册为商标十年之后，Jose Cuervo 开始生产一种名为"Reserva de la Familia"的顶级龙舌兰酒。❸ Jose Cuervo 打算在酒瓶上使用红色滴状蜡封，来营造一种手工打造的感觉。❹ 2001 年，Jose Cuervo 将带有与 Marker's Mark 非常相似的红色滴状蜡封的龙舌兰酒向美国市场推广。❺ 由于 Marker's Mark 拥有注册商标，因此，Jose Cuervo 使用红色滴状蜡封的行为，遭遇了商标侵权诉讼。

1. 地区法院诉讼

在 Jose Cuervo 将带有红色滴状蜡封的龙舌兰酒在美国市场销售两年以后，Marker's Mark 对 Jose Cuervo 提起了诉讼，希望能获得州和联邦的商标侵权禁令。❻ 随后，Jose Cuervo 宣布放弃使用滴状蜡封，而改为使用红色直边蜡封。❼ 在应对 Marker's Mark 的商标侵权诉讼时，Jose Cuervo 主张 Marker's Mark 的注册商标无效，因为无论是根据实用功能性原则还是美学功能性原则，红色滴状蜡封都具有功能性。❽ 地区法院拒绝了被告提出的实用功能性抗辩理由，因为根据专家的证词，发现"存在许多功能等效的方法可以用来密封瓶子。"❾ 此外，法院认为，Marker's Mark 酒厂并不打算用蜡封来满足任何功能性需求。❿ 至于美学功能性，地区法院认为 Jose Cuervo 的抗辩理由⓫不太具有说服力，并认为红色"并不是竞争者可以在其产品上采用的唯一具有吸引力的颜色，禁

---

❶ Maker's Mark II, 679 F. 3d at 417.

❷ 同上注。

❸ 同上注。

❹ 参见 Brett Barrouquere, Judge limits wax seal on liquors to Maker's Mark, Businessweek, http://www. businessweek. com/ap/financialnews/D9ER586G0. htm, 访问日期：2010 年 4 月 2 日。

❺ Maker's Mark II, 679 F. 3d at 417.

❻ 同上注。

❼ *Maker's Mark Distillery, Inc. v. Diageo N. Am. , Inc.* (Maker's Mark I), 703 F. Supp. 2d 671, 682 (W. D. Kent. 2010). 请注意该制造商的标记酿酒厂在地区法院关注 Cuervo 对红色蜡封的使用之前就提起了一个单独的案件. Id. at 682 n. 5.

❽ 同上注，第 684～686 页。

❾ 同上注，第 685 页。

❿ 同上注。

⓫ Memorandum in Support of Defendants' Motion for Partial Summary Judgment at 15, *Maker's Mark Distillery, Inc. v. Diageo N. Am. , Inc.* (Maker's Mark I), 703 F. Supp. 2d 671 (W. D. Kent. 2010) (No. 303CV00093), 2008 WL 2543463 (他们说："产品的功能性可能包括不能被其他替代设计复制的好处的美学特征。")

止他人使用红色滴状蜡封，也不会将竞争对手置于与声誉无关的严重不利地位。"❶ 因此，法院认为，美学功能性原则在本案不适用，Marker's Mark 的注册商标有效。❷ Jose Cuervo 对地区法院的判决感到不满，于是提起上诉。❸

2. 第六巡回法院对 Marker's Mark 酒厂红色蜡封的限制

"所有波旁酒都是威士忌，但并非所有的威士忌都是波旁酒"。Boyce 法官以这样一句话作为开头，维持了地区法院的判决，继续对 Marker's Mark 的红色滴状蜡封予以保护，同时也颁布了一项禁令，禁止 Jose Cuervo 使用类似滴状蜡封。❹ 第六巡回上诉法院根据最高法院在 TrafFix 案对美学功能性原则的论述，认为："当某一美学特征（例如，颜色）具有某种重要功能……法院应审查允许某一厂家对该特征进行专有使用，是否会妨碍合法竞争。"❺ 接下来，第六巡回上诉法院提出了功能性原则竞争理论下的两个检验标准：可比较的替代性检验和有效竞争检验。❻ 可比较的替代性检验考察的是：保护某一特征是否会给竞争者留下足够多的替代性设计予以使用。❼ 有效竞争检验考察的是：保护某一特征是否会阻碍竞争者在市场上有效开展竞争的能力。❽ 第六巡回上诉法院在对这两个检验标准作出界定以后，支持了地区法院的判决，认为：美

---

❶ Maker's Mark I, 703 F. Supp. 2d at 686. 法院进一步指出，"还有其他方式让一个瓶子看起来是手工的或独特的"，认为在制造商的标记酿酒厂的蜡封上进行再设计将困难而昂贵的说法并不可信。

❷ 同上注，第 687 页。地区法院拒绝说明在第六巡回上诉法院中美学功能性原则是否有效，因为法院认定在这个案件中不适用该原则。同上注，第 687 页。

❸ *Maker's Mark Distillery, Inc. v. Diageo N. Am., Inc.*（Maker's Mark II），679 F. 3d 410, 417（6th Cir. 2012）.

❹ 同上注，第 414 页、第 419 页。

❺ *Maker's Mark Distillery, Inc. v. Diageo N. Am., Inc.*，第 418 页（quoting Antioch Co. v. W. Trimming Corp.，347 F. 3d 150, 155（6th Cir. 2003））.

❻ 同上注。法院参考了第六巡回上诉法院之前的一个案件 *Abercrombie & Fitch Stores, Inc. v. American Eagle Outfitters, Inc.*，280 F. 3d 619（6th Cir. 2002），这个案件解释了在竞争理论下，两个在美学功能性原则中最常见的测试：替代性测试与有效竞争测试。Abercrombie & Fitch Stores, Inc.，280 F. 3d at 642. 法院在 Abercrombie & Fitch Stores, Inc. 参考了 Mitchell M. Wong 的文章，The Aesthetic Functionality Doctrine and the Law of Trade Dress Protection，来作为使用这些测试的支持。Mitchell M. Wong, *The Aesthetic Functionality Doctrine and the Law of Trade – Dress Protection*，83 Cornell L. Rev.，at 1144 – 49. 黄认为竞争理论"是目前法院流行的理论，而且被《反不正当竞争法重述（三）》所接受。"Id. at 1142. 识别理论是功能原则的原始的理论，它在过去适用于 *Pagliero v. Wallace China* 案中。Id. at 1132, 1142. 黄解释说，"竞争理论比识别理论允许更多的功能被商标法保护。"Id. at 1144.

❼ Maker's Mark II, 679 F. 3d at 418（quoting *Abercrombie & Fitch Stores, Inc. v. Am. Eagle Outfitters, Inc.*，280 F. 3d 619, 642（6th Cir. 2002））.

❽ 同上注，值得一提的是，法院在没有回答第六巡回上诉法院是否承认美学功能原则的情况下适用了这些测试。

学功能性原则在本案不适用。❶ 第六巡回上诉法院没有就功能性原则自行展开事实分析，而是依赖于地区法院的判断。❷ 令人感到困惑的是，第六巡回上诉法院一方面适用了该原则，另一方面又没有明确地承认该原则。❸ 第六巡回上诉法院认为："即使推定我们承认美学功能性原则，而不管我们适用该原则下的哪一检验标准……Jose Cuervo 的上诉请求也不会得到支持。"❹ 因此，第六巡回上诉法院认为，Marker's Mark 的商标是有效的，该公司享有在所有酒精饮料瓶上使用红色滴状蜡封的专有使用权。❺

（二）Louboutin：一个让所有人满意的红色皮革判决

仅鞋底
为红色

整双鞋
均为红色

图 2　Louboutin 的红鞋 v. YSL 的红鞋❻

在 Louboutin 案中，法院考察了以下问题：一家制鞋公司是否可以其鞋的外底上的红色作为商标，以及如果可以的话，一双全红色的鞋是否对该商标造成侵权。❼ 自 1992 年，Christian Louboutin 用高光泽的红漆对其制作的时尚女性高跟鞋的外底进行彩绘。❽ Louboutin 的独特设计在吸引了高级时装界的关注之后，得到了回报。电影明星、一线名人，甚至许多其他消费者都愿意支付高

---

❶　Maker's Mark II, 679 F. 3d，第 419 页。

❷　Maker's Mark II, 679 F. 3d at 418 – 19.

❸　同上注，第 418 页。

❹　同上注。

❺　同上注，第 425 页。

❻　Christian Louboutin and Yves Saint Laurent Finally Resolve the "Red Sole" Battle, Fooyoh, http：// fooyoh. com/iamchiq_ fashion_ fashionshow/8055637，访问日期：2012 年 10 月 17 日。

❼　*Louboutin S. A. v. Yves Saint Laurent Am. Holdings*，*Inc.*（Louboutin II），696 F. 3d 206，211 – 12 (2d Cir. 2012).

❽　Louboutin II, 696 F. 3d at 213.

达 1000 美元的价格去购买一双红底鞋。❶ 2008 年，Louboutin 将他的红色外底作为商标在美国专利商标局注册。❷ 作为市场营销的结果，Louboutin 红鞋在当今"被视为极易辨识的 Louboutin 手工艺"。❸ 2011 年，另一个时尚品牌——YSL 公司推出了一系列不同颜色的单色鞋，包括紫色、绿色、黄色和红色。❹ 每种类型的鞋，整个鞋的颜色都是一样的，例如，红色版的鞋全部都是红色，包括鞋垫、鞋跟、鞋面和外底都是红色。❺ YSL 公司要出红色外底鞋子的决定，引起了 Louboutin 的关注，后者担心消费者会对两家公司的鞋产生混淆。❻

1. 地区法院诉讼

Louboutin 起诉 YSL 侵犯其商标权，并请求法院颁发初步禁令，禁止 YSL 销售与 Louboutin 相同的红颜色或者任何可能造成消费者混淆的红色鞋子。❼ 作为回应，YSL 则以红色外底具有美学功能性，而请求撤销 Louboutin 的商标。❽ 地区法院拒绝了 Louboutin 申请禁令的请求，并援引了本身违法规则：颜色在时尚界不能受商标保护。❾

地区法院认为，选择红色作为鞋的外底具有重要的非商标功能，因为红色代表性感、吸引力，能够将男人的目光吸引到穿红底鞋的女人身上。❿ 此外，法院还认为，使用红色外底，具有非商标的功能，而不是识别来源功能，如果对其加以保护，将严重阻碍竞争。⓫ 地区法院在进行分析时，考虑到了判决结果可能对时尚鞋类市场以及红色外底以外的其他情形产生的影响。法院认为，如果授予商标保护，Louboutin 可能会请求将其在红色外底上的独占性使用，扩展至所有鞋上，甚至可能扩展至其他衣物上。⓬ 因此，法院判决，红色外底

---

❶ *Louboutin S. A. v. Yves Saint Laurent Am. , Inc.* （Louboutin I），778 F. Supp. 2d 445，447 – 48 （S. D. N. Y. 2011）.

❷ Louboutin II，696 F. 3d at 211 – 12.

❸ 同上注，第 213 页。（引用地方法院的认定，认为 Louboutin 的努力取得了对他的红底鞋的广泛认同）（内部引号省略）。

❹ 同上注。

❺ 同上注。

❻ 同上注。

❼ 同上注。

❽ *Louboutin S. A. v. Yves Saint Laurent Am. , Inc.* （Louboutin I），778 F. Supp. 2d，第 214 页。

❾ 同上注，第 445 页、第 453 ~ 457 页（S. D. N. Y. 2011）。

❿ 同上注，第 453 ~ 454 页。（认为"为了脱颖而出，美化，赋予性感的吸引力——这些都包含在非商标的时尚色彩中。"）

⓫ 同上注。

⓬ 同上注，第 454 页。

具有美学功能性。❶ Louboutin 对地区法院的判决提起上诉❷

2. 第二巡回上诉法院推翻了认为颜色在时尚界是具有美学功能性的本身违法原则

第二巡回上诉法院创设了三重功能性分析原则。只有当产品特性通过了实用功能性检验之后，才需要考察美学功能性问题。❸ 首先，法院应"讨论 Inwood 检验法的两个方面：判断某一设计特征：（1）是否对于产品的使用或目的是必要的；（2）是否影响系争产品的成本或质量。"❹ 接下来，法院应适用 Qualitex 案确立的竞争检验法，考察如果对使用提供保护，是否对竞争造成重要影响。❺ 根据第二巡回上诉法院的观点，只有当设计通过了"传统功能性"检验法之后，才适用该竞争竞验法。❻ 此外，法院指出，如果保护装饰性特征将严重阻碍竞争，则该特征具有美学功能性；不过，法院还作了以下澄清："对于特点鲜明的装饰性特征进行具有显著性、任意性安排，如果不阻碍潜在竞争者使用不同装饰包装的产品进入同一市场，则不具有功能性，因而可以获得商标法保护。"❼ 第二巡回上诉法院认为，地区法院未能正确适用美学功能性检验法，因此，推翻了地方法院采用的本身违法原则。❽ 第二巡回上诉法院认为，Louboutin 享有的注册商标的保护范围仅限于与毗连的鞋的上部形成鲜明对比的红色鞋部分，并要求美国专利商标局对该注册商标作出相应地修改。❾

第二巡回上诉法院不仅反对在时尚界对颜色适用功能性本身违法原则，而且也为在其他领域适用美学功能性原则确定了重要的考量因素。❿ 例如，第二巡回上诉法院认为，在判断某一产品特征是否具有美学功能性时，"法院必须仔细权衡保护商标识别来源功能的竞争利益，与排除竞争者使用该产品特征的竞争成本"。⓫ 因为美学功能与品牌成功可能是很难区分的，因此，在进行此种分析时，必须高度重视具体事实。⓬ 第二巡回上诉法院法院还认为，在对美

---

❶ *Louboutin S. A. v. Yves Saint Laurent Am. , Inc.* （Louboutin I），778 F. Supp. 2d，第 457 页。

❷ Louboutin II, 696 F. 3d at 215.

❸ 同上注，第 220 页。

❹ 同上注。

❺ 同上注。

❻ 同上注。

❼ 同上注，第 222 页。

❽ 同上注，第 223 ~ 224 页。

❾ 同上注，第 228 页。

❿ 同上注，第 221 ~ 224 页。

⓫ Louboutin II, 696 F. 3d at 222.

⓬ 同上注。

学功能性原则进行分析时，法院应当既考虑商标持有人有权对其努力成果获得的收益，也要考虑公众有权拥有一个"充分竞争的市场。"❶ 第二巡回上诉法院还澄清了，美学功能性抗辩不是用来最大限度地保证创意设计，而是用来保证市场公平竞争的能力。❷

三、波旁酒与红底鞋的不同

第六巡回上诉法院和第二巡回上诉法院近来作出的判决，给商标所有者留下了一个疑问，即美学功能性原则是否能继续作为一个可行的抗辩理由，以及如果可以的话，该原则该如何发展。第六巡回上诉法院在 Marker's Mark 案中，没有详细探究美学功能性原则是否可适用于红色滴状蜡封的问题，而是直接采纳了地区法院关于滴状蜡封不具有美学功能性的粗略理由。即使第六巡回上诉法院选择不明确承认这一知识产权领域非常必要的原则，关于该原则是否是一个可行的抗辩理由这一问题，在该法院辖区依然存在。❸ 相反，第二巡回法院在 Louboutn 案中，选择接受美学功能性原则以及最高法院在 TrafFix 案中确立的规则，同时对于美学功能性原则的未来发展也作了进一步的澄清。尽管这两个巡回上诉法院都分析了红色是否具有美学功能性的问题，但它们的分析存在很大的差异。

第六巡回上诉法院本应完全接受美学功能性原则，将之作为商标法领域的一项重要原则。但相反的是，在 Marker's Mark 案中，该法院反复表示，它并未适用美学功能性原则，也没有说明如果它适用该原则将采用何种检验法。❹ 然后，该法院又对它希望在美学功能性原则下适用的检验法进行了描述，并说明了适用该检验法的结果。❺ 采取这种方式表达观点，并不能为法院、商标所有人或潜在的侵权人提供什么帮助。当然，人们也可以认为，第六巡回上诉法院在这方面已经提供了指导意见。在 Abercrombie&Fitch 案中，❻ 第六巡回上诉法院也处理了涉及美学功能性原则的问题。该法院在一个脚注中表示其接受竞

---

❶ Louboutin II, 696 F. 3d at 222.

❷ 同上注，第 223 页。

❸ 参见 Callmann on Unfair Comp. , Tr. & Mono § 19: 9 n. 46.

❹ 参见 *Maker's Mark Distillery, Inc. v. Diageo N. Am. , Inc.* (Maker's Mark II), 679 F. 3d 410, 418 (6th Cir. 2012).

❺ 同上注。

❻ 参见 *Abercrombie & Fitch Stores, Inc. v. American Eagle Outfitters, Inc.* , 280 F. 3d 619, 641 (6th Cir. 2002).

争理论，这样，与其在 Maker's Mark 案中的立场相反，❶ 第六巡回上诉法院在该案中明确接受了美学功能性原则。在 Abercrombie&Fitch 案中，第六巡回上诉法院援引了 Antioch 公司诉 W. Trimming 公司案❷来支持其观点。❸尽管第六巡回上诉法院在 Antioch 案中讨论了 Thomas McCarthy 不赞成美学功能性原则的观点，但它并没有明确表示美学功能性原则无效。❹此外，Antioch 案主要关注的是实用功能性，而非美学功能性；因此，法院对 McCarthy 的意见的评论，只能视为有关美学功能性原则的附带意见。相反，第六巡回上诉法院在 Abercrombie&Fitch 案中，明确表示美学功能性原则可以适用。❺ 鉴于第六巡回上诉法院在两个案件中的表述不一致，因此，我们认为，第六巡回上诉法院没有对美学功能性原则明确表达其立场。Marker's Mark 案为第六巡回上诉法院提供了一个重要的机会来明确承认美学功能性原则，然而，它却对该原则的有效性提出了质疑。❻

此外，第六巡回上诉法院在 Marker's Mark 案中没有进行深入的事实分析；而第二巡回上诉法院在审理 Louboutin 案时认为，事实分析是适用美学功能性原则的关键。❼ 由于这方面的法律规定不够明确，其他法院都希望 Marker's Mark 案的判决能为它们适用美学功能性原则提供指导，因此，第六巡回上诉法院在该案中本应清晰、简洁地解释为什么红色滴状蜡封不具有美学功能性。❽ 然而，该法院没有考察案件中特定行业的情况，也没有审视颁发禁止使用红色滴状蜡封的禁令将如何影响竞争者。❾ 此外，法院也没有说明为什么颁发禁令不会将竞争者置于与声誉无关的严重不利地位。❿

在将美学功能性原则适用于红色滴状蜡封上时，Marker's Mark 案的分析以

---

❶ 参见 *Abercrombie & Fitch Stores, Inc. v. American Eagle Outfitters, Inc.*，第 16 页。

❷ *Antioch Co. v. W. Trimming Corp.*，347 F. 3d 150, 156 (6th Cir. 2003).

❸ Maker's Mark II, 679 F. 3d at 418.

❹ 参见 Antioch Co.，347 F. 3d at 156.

❺ Abercrombie & Fitch Stores, 280 F. 3d at 641.

❻ 参见 Maker's Mark II, 679 F. 3d at 418 – 19.

❼ 参见 Louboutin II, 696 F. 3d at 222；Maker's Mark II, 679 F. 3d at 418.

❽ 参见 Brian Wright, Sixth Circuit Declines to Clarify Aesthetic Functionality Test (or Even Whether the Doctrine has been Adopted in this Circuit)：Maker's Mark's Wax Seal Trademark Protected and not Functional, Faruki Ireland & Cox P. L. L. Intellectual Property, http://businesslitigationinfo.com/intellectual – property/archives/sixth – circuit – declines – to – clarify – aesthetic – functionality – test – or – even – whether – the – doctrine – has – been – adopted – in – this – circuit – makers – marks – wax – seal – trademark – protected – and – not – functional/，访问日期：2012 年 5 月 21 日。

❾ 参见 Maker's Mark II, 679 F. 3d at 419.

❿ 同上注。

失败而告终。正如心形盒子对于情人节的意义，在酒精行业使用滴状蜡封的目的，是要传达其他酒瓶密封方式不易传达的含义。❶ 第六巡回上诉法院在 Maker's Mark 案中认为，红色滴状蜡封不具有美学功能性，是因为在市场上的竞争对手有其他替代的密封方式。❷ 然而，大量的证据显示，滴状蜡封使用不同的颜色（包括红色），"传递给消费者的印象是，该产品是手工制作的、复古的和高品质的；几乎没有其他替代设计能实际复制该效果。"❸ 如果继续保护 Marker's Mark 的红色滴状蜡封，法院将授予该公司向消费者传达其产品是手工制作的信息的垄断权利。❹ 其他酒精饮料公司——不仅仅是生产波旁酒的公司，现在只能使用红色直线蜡封。❺ 法院令这些公司失去了传达消费者希望从威士忌或龙舌兰的老式瓶子中感受到的风格和怀旧的能力。

正如第二巡回上诉法院在 Louboutin 案所述，"产品特征所具有的指示来源功能，有时与美学功能是很难区分的。"❻ 然而，在 Marker's Mark 案中，红色蜡封本应该被认为具有美学功能性，因为其他颜色不能像红色蜡封一样可以传达出产品是手工制作的同样信息。❼ 一直以来，蜡封都是红色或黑色的。❽ Marker's Mark 公司在创造其品牌和酒瓶时就已经知道或者应当知道这一点，❾ 它使用红色滴状蜡封很有可能就是因为其具有手工制作的意味。❿ 如果第六巡回上诉法院判决 Marker's Mark 酒厂的红色滴状蜡封具有功能性，效果是：其

---

❶　Adhesive Wax Seals, Nostalgic Impressions, http：//www. nostalgicimpressions. com/Adhesive _ Wax_ Seals_ s/4. htm, last visited at Feb. 11, 2013.

❷　Maker's Mark II, 679 F. 3d at 418.

❸　参见 Brief for the Appellants at 35, *Maker's Mark Distillery*, *Inc. v. Diageo N. Am.*, *Inc.* (Maker's Mark II), 679 F. 3d 410 (6th Cir. 2012) (Nos. 10 - 5508, 10 - 5586, 10 - 5819), 2011 WL 5320863.

❹　参见 Bloomberg Law, Bar Fight· Cuervo and Maker's Mark Duke it Out Over Red Wax [audio], You-Tube, http：//www. youtube. com/watch? v = 9Pgl4V9AURU，访问日期：2012 年 5 月 23 日。就在这个 7 分钟音频之后，弗吉尼亚法学院的教授 Chris Springman 告诉了 Bloomberg Law's Josh Block 这个案子，并说蜡封不仅传递了这个酒的质量，还传递了这个产品是手工制作的信息.

❺　Citation with parenthetical.

❻　参见 Louboutin II, 696 F. 3d at 222.

❼　参见 Christine Meyer, The History of Melting Wax for Seals, eHow, http：//www. ehow. com/about_ 6584557_ history - melting - wax - seals. html, last visited at Jan. 30, 2013. （指出，最常见的颜色是红色和黑色，它们是从 11 世纪工匠们就开始使用的颜色）。

❽　同上注。

❾　同上注。

❿　Maker's Mark 酿酒厂针对认定其滴蜡密封具有美学功能性——允许其他酒精饮料公司使用该滴蜡密封——的抗辩之一是，他们为这个设计花费了大量的时间、金钱和精力来创建它的品牌和形象。这个论点并不成功，因为在其功能性分析中忽略了来源指示功能。因为如果法院允许任何首创设计以垄断权利的话，即使该设计是具有功能性的，许多公司将开始使用和商业化他们的产品特征，即便这些特征他们知道会妨碍同类公司的市场竞争。

他酒精饮料公司也可以使用滴状蜡封。❶ 重要的是，这并不会剥夺 Marker's Mark 公司销售波旁酒的权利，很有可能 Marker's Mark 公司对瓶身的整体设计仍可获得保护。Marker's Mark 公司不会失去保护其商誉的能力，但将失去采用一种美观的方式来密封酒瓶的垄断权。❷

在 Marker's Mark 案判决几个月以后，第二巡回上诉法院在 Louboutin 案的判决中消除了批评者的以下担心：美学功能性原则在时尚行业过于广泛地适用，将导致识别来源领域的创新只有很小的空间。第二巡回上诉法院将最高法院在 TrafFix 案和 Qualitex 案中有关美学功能性原则的表述解释为：承认该原则是有效的，从而为其他巡回上诉法院适用该原则铺平了道路。❸ 此外，第二巡回上诉法院并没有授予 Louboutin 对红色拥有不受限制的垄断权，而是将保护范围缩小到鞋的外底，从而允许时尚界继续以其他方式使用具有美观吸引力的红色。❹ 这一判决结果令各方都感到满意：法院维持了 Louboutin 注册商标的有效性，但同时又允许 YSL 继续销售全红色的鞋。❺

第二巡回上诉法院正确地确认了功能性原则的目的：防止商标法授予一个有用的产品特征以垄断。❻ 法院指出，两种功能性原则——实用功能性和美学功能性——对防止有问题的垄断和保护公有领域而言，都是必要的。❼ 这一推理与法院最开始创立该原则的初衷是一致的。❽ 通过接受美学功能性原则，并重申其目的是防止不适当的垄断，第二巡回上诉法院将美学功能性原则合法化了。不过，该法院并没有止步于此；它还进一步解释了，只有当产品特征通过实用功能性检验以后，才应讨论美学功能性问题。❾ 第二巡回上诉法院正确地

---

❶ 参见 *Bar Fight：Cuervo and Maker's Mark Duke it Out Over Red Wax*。在经过三分钟和第三十二个商标之后，Professor Springman 解释说如果一个商标被认为是具有功能性的，那么这个商标就是无效的。因此，公众可以自由复制。

❷ 如果一个特征被认为具有功能性，它就丧失了商标权的保护，因为它的垄断超过了特征的使用。

❸ 参见 Louboutin II, 696 F. 3d at 221.

❹ 同上注，第 224 页。（围绕观点"功能性抗辩的的目的是防止功能性设计被商标所有人垄断……为了鼓励竞争，最广泛地传播有用的设计特征"）（内部引号省略）。

❺ *Hannah Elliott, Both Sides Claim Victory in YSL v. Louboutin Shoe Case*, Forbes, http：//www. forbes. com/sites/hannahelliott/2012/09/05/both - sides - claim - victory - in - ysl - v - louboutin - shoe - case/, last visited at Sept. 5, 2012.

❻ 参见 Louboutin II, 696 F. 3d at 218.

❼ 同上注，第 218 ~ 219 页。

❽ 同上注。

❾ 参见 Louboutin II, 696 F. 3d at 219 - 220.

陈述了这一标准，并就如何适用美学功能性原则提供了很好的指导意见。❶

在进行了全面的事实分析之后，第二巡回上诉法院认为，只有当保护商标会严重损害竞争对手在相关市场上的竞争能力时，才能认定该商标具有美学功能性，因而不受商标法保护。❷ 第二巡回上诉法院指出，它必须在保护商标识别来源功能的竞争利益与排除竞争者使用该产品特征的竞争成本之间保持平衡。❸ 法院也指出了一些对识别来源与功能性之间产生混淆的担忧。❹ 知道存在这些担忧，因此，法院不应"仅仅因为某一特征表示了该产品的理想来源"，而认定该特征具有美学功能性。❺ 尽管某一特征表示产品来源的事实，在进行美学功能性分析时并不是决定性的，但是，避免将好的品牌与在市场竞争中所需要的特征相混淆是十分重要的。❻ 此外，第二巡回上诉法院还指出，美学功能性原则不是用来最大限度地保证竞争者的创意设计，而是用来保证市场公平竞争的能力。❼

第二巡回上诉法院阐述和适用的简单检验法，可以为消费者实现以下可能存在冲突的目的："保证足够的产品差异化，避免混淆来源，同时又能够享受制造商之间的竞争带来的好处。"❽ 虽然第二巡回上诉法院对 Louboutin 的商标保护范围作了修正（只保护红色鞋底）以后，并没有适用功能性检验法，但这还是为其他法院有效适用美学功能性原则提供了机会，因为它在判决中澄清了什么因素是重要的。❾ 此外，第二巡回上诉法院认为，分析具有高度的事实依赖性。❿

---

❶　Lisa Shuchman, Louboutin Red – Shoe Decision Clarifies 'Aesthetic Functionality' IP Doctrine, Corporate Counsel, http：//www. law. com/corporatecounsel/PubArticleCC. jsp? id = 1202570408982&Louboutin_ RedShoe_ Decision_ Clarifies_ Aesthetic_ Functionality_ IP_ Doctrine&slreturn = 20121026213527, last visited at Sept. 7, 2012.

❷　Louboutin II, 696 F. 3d at 222. In an article written about the Louboutin decision, attorney Michelle Mancino Marsh of Kenyon & Kenyon explains that the Second Circuit's decision will help other courts because it sets out a test. Lisa Shuchman, Louboutin Red – Shoe Decision Clarifies "Aesthetic Functionality" IP Doctrine, Corporate Counsel, http：//www. law. com/corporatecounsel/PubArticleCC. jsp? id = 1202570408982& Louboutin_ RedShoe_ Decision_ Clarifies_ Aesthetic_ Functionality_ IP_ Doctrine&slreturn = 20121026213527, last visited at Sept. 7, 2012.

❸　参见 Louboutin II, 696 F. 3d at 222.

❹　同上注。

❺　同上注。

❻　同上注。

❼　同上注，第 223 ~ 224 页。

❽　参见 Louboutin II, 696 F. 3d at 224（quoting *Stormy Clime Ltd. v. ProGroup, Inc.*, 809 F. 2d 971, 978 – 79（2d Cir. 1987））.

❾　同上注，第 212 页。

❿　参见 Louboutin II, 696 F. 3d at 222.

这一方法对该原则提出的批评作了很好地回应，因为批评意见认为该原则的范围过于广泛，给法院在审理美学功能性案件时提供了很大的自由裁量空间。第二巡回上诉法院的分析框架使法院不能采用本身违法原则，以禁止对颜色提供保护，并鼓励法院结合市场特点进行更具体的事实分析，以决定某一特征是否具有美学价值，从而不应提供保护，否则就不公平。

Louboutin 为美学功能性原则提供了一个很好的适用机会。在时尚界，颜色可能是被认为具有功能性的，因为它能视为可以为该行业中的所有人使用。❶ 正如地区法院和第二巡回上诉法院所指出的那样，"颜色不仅仅只能作为装饰，还可以作为设计师使用调色板的一种工具。"❷ 这使得颜色对于创作者而言十分有用，因为它可以用来表达消费者所希望的价值，例如，众所周知红色象征着活力、激情和性感。❸ 因此，第二巡回上诉法院正确地将 Louboutin 的商标保护范围限制在鞋子的红色外底上。法院的判决保证了在时尚鞋业界的其他竞争者仍然可以使用鲜艳的红色。

Louboutin 的红鞋底不同于 Marker's Mark 的红色滴状蜡封，因为 Louboutin 将其红底鞋创造成了品质的代名词，而 Marker's Mark 使用的是现有的质量和手工的象征物，并将其纳入波旁酒瓶的设计之中。❹ Louboutin 创造了一种可以表明具有红色外底的鞋是由其制作的设计。❺ 对高级时尚鞋感兴趣的消费者，并不会因为双色调的鞋子美观而购买红底鞋；他们购买红底鞋，是因为他们希望被人看到穿着 Louboutin。❻ 相反，Marker's Mark 波旁酒的吸引力，部分来自于红色滴状蜡封：该蜡封显示的是酒的价值，而不是来源。尽管该蜡封也可以指示该波旁酒是由 Marker's Mark 生产的，但吸引消费者购买使用该酒瓶的波

---

❶ 参见 *Louboutin S. A. v. Yves Saint Laurent Am. , Inc.* (Louboutin I), 778 F. Supp. 2d 445, 450 (S. D. N. Y. 2011).

❷ 参见 Louboutin II, 696 F. 3d at 223 (citing Louboutin I, 778 F. Supp. 2d at 452 – 53).

❸ 参见 Louboutin I, 778 F. Supp. 2d at 452.

❹ 参见 Tyler Baker and Ted Max, Second Circuit Digs its Heels into Louboutin Dispute; Finds 'Red Sole' Trademark Protectable, but Limited in Scope, Fashion & Apparel L. Blog, http://www. fashionapparellawblog. com/2012/09/articles/ipbrand – protection/second – circuit – digs – its – heels – into – louboutin – dispute – finds – red – sole – trademark – protectable – but – limited – in – scope/, last visited at Sept. 19, 2012.

❺ 参见 Irene Rubaum – Keller, Are Louboutins Really Worth the Splurge? An Investigative Report (Sort Of), The Blush, http://theblush. com/2012/03/27/are – those – louboutin – shoes – really – worth – the – money/, last visited at March 27, 2012.

❻ 参见 Aaron B. Thalwitzer, Maker's Mark Trademark Battle: Jose Cuervo Can't Use Dripping Red Wax, TacticalIP, http://tacticalip. com/2012/06/04/makers – mark – trademark – battle – jose – cuervo – cant – use – dripping – red – wax/, last visited at June 4, 2012. (但凡看过 Maker's Mark 瓶子的人，都知道它的吸引力。它让你非常想摸一摸那瓶颈周围滴下来的滴状造型的发亮的红色橡胶封蜡）。

旁酒的原因是，红色滴状蜡封传递出了一种手工品质信息。不同于 Louboutin 的红鞋底，红色滴状蜡封也应允许其他竞争者使用，因为它具有一种对于该行业而言非常重要，而且超越了识别来源功能的重要美学价值。

四、结语

多年以来，法院、执业律师、学者和公众一直都对美学功能性原则存在误解。许多法院批评该原则令人混淆而且没有必要，因此拒绝承认该原则；这样，就给了那些本身只能受到有期限的专利或版权法保护的产品特征以无限保护的可能。2001 年，联邦最高法院终于在 TrafFix 案中就应当适用的检验法提出了自己的观点，从而将该原则合法化。2012 年，第二巡回上诉法院和第六巡回上诉法院适用了美学功能性原则，表明该原则在商标法和更一般的知识产权法领域具有重要地位。尽管第六巡回上诉法院未能正确地适用美学功能性原则，也没有明确承认该原则在其辖区范围内有效，但是第二巡回上诉法院对于应当如何适用该原则作了澄清。在将来审理相关案件时，其他法院不应采用第六巡回上诉法院在 Marker's Mark 案的分析，因为该法院错误地认为红色滴状蜡封不具有功能性。此外，第六巡回上诉法院也没有进行深入的事实分析，而事实分析对于适用美学功能性原则是十分重要的。法院应当遵循第二巡回上诉法院在 Louboutin 中所确立的原则，因为该判例可以作为全面、细致地适用最高法院确立的美学功能性检验法的模板。

在 Prometheus 案后如何界定自然现象

伊森·M. 韦纳（Ethan M. Weiner）*　　著

卢　佳　译

刘永沛　校

　　最高法院在可专利客体的审理上一直充满混沌，这困惑着理论界和实务界。[1] 在 Benson – Flook – Diehr 案后，[2] 对于在没有意图垄断肯定不可专利的自然规律情况下，需要对自然现象做到何种程度的实质性应用，才能使该方法成为可专利客体的问题仍不明确。Diehr 案之后，最高法院对于可专利客体的争议搁置了将近 30 年。2010 年，最高法院在 Bilski 案的判决中旧话重提。[3] 人们都希望 Bilski 案能最终就"什么是可专利客体"这一问题给出明确的答案。[4] 然而，Bilski 案的结果令人非常失望，而且最高法院不仅没有提出一种可专利客体的测试标准，还在判决中指出，"机器或转换"标准并不是审查方法权利要求是否可专利客体的唯一判断标准。[5] 或许是认为有必要提出一个肯定明确的可专利客体的测试标准，最高法院同意了对 Mayo v. Prometheus

---

　　* 作者为加州大学伯克利分校法学院法律博士。

　　[1]　参见 Peter S. Menell, *Forty Years of Wondering in the Wilderness and No Closer to the Promised Land：Bilski's Superficial Textualism and the Missed Opportunity to Return Patent Law to Its Technology Mooring*, 63 Stan. L. Rev. 1289 (2011).

　　[2]　*Diamond v. Diehr*, 450 U. S. 175 (1981)；*Parker v. Flook*, 437 U. S. 584 (1978)；*Gottschalk v. Benson*, 409 U. S. 63 (1972).

　　[3]　*Bilski v. Kappos*, 130 S. Ct. 3218 (2010).

　　[4]　参见 Menell, *supra* note 1, at 1291.

　　[5]　*Bilski*, 130 S. Ct. at 3226 – 27.

案的调卷复审令。❶

正如 Prometheus 案中最高法院所表达的那样，建立在自然规律之上的权利要求是否可专利，争议焦点集中在"权利要求是否增加了足够多"对自然规律的实质性应用，而不是试图对自然规律本身提出权利要求。❷ 明确这个问题有助于为那些频繁依赖于生理反应，提出个性化治疗计划或者诊断疾病的新兴医学诊断方式提供稳定性。❸ 不幸的是，Prometheus 案并没有成为美国专利商标局（PTO）、美国联邦巡回上诉法院（CAFC）以及发明人翘首以盼的指路明灯。相反，调卷复审令只不过是对发明人拉响的警报，而让他们沉没在可专利客体的暗礁上。Prometheus 案在方法权利要求的可专利问题上没有给出任何清晰的规则。

本文认为，最高法院对 Prometheus 案的判决不仅模糊了判断方法权利要求的标准，还混淆了对于自然现象这一定义本身的理解。若联邦巡回上诉法院在遵循 Prometheus 案的判决时不慎重，则该案会危及整个建立在自然规律之上的专利制度和产业的稳定性，在计算机软件、医学诊断和生物技术方面尤为突出。本文第一部分追溯了"自然现象原则"的历史，探讨了法院在区分自然现象和对自然现象的应用两者之间的困境。这一部分也详尽地解释了"先占标准"和"发明构思标准"，法院用这两个标准来判断权利要求是否应用了自然现象。第二部分深度探讨最近的 Prometheus 案判决，作者认为最高法院误解了"自然现象"这一概念，导致在判断医学诊断的权利要求的创造性时陷入困境。第三部分试图通过区分"自然联系"和"人为联系"，来揭示最高法院在 Prometheus 案中的混淆，说明对"自然现象"的错误界定，会导致不必要地使个性化医疗权利要求无效。

一、自然现象

专利制度的基本前提是"促进……实用技术的进步"。❹ 然而，许多人并

---

❶ *Mayo Collaborative Servs. v. Prometheus Labs., Inc.*, 131 S. Ct. 3027（2011）（批准调卷令）. Breyer 大法官最先认识到，有必要建立可专利客体的清晰标准，指导在激励和过度保护间达成平衡。参见 *Lab. Corp. of Am. Hlds. v. Metabolite Labs., Inc*, 548 U. S. 124（2006）（判定没必要批准调卷令，驳回诉请，Breyer 大法官持反对意见）（"专利法要［在鼓励专利和过度保护专利］这个充满矛盾和风险的领域寻求平衡的方法，就是创设规则把发明和发现的某些类别纳入可专利保护范围，同时排除其他的类型。"）.

❷ *Mayo Collaborative Servs. v. Prometheus Labs., Inc.*, 132 S. Ct. 1289, 1297（2012）

❸ 参见 Allen K. Yu, *Within Subject Matter Eligibility—A Disease and a Cure*, 84 S. Cal. L. Rev. 387, 401（2011）.

❹ U. S. Const. Art 1.

不认为现在专利客体的范围已经最大限度地体现了这一目标。❶ 过于宽泛的专利垄断最终可能会抑制后续创新，因为发明人无法在未获得专利权人同意的情况下促进技术进步。❷ 此外，专利权能够鼓励发明人，对于他们的成功承诺给予有限的市场垄断让他们避免失败。❸ 因此，可专利客体的范围被认为是在两种理论间——对后续发明的阻碍和刺激发明人间寻求平衡。❹ 允许过于宽泛的可专利客体范围会造成过多阻却性专利，阻碍后续技术发展。而太狭隘的专利范围也有将激励效应抵消的危险。《美国专利法》通过第 101 条在可专利客体的范围上设置了限制。❺

《美国专利法》第 101 条规定："任何人发明或发现新的并且有用的方法、机器、制品或物质组合，或他们的新的并且有用的改良，符合本法所定之条件者，皆可获得专利。"❻ 这一表述与 1793 年托马斯·杰弗森最初起草的文本相比并无大的改变。❼ 对文本的严谨解读，可认为发明和发现都应包括在可专利客体之中。然而，150 年来通过司法形成的普通法，都限制了该条的适用范围。特别是最高法院表明"自然规律、物理现象和抽象概念"都不属于可专利客体。❽ 对自然现象的发现不足以获得在对自然现象的专利权。但是，对自然规律的应用却可能成为可专利客体。❾

专家已经提出了很多不将自然规律列为可专利客体的理由，比如自然规律的发现应该是利他性的、他人应具有自然权利、缺乏新颖性、权利要求过于宽

---

❶ 参见 Robert P. Merges & Richard R. Nelson, *On the Complex Economics of Patent Scope*, 90 Colum. L. Rev. 839 (1990).

❷ 参见 Maureen A. O'Rourke, *Toward a Doctrine of Fair Use in Patent Law*, 100 Colum. L. Rev. 1177, 1194 (2000)（描述 "阻却性专利" 如何对未来发明人改进受专利保护的发明造成不利影响）; Michael A. Heller & Rebecca S. Eisenberg, *Can Patents Deter Innovation? The Anticommons in Biomedical Research*, 280 Science 698 (1998)（认为过多的专利会抑制发明人促进技术进步的能力）.

❸ 参见 Peter Menell & Suzanne Scotchmer, *Intellectual Property Law*, *in* 2 Handbook of Law & Economics 1473, 1478 (A. Mitchell Polinsky & Steven Shavell eds., 2007).

❹ 参见 Mark A. Lemley, et al., *Life After* Bilski, 63 Stan. L. R. 1315, 1328 – 29 (2011).

❺ 同上注，第 1329~1332 页（区分第 101 条和第 112 条对于范围限制的区别）.

❻ 35 U. S. C. § 101 (2006).

❼ 参见 Patent Act of 1793, ch. 11, 1 Stat. 318, 319 – 320（"任何新且有用的方法、机器、制品或物质组合"或者对其的改进，都可以成为专利）. 在 1952 年《专利法》中将术语"art"改成"process"，但其本质意义并没有改变. Peter S. Menell, *Forty Years of Wondering in the Wilderness and No Closer to the Promised Land: Bilski's Superficial Textualism and the Missed Opportunity to Return Patent Law to Its Technology Mooring*, 63 Stan. L. Rev., at 1296.

❽ Bilski v. Kappos, 130 S. Ct. 3218, 3225 (2010)（引自 Diamond v. Chakrabarty, 447 U. S. 303, 309 (1980)）.

❾ 参见 Diamond v. Diehr, 450 U. S. 175, 187 – 88 (1981).

泛以及把研究工具置于公有领域等。❶ 这些观念都基于如下理由：用专利激励对自然规律的发现会减慢技术的进步而非促进其发展。❷ 法院曾采用了两种不同却又有部分重叠的测试法，来确定方法权利要求的范围是否已经宽泛到不应该被授予专利的程度。第一种测试法是"先占标准"（preemption standard）。❸ 这种标准要评估：权利要求是否宽泛到排除他人对自然现象的应用。❹ 第二种测试法是"发明标准"（inventiveness standard），用来评估发明人是否已经对自然规律进行了足够的实质性应用从而可获得专利。❺ 美国关税和专利上诉法院（The Court of Customs and Patent Appeals，CCPA）以及随后的联邦巡回上诉法院（Federal Circuit）都试图将这两种标准整合成一种连贯的标准。CCPA 发展出 Freeman – Walter – Abele 测试法，联邦巡回上诉法院发展出"机器或转换"测试法。❻ 然而，最高法院否定了"机器或转换"测试法，但没有提出合适的可专利客体测试法。❼

（一）先占标准

法院多次表明，若自然现象可专利，则会阻碍下游的科学进步。❽ 如果一个自然规律的发现者对该自然规律主张权利，则在专利权存续期间，下游的发明人和发现者都不能在没有专利权人同意下利用这个自然规律。❾ 由于权利被授予了上游的专利权人，下游的发明人被先占了自然规律的使用权。当然，在

---

❶ 参见 Alan L. Durham，*Natural Laws and Inevitable Infringement*，93 Minn. L. Rev. 933，952 – 60（2009）（严格评估每个理由）。另参见 Joshua D. Sarnoff，*Patent – Eligible Inventions After Bilski*：*History and Theory*，63 Hastings L. J. 53，84 – 90（2011）（描述了洛克的道德原则——"上帝创设的共有物"是如何对自然规律不可专利的原则作出贡献的）。

❷ Alan L. Durham，*Natural Laws and Inevitable Infringement*，93 Minn. L. Rev. at 951 – 52.

❸ 参见 *Gottschalk v. Benson*，409 U. S. 63，72（1972）（认为完全先占数学运算法则的权利要求不是可专利客体）。

❹ 参见 *Bilski*，130 S. Ct. at 3231（认为对冲的专利不是可专利客体，因为它先占了抽象概念的所有应用）。

❺ *Parker v. Flook*，437 U. S. 584，594（1978）（认为如果数学算法中没有创新性的概念，则其不能被授予专利权）。

❻ 参见 *In re* Bilski，545 F. 3d 943，958 – 59（Fed. Cir. 2008）.

❼ 参见 *Bilski*，130 S. Ct. at 3226 – 27.

❽ 例如，参见 *Classen Immunotherapies, Inc. v. Biogen IDEC*，659 F. 3d 1057，1080（Fed. Cir. 2011）（Rader 法官附议）（"先占一项原理概念的应用，明显违反了宪法促进实用技术进步的使命"，这类权利要求是不可专利客体）；*Bilski*，130 S. Ct. at 3253（Stevens 法官附议）（授予自然规律、自然现象和抽象观念以专利权"会扼杀授权国会促进的进步"）。

❾ 参见 *Zenith Radio Corp. v. Hazeltine Research, Inc.*，395 U. S. 100，135（1969）（"专利权人对其发明有制造、使用和销售的排他权"）。

一定程度上说，所有专利权人都先占了后来发明人的权利，正如许多新发明都是建立在之前的专利发明的基础上进行改进一样。例如，一个微处理器的集成电路专利会先占所有新计算机使用该集成电路的权利。在这些情况下，发明人之间经常用许可协议避免对下游创新的绝对禁止。尽管如此，最高法院认为自然现象的专利权过分先占了。❶

先占正是专利权利要求范围的功能。权利要求范围越大，先占就越能影响下游创新。如果专利制度的目的是要在最短时内鼓励最多的技术创新，则专利范围应该足够大以鼓励一项技术的发展，却又不能过于宽泛，以致其他人无法进入这项技术领域发明他们自己的创新。❷ 换句话说，如果一项专利权利要求已经宽泛到该领域不会出现其他发明，其他发明人就没有意愿继续发展该领域。❸ 历史上，法院划定了一条界限，认为对于自然规律的专利是过分先占，而应用自然规律的发明则是可接受的先占。❹

先占的起源可以追溯到150年前的O'Reilly v. Morse案，尽管该案子争议焦点是书面描述要求，而不是可专利客体。❺ 1840年，美国专利商标局（PTO）授予了Morse一项电报技术的专利。❻ Morse案中最高法院判决该专利的第八项权利要求无效，因为该权利要求是对"不论在任何距离上标记或打印出可理解的字符、记号、字母而开发的任何电磁技术"主张权利。❼ 法院的首要理由就是先占的。

> 如果要维持这项权利要求，则重要的不是这个过程或机器所实现的功能。在未来科学的发展上，可能会有一些未来的发明家，发现在远距离上以电气或电流方式书写或打印的模式，没有用到［Morse］专利文献中所记载的任何方法或组合。它的发明可能并不复杂——会

---

❶ 参见 *Gottschalk v. Benson*, 409 U. S. 63, 67 (1972)（解释自然现象"是科学和技术研究的基础工具"，不能授予专利）。

❷ 参见 Robert P. Merges & Richard R. Nelson, *On the Complex Economics of Patent Scope*, 90 Colum. L. Rev., at 875–76.

❸ 参见 Christina Bohannan & Herbert Hovenkamp, *IP and Antitrust: Reformation and Harm*, 51 B. C. L. Rev. 905, 955 (2010)（过于宽泛的权利要求会排除竞争，因为这种专利不仅覆盖专利权人实际发明的技术，还覆盖一些其他潜在的竞争性技术，假如没有这种专利的挤压，这些潜在技术本来也会进入市场的）。

❹ 参见 *Diamond v. Diehr*, 450 U. S. 175, 187 (1981)（应用算法的方法发明人"并不寻求先占该算法"，而是"仅排除他人把该算法用于他们的方法专利的其他步骤中"）。

❺ *O'Reilly v. Morse*, 56 U. S. 62, 113 (1853)（Morse"对他没有描述也没有实际发明的方法和方式的应用主张排他权"）。

❻ U. S. Patent No. 1, 647 (issued June 20, 1840).［以下简称第647号专利］。

❼ 参见 *Morse*, 56 U. S. at 113；第647号专利。

发生故障而不太可靠——在建造和运行上更便宜。但是，如果这些都被本专利覆盖，则未来的发明人就不能使用这些技术，没有［Morse］的同意，公众也不能因此受益。❶

电磁概念是一种自然现象。它并不是 Morse 创造的，无论 Morse 是否发现它，它都存在于自然之中。然而，该专利第八项权利要求对"标记或打印可理解的字符等"的所有电磁技术主张权利。❷ 显然，法院的关注点是发明的范围，而该权利要求超出了 Morse 所实际发明范围。

Morse 试图获得超过他实际描述的权利要求（在任何距离上标记或打印可理解的字符、记号等，而不是局限于他的电报机所应用的电磁技术），因此引起了对先占的关注。❸ 专利申请时的书面描述要求可追溯到 1793 年的《专利法》。❹ 设置这项要求的目的是希望引导其他发明人注意专利的范围，促使它们进行进一步的创新。❺ 但是，Morse 案扩展了该要求的目的，以保证专利权人的权利要求不会过于宽泛，由此保证发明人实际发明了权利要求的成果，防止对于下游发明的先占。❻ 对过于宽泛的权利要求可能会使发明人的申请超出他们的实际发明的顾虑，最终导致司法上确认禁止对自然现象提出权利要求。❼

随着 20 世纪六七十年代软件专利的兴起，最高法院开始对信息技术时代的专利应用先占原则。❽ 这些不是通过书面描述要求来认证，而是应用先占标准来排除第 101 条下自然现象的可专利性。❾ Benson 案中最高法院认为，"用计算机程序将二进制编码的十进制形式转换为纯粹的二进制形式的方法"不

---

❶ 参见 *Morse*，56 U. S. at 113；第 647 号专利。

❷ 参见第 647 号专利。

❸ 参见 *Morse*，56 U. S. at 113。参见 Jur Strobos，*Stalking the Elusive Patentable Software*：*Are There Still Diehr or Was it Just a Flook*？，6 Harv. J. L. & Tech. 363，365 n. 8 (1993)（从过于宽泛的权利要求中区分出先占）。

❹ 参见 Jacob Adam Schroeder，*Written Description*：*Protecting the Quid Pro Quo Since* 1793，21 Fordham Intell. Prop. Media & Ent. L. J. 63 (2010)（叙述了书面描述要求的历史）。

❺ 参见 *Evans v. Eaton*，20 U. S. 356，366 – 67 (1822).

❻ 参见 Jacob Adam Schroeder，*Written Description*：*Protecting the Quid Pro Quo Since* 1793，21 Fordham Intell. Prop. Media & Ent. L. J.，at 74.

❼ 参见 *Funk Bros. Seed Co.* v. Kalo Inoculat Co.，333 U. S. 127，130 (1948)（解释道，唯一能使自然现象演化成专利发明的方式是对该现象的应用）；参见 *Le Roy v. Tatham*，55 U. S. 156，175 (1852).

❽ 信息时代的技术，比如计算机软件和医疗诊断方法，有别于工业时代的技术，例如动力机械和新的合金金属。参见 *Bilski v. Kappos*，130 S. Ct. 3218，3227 (2010).

❾ 参见 *Gottschalk v. Benson*，409 U. S. 63，72 (1972)（完全先占数学公式的权利要求，"其实际效果"等同于对这条数学公式本身的权利要求，因此它不是可专利客体）。

是可专利客体，否则"专利就完全先占了数学公式，实际上就是对这个算法本身的专利"。❶ 法院的理由是，除了用到计算机外，这个算法并没有实质性的应用，因此该算法即使严格地与计算机相结合，也是不可专利的。❷ 法院承认算法可以不跟计算机相结合，❸ 但算法仅仅与计算机相结合，是不足以将该权利要求从不可专利的抽象概念转变成可专利客体。❹

Benson 案中对于先占的争论主要集中在专利不能妨碍他人使用"科学技术的基础工具"上。❺ Morse 案中的权利要求因为过于宽泛而不被最高法院允许。不同于 Morse 案，本案中没有关于书面描述要求的争议。相应地，Benson 案中最高法院认为，专利法不能对发明人主张的一些事物授予垄断权。Benson 案中法院认为，对于"即使是刚被发现的自然现象、思想过程和抽象概念"等提出权利要求，如数学算法，都因广泛先占，故是不可专利客体。❻

遵循 Benson 案的判决，下级法院将完全先占标准作为判断可专利客体的可行测试法。❼ CCPA 大大限制了这个先占标准测试法以及 Benson 案判决的适用，而仅仅把它适用于"算法"。❽ In re Freeman 案创立的二步测试法要求，第一步，先判定权利要求是否应用了算法；第二步，判定权利要求是否"其整体上……完全先占了这个算法"。❾

最高法院在 Parker v. Flook 案中，在考虑涉诉权利要求时放弃了"完全先占"原则。❿ Flook 案的权利要求是一种应用数学公式计算警戒值的方法。⓫ 但

---

❶ 参见 *Gotts Chalk v. Benson*，409 U. S.，第 71～72 页。

❷ 同上注，第 71 页。

❸ 同上注，第 67 页。

❹ 同上注，第 71～72 页。

❺ 同上注，第 67 页。

❻ 同上注。

❼ 参见 *In re* Chatfield, 545 F. 2d 152, 155–56（C. C. P. A. 1976）（我们从 *Benson* 案得出的基本理由是，包括了 Benson 权利要求的专利，会先占底层数学公式及其算法的所有应用）。如第一章第二部分所述，先占原则仍与"新颖点"测试法有争议。比较后面的 *In re* Christensen, 478 F. 2d 1392, 1394（C. C. P. A. 1973）（Lane, J.）（认为当一个方法的"新颖点"仅仅是数学公式时，它是不可专利的）和前面的第 1396 页（Rich 法官附议）（根据 Benson 案，如果一项权利要求先占了数学公式，又没有任何其他的应用，则它不是可专利客体）。美国关税和专利上诉法院（Court of Customs and Patent Appeals, C. C. P. A.）撤销了 *Christensen in In re* Taner, 681 F. 2d 787（C. C. P. A. 1982）（论证 *Diehr* 案否定了新颖点测试）。也可参见 *In re* Walter, 618 F. 2d 758（C. C. P. A. 1980）（"我们不将 *Flook* 案看作是适用'新颖点'测试法的判决……这种测试法落入了最高法院在 *Flook* 案中维持的先例中的事实，是违法的。"）

❽ 参见 *In re* Freeman, 573 F. 2d 1237, 1245（C. C. P. A. 1978）。

❾ 同上注。

❿ *Parker v. Flook*, 437 U. S. 584（1978）.

⓫ 同上注，第 585 页。

这个权利要求也被限制在"碳氢化合物化学转化"领域，而非对该数学公式的任何应用。❶ 最高法院承认这项权利要求并没有"完全先占数学公式"，因为它只局限于特定领域，公众在其他领域中仍然能使用该数学公式。❷ 然而，法院判决因为权利要求没有充分用到数学公式，所以不可专利。❸ 在 In re Walter 案中，为了回应 Flook 案，CCPA 重新修订了其 Freeman 案中的测试法，权利要求即使不完全先占数学公式，只要它仅是解决数学公式而非应用运算结果，它仍然是不可专利的。❹

用先占标准来判定可专利客体，是为了保证后人可以应用"科学和技术的基本工具"进行创造。❺ Morse 案中，法院担心涉案电磁技术专利会阻碍后人应用这个自然现象。❻ 在 Benson 案中，最高法院担心专利会完全先占数学公式。❼ 然而，Flook 案中最高法院也承认，"完全"先占标准有缺陷，因为权利要求即使不完全先占，也会因为没有充分应用自然规律，而仍然不能被授予专利权。❽ 问题是怎样的先占才能算作过分的先占。❾

（二）创新标准

除了先占标准，法院还经常表明，如果专利申请人没有做出足够创新的贡献，他就不能被授予专利权。❿ 如果发明与自然现象有关，那就很难判断这个权利要求是不是"新"的和创新的，而并非对自然现象本身的权利要求。先占标准判断权利要求是否宽泛到阻碍他人应用自然现象，而发明标准则判断对自然现象是否有实质性应用。⓫ 专利法第 101 条所说的"新"应该与第 102 条所要求的"新颖性"不同，第 102 条的要求，是要逐个特征（element by ele-

---

❶ *Parker v. Flook*, 437 U. S., 第 586 页。

❷ 同上注，第 589～590 页。

❸ 同上注，第 590 页（"后处理活动"不能将不可专利的数学算法转变成专利方法）。参见下文第一部分（二）。

❹ 参见 *In re* Walter, 618 F. 2d 758, 767 (C. C. P. A. 1980).

❺ *Gottschalk v. Benson*, 409 U. S. 63, 67 (1972).

❻ 参见 *O'Reilly v. Morse*, 56 U. S. 62, 113 (1853).

❼ 参见 *Gottschalk v. Benson*, 409 U. S. 63, 71–72 (1972).

❽ 参见 *Parker v. Flook*, 437 U. S. 584, 589–90 (1978).

❾ 参见 Samantak Ghosh, *Prometheus and the Natural Phenomenon Doctrine: Let's not Lose Sight of the Forest for the Trees*, J. Pat. & Trademark Off. Soc'y（90 J. Pat & Trademark off Soc'y 330, 349–350 (2012)）.

❿ *Cuno Eng'g Corp. v. Automatic Device Corp.*, 314 U. S. 84, 90 (1941)（解释道，如果一项权利要求可专利，则它不仅要"新且有用"，而且必须实际上是"发明"）。

⓫ 参见 *Flook*, 437 U. S. at 594（但是，我们的方法……与必须从整体上分析权利要求的观点不同）。

ment）去比较，看发明中什么是新的内容。[1] 而第 101 条的创新，则在理论上要求将权利要求当作一个整体来考察。[2]

在概念上，对自然现象的发现既不是创造也不新颖。自然现象在被发现之前就一直存在，被发现之后也仍然会亘古不变。[3] 最高法院在 Funk Bros. 案中重申了这一原则，宣布自然规律"属于所有人，不会被任何人所独占"。[4] Funk Bros. 案中的专利权利要求，包括几种固氮细菌的菌株组合，这些细菌出乎意料地不会产生相互抑制作用。[5] 法院没有否定发现的重要性，但认为申请人不能获得专利，因为权利要求中没有任何新东西。[6] Funk Bros. 案中最高法院认为，发明人"没有发明出细菌间抑制或不抑制的现象，这是自然之果"。[7] 鉴于发现物是一种自然现象而并非发明，它就不能是可专利客体。[8] 把 Funk Bros. 案中的发现物与 Chakrabarty 案的权利要求相比较，可知后者是可专利的，因为涉案专利的细菌是由发明人通过基因工程改造所得，在自然中不存在。[9] 数十年来，"创新"的概念，以及判断何时方法权利要求充分地应用了自然规律，一直困扰着专利界。[10]

1. Flook 案之前的"新颖点"测试法

其至在 Benson 案之前，CCPA 就已应用"新颖点"测试法来判断一项权利要求是对自然现象的应用还是仅仅针对自然现象本身。[11] "新颖点"测试法一般和心理步骤原则（mental steps doctrine）结合使用，[12] 如果方法权利要求中的新特征仅仅是心理步骤或者是不可专利化的特征（如自然现象），该测试

---

[1] 参见 *In re* Robertson, 169 F. 3d 743, 745 (Fed. Cir. 1999).

[2] 参见 *In re* Chatfield, 545 F. 2d 152, 158 (C. C. P. A. 1976).

[3] 参见 *Le Roy v. Tatham*, 55 U. S. 156, 175 (1852)（电的特征一直存在；发现它们不是发明，把它们用于有用的物体才是发明）。

[4] *Funk Bros. Seed Co. v. Kilo Inoculant Co.*, 333 U. S. 127, 130 (1948).

[5] 同上注，第 128～129 页。

[6] 同上注，第 132 页。

[7] 同上注，第 130 页。

[8] 同上注。

[9] 参见 *Diamond v. Chakrabarty*, 447 U. S. 303, 309 (1980)（根据专利法第 101 条，判定"凡太阳之下的人造之物"皆可专利）。

[10] 参见 Irah H. Donner, *Two Decades of Gottschalk v. Benson: Putting the "Rithm" Back Into the Patenting of Mathematical Algorithms*, 5 Software L. J. 419, 426–27 (1992)（描述了各种被法院适用后又被废止的可专利客体测试法）。

[11] 同上注，第 426～427 页。

[12] 与自然现象原则一样，根据智力活动原则（metal steps doctrine），智力活动过程不可专利，虽然这个学说已经过法院和评论者双方的反复讨论。参见 Kevin Emerson Collins, *Propertizing Thought*, 60 S. M. U. L. Rev. 317, 355–56 (2007).

法根据专利法第 101 条判定，这类权利要求不可专利。❶ 因此，将不可专利的特征加入已知的方法，是不会产生出可专利的方法。

但是，CCPA 对于"新颖点"测试法的适用反复无常。一开始在 In re Abrams 案适用，❷ 然后在 In re Musgrave 案中拒绝适用，❸ 又在 In re Christensen 案中重新适用，❹ 最后又在 In re Chatfield 案中再次拒绝适用。❺ Chatfield 案特别强调了要将权利要求当作一个整体来看，而不能将权利要求拆分成不同的特征来寻找新特征。❻ 另外，根据"新颖点"测试法，将已知特征进行创新性的组合，不是可专利客体，这与专利法第 103 条相悖。❼

2. Flook 案之后的"创造性贡献标准"和"新颖点"测试法

由于最高法院在 Flook 案和 Diehr 案中的判决不连贯，导致 CCPA 对于"新颖点"测试法的适用产生了很多混乱。专利商标局上诉委员会（The Board of Appeals of the PTO）最初驳回了 Flook 案中的权利要求，就是因为数学算法是该权利要求中唯一的新颖点。❽ 然而，CCPA 在 Christensen 案中拒绝适用"新颖点"测试法，推翻了 PTO 的决定。❾ CCPA 指出，这个权利要求没有"完全先占"数学算法，❿ 因此是可以专利的。⓫ 最高法院则推翻了 CCPA 的判决，判决权利要求无效，指出数学算法应该被作为现有技术看待，在权利要求

---

❶　参见 Diamond v. Diehr, 450 U. S. 175, 200 n. 15（1981）.

❷　参见 *In re* Abrams, 188 F. 2d 165（C. C. P. A. 1951）（若一个专利权利要求的新颖点是智力活动，则它不可专利）。*Abrams* 案阐明，智力活动原则与"新颖点"测试法是并行的方法。参见 Julie E. Cohen, *Reverse Engineering and the Rise of Electronic Vigilantism：Intellectual Property implications of "Lock – Out" Programs*, 68 S. Cal. L. Rev. 1091, 1170 – 71（1995）；Pamela Samuelson, *Benson Revisited：The Case Against Patent Protection for Algorithms and Other Computer Program – Related Inventions*, 39 Emory L. J. 1025, 1034 – 38（1990）.

❸　参见 *In re* Musgrave, 431 F. 2d 882, 889 – 890（C. C. P. A. 1970）（"智力活动"这一术语很难解释，会导致形成不健全的规则）。

❹　*In re* Christensen, 478 F. 2d 1392, 1394（C. C. P. A. 1973）（如果权利要求的新颖之处是数学公式，则该权利要求不可专利）。

❺　参见 *In re* Chatfield, 545 F. 2d 152, 158（C. C. P. A. 1976）（否定了将权利要求拆分成不同部分再寻找新颖点的做法）。

❻　同上注。另参见 *In re* Taner, 681 F. 2d 787, 790 – 91（C. C. P. A. 1982）（Diehr 反对新颖点分析法）。

❼　35 U. S. C. § 103（2012）. 参见 *Chatfield*, 545 F. 2d at 158；Graham v. John Deere Co. , 383 U. S. 1（1966）.

❽　*Parker v. Flook*, 437 U. S. 584, 587（1978）.

❾　参见 *In re* Flook, 559 F. 2d 21（C. C. P. A. 1977）.

❿　同上注，第 23 页。参见上文第一部分（一）。

⓫　参见 *Flook*, 437 U. S. at 594（但是，我们的方法……与必须从整体上分析权利要求的观点不同）。

中没有任何"创新"的东西，同时也否认了最高法院是在把权利要求分解开来考察的看法。❶

Flook 案的前提是，要把权利要求作为整体来评价，同时又指出权利要求中除了算法之外没有新东西，要同时接受这两种观点是困难的。❷ 正如下级法院在适用"新颖点"测试法时，最高法院指出数学公式是现有技术，而权利要求的其余部分则要考察其创新性。CCPA 不认为 Flook 案支持"新颖点"方法，因为这种方法"将对专利制度造成不可估量的消弱"，也不认为最高法院会"做出如此具有潜在破坏性的判决"。❸ 但是，其他一些评论者则认为，Flook 案以一种破坏性的方式复苏了"新颖点"测试法，因为这个测试法会质疑许多药品和计算机软件这类依赖于一些自然现象的发明的可专利性。❹ CCPA 将 Flook 的判决作了限制性解释，认为"当权利要求的唯一新特征是计算机程序时，它是可专利客体"，以避免"新颖点"测试法会带来的后果。❺

Flook 案的少数意见没有明确批评多数意见重新复活"新颖点"测试法，但严厉批评了多数意见做了他们声称没做的事：分解权利要求，并寻找新特征（novel element）。❻ 少数意见认为，新颖性问题应该以专利法第 102 条、第 103 条为准，而非第 101 条。❼ 多数意见和少数意见的分歧在于，如何看待权利要求。多数意见将该案的权利要求看作不可专利的数学公式，认为"有技巧的撰写者"仅仅是对数学公式增加了"后处理活动"，从而对该数学公式本身提出权利要求。❽ 少数意见则将该权利要求看作可专利的方法（尽管根据专利法第 102 条、第 103 条，也许并不新颖，也不是非显而易见的），因为申请人通过应用数学公式受到了限制。❾

---

❶ 参见 *Flook*, 437 U. S. at 594（但是，我们的方法……与必须从整体上分析权利要求的观点不同）。

❷ 参见 Samuelson, *supra* note 79, at 1080－82.

❸ *In re* Walter, 618 F. 2d 758, 766（C. C. P. A. 1980）. But Mark Nusbaum, 35 *U. S. C.* 101 *Claim Analysis—The Point of Novelty Approach*, 62 J. Pat. Off. Soc'y 521, 522－23（1980）（指出 Flook 案后，唯一有意义的分析权利要求的方法是"新颖点"测试法）。

❹ 参见 Mark A. Lemley, *Point of Novelty*, 105 Nw. U. L. Rev. 1253, 1278（2011）. Lemley 教授认为，根据新颖点测试法，把自然物质的效果作为药品不可专利，因为这类权利要求的唯一新颖点就在于身体对于药物的生理反应。而这种生理反应则会被认为是自然现象。同上注。

❺ 参见 *Diamond v. Diehr*, 450 U. S. 175, 200, 205（1981）.

❻ 参见 *Flook*, 437 U. S. at 599（Stewart 大法官持反对意见，（指出争点在于，"当把权利要求分开来看，是否仅仅因为方法权利要求中的一个步骤不是可专利客体"，该权利要求就变成不可专利的）。

❼ 同上注，第 600 页。

❽ 同上注，第 590 页。

❾ 同上注，第 599 页（Stewart 大法官持反对意见）。

Flook 案后仅过了三年，该案中持少数意见的 Renquist 大法官就在 Diehr 案的多数意见阐明了他的观点。❶ Diehr 案重新强调权利要求不能拆分，而应该作为一个整体看待，且在一个可专利的方法中增加一个不可专利的特征，并不必然因为缺乏第 101 条中的创新性而使整个方法变成不可专利客体。❷ 但是，Diehr 案并没有推翻 Flook 案的判决，而是试图区分 Diehr 案与 Flook 案中权利要求的不同。❸ 法院对这两类权利要求作了细致的区分，认为 Flook 案中的权利要求因为仅是计算警戒值而不可专利，而 Diehr 案中的权利要求则因把数学公式整合进方法中而可专利。❹

然而，作为 Diehr 案中的持少数意见者和 Flook 案中的持多数意见者，Stevens 大法官并不认为 Diehr 案的多数意见是在维持 Flook 案的判决。❺ 少数意见批评多数意见误解了什么是实际的涉案发明的内容。❻ Steven 大法官认为，如果发明是一个应用了数学算法的新方法，则它应是可专利客体。然而，正如少数意见所言，若发明的方法仅是计算运行一个步骤需要多少时间，则这个方法权利要求的内容过于接近算法本身，应不可专利。❼

关于如何判断什么是涉案发明的内容，Diehr 案的少数意见提出的方法与多数意见一样模糊，并重申了"新颖性"测试法。Stevens 大法官特别强调，该案中本领域的传统方法和涉案发明的唯一不同，是数学公式的计算。❽ 但 Stevens 大法官也仔细解释了"新颖性"测试法的发展历程，以及 CCPA 拒绝适用该方法的经过。❾

Diehr 案和 Flook 案的不同判决，展现出对于可专利客体认定的分歧。根据 Flook 案，若涉案发明权利要求中的新特征是不可专利客体，而剩余的是"传统性"，则整个权利要求不可专利。但是，根据 Diehr 案，若权利要求去掉不可专利的特征后是可专利的，则整个权利要求仍然是可专利客体。因此，Diehr 案中，即使权利要求中的每个特征都是已知的，只要特征的组合是创新的，则该权利要求就是可专利客体。Flook 案并没有被忘记，因为法院在最近

---

❶ 参见 *Diehr*, 450 U. S. at 175.
❷ 同上注，第 188 ~ 第 89 页。
❸ 同上注，第 186 ~ 第 87 页
❹ 同上注。
❺ 同上注，第 211 页（Stevens 大法官持反对意见，认为多数意见和 CCPA 错误适用了 *Flook* 案）。
❻ 同上注，第 194 页。
❼ 参见 *Diehr*, 450 U. S. , 第 206 ~ 207 页。
❽ 同上注，第 208 页。
❾ 同上注，第 200 ~ 202 页。

的案件中不断说明该案在某方面符合 Diehr 案。❶

（三）"可专利客体测试法"界定

Benson - Flook - Diehr 三案判决的不一致，使本领域从业者苦苦求索，努力判断可专利客体的可行方法。❷ 虽然 Benson 案清楚地表明，完全先占算法的权要求不是可专利客体，❸ 但 Flook 案和 Diehr 案并没有确定可以先占到何种程度。Flook 案和 Diehr 案间的冲突，也导致很难确定专利权利要求在什么情况下才是足够适用的。而且，最高法院这几个案例中，每个都评价了跟数学算法或计算机程序有关的权利要求的可专利性，CCPA 也根据这些判例建立起相应的测试方法。❹ 但仍然不明确的是，这些测试法是否与其他通过司法确立的关于自然现象、自然规律和抽象概念可专利客体例外具有相同的效力。❺

在 Diehr 案后，CCPA 发展出了 Freeman - Walter - Abele 测试法，清楚地限制了"创新"标准的适用，并不再直接适用 Benson 案中的"完全先占"标准。❻ 这个测试法继续限制算法的可专利性，但是如何判定一个方法权利要求足够应用了算法的问题，则悬而未决。❼ 联邦巡回上诉法院最终抛弃了 Freeman - Walter - Abele 测试法，选择了"机器或转换"测试法，即如果一项方法权利要求与特定的机器相连结，或可将有形物进行转换，则它就是可专利的。❽ In re Bilski 案中的方法权利要求是一种商业方法，用来控制商品市场中

---

❶ 参见 *Bilski v. Kappos*, 130 S. Ct. 3218, 3227 (2010)（判决该案中的商业方法不可专利，因为根据 *Benson - Flook - Diehr* 三案的判决，它只不过是抽象观念）; Dennis Crouch and Jason Rantanen, *The Revival of* Parker v. Flook, PatentlyO. com（Oct. 5, 2012, 3: 13 PM），http: //www. patentlyo. com/patent/2012/10/the - revival - of - parker - v - flook. html，访问日期：2012 年 10 月 5 日指出经过一段时间的沉寂，自 2005 年起 *Flook* 案又被经常引用）。

❷ 参见 Peter S. Menell, *Forty Years of Wondering in the Wilderness and No Closer to the Promised Land: Bilski's Superficial Textualism and the Missed Opportunity to Return Patent Law to Its Technology Mooring*, 63 Stan. L. Rev.

❸ 参见 *Gottschalk v. Benson*, 409 U. S. 63, 72 (1972).

❹ *Walter* 测试法试图基于是否使用了数学算法的结果来判断是否可专利。参见 *In re* Walter, 618 F. 2d 758, 767 (C. C. P. A. 1980).

❺ 参见 Andrei Iancu & Peter Gratzinger, *Machines and Transformations: The Past, Present, and Future Patentability of Software*, 8 Nw. J. Tech. & Intell. Prop. 247, 267 - 69 (2010)（描述了法院难于对数学算法进行定义）。

❻ 参见 *In re* Abele, 684 F. 2d 902, 905 - 06 (C. C. P. A. 1982). *Freeman - Walter - Abele* 测试法"分为两步：（1）判定权利要求是否使用了 *Benson* 案意义中的'算法'，然后（2）判定该算法是否'以任何方式用于物理特征或者过程步骤'"。*In re* Bilski, 545 F. 3d 943, 959 (Fed. Cir. 2008).

❼ 参见 *In re* Bilski, 545 F. 3d at 959.

❽ 同上注，第 956 页。

的风险。❶ 联邦巡回上诉法院判决该商业方法不是可专利客体，因为它既未与机器搭连结，也没有转换有形物。❷ 联邦巡回上诉法院认证了基于先占的"机器或转换"测试法：

> 以基础原理相关的方法权利要求，应用在特定的机器或设备上，如与该方法权利要求所界定的方式不同地应用，是不会先占并未应用在特定机器或设备上的原理。方法权利要求应用基础原理，将某一特定物转换为另一不同状态或不同物，不会先占把该原理应用于转换任何其他物，或者以不同于该权利要求中的方式转换同一物，或者除了转换该特定物之外的任何应用。❸

"机器或转换"测试法，不同于 Freeman – Walter – Abele 测试法，对于所有"涉及基础原理"的方法权利要求具有更广泛的适用性，而不仅仅限于数学公式。❹

最高法院反对将"机器或转换"测试法作为可专利客体的"唯一"标准，而是将其认定为"重要的线索"。❺ 最高法院认为"机器或转换"测试法在工业时代（Industrial Age）很有用，但在信息时代（Information Age）专利制度要经常面对如医疗诊断之类的新技术，这个测试法就不再合适。❻ 一个权利要求可能并不满足"机器或转换"测试法却仍是可专利客体。Bilski 案强化了完全先占标准，却没有提出一个新的标准来规定什么时候权利要求是先占性的。最高法院仅仅表示 Bilski 案的涉诉权利要求不能授予专利，因为它是"抽象概念"，会先占所有领域对它的应用。❼ 由于放弃了"机器或转换"测试法，Bilski 案抛弃了在崛起的信息时代中唯一能够判断权利要求先占自然规律的测试法。与此同时，最高法院也未能提出其他方法，来超越有分歧的 Benson – Flook – Diehr 测试法。

二、信息时代的生物技术专利

通过 Benson – Flook – Diehr 三案对软件专利的探讨，最近可专利客体的测

---

❶ 参见 *In re Bilski*，545 F. 3d，第 949 页。
❷ 同上注，第 966 页。
❸ 同上注，第 954 页。
❹ 同上注。
❺ *Bilski v. Kappos*，130 S. Ct. 3218, 3227（2010）.
❻ 同上注。
❼ 同上注。

试法得到了巨大的发展。这些案件中的每一个权利要求都存在用计算机以软件形式应用数学算法，问题在于它们是否属于可专利客体。❶ 为了有助于解决可专利客体争议，联邦巡回上诉法院创立了"机器或转换"测试法，作为合适的测试法来分析方法权利要求是否为可专利客体。❷ 最高法院缩小了该测试法的适用范围，承认它在工业时代的有用的同时，认为其对于信息时代的软件和生物技术专利没有用。❸

最早对医疗诊断方法提出可专利性问题的是 Metabolite 案，该方法属于生物技术产业，该案中的专利权人申请了一种诊断维生素缺乏症（vitamin deficiency）的方法。该方法首先检测病人的高半胱氨酸（homocysteine）浓度，然后找出高半胱氨酸升高与维生素缺乏之间的关系。❹ 专利权人承认，高半胱氨酸水平和维生素浓度之间的关系是一种自然现象，但主张对于该自然现象的应用已经整合进方法之中，应该是可专利客体。❺ 但 Breyer 大法官在他的少数意见中反驳了这种观点，认为该权利要求"根据医学知识给出读取数字的指令"，仅仅是一种自然现象。❻ Metabolite 案虽然给医疗诊断业蒙上了一层阴影，但它不是有约束力的案例法。随着 Metabolite 案诉讼请求被驳回，医疗诊断行业再次面对可专利客体争议也只是时间问题。

（一）下级法院对 Prometheus 案的审理

Prometheus 实验室是一项专利的排他许可人，该方法专利用来确定治疗自身免疫系统疾病（如克罗恩病、溃疡性结肠炎）的药物巯基嘌呤（thiopurine）的最佳剂量。❼ 向患者注射巯基嘌呤药物（如 6 – MP 或 AZA），就能测定患者体内 6 – TG 和 6 – MMP 的浓度，根据这些浓度就可知道是否投入药物剂量过

---

❶ 参见 *Diamond v. Diehr*，450 U. S. 175，177 – 78（1981）（一个用于控制橡胶硬化的方法，尽管其中的一个步骤用到了数学公式，即 Arrhenius 公式来计算温度，法院还是维持该专利有效）；*Parker v. Flook*，437 U. S. 584，585（1978）（一专利应用数学算法计算警戒值，该专利被无效）；*Gottschalk v. Benson*，409 U. S. 63，65（1972）（一专利用计算机程序将二进制编码的十进制数字转换为纯二进制数字，该专利被无效）。

❷ *In re* Bilski，545 F. 3d 943（Fed. Cir. 2008）.

❸ *Bilski v. Kappos*，130 S. Ct. 3218，3227（2010）.

❹ *Lab. Corp. of Am. Holdings v. Metabolite Labs., Inc.*，548 U. S. 124，125（2006）（Breyer 大法官持反对意见）。该案由于申诉人没有主张第 101 条的缺乏可专利客体诉因，申诉被最高法院驳回。同上注，第 132～133 页。

❺ 同上注，第 135～136 页（被告主张，在测定维生素缺乏症时，该方法要求对血液样本进行转换，并且产生"有用、具体和有形的结果"）。

❻ 同上注，第 137 页。

❼ 参见 *Mayo Collaborative Servs. v. Prometheus Labs., Inc.*，132 S. Ct. 1289，1293 – 94（2012）.

多而有害，或者过少而不起作用。❶ 法院考察了如下第一项专利权利要求：

一种治疗免疫性肠胃失调的优化疗法，包括：

（1）向患有免疫性肠胃失调患者注射 6－TG（thioguanine，硫鸟嘌呤）。

（2）测定患有免疫性肠胃失调患者的 6－TG 浓度。

（3）当 6－TG 的浓度每 8×10^8 个红血球细胞低于 230pmol 时，表明需要增加对该病人的药物剂量；当 6－TG 的浓度每 8×10^8 个红血球细胞高于 400pmol 时，表明需要减少对该病人的药物剂量。❷

Mayo 公司从 Prometheus 处购买并使用了该测试方法，但不久就宣布要开发自己的测试方法。❸ Prometheus 对 Mayo 提出专利侵权诉讼，而 Mayo 则根据第 101 条答辩称该专利无效。❹ 引用了 Metabolite 案中 Breyer 大法官的少数意见，地区法院认为该专利被侵权的同时，权利要求试图垄断自然现象，故该专利无效。❺ 地区法院把权利要求分为三个步骤："提供"步骤、"判断"步骤、"提醒"步骤。❻ 地区法院将"提供"、"判断"两个步骤归为"传统的""资料搜集步骤"，根据 Flook 案的判决，不足以将一个自然现象转化为可专利客体。❼ 而"提醒"步骤，地区法院认为则属于应用了自然现象的"心理步骤"。❽ 最后，地区法院判决，该权利要求对该自然现象"'完全先占'其所有现实应用"。❾

联邦巡回上诉法院否定了地区法院的判决并发回重审，认为方法权利要求的"确定测试法"为"机器或转换"测试法。❿ 联邦巡回上诉法院不同意将提供和判断步骤归类为"资料搜集"，而将他们认定为"可转换"的步骤。⓫ 联邦巡回上诉法院进一步认为，提供和判断步骤是治疗手段不可分割的部分，不

---

❶ 参见 *Mayo Collaborative Servs. v. Prometheus Labs.，Inc.*，132 S. Ct.，第 1294 页。

❷ U. S. Patent No. 6，355，623 col. 20 l. 10－25（filed Apr. 8，1999）.

❸ 参见 *Prometheus*，132 S. Ct. at 1295－96.

❹ 参见 *Prometheus Labs. Inc. v. Mayo Collaborative Servs.*，No. 04CV1200 JAH（RBB），2008 WL 878910（S. D. Cal. Mar. 28，2008）.

❺ 同上注，第 7~8 页。

❻ 同上注，第 6 页。

❼ 同上注。

❽ 同上注。

❾ 同上注，第 10 页。

❿ 参见 *Prometheus Labs.，Inc. v. Mayo Collaborative Servs.*，581 F. 3d 1336，1342（Fed. Cir. 2009）.

⓫ 同上注，第 1346~1347 页。

是"不重要性的额外处理活动"。❶ 联邦巡回上诉法院一旦认定前两个步骤是可专利客体，则认为对包含自然现象的权利要求进一步限定，并不会把该权利要求作为不可专利。❷ 根据联邦巡回上诉法院论证，这些"治疗方法"都是可专利客体。❸

联邦巡回上诉法院的判决并没有维持多久，最高法院就撤销了联邦巡回上诉法院的判决，要其依据 Bilski 案中对机器或转换测试法的限制性适用，重新审理该案。❹ 联邦巡回上诉法院认为，Bilski 案中即使"机器或转换"测试法不再用来明确排除可专利客体，也不能否定该测试法的有效性。❺ 为了维持与其先前判例的逻辑一致性，联邦巡回上诉法院又重新判定 Prometheus 案中的权利要求为可专利客体。❻

（二）最高法院的判决

最高法院再次同意申请调卷令，以 Breyer 大法官为首的一致意见（unanimous opinion）推翻了联邦巡回上诉法院的判决。❼ 为了否决联邦巡回上诉法院在 Bilski 案后对"机器或转换"测试法的适用，最高法院强调，"人们不能仅仅引用自然规律，在上面加上'应用'二字，还应该有更多的贡献"。❽ 根据最高法院的意见，涉案权利要求并没有对自然规律"增加足够的"应用，以使其成为可专利的申请。❾ 最高法院根据先例中的要求，认为权利要求"应该在实践中具备足够多的'创新性'，而不仅仅是自然规律本身"，同时权利要求也不能"过于宽泛地先占自然规律的应用"。❿

最高法院将涉诉权利要求看作仅是对自然规律的简单引用，增加了"提供"步骤、"判断"步骤和"因而"或者"通知"步骤。⓫ 最高法院认为，该

---

❶ 参见 *Prometheus Labs. , Inc. v. Mayo Collaborative Servs.* , 581 F. 3d, 第 1348 页。

❷ 同上注，第 1348 ~ 1349 页。

❸ 同上注，第 1346 页（当一定剂量的药物注射入人体减轻不利效果时，治疗方法总是转换性的）。

❹ *Mayo Collaborative Servs. v. Prometheus Labs. , Inc.* 130 S. Ct. 3543（2010）。

❺ *Prometheus Labs. , Inc. v. Mayo Collaborative Servs.* , 628 F. 3d 1347, 1355（Fed. Cir. 2010）。

❻ 同上注，第 1359 页。

❼ 参见 *Mayo Collaborative Servs. v. Prometheus Labs. , Inc.* , 132 S. Ct. 1289（2012）。

❽ 同上注，第 1294 页；参见 USPTO, 2012 Interim Procedure for Subject Matter Eligibility Analysis of Process Claims Involving Laws of Nature, uspto. gov, http://www.uspto.gov/patents/law/exam/2012_ interim_ guidance. pdf. , last usited at July 3, 2012.

❾ 参见 *Prometheus*, 132 S. Ct. at 1297, 1302 – 03.

❿ 同上注，第 1294 页。

⓫ 同上注，第 1297 页。

案的自然规律是代谢物浓度和药物剂量增减之间的关系。❶ "提供"步骤只是向一直为病人注射这类药物的医生提供参考，"判断"步骤只是通知相关人员做一些"本领域中众所周知"的事，"因而"步骤则仅是对医生介绍了自然规律而已。❷ 法院的结论是，该权利要求只是给医生提供关于自然规律的知识，增加了"日常的、传统活动"。❸ 各个步骤无论是独立来看还是作为整体来看，都不"足够"包含必要的"创新"。❹ 由于没有对自然现象施以创新活动，最高法院判决 Prometheus 案的权利要求不是可专利客体。❺

为了将 Prometheus 案的权利要求判决为不可专利客体，最高法院把先占原则作为一种可选择的理论。在认定该案的自然规律是代谢物浓度和药物剂量之间的自然联系后，最高法院认为该权利要求"广泛先占"了这个自然联系。❻ 与之前的法院以及评论员意见一样，Prometheus 案中，最高法院也认为对于自然规律相关专利的保护会"不恰当限制了对于该自然规律的未来应用，抑制了创新"。❼ 最高法院担心维持该专利会有效"妨碍医生以后的诊断决定"，抑制以后会被发现与自然规律相结合的"更有效的治疗方式"，会先占对"判断"步骤的改进。❽ 尽管法院承认，该案中的自然规律是被限定了的，仍拒绝将此因素纳入判决，以使之"与以前的判决法先例相左"。❾

在如此一个不明确的对先占原则的分析后，最高法院又称 Prometheus 案并不是以先占原则为基础，而是以缺乏创新性为基础作出判决的。❿ 法院称，"我们不需要，也没有判断争议的步骤是否是常规性的，权利要求的这些特征就足以使该专利无效"。⓫ 这个意见并没有明确，如果对于自然规律的应用会先占这个自然规律的任何未来应用，那么这个应用是否具备创新性以使之成为可专利客体。

（三）对 Prometheus 案判决的分析

尽管有必要厘清可专利客体的争议，但最终 Prometheus 案的判决恰如所谓

---

❶ 参见 *Prometheus*, 132 S. Ct. at, 第 1297 页。
❷ 同上注，第 1297～1298 页。
❸ 同上注。
❹ 参见 *Prometheus*, 132 S. G., 第 1299 页。
❺ 同上注。
❻ 同上注，第 1294、1302 页。
❼ 同上注，第 1301 页。
❽ 同上注，第 1302 页。
❾ 同上注，第 1302 页。
❿ 同上注（指出关于先占原则的分析"只是强化了该专利中所述方法不具可专利性的结论"）。
⓫ 同上注。

的"司法香肠"。❶ 首先，Prometheus 案没有充分地论证该案中人为形成的代谢物浓度和药物有效性之间的联系是自然规律。即使这个联系是自然规律，Prometheus 案也没有给出明确的指示，如何应用才"足够"到是对自然规律的应用提出权利要求，而不是对自然规律本身提出权利要求。最高法院重申，Flook 案中确立了仅对自然规律增加无关紧要的后处理活动并不"足够"，❷ 但没有具体说明为什么 Diehr 案中的应用却"足够"。最高法院将 Prometheus 案中的权利要求判决为不可专利客体，仅仅是对先占原则进行了表面分析就得出了此结论，完全误解了先占原则的本意。

1. 模糊不清的自然规律

最高法院从前排除自然规律的可专利性，因为自然规律是"科学和技术工作的基础工具"，要为人类发展而保留。❸ 这是一个合理的主张，因为专利权过于宽泛会使未来的发明人无法进行研究、开发技术，那么专利促进发明创造的宪法目的就不能实现。因此，自然规律和自然现象，比如电磁技术、$E = mc^2$ 公式，不是可专利客体。❹ 但为了判断一个专利权利要求是否宽泛到先占了自然规律，则充分理解争议的自然规律本身十分重要。

Prometheus 案中权利要求所涉及的自然规律要结合生物化学的内容进行理解（如图 1 所示）。巯基嘌呤药物（6 – mercaptopurine，6 – MP）经常用于治疗炎性肠病。❺ 一旦注射之后，酶次黄嘌呤鸟嘌呤（enzyme hypoxanthine – guanine phosphribosyltransferase，HGPRT）将 6 – MP 转化为巯基单磷酸肌苷（6 – thioinosine 5' – monophosphate，6 – TIMP）。❻ 其他酶则将 6 – TIMP 转化为药理学上具有活性的 6 – MP 代谢物，这就是 Prometheus 案中的权利要求所说的过程。❼

---

❶ Otto von Bismarck 常常把立法过程形容为和制作香肠一样奇怪。参见 Charles W. Wolfram, *Bismarck's Sausages and the ALI's Restatements*, 26 Hofstra L. Rev. 817, 817 (1998). 同样，司法过程也可以被形容为与制作香肠一样，把不同的观点融合在一起得出一个潜在不公平的结论。参见 Roscoe Pound, *Enforcement of Law*, 20 Green Bag 401 (1908). 庞德（Pound）写道：过程和结果都被认为是十分符合逻辑和科学的。如果结果碰巧公平，是最好不过的事情。但是，正义不是诉请的主要方面。具体诉讼的事实被抛入如同香肠厂一样的司法过程，并被一致化；作为最终结果的香肠被贴上正义的标签。案件判决的绝对统一在逻辑上都相似，对任何给定的事实状态能够事先完全地预测结果，两者都是目标。同上注，第 404 页。

❷ *Prometheus*, 132 S. Ct. at 1297.

❸ 参见 *Gottschalk v. Benson*, 409 U. S. 63, 67 (1972).

❹ 参见 *Diamond v. Chakrabarty*, 447 U. S. 303, 309 (1980).

❺ Marla C. Dubinsky, et al., *Pharmacogenomics and Metabolite Measurements for 6 – Mercaptopurine Therapy in Inflammatory Bowel Disease*, 118 Gastroenterology 705, 705 (2000).

❻ Elise Petit, *Differential Toxic Effects of Azathioprine, 6 – Mercaptopurine and 6 – Thioguanine on Human Hepatocytes*, 22 Toxicology in Vitro 632, 633 (2008).

❼ 同上注。

HGPRT 不能转换所有的 6 – MP，但是，活性的硫嘌呤甲基转移酶（thiopurine methyltransferase，TPMP）会伴随着注射的药物分解入 6 甲基巯基嘌呤（6 – methyl – mercaptopurine，6 – MMP）。[1] TPMP 的活动因病人而异，使医生很难准准判断多少剂量的 6 – MP 药物能分解出预期的 6 – TG 代谢物，或分解出不想要的 6 – MMP 代谢物。[2] 另外，6 – TG 浓度过高会引起不必要的副作用。[3] 这个权利要求的发明人，发现了使药物有效或者导致副作用的 6 – TG 的准确浓度。[4]

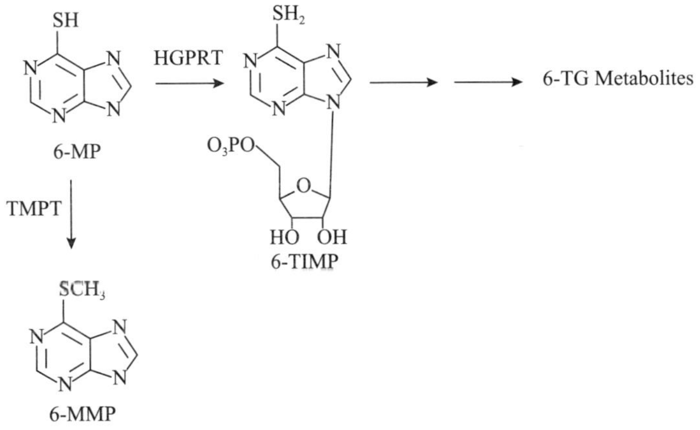

图1   6 – MP 合成药物代谢图

当然，正如 Prometheus 案中法院所认可的，6 – TG 是人工产生的代谢物，若没有"人为因素（注射药物），是无法揭示出"联系的。[5] 在自然情况下（无人为因素），HGPRT 自然产生次黄嘌呤（hypoxanthine）或鸟嘌呤（guanine）来产生次黄苷酸盐（inosinate）或鸟苷酸（guanylate）（如图2所示）。[6] 这类代谢反应当然是自然规律。然而，药物的活化作用，经常依靠酶代谢出人工类酶体，如 6 – MP。法院认为，即使需要靠人来提供人工类酶，酶可以代谢人工类酶体的能力本身则是"完全自然过程"。[7]

---

[1] *Pharmacogenomics and Metabolite Measurements for 6 – Mercaptopurine Therapy in Inflammatory Bowel Disease*, 118 Gastroenterology, at 705.

[2] 同上注。

[3] 同上注，第711页（解释6 – TG 的浓度高到什么程度会导致白细胞减少症）。

[4] U. S. Patent No. 6, 355, 623 (Filed April 8, 1999).

[5] *Mayo Collaborative Servs. v. Prometheus Labs. , Inc.* , 132 S. Ct. 1289, 1297 (2012).

[6] Jeremy M. Berg, et al. , Biochemistry 698 (5th ed. 2002).

[7] *Prometheus*, 132 S. Ct. at 1297.

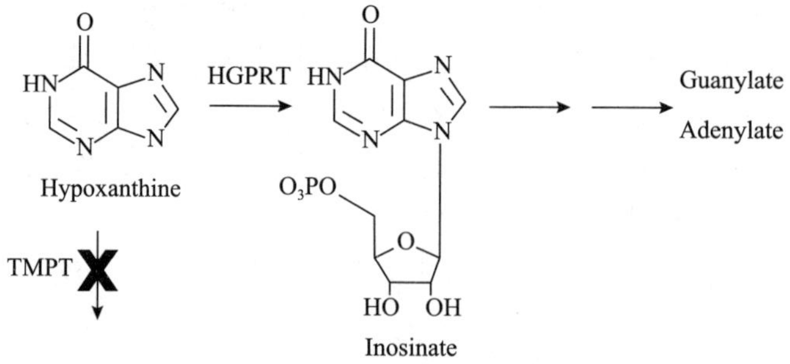

图 2　自然酶代谢过程

　　最高法院的论证是站不住脚的。最高法院假设，通过 HGPRT 将次黄嘌呤代谢成次黄苷酸盐的过程，与通过 HGPRT 将 6 – MP 分解成 6 – TIMP 的过程一致。❶ 但最高法院没有提出这个假设的任何基础。当同一种酶作用于两个过程时，酶化粘合度和动力参数会随着类酶体而变化。两种过程之间的不同可能很微妙，不能认为是一致的。把人工类酶体的代谢物 6 – MP 转化成药理学上的活性物 6 – TG，不应被认为是自然规律，而应被认为是对 HGPRT 代谢自然酶能力的应用。

　　Prometheus 案中权利要求所描述的联系，已经从类酶体的人工反应中进一步去掉了。方法权利要求中描述的 6 – TG 最高和最低浓度，是用来控制人工反应的参数，该反应与药物效力和有害副作用相联系。Prometheus 案中最高法院认为，这个关系是自然规律本身。❷ 但药物效力和药物诱导毒性不是自然存在的。没有理由假设，人工物质会导致自然效果。与之相似，人工代谢物血液浓度和人工诱导效果之间的联系，不能被认为是自然规律。

　　2. 对模糊不清的自然规律的先占

　　Prometheus 案中最高法院"广泛先占"的模糊标准，使由 Benson 案确立、Bilski 案维持的"完全先占"标准变得不稳定。❸ 最高法院没有明确，广泛先占到底是指 Benson 案中的完全先占标准，还是指方法权利要求仅因为其先占了自然规律中的某些而非全部应用而无效。另外，也不清楚，如果方法权利要

---

　　❶ *Prometheus*, 132 S. Ct. at 1297.（［药物分解和药物毒性］之间的关系，是巯基嘌呤在身体中新陈代谢的结果，完全是一个自然过程）。

　　❷ 同上注，第 1296 页。

　　❸ 参见 *Gottschalk v. Benson*, 409 U. S. 63, 72（1972）; *Bilski v. Kappos*, 130 S. Ct. 3218, 3231（2010）（风险对冲的专利会先占该方法在所有领域中的应用）。参见 Samantak Ghosh, *Prometheus and the Natural Phenomenon Doctrine: Let's not Lose Sight of the Forest for the Trees*, J. Pat. & Trademark Off. Soc'y（forthcoming）, http: //papers. ssrn. com/sol3/papers. cfm? abstract_ id = 2145063。

求包含了非常规活动，使之成为创新性的，但却广泛先占了自然规律，是否会因缺乏可专利性而无效。

Benson 案中适用的"完全先占"原则独立于任何创新性分析。❶ 权利要求若不具有"对自然规律的实质性应用"则是不可专利客体，这能够让未来的发明人继续探索新的应用，而不用受困于对自然规律提出权利要求这一障碍。❷ Flook 案承认了方法权利要求没有完全先占算法，但因为缺乏创新性而不是可专利客体。❸ Prometheus 案中最高法院可能试图以 Flook 案的标准来建立"广泛先占"标准，即当权利要求不具有创新性时，不必完全先占自然规律。❹ Prometheus 案中最高法院想将广泛先占标准独立于创新性标准，认为对自然现象的应用不是可专利客体，因为该应用本身会先占未来对于该自然规律的其他应用。

Prometheus 案认为"判断"步骤是常规性的，因此不可专利，因为"科学家只是把常规测量代谢物浓度作为其研究工作的一部分，发现代谢物浓度与药物有效和硫代嘌呤化合物毒性之间的关系"。❺ 但是可以想象，在一相似的权利要求中，申请者开发出一种诊断方法，可以确定特定药物的代谢浓度，该方法与对结果的应用相比，同样新颖而非常规。这种方法可以满足创新性测试，即使其中包含了自然规律，这种权利要求的"判断"步骤也不是常规的。对于先占标准的考察也一样。如果权利要求中的新特征使它可专利，则先占标准就毫无意义。与此同时，如果仅广泛先占标准即可判断权利要求不可专利，则其中的创新性测试就无意义。

Prometheus 案并没有回答，如果创新步骤是对自然规律的先占，是否可以因此维持一项权利要求。❻ 但最高法院认为，新药物以及现存药物的新用法可专利。❼ 鉴于最高法院对自然规律的限制性定义，药物用途肯定先占某种在先的自然规律。❽ 应该以药物的创新性而不是以其不先占来判断其是否为可专

---

❶ *Benson*, 409 U. S. at 63.

❷ 参见 *Benson*, 409 U. S. at 71－72.

❸ 参见 *Parker v. Flook*, 437 U. S. 584, 589－90 (1978).

❹ *Prometheus*, 132 S. Ct. at 1294.

❺ 同上注，第 298 页。

❻ 同上注，第 1302 页（我们现在不需要、也不用判断诉争专利的步骤是否常规，权利要求的［先占］特征足以证明该专利无效）。

❼ 同上注，第 1302 页（新药物以及旧药物的新用途不是对自然规律提出权利要求）。

❽ 不同大小的药物分子和静电感应会抑制特定酶作用这一事实被认为是自然规律。一旦药物被吸收，不通过人为行动，物理法则就会让药物抑制酶的作用。任何有关特定酶的特定抑制剂的专利都是对十分有限的物理法则的先占。这个结果当然是荒谬的。

利客体。

3. 创新构思以及 Flook 案和 Diehr 案的错误调和

即使 Prometheus 案对于该案权利要求中自然规律的分析是正确的，最高法院仍然没有给出一个清楚的测试法，来确定对自然规律的应用要达到何种程度才能使其可专利。Prometheus 案用"创新构思"来试图调和 Flook 案和 Diehr 案。❶ 最高法院总结道，"对于本案的可专利性……本案中的权利要求弱于 Diehr 案中的（可专利）权利要求，又不强于 Flook 案中（不可专利）权利要求"。❷ 为了得到这个结论，最高法院分别考察了方法中的各个步骤，认为它们是"广为人知的、常规的、传统的活动"。"当把这些步骤当作一个整体来看时，与将几个步骤分别来看相比，并没有什么实质的不同。"❸ Prometheus 案中最高法院重申了 Diehr 案中的要求，认为权利要求应该被看作一个整体，并强调已知步骤的创新性组合可以是可专利的。❹ 但在实际过程中，最高法院判决权利要求无效，考察了每一个步骤以发现其创新活动，而这正是 Flook 案的逻辑。

如本文前面第一部分（二）所述，Diehr 案对权利要求进行整体分析的方法，与 Flook 案应用"新颖点"测试法之间存在巨大的差异。而在 Prometheus 案中，最高法院忽略了这一冲突，把 Diehr 案和 Flook 案放在一起来考察，Diehr 案中橡胶合成方法是一种应用而属于可专利客体，Flook 案中警戒值计算方法则是没有创新性的常规活动，是不可专利的自然规律。为了解释两案的不同，最高法院在 Prometheus 案中修正了已有 30 年历史的 Diehr 案的意见。Prometheus 案中最高法院提到 Diehr 案的权利要求时，认为"Diehr 案中并没有说所有步骤，或至少这些步骤的组合，是显而易见的、已经被用过的，或纯粹是常规性的"。❺ 当然，Diehr 案之所以没有对后增加步骤的新颖性和显而易见性作出判断，是因为它直接否定了 Flook 案的"新颖点"测试法。❻

Flook 案和 Diehr 案两者所采方法的巨大差异使 Prometheus 案的分析毫无意义。以 Diehr 案的思路，不需要考察"提供"和"判断"步骤是否新颖，而只

---

❶ *Prometheus*, 132 S. Ct. at 1294.

❷ 同上注，第 1299 页。

❸ 同上注，第 1298 页。

❹ *Prometheas*, 132 S. Ct. at 1298.［引用 *Diamond v. Diehr*, 450 U. S. 175, 188 (1981)（在形成组合前，即使方法组合中的所有要素都是众所周知的并且被广泛使用的，方法中对这些步骤的新组合仍然可能是可专利的)]。

❺ 同上注，第 1299 页。

❻ 参见 *Diehr*, 450 U. S. at 188 – 89（在判定可专利客体时拒绝使用"新颖"标准)。

从整体上考察权利要求。但 Prometheus 案中的权利要求并没有被作为一个整体来考察。最高法院分别考察了"提供"步骤和"判断"步骤，然后认定它们是"常规性的"。最高法院认为权利要求中唯一的新特征（element）是自然规律，因此这些常规的步骤并不足以使之可专利。而这正是 Flook 案的论证思路。

要证明 Prometheus 案误读了 Flook 案和 Diehr 案，要以其中的两个权利要求为起点。Flook 案中，最高法院注意到权利要求用到了数学公式，要考察方法中的其他步骤是否能使权利要求成为可专利客体。也就是说，新增的步骤是否足够限缩了权利要求的范围以使之可专利，或者这些步骤仅仅是"无足轻重的后处理活动"？Diehr 案中，最高法院将方法权利要求作为一个整体看待。因此，最高法院的问题变为，数学公式的使用是否使方法中的其他内容不可专利。橡胶合成方法中去掉数学公式的内容，即使其余的步骤都是常规性的，毫无疑问也属于可专利客体（尽管可能不符合专利法第 102～103 条的要求）。专利法中有一个广为接受的原则，增加的特征使权利要求的范围缩小，因此在方法中引入数学公式并不会使本来可专利的方法变为不可专利客体。❶ 然而，这却是 Prometheus 案所得出的结论。可见，Prometheus 案通过司法统一的错误托辞，把判决退回到 Flook 案的判断方法。

三、作为自然规律的生物联系

任何对于可专利客体的测试，都应满足宪法的要求，即促进科学和技术的进步。理想状态是在每一个情况下都应该判断，应如何用专利激励来促进创新，以及专利对技术研发是有害还是有利。因此，不能授予"科学和技术创新的基础工具"以专利，❷ 因过于宽泛的权利要求会妨碍而不是鼓励创造。但这并不是说，任何与自然联系有关的专利，对于创造的妨碍都会大于对于创造的激励。

司法确立的自然规律原则虽然批评声不绝于耳，但它仍是平衡可专利客体范围和鼓励发明人的常用方法。❸ 例如，Risch 教授认为，不一致且不明确的司法原则造成的不稳定后果，其影响会远甚于明显界定的规则所带来

---

❶ 参见 Robert A. Armitage, *A Prometheus*, *Playing With Fire*, *Gets Burned*, 4 Landslide 1, *11 (2012).

❷ 参见 *Gottschalk v. Benson*, 409 U. S. 63, 267 (1972).

❸ 参见 Michael Risch, *Everything is Patentable*, 75 Tenn. L. Rev. 591, 624 – 28 (2008)（认为专利范围的界定，应该通过严格实施可专利性限制（patentability restrictions），而不能依赖可专利客体的限制（patent eligible subject matter restrictions））。

的益处。❶ Risch 教授认为，在有关可专利客体争议案件中，通过其他更为严格的可专利性条件来决定更为合适，即第 102 条的新颖性、第 103 条的非显而易见性以及第 112 条的书面描述和可实施要求。❷ 而其他学者则不同意这一观点，认为自然现象原则给专利有效性设置了独一无二的门槛。❸

最终，以自然现象原则来判断生物技术专利过于麻烦，且一般都不适当。本文前面的分析说明，Prometheus 案之所以应用该原则的部分理由是，对自然现象的误解所引起的。即使对自然现象的认识是正确的，也并不意味着自然现象原则是平衡可专利客体范围和鼓励发明人的最佳方法。在生物技术领域，自然现象与非自然现象的区别总是很微妙的，没有理由断言，非自然现象的专利有助于技术发展，而对自然现象的专利会产生破坏性。

在将来，法院和发明人在正确评价专利权利要求是否广泛先占或创新构思之前，他们必须首先清楚地定义争议中的自然现象是什么。对自然现象作糟糕的定义，可能会导致把自然规律的应用归为自然现象本身。当发明创造的同时会伴随着自然现象的发现，使得这种判断变得困难，但对专利权利要求的评价，不能采用事后标准。

个性化药物领域的快速发展，拓展了生物标志（biomarkers）、基因、人工代谢物，与治疗有效性和毒性之间的联系。Prometheus 案宽泛地将这些关系归为自然规律，认定其不是可专利客体。❹ 这是一个错误。❺ 所有的联系，都可以用两个或两个以上变量之间的简单数学式来表达，而这在 Benson 案看来都是不可专利的，但这种想法过于简单化了。Chakrabarty 案中，"由人所造"（made by man）的发明，是基于发现了一直存在的自然现象。❻ 因此，通过人为努力创造的相关性变量，应与自然存在的和完全抽象的变量相区别。Benson 案和 Flook 案中的变量都太抽象，以致无法将算法认定为非自然的。❼ 相对而言，很多生物联系都应可通过考察非自然发生的变量来进行区分。当变量自身

---

❶ 参见 Michael Risch, *Everything is Patentable*, 75 Tenn. L. Rev. 591, 624 – 28（2008），第 645 ~ 650 页。

❷ 同上注，第 598 页。

❸ 参见 Samantak Ghosh, *Prometheus and the Natural Phenomenon Doctrine: Let's not Lose Sight of the Forest for the Trees*, J. Pat. & Trademark Off. Soc'y（forthcoming），http://papers.ssrn.com/sol3/papers.cfm? abstract_ id = 2145063。

❹ *Mayo Collaborative Servs. v. Prometheus Labs., Inc.*, 132 S. Ct. 1289, 1297（2012）.

❺ 参见上文第二部分（三）1。

❻ 参见 *Diamond v. Chakrabarty*, 447 U. S. 303, 309（1980）. 另参见 *Funk Bros. Seed Co. v. Kilo Inoculant Co.*, 333 U. S. 127, 130（1948）.

❼ 参见 *Diamond v. Diehr*, 450 U. S. 175, 186（1981）（*Flook* 案的权利要求是一种计算"警戒值"的方法。"警戒值"仅仅是一个数字，而法院认为这个应用是为了保护计算该数字的公式）.

是非自然产生的且有创新，如 Prometheus 案中的 6 - MP 药物，则从这个变量衍生出来的相关性，也是非自然产生的和具有创新性的。在这类情况下，若没有人为干预，则这类相关性不可能存在的，因此这些相关性不能被认定为是自然存在的。

医疗诊断通常要分析自然或非自然的生物标志联系，从而做出对病人适合的治疗。[1] 发病的诊断，以及染病的概率通常都是自然联系。这些联系不会因为医生是否发挥人为作用而消亡。而人工合成化合物和观察结果之间的联系则不能被视为是自然的。由其定义可知，这类联系由非自然的变量来控制，在自然中并不存在。

对于医学技术来说，发现自然与非自然的联系非常重要，这也是宪法所鼓励的。但这并不意味着，对于非自然联系的专利激励，相对自然联系的专利激励，对于产生新的发现，是最好的激励机制。用于诊断疾病的自然和非自然联系，更适宜于被定义为诊断方法而不是"科学的技术的基础工具"。[2] 这质疑了生物技术领域自然现象原则的适用。

（一）自然联系和疾病诊断

医生通过观察应存在的生物标志是否缺失，来诊断很多疾病。例如，医生观察是否存在抗体，来判断病人是否患 HIV。即使没有人为干预，这些抗体也存在，但若没有感染，这些抗体则不会存在。抗体生物标准的存在，是 HIV 感染的自然结果，生物标志和 HIV 诊断是一种自然联系。同样，通过把自然存在的生物标志的正常值与非正常值进行比较来诊断病情，是对自然联系的观察。[3] 例如，经测试血红蛋白 A1c 升高到大于 6.5%，则医生可以诊断该病人患糖尿病。[4] 由于糖尿病的发病是自然过程，如血红蛋白升高的生理反应，就是一种自然现象。

---

[1]　例如，参见 Agata Zieba et al. , *Molecular Tools for Companion Diagnostics*, 29 New Biotechnology 634 (2012)（描述如何应用生物码来判断每个特定病人适合注射多少剂量赫塞丁）。

[2]　*Gottschalk v. Benson*, 409 U. S. 63, 67 (1972). 本文专注于专利的经济激励理论，而没有考虑其他国家专利制度使用的公共政策理论，后者认为从可专利客体的范畴内把诊断方法排除，有助于促进医疗事业的发展。参见 Convention on the Grant of European Patents, art. 53 (c), Oct. 5, 1973, 1065 U. N. T. S. 254 http: //documents. epo. org/projects/babylon/eponet. nsf/0/7bacb229e032863dc12577ec004 ada98/ $ FILE/EPC_ 14th_ edition. pdf. , last visited at Nov. 29, 2000.

[3]　参见 *In re* Grams, 888 F. 2d 835 (Fed. Cir. 1989)（通过把个人生物码与正常值比较来诊断病灶，如同算法一样）。

[4]　Christopher D. Saudek & Jessica C. Brick, *The Clinical Use of Hemoglobin A1c*, 3 J. Diabetes Sci. & Tech. 629, 632 (2009).

　　Breyer 大法官在 Metabolite 案的观点是对的，他明确表示巯基丁氨酸浓度升高与维他命缺乏病之间的联系是一种自然现象。❶ 测试巯基丁氨酸浓度的同时就是在间接测试维他命是否缺乏，不管人类知道与否或者发现与否，两者的联系自然存在。而且，不需要任何人为行动来使这个关系存在。因此，这是个自然联系。

　　虽然将基因物质进行人工合成需要对自然联系作复杂的分析，但基因标记同样可以用来诊断疾病。将病人与正常人的基因序列作对比，就会发现两者间的某种差异，从而发现疾病。这种基本对比就是 Myriad Genetics 案中的争议点。❷ 在该案中，发明人的方法权利要求是把肿瘤样本中的 BRCA1 基因与非肿瘤样本中的 BRCA1 基因进行对比。❸ 权利要求包括三种不同的基因形式：DNA、mRNA 和 cDNA。DNA 是一种遗传物质，由父母遗传给孩子，其中含有身体功能的相关信息。DNA 中的一部分称为基因，充当模板通过转录这一自然的生化过程，合成 mRNA。并非所有基因都用来作为模板形成最后的 mRNA，❹ 只有那些在后续细胞过程中用来表达蛋白质的基因才可以。因此，mRNA 通常比 DNA 基因短，但作为自然细胞过程的结果而存在。科学家可以用 mRNA 模板来人工合成 cDNA，形成一个更稳定的 mRNA 形式。❺ cDNA 并不是自然存在的，它只能通过在实验室中由人工合成产生。

　　Myriad Genetics 案区分了不可专利的"自然 DNA"和可专利的"分离 DNA"。❻ 联邦巡回上诉法院认为，分离 DNA❼ 和 cDNA 有不同的化学结构，都是非自然的"人工合成物质组合"。❽ 很容易把自然存在的 DNA 与带病和有病倾向的 DNA 之间的联系作为自然联系来看。没有创新性努力，这种联系也是存在的，因为联系之间的变量是自然存在的。分离 DNA 和 cDNA 不是自然存在的分子形式，但是任何这些分子与疾病诊断之间的联系不是自然存在的。

---

　　❶ *Lab. Corp. of Am. Hlds. v. Metabolite Labs. , Inc*, 548 U. S. 124, 135 (2006)（Breyer 大法官持反对意见）。连专利权人都承认，这联系是自然现象，因为"至少在一些人群中，这是可以被观察到的生物化学现象"。同上注。

　　❷ *Ass'n Molecular Pathology v. USPTOU. S. Patent and Trademark Office*, 689 F. 3d 1303 (2012), *cert. granted*, 133 S. Ct. 694（下文称 Myriad Genetics）。

　　❸ 同上注，第 1309 页。

　　❹ 基因充当了 RNA 转录的模板，但有些 RNA 片断会因被称为剪接的过程而消失。在 RNA 变为成熟 mRNA 之前，会对转录有另外的生化改变。

　　❺ mRNA 很容易降解，而 cDNA 在实验环境下能够存续很长时间，因此首选用它作为存储 mRNA 中所含信息的最佳方法。

　　❻ *Myriad Genetics*, 689 F. 3d 1333.

　　❼ 在 DNA 主体结构中切断共价磷化学键，由自然出现的 DNA 中生成分离 DNA。同上注，第 1328 页。

　　❽ 同上注，第 1330 页。

分享 *DNA* 和 *cDNA* 的可专利性问题，最高法院目前正在审理中，❶ 如果 Myriad Genetics 案被推翻，将可能影响到非自然存在的联系的法律性质。

自然 DNA 和疾病之类的联系是自然现象，分离 DNA 和疾病之间的联系却是人为现象，这样的结果十分惊奇。毕竟，用于产生联系的基因信息被自然存在的 DNA 所包含，没有任何增加。这与 Prometheus 案中的药物代谢物不同，它可以传递信息，而自然代谢物不能。在 Myriad Genetics 案中，法院认为相似的方法权利要求，都由"分析"和"比较"基因序列构成，而最高法院认为这两个步骤都是"抽象心理过程"，因此认定该权利要求是不可专利客体。❷ 引导联邦巡回上诉法院得出结论的不是自然现象原则，而是心理过程原则。❸ 仅是观察人为联系的心理过程，独立来看是不可专利客体，但这并不会使人为联系变成自然现象。

（二）个性化药物中的联系

个性化药物是一种能用说法，指药物治疗因人而异、量体裁衣，而不是对每个人都一样。❹ 对某特定药物，个体病人可能反应大也可能反应小。有许多因素会决定药物的效果，包括生物适应性、饮食、环境、年龄、身体锻炼，或者基因构造。❺ 个性化药物可以提高药物疗效、减少药物副作用、减少医疗费用，并更快将药物带入市场。❻ 若药物配有相应的诊断方法，则更容易通过食品及药物管理局的批准，因为诊断方法可以辨别药物能起作用的特殊亚群体，可以减少药物不起作用的亚群体。❼ 这可以减少医疗费用，保证每个病人都能

---

❶ *Ass' n Molecular Pathology v. Myriad Genetics*，133 S. Ct. 694（2012）。

❷ *Myriad Genetics*，689 F. 3d at 1334.

❸ 同上注，参见 Donald S. Chisum, *The Patentability of Algorithms*，47 U. Pitt. L. Rev. 959，981（1986）（自然现象和抽象观念与"智力活动"不存在合并的基础。由部分或全部'智力活动'构成的方法在自然中并不存在，而且十分具体）。

❹ 参见 Margaret A. Hamburg, *The Path to Personalized Medicine*，336 New England J. Medicine 301（2010）。

❺ 参见 Qiang Ma & Anthony Y. H. Lu, *Pharmacogenetics, Pharmacogenomics, and Individualized Medicine*，63 Pharmacological Revs. 437，438（2011）。

❻ 参见 Christopher P. Leamon & Mike A. Sherman, *The Rise of Companion Diagnostics: A Step Towards Truly Personalized Medicine*，Oncology Bus. Rev. 6（May 2012），http：//www. oncbiz. com/documents/OBR _ 0512 _ v3 _ COMPDIAG. pdf；*A Push for Personalized Medicine Encourages New Companion Diagnostics*，GlobalData. com last visited at，http：//www. globaldata. com/PressReleaseDetails. aspx？PRID = 215&Type = Industry&Title = Medical + Devices.

❼ 例如，辉瑞公司出售的 Selzentry 药对 CCR5 – tropic HIV – 1 有效，但对 CXCR4 – tropic HIV – 1 无效。一种重要的配套诊断法会有助于判断特定的病人染上了何种嗜性病毒。参见 *Viral Tropism*，Selzentry，http：//www. selzentry. com/hcp/viral – tropism. html，last visited at Nov. 3，2012.

得到妥当的治疗，而不是当作试验品。

用药方案的个性化需要对生物标志或代谢物的反复测试，也需要根据已知的联系调整用药量。正如 Prometheus 案中的权利要求那样，根据 6 - TG 代谢物浓度，增减巯基嘌呤药物的用量，会使药物疗效增高、副作用减少。❶ 另一种方法是正在发展的遗传药理学，病人的基因与药物的效力和毒性相关。❷ 治疗医生把病人的遗传密码排列出来，就能更精准地选择有效的药物治疗。

自然生物标志经常被反复用于判断药物疗效。比如，血红蛋白 A1c 浓度不只用于诊断糖尿病，更常用于测量评估养生疗法。在这类情况下存在两种关系。第一种是本文第三部分（一）提到的，血红蛋白 A1c 浓度和糖尿病之间的自然关系。第二种是血红蛋白 A1c 浓度和药物疗效之间的关系。但判断第二种关系是否是自然现象在某种程度上是语义学问题。这是否是药物疗效和糖尿病状况的关系？或者说第二种关系是否只是检测药物在第一种关系上的影响，因此并不应该被视为一种独立的、人为的关系？根据 Prometheus 案，这是对自然联系的应用，不是常规的，因此这类联系仍然是可专利的。

个性化药物的发展趋势是，利用病人的个体基因信息，选择适当的药物和用量。遗传药理学（pharmacogenetics）是对药物效力或毒性与个体特定基因变量之间关系的研究，药物基因组学（pharmacogenomics）研究，较大的基本系统如何影响药物效力和毒性。❸ Prometheus 案中，权利要求的发明人发现了巯基嘌呤药物的不同代谢物浓度与 TMPT 基因的基因变量之间的联系，这是遗传药理学的首次应用之一。❹ 鉴于遗传药理学和药物基因组学的蓬勃发展，以及基因组排列的日趋容易，仔细考虑这类联系是否是可专利客体便非常重要。不过 Myriad Genetics 案认定药物不是自然存在的，且分离基因是非自然的，似乎很难把变量之间的关系认定为是自然现象。

（三）生物联系的发明和发现

自然现象之所以被排除在可专利客体之外，是因为在某种程度上，申请者

---

❶ 参见上文第二部分（二）1。

❷ 参见 William E. Evans & Mary V. Realling, *Pharmacogenomics: Translating Functional Genomics Into Rational Therapeutics*, 286 Science 487 (1999).

❸ 参见 *generally* Richard M. Weinshillboum & Liewei Wang, *Pharmacogenetics and Pharmacogenomics: Development, Science, and Translation*, 7 Annual Rev. Genomics & Human Genetics 223, 22425 (2006).

❹ Marla C. Dubinsky, et al., *Pharmacogenomics and Metabolite Measurements for 6 - Mercaptopurine Therapy in Inflammatory Bowel Disease*, 118 Gastroenterology 705, 705 (2000). 这里指的关系与上文第二部分（二）1 讨论的 Prometheus 的权利要求中所指的关系不同。遗传药理学的关系把基因突变和药物代谢频率联系在一起。

并未发明任何东西，仅自然现象的发现不能被授予专利权。❶ 同时，保持鼓励发明人和保障未来发明人之间的适当平衡也有助于该领域中的未来革新。这种论证却无法将人为联系的发现排除在可专利客体之外，即使这种联系并没有被发现也没有被应用。这类联系离开人为干预便无法存在的事实，决定了它不可能是自然的存在。因为人为联系是由人形成的，不能定义为"广泛先占"任何自然规律或"科学和技术创新的基础工具"。因此，法官和专利审查员在判定任何联系是自然现象之前都需谨慎行事。

对于自然和非自然联系的区分为法院开启了适用自然现象原则的大门，但这并不能说明这个理论对于生物技术类的发明是否真的有必要。自然和非自然联系在生物技术行业都对诊断和治疗病人起着部分重叠的作用。对于专利保护，没有理由区别对待。同时，非自然联系不应被认为是不可专利客体，因为他们并不是"科学和技术工作的基础工具"。自然联系对于医生诊断 HIV、糖尿病和维生素缺乏病，并进行治疗病人都有很大的用途，毋庸置疑是有利于社会的。还有许多病症，如狼疮，需要找出自然生物标志的联系以完善诊断方法。❷ 尽管本领域有为数众多的研究者，但还没有找到诊断狼疮的有效方法。❸ 一个联系如果被发现，它很有可能是一个自然联系，专利就会被自然现象原则所否定。或许专利激励才是鼓励科学技术领域的持续投资和研究所需要的。

四、结语

自然现象原则试图维持鼓励发明人发明新而有用的方法，以及防止过多专利出现妨碍创造之间的必要平衡。如果可专利客体的界限设定在自然现象上，则法院必须慎重地明确何为自然现象。可惜的是，Prometheus 案并未给出明确的答案。Prometheus 案不仅对应该在自然现象中加入多少应用才能使其可专利产生了混淆，还混淆了对自然现象本身的理解。如本文试图阐述的，将所有联系认定为自然现象是不合适的。在许多案例中，若没有人为活动，联系就不会存在，这些联系和产生它们的人工合成物一样不是自然的。个性化药物是生物技术行业中正在发展的新领域，在很大程度上依赖于这种联系。这些联系中，有些会被认为是自然的，而很多仅能通过人为活动产生。

---

❶　参见 *Funk Bros. Seed Co.* v. Kilo Inoculant Co. , 333 U. S. 127, 130 (1948) (一个人发现了一个至今为止不为人所知的自然现象，他并不能获得法律承认的垄断权。如果想要从该发现中产生发明，那它必须是对该自然规律的新且有用的应用)。

❷　*See* George K. Bertsias et al. , *Therapeutic Opportunities in Systemic Lupus Erythematosus : State of the Art and Prospects for the New Decade* , 69 Annals Rheumatic Diseases 1603 (2010).

❸　同上注。

进退两难：面对 Akamai 案中的分立侵权如何在专利法第 271 条第 1 款和第 2 款之间进行选择

苏流（Michael Liu Su）*　　著

周　华　译

刘永沛　校

通过给予发明者排他权（exclusive rights），在一定时间内实施自己的发明，美国专利制度激励了发明者对公众分享他们有用的发明。然而，仅在发明者确信他们的排他权能够被可靠实施（enforced）的前提下，这样的激励才会存在。专利侵权法中存在的漏洞，导致某些发明的发明者不愿分享他们的工作，社会就不能从这些发明中获益。对方法专利分立侵权❶无法主张权利，就是一个法律漏洞，本文要讨论的，就是这个问题。

自 20 世纪 70 年代以来，法院已认识到，当存在对方法专利的分立侵权时，共同实施所有权利要求各步骤的主体，应当并且可以被认定为侵权。在这种情况下，法院的典型做法是，根据美国专利法第 271 条第 1 款适用共同侵权

---

* 作者为加州大学伯克利分校法学院法律博士。

❶　对于本讨论而言，几种不同类型的侵权定义如下：分立侵权（divided infringement）被广泛定义为由一个以上行为人的行为集合而成的侵权。参见 Mark A. Lemley et al.，*Divided Infringement Claims*，33 AIPLA Q. J. 255，256（2005）。直接侵权是指《美国法典》第 35 编第 271 条第 1 款（35 U. S. C. § 271（a））规定的侵权，而间接侵权（indirect infringement）是指第 271 条第 2 款规定的引诱侵权（inducement of infringement）或第 271 条第 3 款规定的帮助侵权（contributory infringement）。共同侵权原则（the doctrine of joint infringement）是指法院在方法专利分立侵权的情况下根据第 271 条第 1 款追究责任的原则。

原则（doctrine of joint infringement），认定构成侵权。❶ 为了根据该原则认定侵权，这些主体之间必须存在一定的关系，但是却没有一以贯之的"关系"标准。2007 年，BMC Resources 诉 Paymentech，L. P. 案确立了这些主体之间的"指导或控制"（direction or control）关系是认定侵权的先决条件。❷ 然而，2012 年，联邦巡回上诉法院在 Akamai Technologies，Inc. v. Limelight Networks，Inc. 案❸的全席判决中改变了这一法律。联邦巡回上诉法院并没有就上诉中提出的"指导或控制"标准进行裁决，而是依据专利法第271 条第2 款规定的引诱侵权来判定侵权，从而创设了一条全新的方法。❹ 通过这种方法，联邦巡回上诉法院部分推翻了 BMC Resources 案，并且认为，为了认定引诱侵权，不需要在被引诱的主体之间存在"指导或控制"关系。❺ 不过，BMC Resources 案确立的关系标准并未改变，该标准的目的是适用专利法第271 条第1 款的共同侵权原则来判定侵权。❻

BMC Resources 案导致的漏洞是，在几个主体能通过公平交易的方式（arms length transactions），共同实施方法专利权利要求的所有步骤时，专利权人无法主张其权利。Akamai 案表明，规制分立侵权的法律发生了重大变化，并且弥补了 BMC Resources 案形成的漏洞。在 Akamai 案以前，根据 BMC Resources 案，由于这些主体之间不存在"指导或控制"关系，适用共同侵权原则不能认定任何一方构成侵权。

本文第一部分追溯了 Akamai 案之前的分立侵权法的发展。第二部分介绍 Akamai 案。第三部分根据专利政策、立法史、判例法和法律解释，讨论了新的 Akamai 规则的正当性。第三部分还认为，尽管根据专利政策和立法史，Akamai 规则是正确的，但是该规则还是会导致法律解释的不一致。因此相对于创设一条认定侵权的新规则，更好的办法是简单地放宽共同侵权原则所要求的关系标准。

---

❶ 35 U. S. C. § 271（a）（2006）.

❷ *BMC Resources v. Paymentech*，L. P.，498 F. 3d 1373，1379 – 81（Fed. Cir. 2007）.

❸ *Akamai Techs.*，*Inc. v. Limelight Networks*，*Inc.*，692 F. 3d 1301（Fed. Cir. 2012）.

❹ 同上注，第 1306 页。

❺ 同上注。（我们认为，为了认定构成引诱侵权，必须全部被实施方法专利的所有步骤，但没有必要证明所有步骤都是由一个单一主体实施的）。

❻ 同上注。（许多对这些案件的摘要都指向了同一个问题：在不存在一个单一主体实施了专利中的所有步骤时，能否认定构成直接侵权。我们今天并不需要解决这个问题，因为我们发现，这些案件和相似的其他案件可以通过适用引诱侵权原则而得到解决）。

一、分立侵权法的历史

尽管专利侵权法的第一次编纂是在 1952 年，❶ 普通法一直认为，当一个主体与另一个主体共同行为侵犯了专利时，可以认定该主体侵权，尽管该主体不能单独侵犯专利权。❷ 本文第一部分探讨了 1952 年专利法以前普通法对此种情况的处理方法，以及 Akamai 案之前共同侵权原则的发展历程。

（一）1952 年前的分立侵权

1952 年前，专利法并没有定义侵权，而只是简单地赋予专利权人以独占权，❸ 并且对这些权利的侵犯可以通过诉讼获得救济。❹ 在专利制度的早期，即 18 世纪末到 19 世纪上半叶，法院通过将被告的产品或方法与涉诉专利的说明书进行比较来判定侵权，认为侵权是对说明书中所描述发明的大幅抄袭行为。❺ 在 1836 年专利法❻要求引入权利要求之后，侵权分析逐渐转移到权利要求上。❼ 这一转变自然产生一个问题：如果一个人因为制造或实施一个专利权利要求中的所有特征而被认定为侵权人，须承担侵权责任；那么如果一个人没有完全实施，而只是通过将自己的产品或行为与另一个人的产品或行为相组合的方式侵犯了专利权，该人该负何法律责任？

由此出现了最早的分立侵权案件。1871 年 Wallace v. Holmes 案第一次承认帮助侵权，即一个主体仅提供受专利保护组合的部件，而由另一个主体完成组

---

❶ 35 U. S. C. § 271 (1952).

❷ 参见 H. R. REP. NO. 82 – 1923, at 9（1952）（帮助侵权原则成为我们法律的一部分已经有 80 年了。这一原则被用来禁止那些试图通过向他人提供侵犯专利的方法和指导进行侵权的人）。

❸ Patent Act of 1836, ch. 357, § 5, 5 Stat. 117 (1836)（授予专利权人"对其发明或发现享有充分且专有的制造、使用、销售给他人使用的权利和自由"），同时可参见 H. R. Rep. NO. 82 – 1923, at 9 (1952)（指出"［专利法的］授权条款创设了一定的专有权利，任何对这些权利的侵犯都是侵权（infringement）"）。

❹ *Contributory Infringement*：*Hearings on H. R. 3866 Before Subcomm. No. 4 of the H. Comm. on the Judiciary*，81st Cong. 2 (1949)（Giles S. Rich 的报告）（专利给了专利权人一定的权利，特别是排除他人制造、使用、销售被该专利覆盖的发明的权利，任何对该权利的违反都是侵权（tort））。

❺ 参见 George Ticknor Curtis, A Treatise on the Law of Patents for Useful Inventions, as Enacted and Administered in the United States of America § 307 (The Lawbook Exchange, 4th ed. 2005) (1873)（侵权涉及实质相同，无论该论相同是用术语、"相同原则"、"相同方法"或其他来描述。它是对专利权人的专利说明书中描述方案的抄袭，要么没有任何变化，要么该变化本质上与说明书并无二致）。

❻ Patent Act of 1836, ch. 357, § 6, 5 Stat. 117 (1836)（要求专利权人"特别界定并指出他声称是自己的发明或发现的部分、改进或二者的结合"）。

❼ 例如，参见 *Merrill v. Yeomans*，94 U. S. 568 (1876)。

合行为。❶ 在 Wallace 案中，原告申请了一个油灯专利，该专利包含油灯燃烧器和燃烧器上的玻璃灯罩两个部分。❷ 被告制造并且销售的燃烧器与专利权人的大致相同，但是被告不附随提供任何灯罩。❸ 相反，被告允许他的客户自行完成组装。❹ 尽管法院承认，一般规则是除非被告的制造物符合权利要求中的所有特征（element），否则不构成侵权；法院仍然判决被告侵犯了专利权，因为被告销售的燃烧器除了与灯罩相结合以外，没有任何其他的用途。❺

1886 年，Snyder v. Bunnell 案中法院判决被告销售的设备没有侵权，因为其具有非侵权用途。❻ 原告的专利包含一个被触发后持续响铃的电磁防盗报警器。❼ 尽管被告销售的设备能够与其他物品组装起来侵犯该专利，但该设备同样具有非侵权用途。❽ 同时，没有证据表明被告销售该设备时明知它可以被组装来实施侵权。❾ 法院区分了 Wallace 和 Snyder 案，理由是 Wallace 案中被告的产品不能被用在任何非侵权的途经上，而 Snyder 案中的设备可以用于非侵权目的。❿ 法院因此认定，如果被告被认定为侵权，那么其他人同样能够因为销售虽然属于该专利发明所必需的组件，但本身却没有专利保护的原电池或电铃而被认定侵权，这样的规则太过危险了。⓫

在被诉产品缺乏非侵权用途，法院认定构成帮助侵权的案件之外，还有法院根据被告的意图认定构成帮助侵权的一系列案件。一个例子是 1926 年的 Westinghouse Electric & Manufacturing Co. v. Precise Manufacturing Corp. 案，第二巡回上诉法院认定被告构成侵权，因为其意图将自己的产品组合进一个侵权设备中。⓬ 被告制造和销售的变压器可以与其他部件组合，形成一个侵权的无线电接收机。⓭ 尽管变压器可以被用于非侵权用途，但被告却散播说该变压器特别适合于侵权用途，并且提供组装侵权的无线电接收机的说明书。⓮ 法院因此

---

❶　*Wallace v. Holmes*，29 F. Cas. 74（C. C. D. Conn. 1871）.

❷　同上注，第 79 页。

❸　同上注，第 79 ~ 80 页。

❹　同上注。

❺　同上注，第 80 页。

❻　*Snyder v. Bunnell*，29 F. 47（C. C. S. D. N. Y. 1886）.

❼　同上注，第 47 页。

❽　同上注。

❾　同上注。

❿　同上注。

⓫　同上注，第 48 页。

⓬　*Westinghouse Elec. & Mfg. Co. v. Precise Mfg. Corp.*，11 F. 2d 209，211 – 12（2d Cir. 1926）.

⓭　同上注，第 211 页。

⓮　同上注。

认定，由于被告制造时明知预期的侵权行为，因此认定被告构成帮助侵权。❶

　　然而，正如聪明的制造商试图不去制造一个发明专利中的所有特征来规避侵权责任一样，别出心裁的专利权人开始使用产品搭售协议（tying arrangement），❷ 以期把专利权的保护范围扩大到其权利要求之外。在 Heaton – Peninsular Button – Fastener Co. v. Eureka Specialty Co. 案中，原告持有的专利涉及将纽扣钉入鞋子的方法和进行操作的机器。❸ 专利权人把机器和该机器使用的其他非专利常规件（staple articles）一起销售，根据协议，只有购买专利权人的常规件才能购买机器。❹ 第六巡回上诉法院判决，该常规件的搭售协议有效，理由是纽扣装订机的购买者同意，他们仅限于与专利权人提供的常规件配套使用该机器。❺ Button – Fastener 案导致了搭售协议的广泛使用。❻ 这种协议在随后的 Henry v. A. B. Dick 案中被最高法院认可，该案中最高法院允许使用搭售协议，要求一个油印机专利设备的购买者只能使用专利权人制造的常规件。❼

　　然而，这些搭售协议只持续了很短的时间。在 A. B. Dick 案后仅仅五年，最高法院在 Motion Pictures Patents Co. v. Universal Film Manufacturing Co. 案中就推翻了 A. B. Dick 案。❽ 在 Motion Pictures 案中，原告拥有一项用于电影放映机中的胶片传送机械的专利，并且把专利许可给同意有限制地销售受专利保护的放映机的制造商。❾ 销售放映机的条件是，放映机播放的电影中要嵌入一个由原告授权的单独专利。❿ 法院判决，专利权人的权利以专利权利要求为限，如果专利不包括常规件，那么通过把常规件捆绑于受专利保护的发明，以此来扩大专利权的保护范围是不对的。⓫

　　在 Motion Pictures 案后，在 Carbice Corp. of America v. American Patents Development Corp 案中，最高法院肯定了专利权滥用原则（doctrine of patent misuse），

---

❶ *Westinghouse Elec. & Mfg. Co. v. Precise Mfg. Corp.* , 11 F. 2d，第 212 页。
❷ 搭售协议是一份合同，要求购买受专利保护物品的消费者从专利权人处购买必要但非专利保护组件，因此搭售协议有效地将专利保护的范围扩大到组件。
❸ *Heaton – Peninsular Button – Fastener Co. v. Eureka Specialty Co.* , 77 F. 288，288 (6th Cir. 1896).
❹ 同上注，第 289 页。
❺ 同上注，第 292 页。
❻ 在很多案件中，搭售协议都获得了法院支持，由此可见其应用之广泛。例如，*Rupp & Wittenfeld Co. v. Elliott*，131 F. 730，731，734 (6th Cir. 1904)；*Victor Talking Mach. Co. v. The Fair*，123 F. 424，426–27 (7th Cir. 1903).
❼ *Henry v. A. B. Dick*，224 U. S. 1，49 (1912).
❽ *Motion Pictures Patents Co. v. Universal Film Mfg. Co.* , 243 U. S. 502 (1917).
❾ 同上注，第 505~506 页。
❿ 同上注，第 506~507 页。
⓫ 同上注，第 518 页。

进一步限制了专利权人的权利。❶ 在 Carbice Corp. 案中，原告起诉其竞争厂商构成帮助侵权，因为后者向专利权人的客户销售干冰，以运输受专利保护的包装。❷ 法院没有审查被诉侵权者的行为，相反法院审查了原告的行为，并且拒绝给予救济，因为原告"试图避免法律的制裁，对于应用于发明的非专利材料，利用专利寻求对该材料进行有限的垄断"。❸ 不久之后，最高法院通过一系列个案很快发展了专利权滥用原则，比如 Leitch Manufacturing Co. v. Barber Co. 案❹和 Morton Salt Co. v. G. S. Suppiger Co. 案。❺ 在这些案件中，最高法院强调，禁止利用专利垄断非专利物品。❻ 随后，在 B. B. Chemical Co. v. Ellis 中，最高法院判决，原告试图垄断非专利常规件的销售，故不能获得禁令救济。❼

虽然这些判决禁止搭售协议，它们也同时削弱了帮助侵权原则的力量，因为主张这一原则的专利权人，必须冒着被指控专利权滥用的巨大风险。对这一原则最沉重的打击来自 Mercoid Corp. v. Mid Continent Investment Co. 案。❽ 在拒绝给予原告对被诉帮助侵权人的禁令救济时，最高法院讨论了专利权滥用原则和帮助侵权原则之间的联系，指出"当权利滥用原则和规制直接侵权或帮助侵权的传统规则相冲突时，支持前者"。❾ 从本质上说，最高法院这一系列专利权滥用案有效地排除了帮助侵权，因为几乎不可能在主张帮助侵权的同时不冒被反诉专利权滥用的风险。发现无法从法院获得支持，专利权人决定转向立法机关，以有效地实施他们的专利权。

---

❶　*Carbice Corp. of Am, v. Am, Patents Dev. Corp.*，283 U. S. 27（1931）. 虽然 Cabrice 案讨论了专利权滥用原则的概念，但是并没有提出该术语。该术语可能起源于 B. B Chemical Co. v. Ellis 案，该案中最高法院讨论了"申诉人滥用了专利权，因其仅仅把专利材料与其销售的非专利材料一起使用"。参见 *B. B. Chem. Co. v. Ellis*，314 U. S. 495，496（1942）.

❷　*Carbice Corp. of Am. v. Am. Patents Dev. Corp.*，283 U. S. 27（1931）.

❸　同上注，第33~34页。

❹　*Leitch Mfg. Co. v. Barber Co.*，302 U. S. 458，463（1938）.

❺　*Morton Salt Co. v. G. S. Suppiger Co.*，314 U. S. 488（1942）.

❻　同上注，第493~494页（"当专利权人把专利与非专利产品一起销售，从而把专利作为一种限制竞争的手段时……这种对专利的使用得不到衡平救济，至少直到专利权人放弃不当行为，消除专利滥用的后果之时，法院不愿意也不应判定侵权）；Leitch Mfg. Co.，302 U. S. at 463（任何通过专利来寻求非专利材料有限垄断的行为都应被禁止）。

❼　*B. B. Chem. Co. v. Ellis*，314 U. S. 495，497-98（1942）（鉴于申请人把专利作为寻求非专利材料有限垄断的手段……我们认为在本案中限制任何形式的侵权，都与公共政策相违背，地区法院驳回诉请是正确的）。

❽　*Mercoid Corp. v. Mid-Continent Inv. Co.*，320 U. S. 661（1944）.

❾　同上注，第669页。

（二）1952 年专利法

1948 年，由纽约专利法协会发起，为第 80 届国会起草了众议院第 5988 号提案（bill），编纂帮助侵权，❶ 以便"在直接侵权不可行时，为专利权保护提供依据，（并且）对'帮助侵权'作出定义"。❷

该提案没有被国会通过，该提案的后一个提案，即为第 81 届国会起草的众议院第 3866 号提案也没有被通过。❸ 随后，编纂侵权规则的计划变得更为广阔，涉及专利法许多方面的编纂，成为第 81 届国众议院第 9133 号提案，❹ 其后演变成为第 82 届国会众议院第 3760 号提案，❺ 并且最终成为同一届国会后期一次会议上的众议院第 7794 号提案，并在参议院获得通过，成为《美国法典》第 35 编。❻

在众议院第 5988 号提案中，只提及间接侵权，但其包括基于引诱的间接侵权和基于提供侵权设备的非常规部分之行为的间接侵权❼（也就是我们今天所说的帮助侵权）。规制间接侵权的部分，通过后续提案演化成《美国法典》第 35 编第 271 条第 2 款和第 3 款。❽ 直到 1950 年众议院第 9133 号提案才引入规制直接侵权的部分，随后演化成《美国法典》第 35 编第 271 条第 1 款。❾

因此，当前的专利侵权法，也就是 1952 年编纂的《美国法典》第 35 编第 271 条如下：

> 1. 除本法另有规定外，在专利权存续期间，未经许可在美国境内制造、使用、许诺销售，或销售已获准专利的产品，或将该专利产品由外国进口至美国境内，构成专利侵权。
>
> 2. 积极引诱他人侵害专利权的，应负侵权者之责任。

---

❶ 参见 *Contributory Infringement in Patents and Definition of Invention*: *Hearings on H. R.* 5988, 4061, and 5248 *Before Subcomm. on Patents*, *Trade – Marks*, *and Copyrights of the H. Comm. on the Judiciary*, 80th Cong. 1, 6 (1948)（Earl R. Lewis 和 Giles S. Rich 的报告）。

❷ 同上注，第 1 页（Earl R. Lewis 的报告）。

❸ H. R. 3866, 81st Cong.（1949）.

❹ H. R. 9133, 81st Cong.（1950）.

❺ H. R. 3760, 82d Cong.（1951）.

❻ H. R. 7794, 82d Cong.（1952）.

❼ H. R. 5988, 80th Cong. §§ 1 – 3 (1948).

❽ 35 U. S. C. § 271（b）-（c）(1952); H. R. 7794, 82d Cong. § 271（b）-（c）(1952); H. R. 3760, 82d Cong. § 231（b）-（c）(1951); H. R. 9133, 81st Cong. § 231（c）-（e）(1950); H. R. 3866, 81st Cong. §§ 1 – 3 (1949).

❾ 35 U. S. C. § 271 (1952); H. R. 7794, 82d Cong. § 271（a）(1952); H. R. 3760, 82d Cong. § 231（a）(1951).

3. 在美国许诺销售或销售受专利保护的机器、制造、组合物、化合物、材料或设备之一部分，或由外国把该部分进口入美国，把该部分用于实施专利方法，构成了发明的实质部分，且明知该部分是特别制作或特别改造用于侵犯专利权的，当该部分不是常规件也不是具有实质性非侵权用途的商业物品时，应负帮助侵权者之责任。❶

（三）共同侵权原则的发展

在引入《美国法典》第35编第271条后，法院及时地适用该条第2款和第3款对产品权利要求的分立侵权进行规制。例如，在 Fromberg, Inc. v. Thornhill 案中，被告指导其作为汽车经销商的客户，通过插入一个被告提供的代替部件，来重建一个修理轮胎穿刺的受专利保护的设备。❷ 第五巡回上诉法院根据《美国法典》第35编第271条第2款，判决被告作为引诱者承担责任。❸ 此外，在 Aro Manufacturing Co. v. Convertible Top Replacement Co. 案中，专利权人拥有包含可更换汽车车篷的专利，起诉了一位面料生产商，因其面料用于替换可更换的车篷，专利权人声称该生产商是帮助侵权人。❹ 最高法院认为这种生产行为"可以根据第271条第3款构成帮助侵权，但前提仅仅是，［最终用户］的替换行为自身能够根据第271条第1款构成直接侵权……"❺ 然而，最高法院判决，因为最终用户替换可更换车篷的行为构成了法律允许的"维修行为"，所以没有直接侵权行为发生，也就不存在对专利的帮助侵权。❻

此外，对于方法专利分立侵权而言，法律的发展速度较为缓慢，并且逐渐演变成共同侵权原则。这一系列案件的核心问题是，为了认定侵权，共同实施方法专利的主体之间，应存在什么样的关系。❼ 在地区法院的大部分早期案件中，法院采用了一个比较宽松的标准，"参与和联合行动"或"某种联系"就

---

❶ 35 U. S. C. § 271 (1952).

❷ *Fromberg, Inc. v. Thornhill*, 315 F. 2d 407, 410 – 11 (5th Cir. 1963).

❸ 同上注。

❹ *Aro Mfg. Co. v. Convertible Top Replacement Co.*, 365 U. S. 336, 337 (1961).

❺ 同上注，第341页。

❻ 同上注，第345~346页。

❼ 参见 *BMC Resources v. Paymentech, L. P.*, 498 F. 3d 1373, 1379 – 81 (Fed. Cir. 2007)（根据共同侵权原则，在被诉侵权者之间存在"指导或控制"，这是适当的关系标准）; *E. I. Dupont De Nemours & Co. v. Monsanto Co.*, 903 F. Supp. 680, 734 – 35 (D. Del. 1995)（法院认为存在商家—客户关系已足够认定侵权责任）; *Shields v. Halliburton Co.*, 493 F. Supp. 1376, 1389 (W. D. La. 1980)（要求存在"参与和联合行动"关系才能认定侵权责任）。

已经足够了。❶ 这一标准后来在 2006 年的 On Demand Machine Corp. v. Ingram Industries, Inc. 案中被联邦巡回上诉法院接受。❷

Metal Film Co. v. Melton Corp 案是较早采纳宽松标准的案件之一。❸ 在 Metal Film 案中，法院判决，当被告聘请外部供应商实施原告方法专利的第一个步骤，并被告自己完成余下步骤时，被告承担侵权责任。❹ 然而，法院并没有讨论应当用第 271 条的哪一款来认定责任，也没有讨论"共同侵权"一词。同时，法院只是在脚注中提到一个事实，即"被告选择……由外部供应商来完成受专利保护的步骤之一，不能减轻他们对整个过程的侵权之责"❺。其次，法院没有审查被告与外部供应商之间具体是何种关系。因此，根据 Metal Film 案的理由，相互间具有宽松关系但共同实施了方法专利的几个主体，是可以被判决承担侵权责任的。

与此类似，在 Mobil Oil Corp. v. W. R. Grace & Co. 案中，法院判决，当被告的客户实施了原告方法专利的最后一步（包含一个化学转化化合物的催化过程）时，被告负直接侵权责任。❻ 在该案中，除了最后由客户实施的加热步骤，被告实施了所有其他的步骤。❼ 尽管法院认为，方法专利由分离的多个主体分别完成，法院仍然判决被告侵权。❽ 尽管被告和客户间的关系比代理关系要宽松得多，法院还是认为，被告有效地"使其客户成了自己完成侵权步骤的代理人"。❾ 像 Metal Film 案一样，为了适用共同侵权原则，W. R. Grace 案

---

❶ 参见 *Faroudja Labs. , Inc. v. Dwin Elecs. , Inc.* , No. 97 - 20010 SW, 1999 WL 111788, at ＊5（N. D. Cal. Feb. 24, 1999）（确实，几个地区法院认定了当事人对方法专利构成直接侵权，即使不同主体实施了专利包含的不同步骤。然而，这些案件表明，不同主体间需要存在某种联系才能使这样的判决正当化）；Shields, 493 F. Supp. at 1389（当多方参与和联合行动引起侵权时，他们是共同侵权人，承担专利侵权的连带责任）。

❷ *On Demand Mach. Corp. v. Ingram Indus. , Inc.* , 442 F. 3d 1331, 1345（Fed. Cir. 2006）（采纳了陪审团的意见："当侵权是一个或多个个人或单位参与和联合行动的结果时，他们是共同侵权人，对侵权承担连带责任"）。

❸ *Metal Film Co. v. Metlon Corp.* , 316 F. Supp. 96（S. D. N. Y. 1970）.

❹ 同上注，第 110 ~ 111 页。

❺ 同上注，第 110 页。

❻ *Mobil Oil Corp. v. W. R. Grace & Co.* , 367 F. Supp. 207, 253（D. Conn. 1973）.

❼ 同上注。

❽ 同上注。

❾ 同上注。被告及其客户之间的关系并不是真正的代理（agency），因为对于客户如何实施方法专利的步骤，被告并不能控制，被告仅仅知道它的客户会完成最后一个步骤，但并不指示客户如此做。同上注。Restatement（Third）of Agency § 1.01（2006）（代理是一种受托关系（fiduciary），委托人同意代理人代表委托人行事，并且受委托人的控制，同时代理人表示同意，或同意如此行为）。同时，可参见 Long Truong, Note, *After BMC Resources, Inc. v. Paymentech, L. P. : Conspiratorial Infringement as a Means of Holding Joint Infringers Liable*, 103 Nw. U. L. Rev. 1897, 1909（2009）（指出 W. R. Grace 案的情况并不是真正意义上的代理）。

支持了宽松的关系标准。

在 Shields v. Halliburton Co. 案中，法院在认定侵权时采纳了一个类似但不同的"参与和联合行动"标准。❶ 在建设海上石油钻井平台时，几个被告共同实施了一个受专利保护的海上钻井方法，每个被告实施这一方法中的不同步骤。❷ 法院判定三家公司同时承担侵权责任，理由是"当侵权是由几个主体参与和联合行动引起时，这些主体都是共同侵权人，对专利侵权承担连带责任"。❸ 同时，法院还指出"由他人实施受专利保护的过程或方法的一个步骤，并不能避免对过程或方法专利的侵权之责"。❹

此外，在 Mobil Oil Corp. v. Filtrol Corp. 案中，第九巡回上诉法院采纳了一个更为严格的关系标准。❺ 在 Filtrol 案中，原告的专利是用于在炼油厂中制备催化剂的方法，几个被告共同实施了该专利的步骤。❻ 第九巡回上诉法院认为，两被告均不承担责任，并质疑"当两个独立主体实施不同的操作，并且均不能控制另一方的行为时，是否构成对方法专利的侵害"。❼

随后，即使主体之间的关系并不能达到代理的程度，地区法院还是继续确认了认定几个主体承担分立侵权责任的可能性。在 E. I. Dupont De Nemours & Co. v. Monsanto Co. 案中，法院认定，一个典型的商家—客户关系足以认定侵权。❽ 该案中，被告实施了原告方法专利的第一步，然后将得到的产品卖给其客户，由客户来实施余下来的步骤。❾ 法院判决客户的行为构成侵权，而被告是引诱侵权者，理由是客户不能"通过付费给被告，使其实施方法专利的第一个步骤……"来避免负直接侵权责任。❿

Faroudja Labs. , Inc. v. Dwin Electronics, Inc. 案引入了一个稍微不同的关系标准——"某种联系"标准。⓫ 在 Faroudja 案中，被告被诉引诱其客户通过与第二方实施的步骤相结合，来使用被告的有线电视增幅器，而这恰好构成原

---

❶ *Shields v. Halliburton Co.* , 493 F. Supp. 1376, 1389（W. D. La. 1980）.

❷ 同上注，第1388~1389页。

❸ 同上注，第1389页。

❹ 同上注，第1389页。

❺ *Mobil Oil Corp. v. Filtrol Corp.* , 501 F. 2d 282（9th Cir. 1974）.

❻ *Mobil Oil Corp. v. Filtrol Corp.* , 501F. 2d，第291页。

❼ 同上注，第291~292页。

❽ 参见 *E. I. Dupont De Nemours & Co. v. Monsanto Co.* , 903 F. Supp. 680, 734 – 35（D. Del. 1995）.

❾ 同上注，第734页。

❿ 同上注，第735页。

⓫ Faroudja Labs. , *Inc. v. Dwin Elecs.* , Inc. , No. 97 – 20010 SW, 1999 WL 111788, at ∗5 – 6（N. D. Cal. Feb. 24, 1999）.

告专利中的全部权利要求步骤。❶ 然而，法院认为，为了通过认定存在"协同工作"的方式来认定主体侵犯方法专利，在主体之间必须存在"某种联系"。❷ 法院认定，客户和第三方之间的关系没有达到足以构成侵权的"某种联系"。❸ 由于客户一方的行为不构成基础的直接侵权，法院因此认定被告不构成引诱侵权。❹

在随后的案件中，地区法院和联邦巡回上诉法院都继续在共同侵权原则下适用这些宽松的关系标准。❺ 然而，在2007年，联邦巡回上诉法院开始收紧关系标准，最终导致了单一主体规则（single – entity rule）——要求一个或多个主体的行为能够归因于一个主体，以此来认定各个主体为共同侵权人而承担责任。❻ 在 BMC Resources 案中，联邦巡回上诉法院驳回了之前的宽松标准，支持地区法院的判决，要求在实施了分立侵权的主体之间存在"指导或控制"关系。❼ 之后，在 Muniauction, Inc. v. Thomson Corp. 案中，联邦巡回上诉法院引入了一个测试法，要看一个主体对另一主体的控制是否达到这样一种程度，以至于这个主体自身"可以被认为实施了被诉专利的每一个步骤"（一个类似于代理的标准），这更进一步提高了关系标准的门槛。❽ 随后，在 Golden Hour Data Systems, Inc. v. emsCharts, Inc. 案中，联邦巡回上诉法院未做过多讨论就维持了地区法院适用"指导或控制"标准的做法。❾ 因此，最近的判例法已经偏离了根植于20世纪70年代至20世纪90年代宽松的"参与和联合行动"或

---

❶ Faroudja Labs., *Inc. v. Dwin Elecs., Inc.*, No. 97 – 20010 SW, 1999 WL 111788, 第 * 4 ~ 5 页。

❷ 同上注，第 * 5 ~ 6 页。

❸ 同上注。

❹ 同上注，第 * 7 页。

❺ 例如，参见 *On Demand Mach. Corp. v. Ingram Indus., Inc.*, 442 F. 3d 1331, 1345 （Fed. Cir. 2006）（同意初审法院陪审团的意见："当侵权是一个或多个个人或单位参与和联合行动的结果时，他们是共同侵权人，对侵权承担连带责任"）；*Applied Interact, LLC v. Vt. Teddy Bear Co., Inc.*, No. 04 Civ. 8713 HB, 2005 WL 2133416, at * 4 （S. D. N. Y. Sept. 6, 2005）（采用"某种联系"标准）；*Marley Mouldings Ltd. v. Mikron Indus., Inc.*, No. 02 C 2855, 2003 WL 1989640, at * 2, * 4 （N. D. Ill. Apr. 30, 2003）（重申共同侵权原则要求被诉主体之间存在"某种联系"）；*Cordis Corp. v. Medtronic AVE, Inc.*, 194 F. Supp. 2d 323, 350 （D. Del. 2002）（认定一家医疗设备公司及其客户之间的关系满足"某种联系"标准）。

❻ 用 Newman 法官的话来说，按照单一主体规则的要求，"除非所有参与者之间存在由一个单一'主谋'指导或控制的合同或代理关系"，否则分立侵权不可诉。*Akamai Techs., Inc. v. Limelight Networks, Inc.*, 692 F. 3d 1301, 1319 （Fed. Cir. 2012）（Newman, J., dissenting）。

❼ *BMC Resources v. Paymentech, L. P.*, 498 F. 3d 1373, 1379 – 81 （Fed. Cir. 2007）。

❽ *Muniauction, Inc. v. Thomson Corp.*, 532 F. 3d 1318, 1329 （Fed. Cir. 2008）。

❾ *Golden Hour Data Sys., Inc. v. emsCharts, Inc.*, 614 F. 3d 1367, 1380 （Fed. Cir. 2010）。

"某种联系"标准，演变成了更高标准的单一主体规则。❶

二、Akamai 案

2012 年，联邦巡回上诉法院在 Akamai 案的判决中，再次面临这一问题，即根据共同侵权原则，被诉侵权人之间要求存在什么样的关系标准。Akamai 案是一个全席判决，是把 Akamai Techs.，Inc. v. Limelight Networks，Inc. 案和 McKesson Info. Solutions LLC v. Epic Sys. Corp. 案❷结合的结果。联邦巡回上诉法院合议庭对这两个案件进行审理时，分别维持了两个地区法院的判决，并且强调了要适用代理的要求，❸ 但是全席审的判决却推翻了两个判决，并且引入了一条通过《美国法典》第 35 编第 271 条第 2 款认定侵权的新路径。❹

（一）事实

Akamai 公司的专利是一个有效传输网页内容的方法。❺ 该方法包含以下步骤：将内容放到一系列复制服务器（replicated servers），修改内容提供者的网页，使之能够指引网页浏览者从复制服务器上访问该内容。❻ Limelight 公司维护一系列服务器网络，上传内容到其服务器上，但自己并没有改变内容提供者的网页。❼ 相反，Limelight 公司指导其客户如何完成最后的修改步骤。❽

---

❶ 参见 *Faroudja Labs.，Inc. v. Dwin Elecs.，Inc.*，No. 97 – 20010 SW，1999 WL 111788，at ＊5（N. D. Cal. Feb. 24，1999）（确实，几个地区法院认定了当事人对方法专利构成直接侵权，即使不同主体实施了专利包含的不同步骤。然而，这些案件表明，不同主体间需要存在某种联系才能使这样的判决正当化）；Shields，493 F. Supp. at 1389（当多方参与和联合行动引起侵权时，他们是共同侵权人，承担专利侵权的连带责任）。

❷ *McKesson Info. Solutions LLC v. Epic Sys. Corp.*，No. 1：06 – CV – 2965 – JTC，2008 WL 5054479（N. D. Ga. Aug. 29，2008）。

❸ *McKesson Techs. Inc. v. Epic Sys. Corp.*，No. 2010 – 1291，2011 U. S. App. LEXIS 7531，at ＊1 – 2（Fed. Cir. Apr. 12，2011）（由于 McKesson 公司无将实施被诉方法专利所有步骤的行为都归于一个单一当事人……本院维持地区法院不侵权的判决）。*Akamai Techs.，Inc. v. Limelight Networks，Inc.*，629 F. 3d 1311，1319（Fed. Cir. 2010）（虽然控制或指导是一个考虑因素，但至关重要的不仅仅是行使控制或提供指导，而是如果存在二者，提供的指导达到何种程度同样也是考虑因素，即两方之间的关系是否达到这样的程度，以至于其中一方的行为可以归于另一方。本院在 BMC Resources 案和 Muniauction 案判决中已隐含地表明，如果被诉侵权人和另一个实施了方法专利中一个步骤的另一方之间的关系是委托和代理关系，且符合最高法院和《代理重述法》（Restatement of Agency）所阐明且被普遍接受的代理法原则时，才可以把对专利方法中一个步骤的实施归于被诉侵权人的行为）。

❹ *Akamai Techs.，Inc. v. Limelight Networks，Inc.*，692 F. 3d 1301，1306（Fed. Cir. 2012）。

❺ 同上注。

❻ 同上注。

❼ 同上注。

❽ 同上注。

McKesson Information Solutions 公司为一个在医疗服务提供者及其患者之间的电子通讯方式申请了专利。❶ Epic Systems 公司向医疗服务提供者授权使用的软件中包括一个应用程序，它允许医疗服务提供者以电子通讯的方式与患者沟通。❷ Epic 公司没有实施方法专利中的任何步骤；相反，这些步骤被发起通讯的患者和医疗服务提供者分别完成。❸

（二）联邦巡回上诉法院的合议庭判决

对于 Akamai 公司和 Limelight 公司之间的争议，联邦巡回上诉法院合议庭并没有指出单一主体规则的适当性，而只是简单地适用了这一规则。❹ 合议庭阐释了这一规则，并称："至关重要的不仅仅是实施控制或提供指导，而是两方之间的关系是否达到一定程度，以至于其中一方的行为可以归咎于另一方。"❺ 合议庭的结论是，因为 Limelight 公司及其客户之间的关系不足以达到这样的标准，故不能依据共同侵权原则认定 Limelight 公司侵权。❻ 基于同样的理由，联邦巡回上诉法院的另一个合议庭在另一个案件中，判决 Epic 公司不侵犯 McKesson 公司的专利权。❼

（三）联邦巡回上诉法院的全院庭审判决

尽管全院庭审的问题是共同侵权原则中单一主体规则的适当性，但全院庭审并没有详细说明这一问题。❽ 相反，全院庭审创设了一条新的路径，根据《美国法典》第 35 编第 271 条第 2 款通过引诱侵权认定责任。❾ 法院部分推翻了 BMC Resources 案，同时出于认定构成引诱侵权的目的而废除了单一主体规则，但在共同侵权原则中单一主体规则的适用则原封不动。❿ 从本质上说，法院认为，为了符合引诱侵权理论，并不需要一个单一主体实施了方法权利要求

---

❶ *Akamai Techs.*, *Inc. v. Limelight Networks*, *Inc.*, 692 F. 3d 1301, 1306（Fed. Cir. 2012）.

❷ 同上注。

❸ 同上注。

❹ 参见 *Akamai Techs.*, *Inc. v. Limelight Networks*, *Inc.*, 629 F. 3d 1311, 1320 – 21（Fed. Cir. 2010）.

❺ 同上注，第 1319 页。

❻ 同上注，第 1322 页。

❼ *McKesson Techs. Inc. v. Epic Sys. Corp.*, No. 2010 – 1291, 2011 U. S. App. LEXIS 7531, at ＊1 – 2（Fed. Cir. Apr. 12, 2011）.

❽ *Akamai Techs.*, *Inc. v. Limelight Networks*, *Inc.*, 692 F. 3d 1301, 1319（Fed. Cir. 2012）（Newman 法官持反对意见）.

❾ 同上注，第 1306 页。

❿ 同上注。

中的所有步骤。❶ 为了论证这种对《美国法典》第 35 编第 271 条第 2 款的解读，法院从立法史、其他部门法、专利法条文、先例和政策中寻求支持。

法院回顾了 1952 年《专利法》的立法史后指出，专利法提供的强有力的解释是，对于引诱侵权而言，不需要单一主体实施了所有足以构成侵权的行为。❷ 法院援引了提案的主要撰写人和经常在提案听证会上作证的 Giles Rich 法官的观点。❸ 法院解释说 Rich 法官认为，"当存在'明显对专利的侵犯'时，即使'不存在专利的直接侵权人'，判定构成间接侵权并无不妥。"❹

法院还在其他部门法中为自己的结论寻求支持，比如《联邦刑法典》（Federal Criminal Code）和《侵权法重述》（Restatement of Torts），指出"主犯不仅对通过代理所实行的行为承担责任，同时也对被主犯引诱的无辜中间者的行为承担责任，这不是专利法所独有"，以及"如果把该原则应用到专利法中，则即使共同构成侵权的几个人中没有一个可以作为直接侵权人承担责任，则引诱者也应为其引诱侵权行为承担责任"。❺

此外，法院考察了《美国法典》第 35 编第 271 条的其他款，并指出这些款中的"侵权"并不一定就是第 271 条第 1 款中的侵权。❻ 法院指出，"没有任何款的文本表明，第 271 条第 2 款引诱侵权中的'侵权'行为，必须达到能够使行为人依据第 271 条第 1 款承担侵权责任"，因此，适用于第 271 条第 1 款的单一主体规则，并不一定适用于第 271 条的其余款。❼

此外，通过考察最高法院和自己的先例，联邦巡回上诉法院宣布其在 BMC Resources 案中适用的规则是不合适的。❽ 例如，法院解释道，尽管 Dynacore Holdings Corp. v. U. S. Philips Corp. 案在认定引诱侵权时要求存在侵权，但是并没有要求一个单一主体构成该侵权。❾ 法院还解释道，Aro 案并不支持引

---

❶ Akamai Techs., Inc. v. Limelight Networks, Inc., 692 F. 3d 1301, 1319 (Fed. Cir. 2012).

❷ 同上注，第 1310 页。

❸ Rich 法官是纽约专利法协会副主席，起草了众议院第 5988 号议案。参见 Contributory Infringement in Patents and Definition of Invention: Hearings on H. R. 5988, 4061, and 5248 Before Subcomm. on Patents, Trade – Marks, and Copyrights of the H. Comm. on the Judiciary, 80th Cong. 1, 3 (1948) (Earl R. Lewis 的报告).

❹ 同上注，第 1310～1311 页。

❺ 同上注，第 1311～1313 页。

❻ 同上注，第 1314 页。

❼ 同上注。法院提及了《美国法典》第 35 编第 271 条第 5 款第 2 项、第 6 款和第 7 款，说"法条中使用的'侵权'一词并不限于能够依据第 271 条第 1 款认定构成侵权的情况"。

❽ 同上注，第 1315 页。

❾ 同上注，第 1315 页（引用 Dynacore Holdings Corp. v. U. S. Philips Corp., 363 F. 3d 1263, 1372 (Fed. Cir. 2004)).

诱侵权要求单一主体构成直接侵权的主张。❶ 其中部分原因是 Aro 案中涉及的专利是产品权利要求。❷ 与方法专利不同的是，每当制造、使用或销售产品专利时，总会有一个直接侵权人——完成产品的那一个主体。❸ 此外，法院还提及了在 Aro 案之前的几个联邦巡回上诉法院案件，解释说这些案件中没有一个采用了单一主体规则来判定引诱侵权责任。❹

在说到这个问题的政策考量时，法院的理由是"广泛适用单一主体规则，导致对专利侵权原则的规避，不符合专利政策的目的"。❺ 法院解释说"如果一个主体引诱实施了侵犯专利权的行为，法院仅仅因为没有单一主体实施了该行为所有的组成部分就免除了引诱者的侵权责任，这是没有道理的"。❻

总之，联邦巡回上诉法院根据立法史、其他部门法、专利法条文、判例和政策，认为在判定引诱侵权时，应当排除 BMC Resources 案所确立的单一主体规则。❼ 然而，单一主体规则在共同侵权原则中仍然适用。❽

三、Akamai 规则分析

正如前文所述，在方法专利的分立侵权法中存在漏洞，这意味着社会将失去此类发明带来的益处。如后文所述，漏洞就是单一主体规则，而 Akamai 规则给了方法专利的专利权人充分修复漏洞的手段，使其在分立侵权的情况下能有效地抓住侵权人。然而，Akamai 案中的多数意见被两种反对意见强烈反对，其中一种支持单一主体规则，❾ 另一种要废除单一主体规则，❿ 这说明 Akamai 规则在法律上存在问题。本文认为，尽管 Akamai 规则导致了公平的结果，并且根据立法本意也是正确的，但是它导致了法律解释的不一致。更好的办法是，直接处理共同侵权原则下的单一主体规则，用更灵活的关系标准取而代之。

---

❶ 参见 Contributory Infringement in Patents and Definition of Invention：Hearings on H. R. 5988，4061，and 5248 Before Subcomm. on Patents，Trade – Marks，and Copyrights of the H. Comm. on the Judiciary，80th Cong.，第 1315～1316 页。参见 Aro Mfg. Co. v. Convertible Top Replacement Co.，365 U. S. 336（1961）.

❷ Akamai，692 F. 3d at 1316.

❸ 同上注，第 1316～1317 页。

❹ 同上注。

❺ 同上注，第 1315 页。

❻ 同上注。

❼ 同上注，第 1306 页。

❽ 同上注。（许多对这些案件的摘要都指向了同一个问题：在不存在一个单一主体实施了专利中的所有步骤时，能否认定构成直接侵权。我们今天并不需要解决这个问题，因为我们发现，这些案件和相似的其他案件可以通过适用引诱侵权原则而得到解决）。

❾ Akamai，692F. 3d，第 1337～1351 页（Linn 法官持反对意见）。

❿ 同上注，第 1319～1336 页（Newman 法官持反对意见）。

（一） 为 Akamai 案中分立侵权寻求公平的结果

Akamai 案之前的法律有漏洞，导致无法有效阻止对方法专利的分立侵权。根据 BMC Resources 案，仅当多个主体之间关系密切，本质上相当于一个单一主体时，才能根据《美国法典》第35编第271条第1款认定他们构成侵权。❶ 尽管间接侵权法提供了额外的保护，但这些条款要求存在一个符合第271条第1款的基础侵权行为。然而，由于第271条第1款被 BMC Resources 案限制成为只涵盖满足单一主体规则的几个主体，因此要求实施基础侵权行为的几个主体之间必须存在同样密切的关系。因此，根据《美国法典》第35编第271条第1～3款，方法专利的专利权人常常无法主张权利。正如联邦巡回上诉法院在 BMC Resources 案中所承认的，"认定共同侵权时要求存在指导或控制的标准，在某些情况下会允许双方通过公平交易协议来避免构成侵权"。❷

这样的漏洞可能导致严重的后果，尤其是对许多高科技产业来说，如软件产业和生物技术产业。对这些产业的公司，一个创新的方法包含由多个主体完成的步骤，能够很容易地被竞争对手所复制，同时又不会侵犯相应的专利权。例如，许多软件方法，尤其是那些通过互联网实施的软件方法，包含主机服务器和终端使用者，都具有这样的特性。Amazon. com 公司购买的方法专利就是一个例子。❸ 该专利的专利要求1，除了别的内容外，包括客户端系统的两个步骤和服务器系统的两个步骤。❹ 与此类似，生物技术公司持有的医疗诊断方法专利往往涉及诸如数据收集、分析、关联和最终用药物治疗等步骤。通常情况下，这些步骤是由不同的人来完成的，比如在诊断实验室进行分析，制药公司提供药物，医生收集数据并提供治疗。❺

一些评论家提出了一个已经被专利申请人广泛采用的解决方案：将此类发明描述为"统一权利要求"（unitary claims），即从一个主体的角度来描述权利

---

❶ *BMC Resources v. Paymentech*，*L. P.*，498 F. 3d 1373，1379 – 81（Fed. Cir. 2007）.

❷ 同上注，第1381页。

❸ 参见 U. S. Patent No. 5，960，411（filed Sept. 12，1997）.

❹ 同上注，第10行。客户端系统的两个步骤是"显示标识产品的信息"和"对执行的单一动作做出响应，将订购产品的请求和产品购买者的身份同时发送到服务器系统"。服务器系统的两个步骤是"接收请求"和"获取预先存储的、由接受请求中的身份识别出的购买者额外信息"。同上注。

❺ 例如，参见 U. S. Patent No. 8，287，869（filed Jan. 7，2009）（由两步构成的方法专利。第一步，测量病人细胞间信号分子水平，典型情况下由医生和诊断实验室完成；第二步，用抗体治疗病人，通常由制药公司提供，并由医生管理）。

要求中的所有步骤。● 此外，联邦巡回上诉法院在 BMC Resources 案中指出："对当事人通过公平交易协议避免侵权的担忧，可以通过适当地撰写权利要求来避免。专利权人通常可以构建一个权利要求来抓住单一主体侵权者。"❷ 然而，这一方案假定，对每一种类型的方法专利都存在一个"枢纽"（hub）——存在一个至少实施了一个步骤的主体，他与实施其他所有步骤的主体之间都有相互作用，这样才可以从该枢纽的角度来描述其余的步骤。但这对很多类型的专利来说并非如此。例如，分布式计算系统可能涉及服务器 1 与服务器 2 通信，服务器 2 与服务器 3 通信，依此类推，但无论是在发送端还是接收端，都不存在一个中央服务器，使其与所有方法专利中的步骤都有关。❸ 事实上，联邦巡回上诉法院在前文中使用的副词"通常"，就说明联邦巡回上诉法院承认，有些时候这一缺陷不能够通过撰写统一权利要求来克服。❹

出于现实考虑，Akamai 案是一个明智的解决方案，即通过《美国法典》第 35 编第 271 条第 2 款开辟了一条认定构成侵权的新途径，而不用单一主体规则来适用于基础侵权。对某一主体引诱相互间关系松散的多个主体分立侵权的情况（不论引诱者自身是否实施了某些步骤），Akamai 规则提供了一个补救措施。另外，要根据《美国法典》第 35 编第 271 条第 2 款认定构成侵权，引诱者的意图是必要条件。因此，Akamai 规则让故意引诱侵犯方法专利的主体承担侵权责任，同时让被引诱实施方法专利某一部分的无辜者（如被某些公司引诱的网络用户）毫发无伤。

（二）Akamai 规则的合法性

尽管 Akamai 规则很实用，但它存在法律问题。根据 Akamai 案，法院适用《美国法典》第 35 编第 271 条第 2 款认定一主体构成对方法专利的分立侵权。这一方法不同于共同侵权原则，根据该原则法院依据《美国法典》第 35 编第

● 参见 Mark A. Lemley et al. , *Divided Infringement Claims*，33 AIPLA Q. J. ，第 272 页。这篇文章提供了对方法专利非单一权利要求和单一权利要求（non－unitary and unitary claims）之间的比较。该方法包含了客户端和服务器的行为。当"发送请求到服务器"和"在客户端生成一个独特的客户端密钥"这两个步骤被分别改写为"从客户端接收请求"和"从客户端接收独特的客户端密钥"时，就是从服务器的角度来描述这一方法的。因此，当某个服务器公司实施了这些步骤，不管公司及其客户之间的关系为何，服务器公司皆构成侵权。

❷ BMC Resources v. Paymentech, L. P. , 498 F. 3d 1373, 1381（Fed. Cir. 2007）（增加强调）。

❸ 参见 U. S. Patent No. 7，103，640（filed Sept. 13，2000）（有关获取数据定位信息的方法专利，包括从客户端向第一个服务器发送请求，并且如果必要的话，再从第一个服务器向第二个服务器发送请求，依此类推，直到实现了该方法的目的为止）。

❹ 参见 BMC Resources，498 F. 3d at 1381.

271 条第 1 款认定构成侵权。为了分析 Akamai 案，本节首先退一步提出疑问，即多数意见在分立侵权中适用第 271 条第 2 款是否正确。笔者认为，这是正确的，因为这正是国会在 1952 年《专利法》中设想的用法。尽管如此，本节随后提出，由于没有推翻共同侵权原则下的单一主体规则，多数意见不能仅仅因为 Akamai 规则在有限条件下的适用而忽视单一主体规则。这种做法会导致法律解释的不一致。

1. 适用《美国法典》第 35 编第 271 条第 2 款而非第 271 条第 1 款规制分立侵权

根据共同侵权原则，应根据《美国法典》第 35 编第 271 条第 1 款认定构成对方法专利的分立侵权。然而，让人疑惑的是，众议院第 5988 号提案最先提出的是第 271 条第 2、3 款（不是第 271 条第 1 款）的前身，其目的是"在对直接侵权的规制不切实际时，为专利权提供保护……"❶ 那么为什么要适用第 271 条第 1 款，而不适用第 271 条第 2 款或第 3 款呢？事实上，纽约专利法协会作为提案的起草者，要解决的问题之一就是方法专利的分立侵权。协会在写给国会的一份备忘录中，有如下内容：

> 在无线电通信、电视等方面的发展中，有时会涉及一种新的组合，其中的要素在使用中通常由不同的人所有。因此，无线电通信的新方法中，可能会包含发射机的变化和接收机的相应变化。为了在专利权利要求中描述这样的发明，必须指明一种新方法以同时包含发送和接收，或是指明新组合同时包括接收机和发射机中的要素。在重要的电视发明中，同样存在这样的专利权利要求。❷

此外，其他事实也表明，国会意图对分立侵权适用第 271 条第 2 ~ 3 款，而不是第 271 条第 1 款。例如，在 1948 年提出众议院第 5988 号提案时，第 271 条第 1 款的前身甚至还不存在。相反，它是在 1950 年众议院第 9133 号提案中才被加入的。❸ 此外，当第 271 条第 1 款最终被通过时，国会表示它"实际上并不必要，因为授权条款创设了确定排他权，任何对这些权利的违反即侵权"。❹ Rich 法官证实了这一说法，他说"第 1 款定义了直接侵权，其存在只

---

❶ *Contributory Infringement in Patents and Definition of Invention*：*Hearings on H. R.* 5988，4061，*and* 5248 *Before Subcomm. on Patents*，*Trade – Marks*，*and Copyrights of the H. Comm. on the Judiciary*，80th Cong. 1 (1948) (Earl R. Lewis 的报告)。

❷ 同上注，第 5 页。

❸ H. R. 9133, 81st Cong. § 231 (a) (1950).

❹ H. R. REP. NO. 82 – 1923, at 9 (1952).

是为了立法上的完整性。我们已经安然度过了没有它的 162 年，我们完全可以继续下去。忽略它不会有大碍。"❶ 第 271 条第 1 款看似无足轻重，为什么法院在共同侵权原则中要适用这一款呢？

这个问题的答案在于，认定侵权的分析框架，在 1952 年《专利法》通过前后发生了转变。在 1952 年以前，侵权被定义为是对法定专利权的违反，法院在认定侵权时采用简单、一步到位的分析方法：简单地确定谁是侵权人。比如，在早期的帮助侵权案件 Wallace 案中，法院认定买方组装油灯侵犯了原告的专利权，并判决当不同主体生产的组件除了被用于组装成受专利保护的产品以外没有其他用途时，他们"都是侵权者，有侵犯专利权的共同目的"。❷ 同样，在 Thomson – Houston Electric Co. v. Ohio Brass Co. 案中，第六巡回上诉法院将专利侵权类比为侵权法下的侵入民宅，理由是"任何参与侵入民宅中的人，不管是实际参与行动者还是帮助和教唆者，都对损害承担共同连带责任"。❸ 同样，在 Solva Waterproof Glue Co. v. Perkins Glue Co. 案中，第七巡回上诉法院指出："任何故意制造或销售受专利保护组合的一个要素，并且有意使其在该组合中使用的人，都构成帮助侵权，并与组织完成组合的人承担同等责任。"❹ 换言之，在 1952 年之前，法院在判定帮助侵权中采侵权学说中的共同连带责任，并且认定对侵权起作用的人都承担连带责任（尽管购买者通常不参与这些诉讼）。❺ 法院并不区分直接侵权人和帮助侵权人。❻

如 Akamai 案多数意见和 Newman 法官的反对意见所指出的，1952 年之前的专利法领域所使用的侵权术语，以及 Rich 法官看似矛盾的观点，间接地证明了当时使用的是一步到位的测试法。❼ 多数意见指出，Rich 法官承认，"尽

---

❶ Giles S. Rich, *Infringement under Section 271 of the Patent Act of* 1952, 21 *GEO. WASH. L. REV.* 521, 537 (1953).

❷ *Wallace v. Holmes*, 29 F. Cas. 74, 80 (C. C. D. Conn. 1871).

❸ *Thomson – Houston Elec. Co. v. Ohio Brass Co.*, 80 F. 712, 721 (6th Cir. 1897).

❹ *Solva Waterproof Glue Co. v. Perkins Glue Co.*, 251 F. 64, 73 – 74 (7th Cir. 1918).

❺ 参见 *Contributory Infringement in Patents and Definition of Invention*: *Hearings on H. R.* 5988, 4061, *and* 5248 *Before Subcomm. on Patents*, *Trade – Marks*, *and Copyrights of the H. Comm. on the Judiciary*, 80th Cong. 12 (1948) (Giles S. Rich 的报告) （专利侵权是侵权 (tort) 的一种，帮助侵权是共同侵权法对专利法的特别适用，即当两个人以某种方式共同完成专利侵权，而两人中的任何一个人都没有独立地或单独地完成时的情况）。

❻ 参见 *Peerless Equip. Co. v. W. H. Miner, Inc.*, 93 F. 2d 98, 105 (7th Cir. 1937) （在没有认定是否存在直接侵权人的情况下即判决被告为帮助侵权人）; *Westinghouse Elec. & Mfg. Co. v. Precise Mfg. Corp.*, 11 F. 2d 209, 211 – 12 (2d Cir. 1926) （与前例相同）。

❼ 参见 *Akamai Techs., Inc. v. Limelight Networks, Inc.*, 692 F. 3d 1301, 1310 – 11, 1329 (Fed. Cir. 2012).

管存在对专利权的明显侵害，但是不存在直接侵权人，而只有两个帮助侵权人"的情况确实存在。❶ 多数意见还引用了 Rich 法官的观点，"专利侵权是侵权的一种，当两个人以某种方式共同完成专利侵权，而两人中的任何一个都没有独立地或单独地完成时，共同侵权法在专利法中的特别适用就是帮助侵权。"❷ 然而，Newman 法官在她的反对意见中提出了 Rich 法官后来的证词，例如"法律始终如此，为了认定一个人构成帮助侵权，在某处必须存在一个被帮助的直接侵权。"❸

这些陈述之间表面上的矛盾，可能存在着一个解释。在 1952 年前，"侵权"和"直接侵权"两词可以交替使用，意思是"对专利权的侵害"。在众议院第 7794 号提案最终引入第 271 条时，司法委员会在国会报告中指出"第271 条第 1 款是对什么可构成侵权的声明。"❹ 另一方面，Rich 法官用略微不同的术语来描述第 271 条第 1 款，"第 1 款定义了直接侵权……"❺ 这些陈述中用"侵权"和"直接侵权"来描述一个由第 271 条第 1 款规制的行为，显示了这两个术语的互换性。与此同时，"直接侵权人"一词表示"侵犯专利权的一个主体"，而"帮助侵权人"表示"共同侵犯专利权的两个或多个主体中的一个主体"。如果这两个词都表示"共同侵犯专利权的两个或多个主体中的一个主体"，则 Rich 法官对于"不存在对专利的直接侵权人，只存在两个帮助侵权人"这一情况的评论，就是自相矛盾的。❻

这两个词的使用方式和 Rich 法官的陈述意味着，尽管直接侵权（或简单地说侵权）是共同侵权的前提条件，但并不要求存在单一主体的直接侵权人。换言之，在 1952 年前的帮助侵权分析中，一旦存在对专利权人权利的侵犯，法院并不会在认定一个或多个帮助侵权人之前先去找到一个直接侵权人。相反，法院会采用简单的一步分析法，确定谁是帮助侵权人。1952 年前的专利法授予专利权人"对所述的发明和发现，享有充分且排他的权利和自由，进

---

❶ 参见 *Akamai Techs.*，*Inc. v. Limelight Networks*，*Inc.*，692 F. 3d，第 1310 页。

❷ 同上注，第 1311 页。

❸ 同上注，第 1329 ~ 1330 页。Newman 法官引用了 Rich 法官后来的证词，并认为多数意见断章取义地引用了 Rich 法官的报告。同上注。并参见 *Patent Law Codification and Revision*：*Hearings on H. R. 3760 Before Subcomm. No. 3 of the H. Comm. on the Judiciary*，82nd Cong. 151（1951）（Giles S. Rich 的报告）（只要存在帮助侵权，就一定存在被称为直接侵权的行为，并且有人帮助实施了该直接侵权行为）。

❹ H. R. REP. NO. 82 - 1923，at 9（1952）.

❺ Giles S. Rich，*Infringement under Section 271 of the Patent Act of 1952*，21 GEO. WASH. L. REV.，at 537.

❻ 参见 *Akamai Techs.*，*Inc. v. Limelight Networks*，*Inc.*，692 F. 3d 1301，1310 - 11（Fed. Cir. 2012）.

行制造、使用、销售给他人使用"，这使得此分析框架是可行的。❶ 对权利的违反即构成侵权，即使这是由两个或多个主体实施的。在此情况下，法律并不要求在认定帮助侵权人之前先认定直接侵权人，尤其是考虑到侵权法在认定帮助侵权人时采用的是共同连带责任（joint and several liability）。然而，引入《美国法典》第 35 编第 271 条第 1 款改变了这种状况。

如前所述，在引入间接侵权法条后两年，才引入《美国法典》第 35 编第 271 条第 1 款的前身。❷ 同样，国会认为《美国法典》第 35 编第 271 条第 1 款是不必要的，它仿佛是事后才加上去的，❸ 而不是经过仔细考虑的作为认定间接侵权的基础。尽管《美国法典》第 35 编第 271 条第 1 款旨在赋予专利权人排他权，但国会可能没有考虑到，旧专利法条文仅仅提到，除了专利权人外，其他人不能做什么（"制造、使用和销售"），❹ 第 271 条第 1 款引入了额外的复杂性，即谁不能做这些行为（"任何人未经授权制造、使用、销售、许诺销售……或进口"）。❺ 这额外的复杂性微妙地改变了间接侵权的分析框架。

正如下文所解释的，认定引诱或帮助侵权时，要求存在一个基础的侵权行为，即未经授权者做出了第 271 条第 1 款所述的那些行为。❻ 实际上，这将分析框架变成了两步分析法：首先，法院根据第 271 条第 1 款认定一个侵权人；然后，法院根据第 271 条第 2 款或第 3 款确定某人是否引诱或帮助了该侵权，从而找出这个额外的间接侵权人。❼

该框架很适合产品权利要求的分立侵权。例如，在 Fromberg 案中，第五巡回上诉法院在根据《美国法典》第 35 编第 271 条第 2 款认定被告承担引诱侵权责任前，先认定被告的客户（汽车经销商）侵犯了原告的专利权。❽ 同

---

❶ Patent Act of 1836, ch. 357, § 5, 5 Stat. 117 (1836).

❷ 参见 H. R. 5988, 80th Cong. § § 1 – 5 (1948); H. R. 9133, 81st Cong. § 231 (a) (1950).

❸ 参见 H. R. Rep. No. 82 – 1923, at 9 (1952)（指出第 271 条第 1 款"实际上并不必要，因为授权条款创设了确定的专有权，任何对这些权利的违反即是侵权"）。

❹ Patent Act of 1836, ch. 357, § 5, 5 Stat. 117 (1836).

❺ 35 U. S. C. § 271 (a) (2006).

❻ 参见 *Aro Mfg. Co. v. Convertible Top Replacement Co.*, 365 U. S. 336, 341 (1961)（如果不存在对专利的直接侵权，就不存在帮助侵权）。

❼ 1953 年，Rich 法官关于 1952 年《专利法》侵权问题的文章中，他注意到了分析框架的这一转变：主动引诱暗示着引诱的一方没有直接侵权，并且直接侵权是由其他人实施的。在起诉直接侵权人时，原告不能援引第 2 款来追诉。依赖第 2 款作为认定构成侵权的基础本身，就清楚地表明被判决承担责任的主体不是直接侵权人，并且如果他要被定义为侵权人，那么除了"帮助侵权人"以外，没有任何已知的词汇可用。*Giles S. Rich*, *Infringement under Section* 271 *of the Patent Act of* 1952, 21 *GEO. WASH. L. REV.*, 第 53 页。

❽ *Fromberg*, *Inc. v. Thornhill*, 315 F. 2d 407, 413 (5th Cir. 1963).

样，在 Aro 案中，关键问题是，车主从被诉帮助侵权人处购买了可更换面料，该行为是否实际侵犯了专利权。❶ 换言之，法院试图先根据第 271 条第 1 款认定一个侵权人，作为根据第 271 条第 3 款认定帮助侵权人的先决条件。在对产品权利要求的侵权中，由于总会存在一个侵权者制造、使用或销售产品的完整过程，因此总有一个单一主体满足第 271 条第 1 款成为侵权者。

但是，对方法专利权利要求的分立侵权就不同了，不能适用此新的分析框架。当法院开始第一步分析时，如果把 "谁"（whoever）一词解释为包括两个或多个共同完成方法权利要求的主体，则第 271 条第 1 款就足以认定是否构成侵权。因此，就没有必要进行第二步分析，依据第 271 条第 2 款来认定责任。可能是由于这个原因，在适用共同侵权原则的许多早期案件中，法院重新使用了 1952 年前的一步分析法来认定侵权，而不是使用新的两步分析法。❷ 换言之，对方法权利要求的分立侵权来说，本来是要根据第 271 条认定责任的两步分析法，蜕变成了类似 1952 年《专利法》之前使用的一步分析泜。

例如，在 Metal Film 案中，除了外包给外部供应商的一个步骤外，被告实施了专利方法中的所有其他步骤。❸ 然而，法院没有讨论是否存在单一主体实施了所有的步骤，也没有讨论被告可否作为引诱者承担责任，法院仅仅指出，被告不能通过让外部供应商实施其中一个步骤的方式来减轻其侵权责任。❹ 与此类似，在 W. R. Grace 案中，被告实施了方法专利的一些步骤，完成了制造催化剂的部分行为，但是并没有实施完成制造所必须的最终步骤。❺ 相反，被告的客户在使用催化剂时完成了这些最终的步骤。❻ 法院判决被告是直接侵权人，因为 "被告充分认识到，客户事实上一定会及时、充分地实施侵权步骤，被告让它的每个客户成为了其完成侵权步骤的代理人"。❼ 法院在 Shields 案中明确地提出了该理论，并引用 20 世纪早期的普通法，表明 "当几个主体共同

❶ Aro，365 U. S. at 339，341（作为一个原则问题提出："当车主未经专利权人同意更换了面料时，车主是否侵犯了（并且供货商帮助侵犯了）该组合专利"）。
❷ 参见 Shields v. Halliburton Co.，493 F. Supp. 1376（W. D. La. 1980）（不讨论间接侵权，直接认定各被告构成单独和共同侵权）。
❸ Metal Film Co. v. Metlon Corp.，316 F. Supp. 96，110（S. D. N. Y. 1970）。
❹ 同上注，第 111 页。
❺ Mobil Oil Corp. v. W. R. Grace & Co.，367 F. Supp. 207，253（D. Conn. 1973）。
❻ 同上注。
❼ 同上注。除了认定构成共同侵权外，考虑到其他方法权利要求完全是由被告的客户完成的，法院还认定构成引诱侵权。同上注，第 254 页。法院指出：被告的客户……按照［原告权利要求的］指导和要求，用催化分解方法进行汽油的商业化生产。［被告］明知其客户的行为并且保证其客户可以免责。被告积极引诱了客户的侵权行为，对侵权提供了帮助。

参与、联合行动导致侵权时，他们都是共同侵权人，承担共同侵权责任"。❶
虽然法院还简要讨论了与引诱有关的法律，最终还是认定被告"刚好共同侵犯了"该方法权利要求。❷

然而，法院仍然在一些案件中采用了两步分析法。例如，在 E. I. DuPont 案中，被告实施了原告方法权利要求中的第一个步骤，然后将产品销售给它的客户完成余下的步骤。❸ 法院没有根据《美国法典》第 35 编第 271 条第 1 款认定被告侵权，而是判定客户为侵权人，被告作为间接侵权人承担责任，因为除了被告实施的一个步骤之外，客户实施了方法权利要求中的所有其他步骤。❹ 另一方面，Free Standing Stuffer, Inc. v. Holly Development Co 案涉及的是另一种不同情况——被告本身没有实施方法权利要求中的任何步骤，而是通过作为其广告代理商的一家独立公司，向印刷商和报商发出指令，由印刷商和报商共同实施了原告电视直销广告（direct response advertising）的方法权利要求。❺ 法院认为，由于被告"通过其各种行为积极地引诱印刷商、报商和其他人实施涉诉方法权利要求的具体步骤"，"根据《美国法典》第 35 编第 271 条第 2 款，由于被告积极引诱对专利的侵权，应作为侵权人承担责任。"❻ Faroudja 案涉及的情况与此类似，被告引诱其客户使用其提供的电视信号增幅器，配合第三方完成的步骤，一起完成了原告专利中的所有步骤。❼ 然而，法院认为，客户和第三方之间的关系不足以认定构成基础的直接侵权，故不支持原告引诱侵权的诉讼请求。❽ 尽管存在法院根据间接侵权认定责任的零星个案，从 2000 年以来，法院在讨论方法权利要求的分立侵权时，一直在回避两步分析法。❾

在 Cordis Corp. v. Medtronic AVE, Inc. 案中，法院审查了一家医疗器械公

---

❶ *Shields v. Halliburton Co.*, 493 F. Supp. 1376, 1389 (W. D. La. 1980).

❷ 同上注。

❸ *E. I. DuPont De Nemours & Co. v. Monsanto Co.*, 903 F. Supp. 680, 734 (D. Del. 1995).

❹ 同上注，第 735、737 页。

❺ *Free Standing Stuffer, Inc. v. Holly Dev. Co.*, No. 72 C 1070, 1974 WL 20219, at *14 (N. D. Ill. Dec. 24, 1974).

❻ 同上注。

❼ *Faroudja Labs., Inc. v. Dwin Elecs., Inc.*, No. 97 - 20010 SW, 1999 WL 111788, at *6 (N. D. Cal. Feb. 24, 1999).

❽ 同上注，第 *6~7 页。

❾ 参见 *BMC Resources, Inc. v. Paymentech, L. P.*, 498 F. 3d 1373, 1381 (Fed. Cir. 2007)（评价了直接侵权，而非间接侵权）；*Applied Interact, LLC v. Vermont Teddy Bear Co.*, No. 04 Civ. 8713 HB, 2005 WL 2133416, at *4 (S. D. N. Y. Sept. 6, 2005)（同前判决）；*Cordis Corp. v. Medtronic AVE, Inc.*, 194 F. Supp. 2d 323, 350 (D. Del. 2002)（同前判决）。

司和医生之间的关系，并评估他们的行为是否已经达到能够根据《美国法典》第 35 编第 271 条第 1 款认定直接侵权的程度。❶ 法院指出，"行为构成对方法权利要求的直接侵权，则要么是一个单一主体完成了所有的步骤，或者存在某种联系的两个或两个以上主体实施了方法的不同步骤"。❷ 与此类似，在 Marley Mouldings Ltd. v. Mikron Industries，Inc. 案中，法院判决一个主体可以直接侵犯一个方法专利，即使这一专利的各个步骤是由不同主体完成的，只要"在实施步骤的主体之间存在某种联系"。❸ 在 Applied Interact v. Vermont Teddy Bear Co. 案中，法院指出："当一个方法权利要求是由关联的主体所实施时，尤其是在专利已设想到至少要包含两个行为人的行为时，可以认定存在直接侵权。"❹ 随后，On Demand 案❺、BMC Resources 案❻、Muniauction 案❼和 emsCharts 案❽都是基于不同主体的直接侵权认定责任。

总之，《美国法典》第 35 编第 271 条的制定引入了两步分析法，改变了认定间接侵权的分析框架。然而，由于第 271 条的措辞，很多法院不经意间使用了旧专利法中对方法权利要求分立侵权的一步分析法。因此，Akamai 案的多数意见适用第 271 条第 2 款认定分立侵权责任是正确的。另外，为了两步分析法能更好地涵盖对方法权利要求的分立侵权，同时也为了让第 271 条第 1 款反应赋予专利权人的权利，国会可能的意图是，第 271 条第 2 款的基础侵权不必由单一主体完成。因此，Akamai 案多数意见在认定引诱侵权责任时废除单一主体规则也是正确的。

2. 适用《美国法典》第 35 编第 271 条第 2 款时绕开单一主体规则

尽管从专利政策来看，Akamai 规则是正确的，其对第 271 条第 2 款的适用符合国会的意图，但该规则仍有法律上的缺陷。尽管联邦巡回上诉法院认为，为了认定引诱侵权责任，不需要在被引诱的主体之间适用单一主体规则，❾ 但在共同侵权原则下要适用单一主体规则，这一点并没有改变。❿ 如下

---

❶　参见 *BMC Resources*，*Inc. v. Paymentech*，*L. P.*，第 349 页。

❷　同上注。

❸　*Marley Mouldings Ltd. v. Mikron Indus.*，*Inc.*，No. 02 C 2855，2003 WL 1989640，at ＊2（N. D. Ill. Apr. 30，2003）.

❹　*Applied Interact*，*LLC v. Vermont Teddy Bear Co.*，*Inc.*，No. 04 Civ. 8713 HB，2005 WL 2133416，at ＊5（S. D. N. Y. Sept. 6，2005）.

❺　*On Demand Mach. Corp. v. Ingram Indus.*，*Inc.*，442 F. 3d 1331，1345（Fed. Cir. 2006）.

❻　*BMC Resources v. Paymentech*，*L. P.*，498 F. 3d 1373，1381（Fed. Cir. 2007）.

❼　*Muniauction*，*Inc. v. Thomson Corp.*，532 F. 3d 1318，1330（Fed. Cir. 2008）.

❽　*Golden Hour Data Sys.*，*Inc. v. emsCharts*，*Inc.*，614 F. 3d 1367，1381（Fed. Cir. 2010）.

❾　*Akamai Techs.*，*Inc. v. Limelight Networks*，*Inc.*，692 F. 3d 1301（Fed. Cir. 2012）.

❿　同上注。

文所述，未能彻底废除单一主体规则，会导致法律解释的不一致。为了支持其创立的新规则，法院的多数意见认为，第271条第2款所要求的基础侵权不必然是第271条第1款所说的侵权，❶ 但是正如下面要讨论的，法律解释和有约束力的判例却表明并非如此。因此，当法院根据《美国法典》第35编第271条第1款用共同侵权原则认定责任时，要求满足单一主体规则；而当法院透过第271条第2款来理解第271条第1款，以认定引诱侵权时，又忽略了相同的规则，于是就导致了法律解释的不一致。这意味着，在前一种情况下（对"谁"适用单一主体规则），是对第271条第1款中的"谁"一词的狭义理解；而在后一种情况下（不要求存在任何关系），则是对"谁"的广义理解，这导致对同一法律术语的不同解释，而这是不允许的。

法院的法律解释应当从"法律条文的用语本身"开始，❷ 即仅仅使用法律的通常含义。只有在法律语言不能提供清晰的含义时，才可以用立法史来解读立法意图。❸ 法律解释要在最后才诉诸政策考量，并且使用政策考量是有争议的。

现在，有一种法律解释认为，《美国法典》第35编第271条第2款规定的引诱侵权必须基于第271条第1款来判定。如前所述，第271条第1款规定"任何人未经许可制造、使用、许诺销售，或销售已获专利保护的发明……构成专利侵权"，❹ 而第271条第2款规定"积极引诱他人侵害专利权的，应负侵权者之责任。"❺ 基于"同一法律中，不同部分所使用的相同术语，应当具有相同的含义"，❻ 这一法律解释的一般规则（这一规则也适用于同一术语的不同语法形式），❼ 第271条第2款中的"侵权"一词的含义，就是根据第271条第1款构成"侵害"专利权的人的行为。此外，尽管多数意见认为第271条第5款第2项、第6款和第7款表明，"侵权"一词可以被定义为"不限于能

---

❶ *Akamai Techs.，Inc. v. Limelight Networks，Inc.*，692 F. 3d 1301，1314（Fed. Cir. 2012）（［第1款或第2款］都不能说明，要满足第271条第2款引诱侵权所要求的"侵权"行为，必须先要满足第271条第1款作为侵权人承担责任）。

❷ *United States v. James*，478 U. S. 597，604（1986）.

❸ 参见 *Ardestani v. INS*，502 U. S. 129，135 - 36（1991）（只有在"罕见和特殊的情况下"，当一个相反的立法意图被表明地表达出来，表达国会意图的法律文本通常含义中的"强烈推定"才能被推翻（省略引证））。

❹ 35 U. S. C. § 271（a）（2006）.

❺ 35 U. S. C. § 271（b）（2006）.

❻ *Sullivan v. Stroop*，496 U. S. 478，484（1990）（省略内部引用编码）。

❼ 参见 *Taniguchi v. Kan Pac. Saipan，Ltd.*，132 S. Ct. 1997，2004（2012）（阐释了法律中某处的"解释者"（interpreter）一词与该法律中另一处的"解释"（interpretation）一词具有相连贯的含义）。

够依据第271条第1款认定责任的情况"，❶ 因此第271条第2款不应当以第271条第1款为基础，但是这些法条指向了相反的结论。该结论是，"当国会意图要涵盖原本不包含在传统的侵权定义下的行为时，国会知道如何创设一个替代的定义。"❷ 例如，第271条第1款规定，制造、使用、许诺销售、销售和进口受专利保护的发明就是"侵犯专利权"。❸ 与此类似，第271条第5款第2项规定，以向美国食品及药物管理局提交信息为目的，对专利的开发使用是合理的，超过此限同样构成"侵权行为"。❹ 另一方面，《美国法典》第35编第271条第2款、第3款、第6款和第7款规定，当一主体促成"侵犯"专利权时，这个主体就作为侵权人承担责任。❺ 这些区别表明，国会知道用哪些条款定义侵权，用哪些条款定义间接责任，例如当一个行为人"被视为侵权人承担责任"时。由于只有第271条第1款和第5款第2项定义了侵权，而第271条第5款第2项与方法权利要求分立侵权无关，因此，只有第271条第1款的用语与Akamai案中的争议相关。

此外，立法史支持《美国法典》第35编第271条第2款必须以第271条第1款为前提，即使在辩论过程中，对第271条的通常解释并不支持这一命题。在众议院第7794号提案，也就是最终引入第271条提案的国会报告中，司法委员会指出"第271条第1款是对什么构成侵权的声明"。❻ 因此，很显然，当第271条第2款指出"积极引诱他人侵害专利权的，应负侵权者之责任"时，其中"侵权"一词就是指"第271条第1款规定的侵权"。正如一位评论家指出，可能因为《美国法典》第35编第271条是由专利律师撰写的，其结构类似于一项独立权利要求及其从属权利要求。❼ 根据这个道理，除非第271条第1款成立，否则第271条第2款就不能成立——如果没有第271条第1款规定的侵权存在，就不存在引诱责任。

此外，最高法院的判例也表明，《美国法典》第35编第271条第1款规定的直接侵权是间接侵权责任的必要条件。在 Global – Tech Appliances, Inc. v. SEB S. A. 案中，最高法院指出，《美国法典》第35编第271条第2款

---

❶ *Akamai Techs. , Inc. v. Limelight Networks, Inc.* , 692 F. 3d 1301, 1314（Fed. Cir. 2012）.
❷ 同上注，第1314页（Linn 法官持反对意见）.
❸ 35 U. S. C. § 271（a）(2006).
❹ 35 U. S. C. § 271（e）(2)(2006).
❺ 35 U. S. C. § 271（b）-（c）,（f）-（g）(2006).
❻ H. R. Rep. NO. 82-1923, at 9（1952）.
❼ Charles W. Adams, *A Brief History of Indirect Liability for Patent Infringement*, 22 Santa Clara Computer & High Tech. L. J. 369, 386（2006）.

规定的引诱侵权，意味着"引诱者引导他人实施一个根据第271条第1款恰好构成侵权的行为，例如制造、使用、许诺销售、销售或进口受专利保护的发明"。❶ 类似地，在Aro案中，最高法院的理由是，被告可能会承担间接侵权责任，"当且仅当［被告客户的行为］本身根据第271条第1款构成直接侵权时"。❷

因此，《美国法典》第35编第271条第2款规定的引诱侵权必须以第271条第1款规定的侵权作为前提。然而，Akamai规则不能与此规则并行，因为最终会导致矛盾的法律解释。根据Akamai规则，在一些情况下，一个主体会根据《美国法典》第35编第271条第2款对引诱相互关系松散的主体协调一致做出行为而承担责任。尽管如此，由于几个主体不能满足单一主体规则（这仍然是根据第271条第1款认定构成侵权所必需的要求），这些主体的行为可能不能根据第271条构成侵权行为。如果通过《美国法典》第35编第271条第2款的镜头解读第271条第1款时，单一主体规则不是一个必要条件，正如Akamai案中多数意见所判决的，那么第271条第1款中的"任何人"就可能被宽泛地解读为"不要求有任何联系的主体"。然而，根据《美国法典》第35编第271条第1款依照共同侵权原则适用单一主体规则的这一现象持续存在，这意味着"任何人"一词应当被狭义地解读成"之间存在'指导或控制关系'或代理关系的主体。"这直接违背了最高法院认定同一法律内的相同词语应当以相同方式解读的先例，❸ 因此这显然是不被允许的。

（三）降低共同侵权原则关系标准

如上所述，单一主体规则不能仅仅为了根据《美国法典》第35编第271条第2款认定责任而被淘汰。然而，如果单一主体规则完全被淘汰，第271条第1款就会将共同实施方法专利所有步骤的无关主体全部包含进来。因此，目

---

❶ *Global - Tech Appliances，Inc. v. SEB S. A.*，131 S. Ct. 2060, 2065 (2011).

❷ *Aro Mfg. Co. v. Convertible Top Replacement Co.*，365 U. S. 336, 341 (1961). 尽管最高法院是根据第271条第3款在帮助侵权的含义下讨论这一规则的，但这一规则同样适用于引诱侵权，因为间接侵权的两种形式都与促成"侵权"的行为有关。同上注，35 U. S. C. § 271 (b) - (c) (2006).

❸ *Ratzlaf v. United States*，510 U. S. 135, 143 (1994) (同一术语出现在法律文本的几个地方，每个地方都应当以相同的方式予以解释。我们有更强的原因来解释……每次这个词出现时都应当用同样方式予以解释) (省略引证). 在Ratzlaf案中，当《美国法典》第31编第5322条第1款提到不同刑事法律时，法院拒绝将"故意违反"（willfully violating）一词的含义作不同解释。同时可参见 *Reno v. Bossier Parish Sch. Bd.*，528 U. S. 320, 329-30 (2000) (拒绝"把同一句子中的同一词语根据所修饰的对象不同作不同含义的解释")；*Brown v. Gardner*，513 U. S. 115, 118 (1994) (指出"推定整个法律中一个确定术语用来表示同一事情"是"确信无疑的，尤其当这一词语在给定的句子中反复出现时").

前的法律框架对规制方法专利分立侵权来说并不完善。尽管如此，保留能够涵盖所有侵犯专利情况的分立侵权法律仍然是必须的。在这样的法律约束下，能够与 Akamai 规则一样获得公平结果，但又可以避免法律解释不一致的规则，即为在解读第 271 条第 1 款自身和以适用第 271 条第 2 款为目的解读第 271 条第 1 款时均适用一个较为宽松，但一致的关系标准。

两个对"指导或控制"标准或单一主体规则的很好的替代品是 Shields 案❶中引入的"参与和联合行动"标准或类似的 Faroudja 案❷所拥护的"某种联系"标准。这些标准的好处是灵活性。在方法专利被分开实施的情况下，这些标准不立刻要求法院认定构成侵权，而仅当主体间的关系达到代理的标准时才会如此。正如在 Shields 案❸、Cordis 案❹、Marley Mouldings 案❺和 Vermont Teddy Bear 案❻中适用这些规则的法院所表明的，这些规则足够灵活，在确定被告之间的合作关系是否达到了分立侵权的标准这一问题上给了法院足够的指引。同时，由于这些标准的灵活性，当一个主体自己不插手专利方法的步骤，而是引诱其他关系松散的主体进行分立侵权时，这些标准同样可以认定该主体构成侵权。此外，灵活的规则与最高法院专利法先例是一致的，在灵活性和刚性规则中，最高法院通常倾向于前者。❼

崇尚如单一主体规则一类的更紧密关系标准的人非常关注的是无辜被引诱者可能承担的责任。然而，这样的担忧是没有必要的。如果无辜的被引诱者是个人，专利权人不会起诉他们，因为他们是不符合成本效益的诉讼目标，或者是专利权人市场的构成部分，如网络用户或医生。如果无辜被引诱者是更复杂的主体，比如公司，他们可以在与某主体（之后被认定为引诱公司实施了方

---

❶ *Shields v. Halliburton Co.*，493 F. Supp. 1376，1389（W. D. La. 1980）。

❷ *Faroudja Labs.，Inc. v. Dwin Elecs.，Inc.*，No. 97 – 20010 SW，1999 WL 111788，at ＊5（N. D. Cal. Feb. 24，1999）。

❸ Shields，493 F. Supp. at 1389。

❹ *Cordis Corp. v. Medtronic AVE，Inc.*，194 F. Supp. 2d 323，349 – 50（D. Del. 2002）。

❺ *Marley Mouldings Ltd. v. Mikron Indus.，Inc.*，No. 02 C 2855，2003 WL 1989640，at ＊2（N. D. Ill. Apr. 30，2003）。

❻ *Applied Interact，LLC v. Vermont Teddy Bear Co.，Inc.*，No. 04 Civ. 8713 HB，2005 WL 2133416，at ＊4 – 5（S. D. N. Y. Sept. 6，2005）。

❼ 例如，参见 *Bilski v. Kappos*，130 S. Ct. 3218，3226 – 27（2010）（拒绝将"机器或转换"检验法作为方法发明可专利性的标准）；*KSR Int'l Co. v. Teleflex Inc.*，550 U. S. 398，419（2007）（拒绝僵化地采用"教导、建议或动机"检验法来判定显而易见性）；*eBay Inc. v. MercExchange，L. L. C.*，547 U. S. 388，393 – 94（2006）（认定构成侵权，但拒绝默认地给予永久禁令）；*Festo Corp. v. Shoketsu Kinzoku Kogyo Kabushiki Co.，Ltd.*，535 U. S. 722，737 – 38（2002）（拒绝通过禁止反悔原则来绝对禁止等同原则）；*Pfaff v. Wells Elecs.，Inc.*，525 U. S. 55，63（1998）（拒绝适用一条僵化的规则，即根据《美国法典》第 35 编第 102 条第 2 款，一发明在完善之前不能"销售"）。

法专利的一些步骤的主体）之间的商业合同中加入赔偿条款。此外，即使专利权人起诉了一个无辜的当事人，法院也可以根据这些灵活的标准否认救济，以提醒专利权人，起诉这些被引诱的没有过错的主体是不正确的。

四、结语

在我们不完美的规制专利侵权的法律框架下，单一主体规则是法律中必须被弥补的一个漏洞。如果专利权不能可靠的实现，社会必然失去这些发明所带来的好处。我们也许不确定这些发明的重要性或其未来的增长潜力，但正因为如此，我们更应该保护这些发明。正如最高法院在 Diamond 诉 Chakrabarty 中强调的，"最能使人类受益的"发明是那些我们不能预见的发明。❶ 在 Akamai 案中，联邦巡回上诉法院创造了一条新规则，以国会意图的方式适用《美国法典》第 35 编第 271 条第 2 款，以达到这个公平的结果。然而，这一规则是不被允许的，因为它会导致法律解释不一致。一个更好的办法是，直接处理第 271 条第 1 款下的单一主体规则，将共同侵权原则要求的关系标准降低到灵活的"参与和联合行动"标准或"某种联系"标准。这些规则可以弥补单一主体规则的不足，同时可以给予法院足够的自由裁量权以保护无辜的被引诱的当事人不承担侵权责任。

---

❶ *Diamond v. Chakrabarty*, 447 U. S. 303, 316 (1980).

"共同发明"界定中的混乱及其变化
——基于联邦巡回上诉法院案例的实证分析

Eric Ross Cohen[*]　著

王涵敏　译

刘永沛　校

在专利中发明人的署名，并非形式主义。如果没有正确署名，可能会严重影响专利权人行使权利，或者导致专利全部无效。[1] 署名的发明人不仅仅是获得了承认，他是专利权人；在指控侵权人时，他是唯一可以主张相应的财产权的人。[2] 因此，对于谁有权成为专利的发明人，有严格的要求。[3] 当只有一个唯一的发明人时，除了优先权的争议，这个问题不会引起太多困扰。[4] 然而，当几个人一起工作，产生出"共同发明"（joint invention）时，这些权利和限制将被赋予新的意义。联邦巡回上诉法院经常会分析和衡量假定发明人

---

[*]　作者为加州大学伯克利分校法学院法律博士。

[1]　参见35 U. S. C. §§ 102（f），256（2006）；同时参见下文第一部分（三）。除特别指明外，所有法律皆指 Leahy – Smith America Invents Act, Pub. L. No. 112 – 29, 125 Stat. 284（2011）（以下简称《美国发明法》）以前的文本。

[2]　假定不存在涉及第三方的转让协议。根据35 U. S. C. § 261（专利具有个人财产的属性）；根据 § 262（"除有相反约定外，每一个共同专利权人都可以制造、使用、许诺销售或销售其发明专利……而不必取得其他所有权人的同意，也无须向其他所有权人说明）；同时参见 W. Fritz Fasse, *The Muddy Metaphysics of Joint Inventorship：Cleaning Up After the 1984 Amendments to 35 U. S. C. § 116*, 5 Harv. J. L & Tech. 153, 156, n. 19（1992）（一项发明最初属于发明人，但也可能被法院强制判决转让给雇主）。引自 Richard C. Witte & Eric W. Guttag, Employee Inventions, 71 J. Pat. & Trademark Off. Soc'y467, 469（1989）。

[3]　例如，参见35 U. S. C. § 101（要求"发明"或者"发现"）；§ 102（g）（要求发明要有"构思"以及能"付诸实施"）。

[4]　例如，参见 *Coleman v. Diness*, 754 F. 2d 353（Fed. Cir. 1985）；*Hybritech Inc. v. Monoclonal Antibodies, Inc.*, 802 F. 2d 1367（Fed. Cir. 1986）。

（putative inventor）的个体贡献，以此来判定谁足以成为发明人，而谁不可以成为发明人。❶ 这微妙而看似任意的评价过程，使共同发明获得了一个"模糊的专利法形而上学中最模糊的概念"的名声。❷ 然而，对于寻求合作与联盟的机构研究者和企业家来说，清晰的共同发明原则至关重要。❸ 由于现在大多数可专利发明的研究和开发都由大量团队成员组成的机构完成，因此一项具有可预测性的共同发明原则，其商业和科学重要性对于众多的现代企业都至关重要。❹

本文将分析美国联邦巡回上诉法院（the United States Court of Appeals for the Federal Circuit）自 1982 年成立起到现在所有共同发明的案例，❺ 并讨论过去 30 年中共同发明原则的演变。1984 年国会对专利法第 116 条进行了修正，该修正案规定了多个发明人的署名，简化了为同一专利中为可专利构思付出过劳动的团队的署名，本文特别评价了该修正案后的联邦巡回上诉法院判例。❻ 从 1984 年国会修正案至今，联邦巡回上诉法院已经公开的判决有 65 个。❼ 在其中的绝大多数案件中，联邦巡回上诉法院都评价了假定发明人是否有贡献，以判定他是否有资格成为共同发明人。❽ 即使经过充分论证的案件，单独来看，由于分析都是非常基于个案的，所以对于法律从业者指导研究人员和机构，法律既不明晰，帮助也不大。但是，当把它们作为一个统一的整体来看时，联邦巡回上诉法院有关共同发明的判例，还是揭示了一个连贯的图景以及一系列指导原则。最终，尽管原则"模糊"的名声依旧，本文还是找到了专利法中共同发明原则的可预见性与连贯性。

---

❶ 例如，参见 *Monsanto Co. v. Kamp*，269 F. Supp. 818（D. D. C. 1967）；*Mueller Brass Co. v. Reading Indus.，Inc.*，352 F. Supp. 1357（E. D. Pa. 1972）；*Burroughs Wellcome Co. v. Barr Labs.，Inc.*，40 F. 3d 1223（Fed. Cir. 1994）；*Fina Oil & Chem. Co. v. Ewen*，123 F. 3d 1466（Fed. Cir. 1997）。

❷ *Mueller Brass*，352 F. Supp. at 1372.

❸ 参见 *Lawrence M. Sung*，*Collegiality and Collaboration in an Age of Exclusivity*，3 DePaul J. Health Care L. 411，435 – 39（2000）（指出当前共同发明的法律体系并不鼓励合作，也引起了科学界的过分"谨慎"）。

❹ 同上注，第 247 页；同时参见 Joshua Matt，*Searching for an Efficacious Joint Inventorship Standard*，44 B. C. L. Rev. 245，247，254（2002）（讨论机构研究者的"现代范式"）。Matt 解释说，共同发明权已经成为"心怀不满的科学家起诉前研究合作者或者前雇主极具吸引力的选择。同样，被指控侵权的被告可能努力寻找一个未被署名的、被忽视的次要贡献者作为抗辩理由来进行回击"。

❺ Federal Courts Improvement Act of 1982，Pub. L. No. 97 – 164，96 Stat. 25.

❻ Patent Law Amendments Act of 1984，Pub. L. No. 98 – 622，§ 104（a），98 Stat. 3383，3384 – 85（对 35 U. S. C. § 116 进行修订）；参见 Matt，同前注 8，第 246 页（解释了第 116 条的修订"降低了共同发明人身份门槛"）；参见下文第一部分（二）。

❼ 参见本文附录。

❽ 参见 *generally Aaron X. Fellmeth*，*Conception and Misconception in Joint Inventorship*，2 N. Y. U. J. Intell. Prop. & Ent. L. 73（2012）（描述对单个权利要求的贡献和对发明整体的贡献之间的区别）。

本文第一部分叙述了有关共同发明的法律,重点在于过去 30 年间主要学说发展史。❶ 这部分对专利法第 116 条和第 256 提出了一个简洁但百科全书式的轮廓。❷ 第二部分是实证分析。❸ 这部分讨论了共同发明原则的发展史,❹ 并得出了三个结论:联邦巡回上诉法院在最近几年:(1)已经提高了发明贡献的标准;❺(2)越来越依赖于已授权专利的有效性推定;❻(3)承认对于日益自由的共同发明标准适用 1984 年之前的所有权规则不公平。❼ 第二部分在前文的研究基础上对从业者提出了一些建议。❽

一、背景

共同发明原则,作为"专利法中……最模糊的概念之一",❾ 被大多数人认为是任意的、缺乏连贯性的。这种观点的产生,在某种程度上是因为,共同发明的情况比较复杂,发明过程涉及多个主体的参与,却试图把模糊的发明标准作为共同发明的法律来适用。❿ 在阐释错综复杂的共同发明法律之前,首先需要对传统的单个主体发明的基本要求有一个大致了解。

(一)独立发明中的构思

发明人资格(inventorship)有两个条件:(1)构思(conception);(2)付诸实践(reduction to practice)。⓫ 但是,在评价发明人资格争议时,构思在两个条件中起到决定性的作用。⓬ 构思包括特定发明在头脑中的心理概念或者图

---

❶ 参见下文第一部分。

❷ 同上注;参见 35 U. S. C. § § 116,256。

❸ 参见下文第二部分。

❹ 参见下文第二部分(二)。

❺ 参见下文第二部分(二)1。

❻ 参见下文第二部分(二)2。

❼ 参见下文第二部分(二)3。

❽ 参见下文第三部分。

❾ *Mueller Brass Co. v. Reading Indus.*,*Inc.*,352 F. Supp. 1357,1372(E. D. Pa. 1972)。

❿ 例如,参见 W. Fritz Fasse,*The Muddy Metaphysics of Joint Inventorship*:*Cleaning Up After the* 1984 *Amendments to* 35 *U. S. C.* § 116,5 Harv. J. L. & Tech.,第 161 页(把共同构思作为关键,这在实践中是困难的,在理论上是不可能的。两个人真的可以共同构思得到一个完整思想吗?);Joshua Matt,*Searching for an Efficacious Joint Inventorship Standard*,44 B. C. L. Rev.,第 245 ~ 246 页(有关共同发明的法律一直模棱两可,将法律意义抽象化,坚持形而上学标准,认为发明人的"构思时刻"才是发明的标志)。

⓫ 35 U. S. C. § 102(g)(2006).

⓬ 参见 *Burroughs Wellcome Co. v. Barr Labs.*,*Inc.*,40 F. 3d 1223,1227 - 28(Fed. Cir. 1994)(构思是发明的基石,构成了发明的心理部分)。

景的组合："对于完整和可行的发明，在发明人头脑中形成确定、永久的想法，之后付诸实践。"❶ 联邦巡回上诉法院认为这个概念模棱两可，承认其没有具体、明确地规定发明人的想法如何才算达到构思的条件。❷ 除此之外，联邦巡回上诉法院还阐释说，"当想法在发明人的脑海中清晰到不需要大量研究和实验，仅需要普通技术都可以将它实现时，……构思就算完成了。"❸ 发明人必须有"一个确定的、成型的想法，对当前问题有一个特定的解决方案，而不仅仅是他希望达到的一般目标或者研究计划。"❹ 因此，对于提出权利要求的发明，发明人必须证明他"对其中的每一个特征了如指掌"，才能说明形成了构思。❺ 但是，在构思阶段，发明人并不需要展示他的"成果"。❻ 从这些要求可以看出，构思是一个抽象概念，经常需要探究发明人的思维过程。

鉴于构思是一种心理行为，发明人对其想法，如在记忆上发生错误，或者描述上发生的错误，则会产生很大的风险，特别是当专利的有效性是建立在这个基础之上时。❼ 因此，联邦巡回上诉法院需要确凿的证据，来支持任何假定发明人主张的构思。❽ 通常，必要的确凿证据是同时发生的信息披露，该信息具有足够的细节可以让本领域普通技术人员（one skilled in the art）现实该发明。❾ 这种披露既是对设计这一事实的确认，也是对设计完整性的确认：

> 构思分析取决于发明人对于发明独特性（particularity）的描述能力。只有他可以做到这一点，他才能证明他拥有了发明的完整心理图景。这些规则确保了只有当发明人把一个观念推进到明确、特定发明的程度，才可能获得专利。❿

另外，发明人自己把发明付诸实践，也可以作为证明构思的有力证据；把

❶ *Hybritech Inc. v. Monoclonal Antibodies, Inc.*, 802 F. 2d 1367, 1376 (Fed. Cir. 1986).
❷ *Burroughs Wellcome*, 40 F. 3d at 1228.
❸ 同上注。
❹ 同上注。
❺ *Coleman v. Dines*, 754 F. 2d 353, 359 (Fed. Cir. 1985).
❻ *Burroughs Wellcome*, 40 F. 3d at 1228 （引证 *Applegate v. Scherer*, 332 F. 2d 571, 573, （CCPA 1964））。以付诸实施测试法来确立发明的有效性。同上注。
❼ 参见 *Hess v. Advanced Cardiovascular Sys.*, 106 F. 3d 976, 981 (Fed. Cir. 1997) （即使最诚实的证人也会面临诱惑，以对他们有利的方式，来重建其曾经的心理状态）。（引证 *Amax Fly Ash Corp. v. United States*, 514 F. 2d 1041, 1047 (Ct. Cl. 1975)）。
❽ 同上注。
❾ *Burroughs Wellcome*, 40 F. 3d at 1228.
❿ 同上注。

想法付诸实践的结果，清晰界定了构思的边界，以及它是否属于提出权利要求的发明。❶

对于 1952 年专利法和第 102 条的先发明制（first – to – invent），构思分析目前对于解决优先权争议十分关键。❷ 然而，《美国发明法》和向先申请制（first – to – file）的转变，大大简化了优先权争议，并降低了对构思问题的关注。❸ 尽管如此，构思分析在团队进行的研究、发现和发明中，对于确定谁是适合的发明人，仍然是不可或缺的内容。

（二）共同发明

共同发明的法律定义是"发明由二个或更多人共同完成时，应当共同提出专利申请"。❹ 尽管定义表面上对于谁可以在专利申请中署名提供了可以遵从的标准，事实上，联邦巡回上诉法院提出严格标准来决定谁可以成为"真正发明人"，即成为研究或发明团队中的一员，是远远不够的。❺ 此外，真正发明人没有署名（nonjoinder），或者让非真正发明人署名（misjoinder），都会使专利无效。❻ 对于谁有权在专利上署名的限制，源于专利制度的根本目的，以及认识到作为创新的奖励授予专利权人排他权的价值，❼ 就如著名的专利法学者 Donald Chisum 所说的：

> 如果一人播种，被另一个人收获，将会受到道德上的谴责。即使真正的发明人没有指控或者真正的发明人不知道，基于此条件该专利也不会被授予。例如，当一个人在国外发现了一个通常用途的设备并将其进口到美国。原创性的要求，把专利的垄断权仅限于授予那些实际付出创新性努力并获得成功的人。❽

---

❶ *Burroughs Welcome*，40F. 3d，第 1228 ~ 1229 页。有关通过付诸实践进行合作中的时间因素的讨论，以及《美国发明法》的相关变化，不是本文的讨论范畴。但是，将想法付诸实施的过程，产生了新的、意料之外的结果时，先前的构思将被视为"不完整的"。同上注，第 1229 页。

❷ 参见 35 U. S. C. § 102 (2006).

❸ 参见 America Invents Act，Pub. L. No. 112 – 29，§ 3 (b) (1)，§ 102. 125 Stat. 284. 285 – 87 (2011).

❹ 35 U. S. C. § 116.

❺ 参见 *Univ. of Colo. Found. Inc. v. Am. Cyanamid Co.*，105 F. Supp. 2d 1164，1175（D. Colo. 2000）; *Agawam Co. v. Jordan*，74 U. S. 583，602（1869）.

❻ 35 U. S. C. § § 102 (f)，256. 参见下文第一部分（三）。

❼ 参见 U. S. Const. art. I，§ 8，cl. 8（赋予国会"通过确保给发明人的……发现一定时间的专有权，促进科学和实用技术的进步"）。

❽ 1 – 2 Donald Chisum，Chisum on Patents § 2.01 (2008).

　　虽然很清楚，一项专利只会让一位真正的发明人署名，但联邦巡回上诉法院却时常面对挑战，要在一群人中确定谁是真正的发明人。在 1984 年专利法修正前，第 116 条提到了共同发明，❶ 但是"只是承认了共同发明的存在，为共同申请专利和更正非故意的错误署名设置了程序"。❷ 尽管缺乏一个明确的法律上的定义，一般规则（甚至早于 1952 年专利法颁布前）认为，要成为共同发明，欲署名的"发明人"必须：（1）共同工作；（2）共同构思发明。❸

　　如本文第一部分所讨论的，即使对于单独发明人，构思也是一个模糊的概念。❹ 可以理解的是，对于如何让多个人对一个发明构思作出贡献，联邦巡回上诉法院一直在努力达成共识。❺ 在 Monsanto Co. v. Kamp 这一里程碑式的案件中，❻ 地区法院在干涉程序中（interference proceeding）对共同发明的定义进行了修正：

> 　　共同发明是合作的产物，是由两个或两个以上人进行创造性劳动，朝着一个相同的目的在共同努力下产生的发明。为了形成共同发明，每个发明人必须在相同的可专利客体范围内进行工作，对于创造性思想作出自己的贡献，以得到最后的结果。如果发明由一起完成的所有步骤构成，每个人只需完成一部分。并不需要每个发明人都提出整个发明构思，也不需要两个人实地一起工作。可能一个人完成了一

----

❶ 35 U. S. C. § 116（1982）. 第 116 条的最初版本规定："当发明是由两个或两个以上人共同完成时，应共同提出专利申请，分别在申请书上签名并进行必要的宣誓……如果有一个共同发明人拒绝参加专利申请，或者有一个共同发明人下落不明，虽经努力仍未能找到或未能与之联系时，另一发明人可以自己和遗缺发明人的名字提出申请……在专利申请中，错误把非共同发明人列为共同发明人，或者遗漏共同发明人，且该错误的发生并非因本人有意欺诈，则局长可根据规定允许对申请作相应修正。"

❷ 参见 W. Fritz Fasse, *The Muddy Metaphysics of Joint Inventorship*：*Cleaning Up After the 1984 Amendments to 35 U. S. C.* § 116, 5 Harv. J. L. & Tech. 第 162 页。

❸ 参见 W. Robinson, The Law of Patents for Useful Inventions § 396（1890）（只有通过两个或者两个以上人的智力劳动，一起工作、彼此沟通，形成相同的、单一的方案时，才是真正的共同构思和共同发明的成果）。

❹ 参见下文。

❺ 例如，参见 W. Fritz Fasse, *The Muddy Metaphysics of Joint Inventorship*：*Cleaning Up After the 1984 Amendments to 35 U. S. C.* § 116, 5 Harv. J. L. & Tech. 第 161 页（把共同构思作为关键，这在实践中是困难的，在理论上是不可能的。两个人真的可以共同构思得到一个完整思想吗）；Joshua Matt, *Searching for an Efficacious Joint Inventorship Standard*, 44 B. C. L. Rev., 第 245 ~ 246 页（有关共同发明的法律一直模棱两可，将法律意义抽象化，坚持形而上学标准，认为发明人的"构思时刻"才是发明的标志）。

❻ *Monsanto Co. v. Kamp*, 269 F. Supp. 818（D. D. C. 1967）.

个步骤，而另外一个人在另一个时间完成了另外一个步骤。可能一个人时不时地提出建议，而另外一个人做了更多的实验工作。只要事实表明，每个发明人都担当了一个不同的角色，并且作出大小不一的贡献，对于问题的最后解决方案，如果每个人都作出了原创性的贡献，哪怕这种贡献是部分的，都应该认为发明是共同的。❶

在 Monsanto 案中，联邦巡回上诉法院试图调整共同发明原则的边界，对于构成共同发明哪些条件是不需要的，提出具体的消极标准。❷ 之后，在 SAB Industri AB v. Bendix Corp. 案中，联邦巡回上诉法院进一步阐明，共同发明人不需要"对专利中的每一项权利要求都作出共同的努力"。❸ 换句话说，共同发明人不需要对提出权利要求发明的每个方面都有贡献。

1984 年，国会对 1952 年专利法作出了重大修改，包括第 116 条中关于共同发明的定义：❹

> 当发明由两个或者两个以上的人共同完成时，除本法另有规定外，应共同提出专利申请，并分别进行必要的宣誓。发明人可以共同申请专利，即使（1）他们没有在同一地点或者同一时间一起工作；（2）每个人没有作出相同类型或者相同程度的贡献；（3）每个人没有对每一项专利权利要求中的客体作出贡献。❺

该新定义直接把 Monsanto 案和 SAB Industri 案中的原则法典化。❻ 但是，国会在定义共同发明时，仍然基于消极标准，只说明要满足法律的要求，什么是不需要的。❼ 这样做有效地"减轻了共同发明的阻碍，但是对于共同发明相

---

❶ *Monsanto Co. v. Kamp*，269 F. Supp.，第 824 页。

❷ 同上注。

❸ *SAB Industri AB v. Bendix Corp.*，199 U. S. P. Q. 95（E. D. Va. 1978）. 这一判决反驳了几个法院在共同发明案中适用的"全部权利要求规则"。参见 W. Fritz Fasse, *The Muddy Metaphysics of Joint Inventorship*：*Cleaning Up After the* 1984 *Amendments to* 35 *U. S. C.* § 116，5 Harv. J. L. & Tech. 第 178 页（解释了"全部权利要求规则"是"根据［最初版的］第 116 条，进行团队研究的最大障碍"）。

❹ Patent Law Amendments Act of 1984，Pub. L. No. 98 – 622，§ 104（a），98 Stat. 3383，3384 – 85.

❺ 35 U. S. C. § 116（2006）.

❻ 第 116 条的立法史把 Monsanto 案和 SAB Industri 案列为在具体标准下起激励作用的案件。Section – by – Section Analysis，130 Cong. Rec. 28，069，28，071（1984）。

❼ 参见 W. Fritz Fasse, *The Muddy Metaphysics of Joint Inventorship*：*Cleaning Up After the* 1984 *Amendments to* 35 *U. S. C.* § 116，5 Harv. J. L. & Tech. 第 177 页，注 136。Fasse 解释道，第 116 条的消极标准"只是为法院对共同发明人的界定设立了最高标准"。这一排除积极标准的决定"为法院松了绑"，并且允许法院自行发展出最低标准。

关法律固有的模糊性没有做出阐释"。❶ 相对新设立的联邦巡回上诉法院承担了这项工作，并根据修订后的专利法第 116 条关于共同发明的规定阐明：（1）共同发明人间必要的合作关系；（2）每个发明人对于发明构思的最低贡献。❷

1. 合作与交流

共同发明分析首先要求，共同发明人之间必须有朝着同一目标某种程度上的合作。❸ 尽管专利法第 116 条规定，即使"没有在同一地点或者同一时间共同工作"，仍然可以成为共同发明人，❹ 但这个要求没有回避有关合作的要求。❺ 相反，它承认了现代研发过程在企业、大学或者其他相似机构中的现实。❻

在 Kimberly – Clark Corp. v. Procter & Gamble Distributing Co. 案中，联邦巡回上诉法院解决了合作最低要求这一问题。❼ Kimberly – Clark 主张它的三个雇员是共同发明人，所以它对一种尿布的专利申请（最终来源于每个雇员的贡献）将享有更早的申请日。❽ 然而，每个雇员是独立工作的，也不知晓其他人的研究工作。❾ 因为署名的发明人之间缺乏任何"合作或连接关系"，所以联邦巡回上诉法院主张 Kimberly – Clark 不是共同发明人。❿ 尽管每个署名的发明人之间的贡献最终被组合成发明，但联邦巡回上诉法院还是不能忽视雇员是相对独立工作的这一事实。

很明显，法律上使用"共同"这个词，并非多余。根据专利法第116 条，要成为共同发明人，必须符合共同工作的几个要素，比如合

---

❶ Joshua Matt, *Searching for an Efficacious Joint Inventorship Standard*, 44 B. C. L. Rev. , 第 246 页。

❷ 参见 W. Fritz Fasse, *The Muddy Metaphysics of Joint Inventorship*: *Cleaning Up After the* 1984 *Amendments to* 35 *U. S. C.* § 116, 5 Harv. J. L. & Tech. 第 160~161 页；另参见 W. Robinson, The Law of Patents for Useful Inventions § 396 (1890)。

❸ 参见 W. Robinson, The Law of Patents for Useful Inventions § 396 (1890)（提到共同发明人之间必须互相"保持沟通"）。

❹ 35 U. S. C. § 116 (2006).

❺ 1–2 Donald Chisum, Chisum on Patents § 2.02 (2) (f)（在完成最终发明的过程中，共同发明人之间要有某种形式的合作，这是最基本的要求，没有证据表明国会放弃了这个要求）。

❻ 参见 Joshua Matt, *Searching for an Efficacious Joint Inventorship Standard*, 44 B. C. L. Rev. , 第 254 页（引用立法史）。Matt 解释了国会设立低合作门槛的背景：
"研究团队……经常有很多人，而且需要很多年才能研发出成熟的产品。所以研究人员可能在相当长的一段时间内在一个特定的项目上开展工作，有时这种工作是分散进行的，而且每个团队成员对最终发明的贡献会各有不同。国会通过 1984 修正案，把案例法中形成的规则法典化，试图鼓励团队研究，同时防止法院走偏。"

❼ *Kimberly – Clark Corp. v. Proctor & Gamble Distrib. Co.* , 973 F. 2d 911 (Fed. Cir. 1992).

❽ 同上注，第 912~913 页。

❾ 同上注，第 913 页。

❿ 同上注，第 917 页。

作、沿着相同的方向工作、一个发明人寻求他人的相关报告并据此进行工作、在会议上听取其他人的建议等。一个人如果对其他人的工作一无所知，只是在很多年后才知道其他人独立做出的努力，就不可能成为共同发明人。既要完全互相独立，又要成为共同发明人，这是不可能的。

Kimberly－Clark 案对共同发明中合作的最低要求，代表了案例法中关于共同发明的标准。❶ 尽管设置了一个低的门槛——只需要满足某些形式上的交流、知晓其他的共同发明人。Kimberly－Clark 案表明，修订后的专利法第 116 条并没有去掉共同发明中对合作的要求，并且阐述了该原则在机构研究者中的应用。❷

2. 对构思的贡献

因为对合作的要求没有成为经常性的争议，所以绝大多数共同发明的争论集中在：每个做出贡献的发明人在形成最终的专利成果上对于构思的贡献是否足以让其成为一个发明人。❸ 在独立发明人的情形下，构思是"发明的检验标准"；❹ 而合作者对于构思的不同贡献，往往决定了谁是真正的发明人。❺ 根据专利法第 116 条，共同发明人不需要作出相等的贡献，也不需要对专利的每一项权利要求都有贡献。❻ 但是，联邦巡回上诉法院的案例法指明，共同发明人对于整个发明构思必须要有实质性的、"并非微不足道"的贡献；同时指出，评价时要慎重，这种贡献是定性而全面的评估，而不是一种定量而公式化的计算。❼

因此，对于假定发明人有何种贡献才足以让其成为提出权利要求发明的共同发明人，并没有明确的指导。❽ Donald Chisum 编写了如下简短的贡献列表，

❶ 参见 W. Fritz Fasse, *The Muddy Metaphysics of Joint Inventorship*: *Cleaning Up After the* 1984 *Amendments to* 35 *U. S. C.* § 116, 5 Harv. J. L. & Tech. 第 191 页（最低要求的合作，是两个共同发明人之间某种形式的沟通）; Joshua Matt, *Searching for an Efficacious Joint Inventorship Standard*, 44 B. C. L. Rev., 第 253 ~ 254 页（如果双方都完全没有意识到对方的工作……就不存在合作和共同发明）。

❷ 在 Monsanto 案中，法院特别指出共同发明需要存在合作关系。Monsanto 269 F. Supp. 818, 824 (D. D. C. 1967)（要求两人或者两人以上朝同一个方向，通过共同努力来产生专利）。该表达尽管因为没有被明确纳入第 116 条而经常被忽略，但立法史对 Monsanto 案的引证表明，合作仍是必须的要求。参见第 116 条的立法史把 Monsanto 案和 SAB Industri 案列为在具体标准下起激励作用的案件。Section - by - Section Analysis, 130 Cong. Rec. 28, 069, 28, 071 (1984). W. Fritz Fasse, *The Muddy Metaphysics of Joint Inventorship*: *Cleaning Up After the* 1984 *Amendments to* 35 *U. S. C.* § 116, 5 Harv. J. L. & Tech. 第 185 页。

❸ 参见 *Burroughs Wellcome Co. v. Barr Labs.*, *Inc.*, 40 F. 3d 1223, 1227 – 28 (Fed. Cir. 1994).

❹ 同上注。

❺ 参见 Burroughs Wellcome, 40 F. 3d at 1227 – 28.

❻ 35 U. S. C. § 116 (2006)（发明人可以共同申请专利，即使……（2）每人作出的贡献种类不同或者程度不同，或者（3）每人没有对专利的每一个权利要求作出贡献）。

❼ 参见 *Fina Oil & Chemical Co. v. Ewen*, 123 F. 3d 1466, 1473 (Fed. Cir. 1997)（与一完整的发明相比，个人对提出申请的发明，在构思上的贡献，在性质上不能是微不足道的）。

❽ 同上注，第 1473 页（一个人是否可以成为共同发明人，是由具体的事实决定的，不是在任何案件中都存在非黑即白的清晰标准）。

联邦巡回上诉法院认为，这些贡献都不能满足成为共同发明的要求：❶

对要达到的目标或结果提出建议，但没有对手段提出建议。❷

遵循构思解决方案的人（们）的指示行事，但没有"创造性行为"。❸

将一个已经完全完成构思的发明付诸实践或者展示其效果。❹

只对设计要素或者现有技术的状态提供一般的信息，但并不知道最终的结果或者想法。❺

然而，鉴于每一个共同发明争议都有独特的事实基础，案件很少完全符合这些理论上的捷径。有学者认为，这种基于对个案的构思要求的考察，造成的实际后果是，在对共同发明争议进行准备或对其结果进行预测时，使法律实务人员和研究者面临困境。❻ 本文的首要目的，是要从联邦巡回上诉法院法律论证中提炼出模式或者趋势，并且考察联邦巡回上诉法院对共同发明案件的处

---

❶ 1 – 2 Donald Chisum, Chisum on Patents § 2. 02.

❷ 参见 *Ethicon*, *Inc. v. U. S. Surgical Corp.* （Eibicon I），937 F. Supp. 1015, 1035（D. Conn. 1996），*aff'd*, 135 F. 3d 1456（Fed. Cir. 1998）（企业家要求他人制造满足一定功能的产品而不仅是构思——尽管企业家不断地提供该产品可接受性的信息）；*Univ. of Cal. v. Synbiotics Corp.*, 29 U. S. P. Q 2d 1463（S. D. Cal. 1993）；*S. C. Johnson & Son*, *Inc. v. Carter – Wallace*, *Inc.*, 225 US. . P. Q 1022, 1038（S. D. N. Y. 1985），*aff'd in part*, *vacated in part*, and remanded, 781 F. 2d 198（Fed. Cir. 1986）（一个人提供了建议，但没有揭示整个发明以及如何达到目的，就不能否定成功完成项目并顺利达到目标的其他人的发明）。

❸ 例如，参见 *Fina Oil*, 123 F. 3d at 1473（一个人只是用了该领域的熟练技术人员可以完成的普通技术进行基本操作，而没有发明行为……该人不能成为共同发明人）。*Sewall v. Walters*, 21 F. 3d 411, 416（Fed. Cir. 1994）.

❹ 例如，参见 *Chirichillo v. Prasser*, 30 F. Supp. 2d 1132, 1136（E. D. Wis. 1998）（一个人如果在提出构思后，只是仅仅辅助实际发明人工作，则不能成为共同发明人……仅仅将发明构思付诸实施的本领域普通技术人员，不必然成为共同发明人）；*Burroughs Wellcome Co. v. Barr Labs.*, *Inc*, 40 F. 3d 1223, 1230（Fed. Cir. 1994）（即使专利说明书披露的该实施例满足了最佳实施例的要求，但是仅仅将发明构思付诸实施的本领域普通技术人员，不必然成为共同发明人）。但是，参见 *Pannu v. Iolab Corp.*, 155 F. 3d 1344, 1351（Fed. Cir. 1998）（要成为共同发明人，要求他/她……以某种重要方式贡献于发明的构思或者付诸实施）。法院在 Pannu 案中未引证任何先例，也没有讨论与先例判决明显的不连贯。可能，法院在 Pannu 案中的意见是由于粗心地参考了其他的情况，把付诸实施作为构思的必要组成部分。参见前文第一部分（一）。

❺ 例如，参见 *Ethicon*, *Inc. v. U. S. Surgical Corp.*（Ethicon II），135 F. 3d 1456, 1460（Fed. Cir. 1998）（只向发明人提供了众所周知的原则或者解释现有技术，但没有对专利申请的整体组合提出确定和明确的构思，没有资格成为共同发明人）；*Hess v. Advanced Cardiovascular Sys.*, 106 F. 3d 976, 981（Fed. Cir. 1997）（判定"向发明人解释现有技术，并提供发明中要用到的产品"并不足以作为对构思的贡献）。

❻ 参见 Andrew B. Dzeguze, *Avoiding the "Fifth Beatle" Syndrome*：*Practical Solutions to Minimizing Joint Inventorship Exposure*, 6 J. Marshall Rev. Intell. Prop. L. 645, 646（2007）（什么是发明贡献依然十分不确定……可能导致共同发明争议的各种情况，将令每一个专利从业人员踌躇不前）。

理，是否如众多评论者和法律实务人员所认为的不可预测。❶

（三）挑战专利与更正发明人

专利被授予之后，就有一种很强的假定：署名的发明人就是正确的发明人——也就是说，他们是真正的发明人，也是唯一的真正发明人。❷ 因此，任何人如欲试图以此挑战专利的有效性，必须提出清楚而令人信服的证据（clear and convincing evidence），证明署名是不正确的，而且必须承担很重的举证责任。❸ 需要的确凿证据诸如"及时披露的文档、信息、证人证言（由非争议中的共同发明人提供）来确认假定发明人的证言"。❹

典型情况下，假定发明人和其他寻求更正署名的人，都依据专利法第256条:❺

> 任何时候，由于错误把一人作为发明人在授权的专利上署名，或者由于错误没有把发明人在授权专利上署名，并且这种错误并不是由于发明人的故意造成的，则专利商标局局长可以根据所有当事人和受让人的申请，根据确凿的事实，并且满足本法其他要求的前提下，颁发更正错误后的证书。

> 如果根据本法规定，遗漏署名或者错误署名可以被更正，则专利不应该无效。审理纠纷的法院可发布命令，通知更正此种错误，并且听取涉案各方的意见，专利商标局局长应发给相应的证书。❻

根据本条，只有发明人声称自己应该在专利中署名。❼ 除此之外，第256

---

❶ 参见上文。

❷ 参见 Hess, 106 F. 3d at 980; *Gemstar – TV Guide Int'l, Inc. v. ITC*, 383 F. 3d 1352, 1381 (Fed. Cir. 2004)（因为根据专利法第282条的有效性推定，同时推定在专利文献上署名的发明人是真正和唯一的发明人）。

❸ 1 – 2 Donald Chisum, Chisum on Patents, § 2.03 (4)。Chisum 解释说，联邦巡回上诉法院建立以前，采用"清楚而令人信服的证据"标准来主张专利无效。同上注。（引证 *Acme Highway Prod. Corp. v. D. S. Brown Co.*, 431 F. 2d 1074 (6th Cir. 1970)）。然而，联邦巡回上诉法院采用专利法第256条作为标准来更正发明人的署名。

❹ 参见 Joshua Matt, *Searching for an Efficacious Joint Inventorship Standard*, 44 B. C. L. Rev., 第260页（该规则［要求合作］来源于如下的理解：即使最诚实的证人也会面临诱惑，以对他们有利的方式，来重建其曾经的心理状态）（引证 *Hess*, 106 F. 3d at 980））。

❺ 35 U. S. C. § 256 (2006).

❻ 同上注。根据《美国发明法》，修改了第256条，删除"该错误非因欺诈目的而引起"，Pub. L. 112 – 29, § 20 (f), 125 Stat. 284, 334 (2011)。因此根据现行法，即使存在"欺诈目的"或者恶意，也可以更正不当署名。

❼ 35 U. S. C. § 256.

条可以用来作为侵权的抗辩。❶ 虽然错误署名对专利有效性不是致命的问题——发明人可以被更正——被告可以从先前遗漏的发明人处获得溯及既往的许可，并根据专利法第 256 条把该发明人在专利中署名，从而避免承担责任。❷ 此外，"在侵权诉讼中，通常需要专利的所有共同所有人都同意成为原告"。❸ 因为所有权来源于发明人的身份——在没有相反协议的情况下❹——未被署名的发明人可以有效地"拒绝自愿加入该诉讼，阻止其他共同所有人起诉侵权者"。❺ 最后，潜在侵权人和假定发明人可以通过迫使专利权人更正署名，以此作为一个额外的司法程序，作为谈判中的筹码。❻ 专利权人更正发明人署名的机会，并不会使潜在侵权者逃避责任；因此，在专利诉讼中，挑战发明人的署名已经成为常见的抗辩策略。❼

二、联邦巡回上诉法院关于共同发明案例的实证研究

这部分呈现实证研究的结果，但首先简要描述结果是如何得到的：❽ 结合联邦巡回上诉法院已经出版的有关共同发明判决，形成原始的数据库。这些案子来源于对 WestLaw Next 中关于联邦巡回上诉法院提到"共同发明"的广泛检索。❾

---

❶　例如，参见 *Ethicon II*, 135 F. 3d 1456, 1459 – 60（Fed. Cir. 1998）；*Pannu v. Iolab Corp.*, 155 F. 3d 1344, 1350（Fed. Cir. 1998）.

❷　参见 *Ethicon II*, 135 F. 3d at 1459 – 60.

❸　同上注，第 1468 页。

❹　同上注，第 1466 页（一个共同发明人中至少一人声称享有对整个专利的构思）。

❺　同上注，第 1468 页（引证 *Schering Corp. &Roussel – Uclaf S. A. v. Zeneca, Inc.*, 104 F. 3d 341, 345（Fed. Cir. 1997））。

❻　参见 *Pannu* 155 F. 3d at 1350（尽管可以根据专利法第 256 条更正不当署名，但还是不能避免一项专利因此而被无效。特别地，专利权人必须依据法律主张权利寻求救济，而法院也必须给专利权人更正发明人署名的机会）。

❼　参见 Joshua Matt, *Searching for an Efficacious Joint Inventorship Standard*, 44 B. C. L. Rev.。在专利法第 256 条通过之前，根据专利法第 102（f）的规定，发明人署名的错误对专利有效性的确是致命的。参见 *Pannu*, 155 F. 3d at 1349 – 50（根据专利法第 102（f）……发明人的正确署名是可专利性的条件之一，没能正确署名会导致专利无效）。在很多案件中，专利法第 256 条成为"缓改"这种严厉后果的"救济条款"。

❽　该项研究的基础设计来自之前出版的有关专利法实证研究的文献。参见 Christopher B. Seaman, *Willful Patent Infringement and Enhanced Damages After In Re Seagate: An Empirical Study*, 97 Iowa L. Rev. 417（2012）（关于联邦地区法院故意侵权诉讼请求的实证研究）；R. Polk Wagner & Lee Petherbridge, *Is the Federal Circuit Succeeding? An Empirical Assessment of Judicial Performance*, 152 U. Pa. L. Rev. 1105（2004）（联邦巡回上诉法院关于权利要求解释的案例实证研究）。

❾　全面检索以确保不遗漏案件。使用以下检索关键词：patent AND（joint /5 inventor!）& DA（aft 12 – 31 – 1981）。检索出 122 个案例。

从大量的样本中，剔除了共同发明分析不是案件主要部分的案例。❶ 65 个案例被保留下来，构成最终的数据库。❷

此外，因为本研究用了联邦巡回上诉法院判例本身作为相关数据，而在涵盖该法律领域的绝大多数法院判决中，其事实类型都非常具体和高度技术化，故 65 个案例都需要进行人工分析和归类，以评估趋势和司法变化。虽然这种对案件分类的方法是主观的，但它是理解法律演化的最好方法，而仅仅根据Westlaw 的客观分类和入门书的摘要，是不可能进行完全描述的。

本文第二部分（一）将回顾共同发明理论演化的发展史。第二部分（二）通过实证的量化分析揭示联邦巡回上诉法院处理方式的变迁。

（一）联邦巡回上诉法院关于共同发明的发展史

检视所有相关案例可以发现，共同发明原则的发展经过了三个阶段：（1）早期阶段。从 1984 年修正案到 1994 年，由 Burroughs Wellcome Co. v. Barr Laboratories，Inc. 案奠定基础；❸（2）发展阶段。1997～2003 年；（3）完善阶段。从 2003 年到现在。这三个阶段如同钟摆式的一系列反应（或更正），以回应对法律判决中规则的不公平适用，因为这些适用导致了对真正发明人的权利剥夺，或者成为对搭便车者的奖赏。

1. 早期阶段：1984 年修正案前和联邦巡回上诉法院的早期

起初，专利法中的共同发明要件并没有对于谁可以成为适格的发明人起到应有的作用。❹ 1952 年专利法只是简单规定："除本法另有规定外，发明由二人或二人以上共同完成时，应共同提出专利申请，分别在申请书上签名并进行必要的宣誓。"❺ 早期对共同发明规则的适用是模糊不清的：

> 什么是共同发明的精确要素是很难定义的……也许不需要指出具体的某部分是某人的独立想法，但是他必须能够说明，如果没有他对于最终构思的贡献，将会导致更低效率、过于简单、不经济、用处更少……这种情形很难说……在一个特定的案件中，某人是否是真正确

---

❶　例如，用最初检索参数检索出的很多案例实际上与其他专利问题有关。最常见的类型有：权利要求的解释（19），优先权（11）和现有技术（8）。

❷　对照权威来源交叉检索案例，确保不遗漏案件。参见 1－2 Donald Chisum，Chisum on Patents，§§ 2.01－2.04；3 R. Carl Moy，Moy's Walker on Patents § 10 (4th ed. 2010)。

❸　*Burroughs Wellcome Co. v. Barr Labs.，Inc.*，40 F. 3d 1223，1228 (Fed. Cir. 1994)。

❹　参见 W. Fritz Fasse，*The Muddy Metaphysics of Joint Inventorship：Cleaning Up After the 1984 Amendments to 35 U. S. C. § 116*，5 Harv. J. L. & Tech. 第 162 页。

❺　35 U. S. C. § 116 (1952)。

定的共同发明人。❶

或者，

　　整个设备的构思可能是由一个人作出的，但是如果其他人的建议有实际价值，该建议帮助完成了主要的构思或者使构思可以实施，或者完成了整个发明中的一个独立部分，把该部分与其他人完成的部分结合产生了整个发明，这个人就是共同发明人，尽管他的贡献相比而言不那么重要，或者仅仅是对已有想法的应用。❷

历史上模糊不清的案例法，结合"全部权利要求规则"，使制度研究近乎不可能。❸

Eli Lilly & Co. v. Premo Pharmaceutical Laboratories, Inc. 案❹说明了1984年修正案之前对于共同发明的定义。在该案中，两位科学家合成了一种化合成，希望"它成为一种有效的口服抗生素"。❺ 第三位科学家测试了化合物，发现化合物起作用的原因不同于前两位科学家的假设，但是专利只署了原来两位研究者的名字。❻ 当被控侵权人挑战专利的有效性，认为它不是共同发明时，第三巡回法院认为第三位科学家尽管发现了合成物以前不为人所知的特点，但不是共同发明人。❼ 法院认为：

---

❶ *Mueller Brass Co. v. Reading Indus.*, *Inc.*, 352 F. Supp. 1357, 1272 – 73（E. D. Pa. 1972）.

❷ *De Laski &Thropp Circular Woven Tire Co. v. William R. Thropp& Sons Co.*, 218 F 458, 464（D. N. J. 1914）.

❸ 在很多案件中，如果提出带有多项权利要求的一项专利申请，如果所有共同发明人没有对所有和每一项权利要求做出贡献，联邦法院就会驳回共同发明的诉讼请求。参见 *AMP*, *Inc. v. Fujitsu Micro-elects.*, 853 F. Supp. 808, 817（M. D. Pa. 1994）。另参见 W. Fritz Fasse, *The Muddy Metaphysics of Joint Inventorship*：*Cleaning Up After the 1984 Amendments to 35 U. S. C. § 116*, 5 Harv. J. L. & Tech. 第178页（引自 *Hearings on S. 1535 and S. 1841 Before the Subcomm. on Patents*, *Copyrights and Trademarks of the S. Comm. on the Judiciary*, 98th Cong., 2d Sess. 28（1984）（专利商标主席和助理书记 Gerald J. Mossinghoff 的证词））。Fasse 解释道：

［全部权利要求］规则要求，署名的共同发明人对一项发明的每个方面和最终专利的每一项权利要求都有共同贡献……符合此要求有时困难，有时不可能。

机构中的科学家或者研究人员经常对整个发明或者部分发明中的某一特定方面或任务进行工作，而其他人则对发明的不同方面、任何或部分进行工作。有些科学家持续加入研究团队，而其他科学家离开。通过头脑风暴形成了概念和开发计划，对此贡献不可能总是准确地进行界定。

❹ *Eli Lilly & Co. v. Premo Pharm. Labs.*, *Inc.*, 630 F. 2d 120（3rd Cir. 1980）.

❺ 同上注，第122～123页。

❻ 同上注。

❼ 同上注，第135页。

　　毫无疑问，署名的发明人……是他们进行了合成，完成了专利产品。［根据专利法第116条］的定义，药品是由两个署名的发明人"完成的"（made by），而不是由第一个指出（note）原来的有机化学家的预言得以实现的生物化学家完成的。❶

　　因此，第三个发明人，虽然实际上发现了授权专利的关键特征，但在专利署名中被排除了。这个结果看起来是错误的，在1984年修正案对第116条进行修订后，这就不再是良法了。❷

　　在1984年修正案后，联邦巡回上诉法院都没有直接回答有关共同发明的问题，直到1993年的Kimberley-Clark案发生，该案解释了构成合作发明的最低程度。❸ 但是，1994年联邦巡回上诉法院在Burroughs Wellcome案中跨了一大步，定义了共同发明的贡献要件，方法是把共同发明原则和传统的构思分析结合起来。❹ Burroughs Wellcome公司（BW）专注于抗艾滋病病毒的开发研究。❺ BW公司的研究表明，有一种叫AZT的化合物有明显的抗病毒性能，BW公司就提交了专利申请，内容是用AZT治疗艾滋病患者。❻ 在提交专利申请前，BW公司将AZT样本送到国家卫生研究院（the National Institutes of Health，NIH），HIV的科学家开发出了一种方法，可以测试抗活性HIV病毒药物的有效性。❼ 当NIH告知BW公司，AZT抗艾滋病病毒的确有效后，BW公司完成了用AZT治疗艾滋病患者的几项专利申请。❽

　　在BW公司被授予专利权后，NIH认为它是共同发明人，对巴尔实验室（Barr Laboratories，Barr）授予了普通许可来推广它自己的AZT化合物。❾ BW

❶　*Eli Lilly & Co. v. Premo Pharm. Labs.，Inc.*，630 F.2d 135（3rd Cir. 1980）.

❷　第三巡回上诉法院拒绝添加假定发明人，很明显是受到其关于假定发明人地位与原始发明人有关的观点影响——该生物化学家没有合成化合物，而是用实验揭示了一些新东西。但是，修订后的第116条规定，对于发明贡献的类型或者相对大小，不是共同发明的指标。参见35 U.S.C. § 116（2006）；也可参见上文第一部分（二）。

❸　*Kimberly-Clark Corp. v. Procter & Gamble Distrib. Co.*，973 F.2d 911（Fed. Cir. 1992）。参见上文第一部分（二）1。1984~1993年的三个其他案件，主要是关于优先权争议的，没有实质性触及共同发明法律。参见 *Coleman v. Dines*，754 F.2d 353（Fed. Cir. 1985）；*Hybritech Inc. v. Monoclonal Antibodies，Inc.*，802 F.2d 1367（Fed. Cir. 1986）；*SmithKline Diagnostics，Inc. v. Helena Labs. Corp.*，859 F.2d 878（Fed. Cir. 1988）.

❹　*Burroughs Wellcome Co. v. Barr Labs.，Inc.*，40 F.3d 1223（Fed. Cir. 1994）.参见上文第一部分（一）。

❺　同上注，第1225页。

❻　同上注。

❼　同上注。

❽　同上注，第1225~1226页。

❾　同上注，第1226~1227页。

公司提起了专利侵权诉讼，巴尔实验室对于专利的有效性提出了挑战，认为该专利没有把 NIH 的科学家在专利上署名。❶ 联邦巡回上诉法院认为，在国家卫生研究院进行实验前，BW 公司已经对 AZT 治疗 HIV 有了成熟的构思，因此，基于法律国家卫生研究院的发明家不是共同发明人。❷

联邦巡回上诉法院解释道，依据发明的法律定义，BW 公司在收到国家卫生研究院的测试结果前，对于 AZT 有效治疗艾滋病病毒没有确切的证据，这与发明无关。❸ 构思，作为"发明的试金石"，❹ 只要求发明人有"一个确定、足够持久的想法"，用"普通技术"就足以将其付诸实践，并不需要额外的研究或实验。❺ 发明能实际起作用是付诸实践（reduction to practice）的一部分，但不是完成构思所必须的。❻ 在该案中，联邦巡回上诉法院认为，国家卫生研究院的贡献仅仅是把发明付诸实施，而不是对发明的构思。❼

联邦巡回上诉法院的判决，其来源可以追溯至 19 世纪 70 年代以单一发明人为背景的一系列案例，它完全符合由此发展而来的对于"构思"的传统法律定义。❽ 因此，Burroughs Wellcome 案建立了共同发明的法律基本框架，而其核心是传统的构思分析。❾ 这一模式仍然是评估假定发明人贡献的法律依据和核心要素，❿ 虽然如本文第二部分（一）2 所示，这一观念在随后几年有了巨大的改变。⓫

2. 发展阶段：未署名发明人获得权利

虽然 Burroughs Wellcome 案是基于构思的概念构建了共同发明框架的第一个案件，但它没有解决发明人实际上是如何对构思做出贡献的这一问题。⓬ 在 Burroughs Wellcome 案发生后的十年中，联邦巡回上诉法院作出了重大改变，

---

❶ *Burroughs Wellcome Co. v. Barr Labs.，Inc.*，40 F. 3d，第 1226～1227 页。

❷ 同上注，第 1230～1231 页。

❸ 同上注。

❹ 同上注，第 1228 页。

❺ 同上注。

❻ 同上注。

❼ 同上注，第 1230～1231 页。

❽ 参见 1－2 Donald Chisum，Chisum on Patents，第 10.04 ［1］部分。

❾ 同上注，第 2.02 ［5］部分。

❿ 例如，参见 *Fina Oil & Chem. Co. v. Ewen*，123 F. 3d 1466（Fed. Cir. 1997）（判定化合物的构思需要具备两种知识：该化合物的具体化学结构和制造该化合物的操作方法）；*Falana v. Kent State Univ.*，669 F. 3d 1349（Fed. Cir 2012）（判定提出化合物类型并且对制作方法有贡献的假定发明人，对发明构思做出了贡献）。

⓫ 参见上文第二部分（一）2。

⓬ 换句话说，Burroughs Wellcome 案没有特别阐释何种活动与构思相关，却讨论了付诸实施或协助。

统一和解释了共同发明构思所要求的最小贡献标准。

在 Fina Oil & Chemical. Co. v. Ewen 案中，Clevenger 法官清楚地解释说，这些模式依然是法院现在作出共同发明判决时的重要理论依据。[1] 该案的不寻常之处在于，它代表了错误署名的问题：Abbas Razavi 博士主张，尽管 John Ewen博士被署为专利发明人，但他不是真正的发明人。[2] 法院对 Burroughs Wellcome 案中的原则作了三个重要的补充：（1）贡献的定性价值是核心点；[3]（2）构思不是判定共同发明人的唯一标准；[4]（3）要挑战授权专利的强有效性推定，需要承担很重的举证责任。[5]

在接下去的 1998 年，联邦巡回上诉法院把在 Finan 案中发展出来的原则应用到两个重要的案件中，随着对它们连续不断的参考和引证，造成了共同发明法律中的很多混乱。这两个案件是 Ethicon, Inc. v. United States Surgical Corp. [6] 和 Pannu v. Iolab Corp. ，[7] 在 1984 年修正案后，联邦巡回上诉法院对其自由化的共同发明人法律标准提高了门槛。

在 Ethicon 案中，发明人纠纷源起于一起专利侵权诉讼，诉讼中涉及一种叫套管针（trocar）的内窥镜手术工具。[8] 涉案专利是具有安全特征的一种新套管针设计，专利把 Yoon 博士署名为唯一的发明人。[9] 作为该专利的独占许可人，Ethicon 诉 U. S. Surgical 公司专利侵权。[10] 经过四年的诉讼后，U. S. Surgical 公司发现一位名叫 Young Jae Choi 的技术人员在几个项目上与 Yoon 一起工作，其中就包括获得专利的套管针项目。[11] U. S. Surgical 公司付费给 Choi 来共同反击 Ethicon 公司的侵权诉讼，Choi 给了 U. S. Surgical 公司可追溯的专利许可（retroactive license），使后者可以使用 Choi 声称是在他协助下发

---

[1]　*Fina*，123 F. 3d 1466.

[2]　同上注，第 1468～1469 页。非共同发明人案件更为典型，相对于试图删除署名发明人的外部第三人（如 Razavi），没有署名的假定发明人经常能够处于更有利的地位。

[3]　同上注，第 1473 页。（要想成为共同发明人，个人必须对构思做出贡献……当与整个发明相比时，贡献的质量不能是无关紧要的）。

[4]　同上注。（单独构思不能用来……表明：因为第一个人没有构思或者将整个发明付诸实施，他/她就没有在一些重要方面对最终构思作出了一点点贡献）。

[5]　同上注，第 1474 页。（Razavi 博士没有能够用无争议的事实表明，Ewen 博士没有对发明构思做出贡献……或者贡献的质量微不足道）。

[6]　*Ethicon II*，135 F. 3d 1456（Fed. Cir. 1998）.

[7]　*Pannu v. Iolab Corp.* ，155 F. 3d 1344（Fed. Cir. 1998）.

[8]　*Ethicon II*，135 F. 3d at 1459.

[9]　同上注。

[10]　同上注。

[11]　同上注。

明的专利技术。❶ U. S. Surgical 试图将 Choi 更正为专利的共同发明人，地区法院在仔细审理后支持了该诉讼请求。❷

联邦巡回上诉法院维持了地区法院的判决：基于"合理原则"（rule of reason）分析，现有记录含有大量共同发明的相关证据，故 Choi 是涉诉专利某些权利要求的共同发明人。❸ 结果很清楚：每个发明人"只需承担促使发明产生的一部分工作"。❹ 联邦巡回上诉法院维持了对起诉的驳回，因为专利的全部共同所有人必须一同提起侵权诉讼。❺ Newman 法官发表了言辞激烈的异议意见，她对专利法第 116 条的解释产生质疑，即对专利中某些权利要求的共同发明人授予完全的所有权，相当于授予了"整个专利的不可分割的利益"，以及可以"不受限制、不受妨碍地让与整个专利中的某些利益"。❻ 她尤其注意到专利法修正案第 116 条：

> 本修正案不解决专利所有权的法律问题，不管署名的发明人贡献有多大，都没有自动授予其整个专利的所有权。不管是对从属方案只有微小贡献的人，还是促成发明的产生和发展的完全合作者，修正案都仅仅只是允许他们在专利文献中署名。根据专利法第 116 条，发明人之间的所有权关系，可以被认为就是发明的贡献者，与专利法第 116 条修正案及其结果没有关系。专利法第 116 条与专利所有权无关。❼

尽管 Newman 法官持反对意见，多数意见仅仅是简单地遵循 Burroughs Wellcome 案和 Fina 案的逻辑得出结论，以此得出"Ethicon 规则"：基于一项权利要求的共同所有权，专利法第 116 条授予发明人整个专利的共同所有权。❽

在 Pannu 案的同一年晚些时候，被控侵权人挑战涉诉专利的唯一发明人和所有权。❾ 与 Ethicon 案的事实相似，Pannu 案涉及的是一名叫 Pannu 的眼科医

---

❶ *Ethicon II*, 135 F. 3d at 1459.

❷ 同上注，第 1459 ~ 1460 页。

❸ 同上注，第 1461 页（根据该［合理规则］的分析，必须评估所有相关证据，才能对涉案发明人陈述的可信性做出正确的评价）。

❹ 同上注，第 1460 页。

❺ 同上注，第 1468 页（Ethicon's 的起诉，缺乏专利共同所有人的参与。因此法院必须驳回起诉）。

❻ 同上注，第 1471 ~ 1472 页（Newman 法官持反对意见）。

❼ 同上注，第 1470 页（Newman 法官持反对意见）。

❽ 例如，参见 Dale L. Carlson & James R. Barney, *The Division of Patent Rights among Joint Inventors Public Policy Concerns after Ethicon v. U. S. Surgical*, 39 IDEA 251, 259（1999）；另参见 Joshua Matt, *Searching for an Efficacious Joint Inventorship Standard*, 44 B. C. L. Rev., 第 262 ~ 265 页。

❾ *Pannu v. Iolab Corp.*, 155 F. 3d 1344（Fed. Cir. 1998）.

生，他发明了一套复杂的眼内设备，用于白内障手术后插到人的眼睛中。❶ 为了改进他的发明，Pannu 听取了第三人 Heyer – Schulte（HS）的建议。❷ HS 建议 Pannu 将他发明中的特殊人工晶体作为一个整体单元，以减少透镜"刮伤"的可能。❸

被指控的侵权人 Iolab 公司声称，因为 Pannu 的专利没有 HS 的署名，所以无效。❹ 除了论证要把 HS 列为 Pannu 的共同发明人外，Iolab 公司也主张 Pannu 的贡献不具有专利性，因为 HS 的一体式设计才是发明的唯一创新点，所以 HS 才是所述发明的唯一发明人。❺ 联邦巡回上诉法院认为，Iolab 公司的主张是足够实质性的，故发回初审法院重审，以判定 HS 的共同发明人地位。但是，法院拒绝了 Iolab 公司唯一发明人的主张。❻ 有趣的是，联邦巡回上诉法院认为，从法律上来说，鉴于案子被发回地区法院重审以判定 HS 的地位，Pannu 至少有资格成为共同发明人。❼

判决要求从法律上把 Pannu 考虑进去，表明联邦巡回上诉法院的立场是，在共同发明判决中应该考虑公平。❽ 在 Ethicon 案后不久，Pannu 案表明，法院已经从 Ethicon 案往回退，在一些案件中如果机械地适用共同发明原则，可能产生不公平结果时，要进行衡平。❾

在联邦巡回上诉法院处理共同发明案件的最初 15 年里，添加假定发明人的标准有了重大变化。从最初不可能挑战发明人署名的体系中，Ethicon 案基

---

❶ *Pannu v. Iolab Corp.* , 155 F. 3d，第 1346 页。

❷ 同上注。

❸ 同上注。

❹ 同上注，第 1351 页。

❺ 同上注，参见 35 U. S. C § 102（b）（2006）（规定新颖性和可专利性的条件）。

❻ *Pannu*，155 F. 3d at 1351.

❼ 同上注。

❽ 参见 Philip Konecny，*Windfall Property Rights for the Left Out Joint Inventor*，16 Santa Clara Computer & High Tech. L. J. 141，174（1999）
公正的陪审团会做出事实判断，得出［Pannu］没有对发明做出重大贡献的结论。有足够事实表明，无需进行法律审……没有充分讨论就下结论，发表没有必要的意见，法院可能试图软化 Ethicon 规则产生的严重影响。

❾ 同上注，第 174～175 页。
成功援引专利法第 256 条，专利权人的财产权会受到不公平侵害，为了保护专利权人，法院改变了共同发明标准。在［Pannu］案中，法院试图用法律标准裁决，把共同发明的标准降得足够低，以便不会把他排除在自己的发明之外。
同上注。一年以后，Hess v. Advanced Cardiovascular Sys. , Inc. 案表明了联邦巡回上诉法院的初期尝试，收紧了在共同发明标准上持续放松的趋势。*Hess v. Advanced Cardiovascular Sys. , Inc.*，106 F. 3d 976（Fed. Cir. 1997）. Hess 案判定，提供信息不是创造性贡献，其重要意义在于，这是自 1984 年修正案以来，第一次明确界定了一种不符合发明的贡献。

于贡献分析有效降低了门槛，似乎允许即使贡献很小的人也能够得到完全的回报。❶ 但是，伴随新标准，在 Pannu 案中采用衡平方法诞生了第一颗平衡的种子。

3. 完善阶段：对 Ethicon 案的回应

尽管有专家批评 Ethicon 案的判决，❷ 该案仍然有效，一直作为良法存续；但是在 Ethicon 案后接下来的几年里，联邦巡回上诉法院构建了一个新的改良框架，来克服 Ethicon 案规则造成的严重不公平。

在 2009 年，大约 Ethicon 案后 10 年，联邦巡回上诉法院审理了 Nartron Corp. v. Schukra U. S. A，Inc. 案。❸ 该案涉及的被控侵权人抗辩道，一位雇员被不适当地排除在了专利发明人外。❹ 尽管与 *Ethicon* 案有相似的事实，联邦巡回上诉法院却认为假定发明人的贡献是微不足道的。❺ 两案不易调和。这两次转变，在一定程度上讲，至少要求假定发明人的贡献要体现在至少一项专利权利要求中。在两案中的风险都很高——第三人可以使用发明的所有权利，却通过与被排除在外的共同发明人合谋来逃避侵权之责。同案不同判的结果，来自于联邦巡回上诉法院要求有"显著"贡献的较高标准，❻ 以及日益意识到了双方的平等地位。

转折点来自于法院对 Board of Education ex rel. Florida State University v. American BioScience，Inc. 案审理。❼ 在该案中，FSU 的科学家和一名叫 Tao 的研究生致力于抗癌化合物的试验。❽ FSU 的一名研究者 Nadizadeh 开发了一种合成此类化合物的独特方法。❾ 随后，一家制药厂聘用了 Tao，在 Tao 的帮助下获得了几个相关抗癌化合物的专利。❿ FSU 主张，因为之前它的科学家和 Tao 存在合作，Tao 使用了 Nadizadeh 的方法，所以 FSU 的科学家是共同发明人。⓫

---

❶　*Pannu v. Iolab Corp.*，155 F. 3d 1344（Fed. Cir. 1998）.

❷　参见 Joshua Matt，*Searching for an Efficacious Joint Inventorship Standard*，44 B. C. L. Rev.，第 262 ~ 265 页；参见 *Lawrence M. Sung*，*Collegiality and Collaboration in an Age of Exclusivity*，3 DePaul J. Health Care L.，第 436 ~ 437 页；参见 Philip Konecny，*Windfall Property Rights for the Left Out Joint Inventor*，16 Santa Clara Computer & High Tech. L. J.，第 142 ~ 146 页。

❸　*Nartron Corp. v. Schukra U. S. A，Inc.*（*Nartron II*），558 F. 3d 1352（Fed. Cir. 2009）.

❹　同上注。

❺　同上注，第 1356 页。

❻　这种"显著"的含义来自 Fina 案的定义。参见上文第二部分（一）2。

❼　Bd. of Educ. ex rel. Fla. State Univ. v. Am. BioSci.，Inc.，333 F. 3d 1330（Fed. Cir. 2003）.

❽　同上注，第 1332 ~ 1337 页 。

❾　同上注。

❿　同上注。

⓫　同上注。

这并没有说服法院承认 FSU 科学家的试验工作。❶ 此外，法院明确拒绝了 FSU 对 Tao 使用 Nadizadeh 秘密方法的指控：

> 尽管事实上 Nadizadeh 开发了合成的新方法和其他……衍生物，现在的记录显示，他没有构思出涉案的化合物；只有 Tao 和他的合作发明人有权拥有涉案化合物的结构以及制造这些化合物的方法。❷

根据 Fina 案和 Ethicon 案，不会得出这样的判决。FSU 的科学家应该展示，从某种程度上，他们对于发明的构思作出了贡献——任何一个发明人完成了整个化合物的构思，与通过集体完成涉案化合物的构思，是不相关的。❸ 根据现行法，由于 FSU 科学家显然没有作出"显著"贡献，联邦巡回上诉法院不会把他们添加为共同发明人。❹ 法院的决定因此终止了 Fina 案和 Ethicon 案的宽松规则，提高了发明贡献的标准。

最近，联邦巡回上诉法院再一次审查了 Falana v. Kent State University 案中的共同发明标准。❺ 原告 Falana 是肯特州立大学聘用的研究人员。❻ 他开发了用于制造液晶显示器的一种化合物的创新方法。❼ 在 Falana 与肯特州立大学解除聘用关系后，他以前的导师利用 Falana 的方法合成了一种化合物，在专利中并没有署 Falana 的名。❽ 肯特州立大学引用 American BioScience 案解释说，因为肯特州立大学并没有把 Falana 的方法申请专利，Falana 从未构思过涉案的专利化合物，所以对于使用 Falana 的方法获得的任何化合物，Falana 都不能成为共同发明人。❾

联邦巡回上诉法院不同意对 American BioScience 案的此种解释。❿ 但是，肯特州立大学对案例的解读不无道理。American BioScience 案显然无视了那些

---

❶ Bd. of Educ. *ex rel. Fla. State Univ. v. Am. BioSci.*, *Inc.*, 第 1340 页（预测复杂化合物组生物特性的一般知识，不足以形成该化合物专利申请的共同发明人地位）。

❷ Bd. of Educ. *ex rel. Fla. State Univ. v. Am. BioSci.*, *Inc.*, 333 F. 3d, 第 1342 页。

❸ 参见 *Fina Oil & Chem. Co. v. Ewen*, 123 F. 3d 1466, 1473（Fed. Cir. 1997）（一个人不必要单独构思整个发明，否则将使共同发明的概念形同虚设。然而，一个共同发明人必须对发明构思做出某些实质性贡献）。随后，联邦巡回上诉法院在 *Vanderbilt Univ. v. ICOS Corp.*, 601 F. 3d 1297（Fed Cir. 2010）案中厘清了这一观点。在 Vanderbilt 案中，法院判定"化合物的发明人需要知道化合物的结构。没有对化合物结构的预见……就不存在构思"。同上注，第 1299 页。

❹ 同上注；*EthiconII*, 135 F. 3d 1456, 1460（Fed. Cir. 1998）。

❺ *Falana v. Kent State Univ.*, 669 F. 3d 1349（Fed. Cir. 2012）。

❻ 同上注。

❼ 同上注。

❽ 同上注，第 1353 页。

❾ 同上注，第 1357~1358 页。

❿ 同上注。

对制作专利化合物作出贡献，但是没有构思出特定化合物的研究者。❶ 在不推翻 American BioScience 案的基础上，法院不得不在某种程度把其判决与事实进行协调，Falana 与 American BioScience 案中的 Nadizadeh 一样，从来没有制作或者见过大学的专利化合物。为此，法院采取了区分案件事实的策略。❷ 但是，几乎可以确定的公平考虑以及不愿剥夺 Falana 的功劳，将在判决中起到关键性的作用。❸

在 Fina 案和 Ethicon 案之后，联邦巡回上诉法院完善了共同发明定义，也通过强化对构思要件的审查，提高了添加共同发明人的标准。❹ 这种趋势紧随前一阶段，可归因于 1984 修正案的宽松标准。单独来看，案件注重审查发明的技术和团队成员的独特贡献。但是，总体来说，司法审查的模式已经发生了转变。下文将试图对这些观察作定量和有效性研究。

（二）实证结果

对自 1984 年以来联邦巡回上诉法院审理的 65 个涉及共同发明的案件进行研究，可以得出三个结论：第一，对于欲在联邦法院寻求共同发明人地位的人，法院的标准越来越严格。虽然 Fina 案后，法律白纸黑字并未改变，但这却是真实的。第二，联邦巡回上诉法院越来越经常依赖授权专利的有效性推断；最近几年，法院已经很难遇到这样的情况：假定发明人对于贡献或者合作，提供清晰和令人信服的证据。第三，法院已经越来越倾向于承认，把 1984 年前的所有权规则，适用于宽松的共同发明法律，是不公平的；也就是说，法院会衡量发明人中不同的创造性努力的结果。❺

1. 发明贡献的标准

在法院有关共同发明的案件中，绝大多数都涉及寻求共同发明的一方或者

---

❶　Bd. of Educ. *ex rel. Fla. State Univ. v. Am. BioSci.* , 333 F. 3d 1330, 1342 (Fed. Cir. 2003)；参见 *Fina Oil & Chem. Co. v. Ewen*, 123 F. 3d 1466, 1473 (Fed. Cir. 1997)。同时参见 *generally* Aaron X. Fellmeth, *Conception and Misconception in Joint Inventorship*, 2 N. Y. U. J. Intell. Prop. & Ent. L. , 第 134～136 页（批评联邦巡回上诉法院 "只关注 '申请专利的化合物'，而不管（没有申请专利）的制作该化合物的方法"）。

❷　*Falana*, 669 F. 3d at 1357（[大学] 对 American BioScience 案的解读有误，本案的事实非常清楚）。

❸　同上注，第 1352～1354 页。Linn 法官在对事实的复述中特别指出，发明是 "十分团队化的过程"，Falana 与其他肯特州立大学的发明人一起出现在一篇共同署名的文章上，其他两个肯特州立大学的科学家签署了声明 "不反对" Falana 在专利上署名。

❹　错误署名（misjoinder）并不普遍，但也遵从相同标准——删除错误署名的发明人与增加遗漏的发明人同样困难。参见 *Univ. of Pittsburgh v. Hendrick*, 573 F. 3d 1290 (Fed. Cir 2009).

❺　参见 Dale L. Carlson & James R. Barney, *The Division of Patent Rights among Joint Inventors Public Policy Concerns after Ethicon v. U. S. Surgical*, 39 IDEA, 第 266 页。

多方，法院要对其发明贡献作严格分析。❶ 这些案件通常要分析发明过程，对每一方或者团队的比较角色（comparative role）进行详细的调查与评价。然而，进一步研究揭示了，近年来要成为共同发明人越来越难：在过去的 10 年里（2003～2012 年），36 个挑战者中只有 4 个成功添加到共同发明人中，而在此之前的 19 年里（1984～2002 年），29 个挑战者中有 20 个假定发明人被成功添加。❷

认真阅读判例可以发现，法院的评判方法自 Burroughs Welcome 案❸和 Fina 案❹后基本保持不变，正是这两个案件建立了确定发明贡献的现行方法。总体来看，案例继续聚焦于把贡献的必要质量作为测试的标准，根据证据来判定是否通过测试。❺ 所有成功添加共同发明人的案例分为四类，其中对假定发明人有以下要求：（1）识别或者解决一个未被团队意识到的问题；❻（2）解决其他合作者不能解决的问题；❼（3）在发明中添加了一个其他合作者没有考虑到的重要优点；❽（4）拥有其他成员没有的技能。❾

2. 有效性推定

PTO 授予专利后，就有力地推定其是正确的和有效的。❿ 这种对专利有效性的推定，极大地影响了联邦巡回上诉法院对大量共同发明诉讼的最终决定。比如，自 1984 年以来，有 5 个案件完全依赖此规则（没有别的基础），来拒绝添加未署名的发明人。⓫ 但更重要的是，在联邦巡回上诉法院审理的 35 个

---

❶ 该规则与不常见的错误署名一样。同上注。然而，在本部分中，把"添加"作为迅速解决专利挑战的方法。

❷ 参见本文附录，表1。

❸ *Burroughs Wellcome Co. v. Barr Labs.，Inc.*，40 F. 3d 1223（Fed. Cir. 1994）.

❹ *Fina Oil and Chemical Co. v. Ewen*，123 F. 3d 1466（Fed. Cir. 1997）.

❺ 例如，当把生化过程的结果作为专利申请时，构思条件要求，所有涉及的发明人对于产生提出专利申请的发明有"合理的预期"。参见 *Hitzeman v. Rutter*，243 F. 3d 1345，1358（Fed. Cir. 2001）.

❻ 参见 *Falana v. Kent State Univ.*，669 F. 3d 1349（Fed. Cir 2012）.

❼ 参见 *Ultra‐Precision Mfg.，Ltd. v. Ford Motor Co.*，411 F. 3d 1369（Fed. Cir. 2005）.

❽ 参见 *Gemstar‐TV Guide Int'.，Inc. v.* ITC，383 F. 3d 1352（Fed. Cir. 2004）.

❾ 参见 *Rhone‐Poulene Argo，SA v. Monsanto*，445 F. Supp 2d. 531（M. D. N. C. 2006）；*Ethicon，Inc. v. U. S. Surgical Corp*，135 F. 3d 1456（Fed. Cir. 1998）。参见本文附录，表2。

❿ 参见 1‐2 Donald Chisum，Chisum on Patents 在共同发明纠纷中，该规则成了特别高的障碍，因为根据定义，没有署名的发明人没有机会在 PTO 主张权利。参见 *Vanderbilt Univ. v. ICOS Corp.*，601 F. 3d. 1297，1305，n. 3（Fed. Cir. 2010）（拒绝假定发明人关于优势证据标准的请求）。同时参见 *Microsoft Corp. v. i4i Ltd. P'ship*，131 S. Ct. 2238，2251（2011）（确定清晰而令人信服的标准适用于已授权专利的所有方面，而不管 PTO 是否知道争议的存在）。

⓫ 参见 *Cook Biotech Inc. v. Acell，Inc.*，460 F. 3d 1365（Fed. Cir. 2006）（因为没有足够证据推翻专利有效性的假设而维持简易判决）。

涉及推定的案件中，有 31 个案件法院利用推定作为重要因素，而贡献分析并不是决定性的。❶ 这一现象在初审法院更明显：❷ 从 1998 年起，地区法院审理的案件中，有 171 个案件提出了错误署名或漏署名的抗辩，地区法院在 119 个案件中援引有效性推定来处理这些诉求。1984～1998 年，51 个审理的案件中，有效性推定在 20 个案件中是决定性的。❸

3. 衡平考虑

发端于过去 30 年的共同发明分析，在对共同发明适用法律时对公平和衡平的考虑，是一种极难得的趋势。❹ 虽然法院很少明确承认这个趋势或者要素，❺ 但毫无疑问，本项研究观察了大多数涉及共同发明案件中的这个因素。❻

如上所述，法院在审理越来越多的案件时都依靠专利有效性推定。❼ 但有趣的是，在类似 Ethicon 案的判例中，法院几乎毫无例外都适用了推定。❽ 在最近的实证研究中，❾ 有 4 个案件涉及添加假定发明人，但没有一个与 Ethicon 案相似。❿ 自 1998 年以来，法院在审理与 Ethicon 案的事实相似的案件中就不再添加共同发明人。

联邦巡回上诉法院最近审理共同发明案件时，使其合理化的一种可行方式是，隐含地兼顾公平和未署名发明人的贡献比例，尽管事实上 Fina 案的"重

---

❶ 例如，参见 *Vanderbilt*，601 F. 3d. at 1308（尽管原告和被告的陈述"同样可信"，因为假定发明人"不能用清楚且令人信服的证据……完成其证明责任"，所以假定发明人的主张没有得到法院认可）。

❷ 收集审判法院的数据，以考察应用专利有效性推断的历史变迁。联邦巡回上诉法院的判决不是决定性的。

❸ 考察从单一来源取得的文献，这些文献讨论了假定规则的功能，考察的重点是专利法作为整体的改革，以及不同的共同发明。参见 Kevin Casey, Jade Camara, & Nancy Wright, *Standards of Appellate Review in the Federal Circuit: Substance and Semantics*, 11 Fed. Circuit B. J. 279（2002）。另参见 Kristen Dietly, *Lightening the Load: Whether the Burden of Proof for Overcoming a Patent's Presumption of Validity Should Be Lowered*, 78 Fordham L. Rev. 2615, 2655（2011）（讨论了在某些案件中适用该强推定规则造成的不公平后果）。

❹ 几个评论家讨论了共同发明法律语境中的公平问题。例如，参见 generally Aaron X. Fellmeth, *Conception and Misconception in Joint Inventorship*, 2 N. Y. U. J. Intell. Prop. & Ent. L., 第 76、79～80 页；Gregory Mandel, *Left - Brain Versus Right - Brain: Competing Conceptions of Creativity in Intellectual Property Law*, 44 U. C. DAVIS L. Rev. 283, 294－95（2010）.

❺ 参见 *Shum v. Intel Corp.*, 629 F. 3d 1360, 1371（Fed. Cir. 2010）（法院必须考虑如下重要方面：正义、公平、符合法律和先例）。

❻ 参见上文二（一）2。

❼ 同上注。

❽ 在此语境下，Ethicon 案意味着，被诉侵权的第三人会从未署名的假定发明人处转让专利时，以此作为侵权的抗辩。参见上文二（一）2。

❾ 参见本文附录，表1。

❿ 参见 *Falana v. Kent State Univ.*, 669 F. 3d 1349（Fed. Cir. 2012）.

要"贡献标准仍然是白纸黑字的标准。❶ 在 Ethicon 案后，法院在贡献分析上更加严格，拒绝把任何可能获得不义之利的未署名发明人或者搭便车者添加成为共同发明人。这种对不公平的关注明显是法官在 Ethicon 案中持异议的重要原因。❷ 没有对专利作出贡献，联邦巡回上诉法院就不愿以专利所有权作为经济利益奖励。

三、结论

对联邦巡回上诉法院审理的共同发明案件进行研究，可将其分为三个阶段。第一阶段，过于严格和封闭的法律体系拒绝改变已经被授权的专利，设立了几乎不可跨越的共同发明障碍。第二阶段，联邦巡回上诉法院放松了法律适用，使得即使没有作出重要贡献或者一定比例贡献的人，也可以作为共同发明人。第三阶段，也就是现在的阶段，法院不再采用过于宽松的规则，而是更为严格地对共同发明案件进行审理，以确保公平的结果。

对共同发明的研究表明，法院不愿推翻自己之前的判例。另外，联邦巡回上诉法院为了加强法律的可预测性和公平，更愿意对于之前的判决进行调整和完善。本文完整研究了联邦巡回上诉法院有关共同发明的全部案卷，揭示了如果仅进行个案研究可能被忽略的一些趋势。这些趋势有其实际意义：比如，如果有确凿证据证明参与了发明的工作，法院依然承认未署名者为发明人。❸ 相反，在侵权诉讼中，如果被诉侵权者将未署名发明人作为抗辩，则不会得到联邦巡回上诉法院的认可。❹

---

❶ 参见 *Fina Oil & Chemical Co. v. Ewen*，123 F. 3d 1466，1473（Fed. Cir. 1997）。第 116 条也明确禁止在共同发明分析中使用比例原则。35 U. S. C. § 116 (2006)（发明人可以共同申请专利，即使……(2) 不是每一个人都作出了同样种类或者数量的贡献）。在 Nartron 案中，地区法院认为，假定发明人的贡献"[对于总共 41 项权利要求中的一项权利要求]的一个特征，在质量上非常重要"，可将他列为发明人。*Nartron Corp. v. Borg Indak, Inc.*（*Nartron I*），No. 06 – 10683，2008 WL896060，at *10（2008）（引用 *Fina*）。然而，联邦巡回上诉法院推翻该判决，认为假定发明人（和被诉侵权人）没有克服专利有效性假定，该贡献从法律上来说是微不足道的。558 F. 3d 1352，1356（Fed. Cir. 2009）（*Nartron II*）。

❷ *Ethicon II*，135 F. 3d 1456，1460，1469 – 70（Fed. Cir. 1998）（Newman 法官持反对意见）；参见 Dale L. Carlson & James R. Barney, *The Division of Patent Rights among Joint Inventors Public Policy Concerns after Ethicon v. U. S. Surgical*，39 IDEA。Newman 法官甚至对当时极少有对此问题的学术探讨表示沮丧。*Ethicon II*，135 F. 3d at 1471（Newman 法官持反对意见）（通过修订第 116 条修补了过时的缺陷，而专利却因此被不公平地无效掉了，立法者肯定不曾打算创造另一种不公平……我没有看到有关修订第 116 条的各种学术文献讨论了这种不正常情况）。

❸ 参与的形式也很关键。参见本文附录，表 2。另外，长期存续的团队成员关系、共同作者的学术出版和其他团队成员的证词，都是令人信服的因素。参见 *Falana v. Kent State Univ.*，669 F. 3d 1349（Fed. Cir. 2012）。

❹ 参见 35 U. S. C. 102（f）(2006)；参见前文一（三）。

　　显然，额外的实证分析，特别是在初审法院这一层级的研究，将有利于从业者和学者对共同发明法律更深入的理解。然而，本文对案例的纵向研究，会引起意想不到的观念变化和政策考量。此外，本文的结论对于专利代理人和研究机构进行合作工作具有现实意义。

　　无论如何，在早期研究阶段，法律顾问就应该介入，以便明确团队中每个成员的角色，以及他们每个人对发明的潜在权利。基于此种考虑，预先对专利进行规划就显得格外重要。❶ 更重要的是，对于未署名的发明人来说，如果没有相应贡献重要性的书面证据，形成发明过程的重要详细记录来支持其诉求，则联邦巡回上诉法院就不愿意进行仔细的审查。同时，因为假定发明人与被控侵权人共谋时，在挑战专利的有效性时会面临更多的障碍，❷ 法律顾问应该意识到，要更正发明以获得救济，很大程度上取决于合作各方的结构，以及他们对发明做出的贡献。

附录

表1

时间段	添加发明人	案件总数
1984 ~ 1992	0	3
1993 ~ 2002	20	26
2003 ~ 2012	4	36

表2

贡献的性质	涉诉案件	成功案例
发现没有被注意到的问题或找到解决办法	7	6
解决问题	19	9
添加重要效果	34	7
独特技艺或专业技能	5	2

---

　　❶ 参见 Sherry L. Murphy, *Determining Patent Rights：A Practical Approach*, 13 N. C. J. L. & Tech 215, 221 - 224（2012）（讨论了 Ethicon 案引起的实际关注）。

　　❷ 参见上文二（二）3。

案件列表

序号	案件名称	日期	引证
1	Abbott Laboratories v. Brennan	27 – Dec – 91	952 F. 2d 1346
2	Acromed Corp. v. Sofamor Danek Group, Inc.	8 – Jun – 01	253 F. 3d 1371
3	Advanced Cardiovascular Systems, Inc. v. Scimed Life Systems, Inc.	9 – Mar – 93	988 F. 2d 1157
4	Advanced Magnetic Closures, Inc. v. Rome Fastener Corp.	11 – Jun – 10	607 F. 3d 817
5	Amini Innovation Corp. v. Anthony California, Inc.	8 – Jan – 07	211 Fed. App'x. 938
6	Applied Materials, Inc. v. Gemini Research Corp.	16 – Dec – 87	835 F. 2d 279
7	Bard Peripheral Vascular, Inc. v. W. L. Gore & Associates, Inc.	14 – Jun – 12	682 F. 3d 1003
8	Bard Peripheral Vascular, Inc. v. W. L. Gore & Associates, Inc.	10 – Feb – 12	670 F. 3d 1171
9	Bausch & Lomb, Inc. v. Barnes – Hind/Hydrocurve, Inc.	14 – Jul – 86	796 F. 2d 443
10	BJ Services Co. v. Halliburton Energy Services, Inc.	6 – Aug – 03	338 F. 3d 1368
11	Board of Educ. ex rel. Bd. of Trustees of Florida State University v. American Bioscience, Inc.	23 – Jun – 03	333 F. 3d 1330
12	Bradley v. Chiron Corp.	20 – Feb – 98	136 F. 3d 1317
13	Brasseler, U. S. A. I, L. P. v. Stryker Sales Corp.	9 – Jul – 99	182 F. 3d 888
14	Brasseler, U. S. A. I, L. P. v. Stryker Sales Corp.	9 – Oct – 01	267 F. 3d 1370
15	Bruning v. Hirose	25 – Nov – 98	161 F. 3d 681
16	Buildex Inc. v. Kason Industries, Inc.	23 – Jun – 88	849 F. 2d 1461
17	Burroughs Wellcome Co. v. Barr Laboratories, Inc.	22 – Nov – 94	40 F. 3d 1223
18	C. R. Bard, Inc. v. M3 Systems, Inc.	30 – Sep – 98	157 F. 3d 1340
19	Canon Computer Systems, Inc. v. Nu – Kote Intern. , Inc.	8 – Jan – 98	134 F. 3d 1085
20	Carter v. ALK Holdings, Inc.	24 – May – 10	605 F. 3d 1319
21	Caterpillar Inc. v. Sturman Industries, Inc.	28 – Oct – 04	387 F. 3d 1358
22	Chou v. University of Chicago	3 – Jul – 01	254 F. 3d 1347
23	Coleman v. Dines	8 – Feb – 85	754 F. 2d 353
24	Cook Biotech Inc. v. Acell, Inc.	18 – Aug – 06	460 F. 3d 1365
25	Credle v. Bond	3 – Jun – 94	25 F. 3d 1566
26	Davis v. Loesch	9 – Jul – 93	998 F. 2d 963
27	E. I. du Pont de Nemours & Co. v. MacDermid Printing Solutions, L. L. C.	14 – May – 08	525 F. 3d 1353

序号	案件名称	日期	引证
28	Eli Lilly and Co. v. Aradigm Corp.	20 - Jul - 04	376 F. 3d 1352
29	Engel Industries, Inc. v. Lockformer Co.	8 - Oct - 91	946 F. 2d 1528
30	Ethicon, Inc. v. U. S. Surgical Corp.	3 - Feb - 98	135 F. 3d 1456
31	Falana v. Kent State University	23 - Jan - 12	669 F. 3d 1349
32	Fina Oil and Chemical Co. v. Ewen	9 - Nov - 94	41 F. 3d 1519
33	Fina Oil and Chemical Co. v. Ewen	2 - Sep - 97	123 F. 3d 1466
34	Franklin Pavkov Const. Co. v. Roche	28 - Jan - 02	279 F. 3d 989
35	Gemstar - TV Guide Intern. , Inc. v. International Trade Com'n	16 - Sep - 04	383 F. 3d 1352
36	Hess v. Advanced Cardiovascular Systems, Inc.	18 - Feb - 97	106 F. 3d 976
37	Hydril Co. v. Baker Hughes Inc.	19 - Aug - 97	121 F. 3d 728
38	In re Bennett	28 - Jun - 85	766 F. 2d 524
39	Israel Bio - Engineering Project v. Amgen, Inc.	29 - Jan - 07	475 F. 3d 1256
40	Kimberly - Clark Corp. v. Procter & Gamble Distributing Co. , Inc.	26 - Aug - 92	973 F. 2d 911
41	Litton Systems, Inc. v. Whirlpool Corp.	14 - Feb - 84	728 F. 2d 1423
42	Lucent Technologies, Inc. v. Gateway, Inc.	25 - Sep - 08	543 F. 3d 710
43	Massachusetts Eye and Ear Infirmary v. Novartis Ophthalmics, Inc.	6 - Oct - 06	199 Fed. App'x. 960
44	Nartron Corp. v. Schukra U. S. A. Inc.	5 - Mar - 09	558 F. 3d 1352
45	Ortho - McNeil Pharmaceutical, Inc. v. Teva Pharmaceuticals Industries, Ltd.	26 - Aug - 09	344 Fed. App'x. 595
46	Pannu v. Iolab Corp.	6 - Aug - 98	155 F. 3d 1344
47	Pepitone v. American Standard, Inc.	17 - Nov - 92	983 F. 2d 1087
48	PerSeptiveBiosystems, Inc. v. Pharmacia Biotech, Inc.	29 - Aug - 00	225 F. 3d 1315
49	Pro - Mold and Tool Co. , Inc. v. Great Lakes Plastics, Inc.	7 - Feb - 96	75 F. 3d 1568
50	Q. G. Products, Inc. v. Shorty, Inc.	7 - May - 93	992 F. 2d 1211
51	Richardson v. Suzuki Motor Co. , Ltd.	16 - Feb - 89	868 F. 2d 1226
52	Sewall v. Walters	7 - Apr - 94	21 F. 3d 411
53	Shamrock Technologies, Inc. v. Medical Sterilization, Inc.	4 - May - 90	903 F. 2d 789
54	Shum v. Intel Corp.	24 - Aug - 07	499 F. 3d 1272

序号	案件名称	日期	引证
55	Shum v. Intel Corp.	22 - Dec - 10	629 F. 3d 1360
56	Shum v. Intel Corp.	22 - Dec - 10	633 F. 3d 1067
57	Sign - a - Way, Inc. v. Mechtronics Corp.	5 - Apr - 00	232 F. 3d 911
58	SmithKline Diagnostics, Inc. v. Helena Laboratories Corp.	12 - Oct - 88	859 F. 2d 878
59	Stark v. Advanced Magnetics, Inc.	11 - Jul - 97	119 F. 3d 1551
60	Stark v. Advanced Magnetics, Inc.	1 - Jul - 94	29 F. 3d 1570
61	Stern v. Trustees of Columbia University in City of New York	17 - Jan - 06	434 F. 3d 1375
62	Symantec Corp. v. Computer Associates Intern., Inc.	11 - Apr - 08	522 F. 3d 1279
63	Trovan, Ltd. v. Irori	8 - Sep - 00	243 F. 3d 559
64	Trovan, Ltd. v. Sokymat SA, Irori	1 - Aug - 02	299 F. 3d 1292
65	Vanderbilt University v. ICOS Corp.	7 - Apr - 10	601 F. 3d 1297

天瑞案后商业秘密的保护

——通过 ITC 与商业秘密盗用的斗争

娜塔莉·弗莱希西希（Natalie Flechsig）*　　　著

祖　苏　译

刘永沛　校

一、引言

商业秘密历来都难以得到保护，对于美国公司而言，当违法行为发生在那些美国法院没有管辖权的外国时，对商业秘密的保护尤其困难。例如，在中国，尽管侵害知识产权（intellectual property，IP）行为的发生率在全世界"名列前茅"，但是其对外国知识产权人提供的救济途径却很有限。❶ 知识产权侵权的刑事法规很少起作用、法官缺乏必要的培训、判决中倾向于作出很低的赔偿金，这些均使得在中国的诉讼很艰难。❷ 甚至当一个美国法院在针对中国公司盗用或侵犯美国公司知识产权的行为做出判决以后，"由中国法院来执行美国法院所作出的判决，前景也不容乐观"。❸

最近，在一个重要案件中，联邦巡回上诉法院支持了美国国际贸易委员会

---

* 作者为加州大学伯克利分校法学院法律博士。

❶ Congressional‐Exec. Comm'n on China, 109th Cong., Annual Report, at 16 (2006), http://www.cecc.gov/pages/annualRpt/annualRpt06/CECCannRpt2006.pdf.

❷ 同上注。

❸ Thomas L. Duston, Domestic Trade Secret Enforcement for Foreign Misappropriation, Intellectual Property Owners' Annual Meeting: Trade Secrets and Asian Practice Committees, http://www.ipo.org/AM/Template.cfm? Section = Home&Template = /CM/ContentDisplay.cfm&ContentID = 14883, last visited at Sept. 12, 2006.

的裁决，该裁决认为，美国可以把来源于用盗用的商业秘密制造的被告的产品排除在美国之外，即使该盗用行为完全发生在国外，并且在美国的任何主体都没有使用到被盗用的商业秘密。❶ 基于最新颁布的提起 337 条款❷诉讼的条件限制侵权产品进入美国境内，使得美国国内商业秘密权利人更容易满足 ITC 管辖权的要求，并且有可能在不正当竞争调查中获胜。❸

本文第二部分将评估商业秘密保护的历史以及现状。第二部分（一）列举了商业秘密的独有特征，正是这些特征使得商业秘密的保护如此艰难，第二部分（二）描述了 ITC 的作用以及权力，与地区法院相比，ITC 是更有利于保护商业秘密权人的机构。本文第三部分讨论了 TianRui Group Co. Ltd. v. International Trade Commission 案的事实，以及联邦巡回上诉法院对该案所做判决的重要意义，在该案中，先后由 ITC 和联邦巡回上诉法院首次提出了两个重要问题——ITC 对完全发生于境外的盗用商业秘密不公平竞争行为是否有管辖权，以及即使原告在国内没有使用涉案的商业秘密，进口侵权该商业秘密的商品是否会对国内产业造成损害。❹ 第四部分主要分析了天瑞（TianRui）案后商业秘密保护的法律环境。第四部分（一）比较了地区法院和 ITC 的管辖权条件，第四部分（二）比较了这两个不同机构的特点以及可能获得的救济方式。第五部分预测在天瑞案之后，由于 ITC 对于国内产业的宽松解释，ITC 受理的有关商业秘密案件会不断增加。

二、背景

（一）商业秘密保护与盗用救济的困境

《第一侵权法重述》（the First Restatement of Torts）第 757 条评注（b）将商业秘密定义为"权利人用于经营的任何公式、模式、装置或者信息汇编，相对于不知道或者没有使用它的竞争对手，权利人可以因此获得优势"。❺ 美国专利商标局（U. S. Patent and Trademark Office，USPTO）只有在某项发明具有新颖性、实用性和创造性时才会授予其专利，❻ 而那些不能得到专利保护的

---

❶ 参见 *TianRui Group Co. Ltd. v. Int'l Trade Comm'n*，661 F. 3d 1322，1325（Fed. Cir. 2011）。

❷ 《关税法案》（1930 年）第 337 条，《美国法典》（2006 年）第 19 编，第 1337 条。

❸ *TianRui Group Co. Ltd. v. Int'l Trade Comm'n*，661 F. 3d at 1325.

❹ 同上注，第 1324 页。

❺ Restatement（First）of Torts § 757（1939）。

❻ 参见 35 U. S. C. § § 101 – 103（1952）。

信息可获得商业秘密保护。❶ 例如，否定性的诀窍——不起作用——尽管通常不能获得专利，却可以作为商业秘密得到保护。因此，就某些方面来看，商业秘密相较于专利更受亲睐，这是由于其具有更为广泛的客体范围。此外，也没有一个取得及维持商业秘密的正式条件。Melvin F. Jager 解释道：

> 要获得商业秘密，不需要经历获得专利过程中的官僚机构的拖延以及长年等待。商业秘密权……可以通过明示行为或者利益相关方的协议而设立。商业秘密权始于想法的某种具体形式，只要其处于保密状态，该权利就得以存续。因此，商业秘密权具有即时和可控的特点。其还具有一个优点，只要维持保密，就永久有效。❷

但是要警惕的是，商业秘密很脆弱——要求保持秘密这一条件，意味着一旦秘密被泄露，其保密状态就永远无法恢复，因此，秘密所有者对于该信息的使用就不再能主张权利。随着互联网的出现，以及由于美国公司与外国公司间日益增加的合作所导致的国际劳动力的快速流动，商业秘密失去其保密状态的危险正不断增加：

> 劳动力的流动性越来越快，承包商与顾问的介入越来越多，外包的基础设施不断增加，这些均为商业秘密脱离公司的控制提供了机会。信息技术本身加速了信息的流动。逐渐地，信息被储存在能被轻易复制的电脑文档中，互联网的连接以及诸如 CDROM 之类高密度媒体，使能够轻易传输这些文档。一个心怀不满的员工，能够轻易地将整个公司的资料装入口袋，然后悄然离去。❸

之前在公司任职的雇员不正当地将商业秘密带到新公司的情况下，商业秘密拥有者可以禁止新公司使用相关信息；但是，与原告不具有契约上相对性的第三方，只有在其"知道或应当知道"其所揭露或者使用的商业秘密是通过非正当手段获得的情况下，才会被追究盗用责任。❹ 不知情地使用被盗用的商业秘密者，只有在被通知该商业秘密是不正当地泄露给他后，仍然继续使用该商业秘密的情况下，才会被禁止使用或者被处罚。❺

---

❶ Michael Risch, *Why Do We Have Trade Secrets?*, 11 Marq. Intell. Prop. L. Rev. 1, 11 (2007).

❷ Melvin F. Jager, 1 Trade Secrets Law § 1: 1 (2012).

❸ R. Mark Halligan & Richard F. Weyand, *The Sorry State of Trade Secret Protection*, The Trade Secret Office, http://www.thetso.com/Info/sorry.html., last visited at Jan. 24, 2013.

❹ Robert G. Bone, *A New Look at Trade Secret Law: Doctrine in Search of Justification*, 86 CAL L. REV. 241, 250 – 51 (1998).

❺ 同上注，第 251 页。

（二）国外的盗用行为存在更高的管辖权障碍

通常而言，商业秘密保护属于州法的范围，联邦法不涉及。例如，绝大多数的州，都已经把《统一商业秘密法》（Uniform Trade Secrets Act，UTSA）纳入州法。❶ 根据盗用行为发生的情形，商业秘密所有权人还可以根据《计算机欺诈和滥用法》（Computer Fraud and Abuse Act，CFAA）❷ 或者《经济间谍法》（Economic Espionage Act，EEA）主张权利。❸ 如果盗用者损害了州际贸易中涉及的电脑，可适用《计算机欺诈和滥用法》来追究其责任，❹ 而《经济间谍法》则明确地将盗用商业秘密的行为界定为非法。❺

发生在国外而非美国境内的盗用商业秘密行为更加难以规制。涉及国外的盗用案件通常有外国被告，由于当事人国籍不同（diversity of citizenship），只能向美国地区法院提起诉讼。❻ 但是，完全发生在国外的行为及主体的管辖权问题，对于美国商业秘密所有者是一个特有的挑战；当国籍完全不同（complete diversity of citizenship），导致法院没有正当的对事管辖权时，这些权利人向来难以找到一个有效的途径，来防止盗用者获得某种不公平优势。

Richtek Technology Corp. v. UPI Semiconductor Corp. 案讨论了法院对美国国内受害者面对外国盗用商业秘密时的管辖权障碍。❼ 中国台湾的立锜公司（Richtek）（及其全资美国子公司）指控台湾的另一家公司——力智公司（UPI）挖走了他们的员工，这些员工带走了他们专有的商业秘密文件及信息，随后力智公司将运用了这些商业秘密的产品进口至美国。❽

地区法院以缺乏对事管辖权为由，驳回立锜公司有关盗用商业秘密的诉讼

---

❶ Uniform Law Commission，*Acts*：*Trade Secrets Act*，http：//www. uniformlaws. org/Act. aspx? title = Trade%20Secrets%20Act.

❷ 18 U. S. C. § 1030（2008）；*see* Charles Doyle，Cong. Research Serv. ，R42681，Stealing Trade Secrets and Economic Espionage：An Overview of 18 U. S. C. 1831 and 1832 1（2013）.

❸ 18 U. S. C. § 1831，*et. seq.*（1996），as amended by PL 112 – 269，126 Stat 2442（2013）；同上注，at 2.

❹ 参见 *Therapeutic Research Faculty v. NBTY*，488 F. Supp. 2d 991，997（E. D. Cal. Jan. 25，2007）（quoting *Charles Schwab & Co. v. Carter*，2005 WL 351929，at *3（N. D. Ill. Feb. 11，2005））.

❺ 18 U. S. C. § § 1831（a），1832.

❻ 参见 28 U. S. C. § 1332（2012）.

❼ *Richtek Tech. Corp. v. UPI Semiconductor Corp.*，No. C 09 – 05659 WHA.，2011 WL 445509（N. D. Cal. Feb. 3，2011）.

❽ 同上注，第 *3 页。

请求，部分原因是盗用行为并没有发生在美国。❶ 如果国籍完全不同，立锜公司就能够基于《美国法典》第 28 编第 1332 条提起诉讼。❷ 但是，国内的商业秘密拥有者通常无法利用这一机会诉诸地区法院，因为许多国外公司均在美国设有子公司，而第 1332 条要求国籍完全不同，所以一个美国公司不能同时起诉一个外国公司及其美国子公司。❸ 这就是在立锜（Richtek）案中所遇到的问题，在该案中，台湾的原告在加利福尼亚州拥有一个全资美国子公司，被指控的侵权人在国外和加利福尼亚州同时有办事处。❹ 幸运的是，由于 ITC 对于美国境内的商品具有对物管辖权，❺ 所以其不要求申请人与被申请人之间存在完全不同国籍。天瑞案进一步确认了，ITC 对于外国被告实施的盗用商业秘密行为具有宽泛的管辖权，这使得对于商业秘密权人而言，ITC 成了一个有吸引力的替代管辖机构。

（三）用 ITC 打击外国侵权者，保护知识产权

美国 1930 年关税法第 337 条（《美国法典》第 19 编第 1337 条）授权 ITC，调查被指控的向美国进口商品的不正当竞争行为。❻ ITC 是一个由六位行政法官（administrative law judges，ALJ）组成的行政机关，这六位法官负责执行 § 337 条款，并且与海关和边境保护局（Customs and Border Protection，CBP）、联邦贸易委员会（Federal Trade Commission，FTC）、司法部（Department of Justice，DOJ）以及美国专利商标局（USPTO）等机构联系并协同工作。❼ 在一个案件被立案以后，首席行政法官会挑选一名行政法官审查证据，做出初步裁定（initial determination），提出解决方案。❽ 337 条款还要求有一位

---

❶ Certain DC – DC Controllers and Products Containing the Same, USITC Inv. No. 337 – TA – 698 (July 13, 2010) (Order No. 39).

❷ 28 U. S. C. § 1332 (2006).

❸ 同上注。

❹ Certain DC – DC Controllers and Products Containing the Same, Inv. No. 337 – TA – 698 (July 13, 2010).

❺ 参见 Neil Edward L. Santos, III, Dennis S. Fernandez, & Nilesh D. Patel, *What IP Holders Ought to Know about the ITC and the District Courts*, 7 J. High Tech. L. 173, 174 (2007).

❻ 19 U. S. C. § 1337 (2006).

❼ Michael Bednarek, *IP*：*A prescription for success in ITC Section 337 proceedings*, Inside Counsel, http：//www. insidecounsel. com/2012/09/04/ip – a – prescription – for – success – in – itc – section – 337 – p. , last visited at Sept. 4, 2012.

❽ *Section 337 Investigations*：*Answers to Frequently Asked Questions*, U. S. INT'L TRADE COMM'N 24 (Mar. 2009), http：//www. usitc. gov/intellectual_ property/documents/337_ faqs. pdf, last visited at Nov. 17, 2012.

来自不公平进口调查办公室（Office of Unfair Import Investigations，OUII）的 ITC 调查律师参与，这位律师代表国际贸易委员会进行调查，反应公共利益。❶ 在行政法官发布初步裁定后，争议双方可以申请委员会进行重审（review），委员会将在 60 日内决定是否审查和采用、修改、撤销裁定，或者选择不审查该裁定。❷ 在 337 调查期间，被申请人有权请求地区法院中止进行平行诉讼。❸

337 条款列举了有关侵犯美国专利、版权、商标、屏蔽字（mask word）或轮船船体设计等非法行为。对于这些法定保护的知识产权而言，申请人不需要证明对其产业所造成的损害，只要证明依据第 2 条及第 3 条，欲主张权利的知识产权涉及美国的某个行业（在技术层面），并且其已经投入了大量的资源来开发其知识产权（在经济层面）。❹ 此外，对于商业秘密而言，属于第 1337 条第（a）款第（1）项第（A）目的范围，该目将不公平竞争定义为非法行为。❺ 该部分禁止："以不公平竞争方式和不公平行为进口货物"到美国，由其所有人、进口人、收货人或代理人在美国销售，会产生以下威胁或造成以下结果：（1）摧毁或实质损害一个美国产业；（2）阻碍该产业的建立；（3）限制和垄断在美国的贸易和商业。❻ 提起该类案件的请求人必须证明，其在国内的产业因为侵权者实际进口或者威胁进口侵权产品的行为受到损害。❼

美国国际贸易委员会在 Certain Floppy Disk Drives and Components Thereof 案中讨论了商业秘密案件中"国内产业"的含义。❽ 在 Floppy Disk Drives 案中，请求人并没有在美国国内使用所涉案商业秘密，但是其想要将被告盗用其涉案商业秘密所制造的产品排除在外。❾ 尽管被请求人辩称，请求人没有表明存在国内产业，不能证明其在国内使用了涉案商业秘密，但是贸易委员会并不同意该观点。在作出结论的过程中，委员会采信了请求人的主张，即若不是被请求人已经事实上盗用了含有该商业秘密的文件，其本可以开发利用该商业秘密。❿

---

❶ *Section 337 Investigations：Answers to Frequently Asked Questions*，U. S. INT'L TRADE COMM'N 24（Mar. 2009）.

❷ 同上注。

❸ 28 U. S. C. § 1659（a）（2006）.

❹ 19 U. S. C. § § 1337（a）（1）（B）－（E）（2006）.

❺ 19 U. S. C. § 1337（a）（1）（A）.

❻ 同上注。

❼ 同上注。

❽ Certain Floppy Disk Drives and Components Thereof（*Floppy Disk Drives*），USITC Inv. No. 337－TA－203（Aug. 29，1985）（commission opinion）.

❾ 同上注，第 4 页。

❿ 同上注。

（四）ITC 商业秘密保护回顾

要证明存在盗用商业秘密行为，ITC 要求证明如下四点：（1）存在商业秘密；（2）对该商业秘密或专属利益享有所有权；（3）他人通过不正当手段披露或者获取该商业秘密；（4）他人使用或泄露商业秘密，对权利人造成了损害。❶ 为了满足第一点，ITC 参照《第一侵权法重述》第 757 条评注（b），考虑六个方面的因素：（1）在本行业外该信息被知晓的程度；（2）在本行业内该信息被知晓的程度；（3）为保密而采取的措施；（4）信息对于竞争者的价值；（5）花费时间、精力或金钱；（6）其他人正当获得或复制该信息的难易程度。❷

337 条款的大多数案件都涉及专利和商标侵权的不公平行为——超过 90% 的 337 条款案件仅与专利相关。❸ 然而，ITC 很少被用来保护商业秘密，这使得 ITC 在这方面的先例非常少。委员会 1984 年在 Sausage Casings 案中的裁决表明，盗用商业秘密是一种不公平竞争行为，应当由 337 条款进行规制："毫无疑问，如果盗用商业秘密成立，则其是一种不公平竞争或者不公平行为，属于 337 条款的管辖范畴。"❹

但是，一个成功的 337 条款诉讼，要求的不仅仅是证明存在商业秘密盗用行为；除此之外，请求人还需证明，其国内产业由于他人进口侵权产品而受到损害。❺ 在 1989 年的 Certain Grain Oriented Silicon Steel 案中，请求人诉称其方法专利被侵权，但在其提起诉讼前的很长一段时间内，就没有使用该方法了，故委员会拒绝展开调查。❻ 由于在国内没有使用系争的知识产权，该事实导致不能证明存在国内产业。❼ 同时，委员会将商业秘密权人的国内产业定义为"请求人国内业务中的一部分，致力于开发运用涉案的秘密、专有技术，而该技术是不公平行为或做法针对的目标"。❽ 但是，在请求人没有在国内使用涉

---

❶ Certain processes for the Manufacture of Skinless Sausage Casings and Resulting Products, Inv. Nos. 337 - TA -85, 1984 ITC LEXIS 137, at *50 -51 (Dec. 1984).

❷ Restatement (First) of Torts § 757 (1939).

❸ Certain DC - DC Controllers and Products Containing the Same, Inv. No. 337 - TA - 698 (July 13, 2010).

❹ Certain Processes for the Manufacture of Skinless Sausage Casings and Resulting Product (*Sausage Casings*), Inv. No. 337 - TA -148/169, 1984 ITC LEXIS 137, *165 -66 (July 31, 1984).

❺ 参见 19 U. S. C. § 1337 (a) (1) (A) (i) (2006).

❻ Certain Grain Oriented Silicon Steel ("*Silicon Steel*"), Docket No. 1479.

❼ 同上注。

❽ 同上注。

案商业秘密时，能否得出一个与 *Certain Grain Oriented Silicon Steel* 案相似的结论仍不明朗。❶ 因此，委员会关于天瑞案的裁决非常重要，因为其为商业秘密权人提供了较专利权人更为宽松的国内产业标准。

三、联邦巡回上诉法院在天瑞案中的判决

商业秘密由州法保护，不由联邦法保护。❷ 因此，若不满足国籍完全不同的条件，原告为了在联邦法院起诉，必须提出一个联邦问题。❸ 若商业秘密权人既不能表明与商业秘密盗用者存在完全不同国籍，又提不出一个联邦问题，就可选择 ITC 并利用 337 条款授予的法定管辖权，来规制不公平竞争行为。❹ 天瑞案为 ITC 对不公平竞争行为的管辖权问题，不仅提供了背景也提供了最新的裁决。本部分对委员会初裁以及随后的联邦巡回上诉法院在天瑞案中的判决进行分析，并且突出联邦巡回上诉法院在两个独特问题上的判决。

美国 1930 年关税法案第 337 条第（a）款第（1）项第（A）目禁止："以不公平竞争方法和不公平行为将货物……进口至美国，……其威胁或结果……摧毁或实质性损害美国的某一产业。"❺ 依据 ITC 的程序规则，❻ 在申请人 Amsted 实业公司就天瑞集团公司（TianRui Group Co. Ltd.）违反 337 条款提起申请后，行政法官就会作出初步裁定，提出解决方案。申请人指控，天瑞公司向 Amsted 公司寻求许可保密的 ABC 方法未能成功，转而从 Amsted 公司许可的中国公司雇佣了九名知晓 ABC 技术的员工。❼ 这些员工中的绝大多数均签订过禁止泄露 ABC 技术的合同。Amsted 公司随后提出指控，称天瑞公司将使用了被盗用方法而制造的车轮进口至美国。❽

基于 ITC 过去在盗用商业秘密调查过程中对侵权法或商法的适用情况，本

---

❶　参见 Gary M. Hnath & James M. Gould, *Litigating Trade Secret Cases at the International Trade Commission*, 19 AIPLA Q. J. 87, 99（1991）.

❷　参见 Uniform Law Commission, *Acts*：*Trade Secrets Act*, http：//www. uniformlaws. org/Act. aspx? title = Trade%20Secrets%20Act.

❸　参见 Richtek Tech. Corp. v. UPI Semiconductor Corp. , 2011 WL 445509, at ∗3（N. D. Cal. Feb. 3. , 2011）.

❹　参见 19 U. S. C. § 1337（2006）.

❺　19 U. S. C. § 1337（a）（1）（A）（i）.

❻　*Section 337 Investigations*：*Answers to Frequently Asked Questions*, U. S. INT'L TRADE COMM'N 24（Mar. 2009）, http：//www. usitc. gov/intellectual _ property/documents/337 _ faqs. pdf, last visited at Nov. 17, 2012.

❼　参见 *TianRui Group Co. Ltd. v. Int'l Trade Comm'n*, 661 F. 3d 1322, 1324（Fed. Cir. 2011）.

❽　同上注，第 1325 页。

案中的行政法官适用了伊利诺伊州的商业秘密法来对天瑞公司的违法行为进行判定。❶ 天瑞公司的第一个抗辩理由是，国会只打算将 337 条款适用于美国国内，尽管天瑞公司承认其使用了商业秘密，但是盗用行为发生在中国。因此，天瑞公司认为 ITC 对该案没有管辖权。❷ 行政法官不同意该抗辩，认为境外实施的行为已经到了损害国内产业的程度，应当给予国内救济。❸

天瑞公司辩称，因为 Amsted 公司没有在美国国内继续使用 ABC 方法，没有国内产业受到损害，因此不满足 337 条款的要求。❹ 行政法官驳回了这一观点，裁决无论 Amsted 公司在国内产业中是否实际上使用了被盗用的方法，只要盗用行为对其国内产业造成损害即可。❺ 因此，初步裁决明确地摒弃了第 337 条第（a）款第（1）项第（A）目所规定的"技术上的要求"（technical prong），这表明了行政法官倾向于认定，即使国内的原告没有在美国使用系争的商业秘密也存在国内产业。❻ 行政法官将原告 Amsted 公司正在使用另一种不同的秘密方法（"Griffin"技术）的美国制造厂，视为被损害的国内产业（生产铸钢铁路用车轮）。❼

初步裁决认为天瑞公司违反了 337 条款，委员会拒绝重新审查初步裁决，并把这一内容纳入委员会的最终意见。❽ 委员会因此决定合适的救济手段是签发有限排除令（limited exclusion order）"禁止由被告或代表被告或其附属公司、母公司、子公司、承包方或其他相关商业主体或继承人或受让人所生产的未经许可的铸钢铁路车轮，或者使用 ABC 商业秘密制造的同类产品进入美国。"❾ 被告天瑞公司随即上诉至联邦巡回上诉法院，但未获支持。❿

行政法官的初步裁决通过回顾法律史来判断是否存在受到损害的国内产业，联邦巡回上诉法院回应认可了这一分析。初步裁决写到：

> 在 Sausage Casings 案调查之前，很长一段历史时期内，贸易委员

❶ 参见 *TianRui Group Co. Ltd. v. Int'l Trade Comm'n*, 661 F. 3d 1325.

❷ 同上注。

❸ 同上注。

❹ 同上注。

❺ 同上注，第 1327 页。

❻ Certain Cast Steel Railway Wheels, Certain Processes for Manufacturing or Relating to Same and Certain Products Containing Same, USITC Inv. No. 337 – TA – 655, at 79（Nov. 20, 2001）（initial determination）.

❼ 同上注，第 80 页。

❽ 同上注。

❾ Certain Cast Steel Railway Wheels, Certain Processes for Manufacturing or Relating to Same and Certain Products Containing Same, USITC Inv. No. 337 – TA – 655, at 1（Nov. 20, 2001）（exclusion order）.

❿ 参见 *Tianrui*, 661 F. 3d at 1337.

会在商业秘密调查案件或者其他除了侵犯传统形式的知识产权（例如，专利）的不公平行为的案件中，通过"市场的现实情况"来判断是否存在国内产业，Sausage Casings 案超越了这一范围。❶

这一观点预示了在 Sausage Casings 案后，1988 年对 337 条款进行的修正。这些修正对法定知识产权的国内产业要求规定了一些"追溯效力"，❷ 但是对其他不公平竞争行为所制定的条义并没有上述要求。❸ 因此，该裁决解释道：

　　在基于［法定知识产权］展开的调查中，不需要证明损害，但原告必须证明存在与系争知识产权相关的国内产业。对特定国内产业存在的证明，并不需要在第（a）款第（1）项第（A）目下的调查中做出，但是原告仍然必须证明存在一个易受损害的国内产业。❹

因此，在天瑞案中，联邦巡回上诉法院认为，Amsted 公司尽管事实上没有在美国使用被盗用的 ABC 技术，但由于其提交的证据证明，天瑞公司制造的铁路车轮能够在美国与其所制造的车轮相竞争，这就已经证明了存在易受损害的国内产业。❺

天瑞公司在联邦巡回上诉法院的上诉：Amsted 工业公司是一家美国制造铸钢铁路车轮的厂家。❻ 尽管其拥有两项制造车轮的秘密工艺——"ABC 技术"以及"Griffin 技术"，但其从来没有在国内生产过程中使用过 ABC 技术。❼ 天瑞公司在中国生产制造铸钢铁路车轮，并且曾试图从 Amsted 公司获得许可来使用其技术，但未获许可。❽ 随后，天瑞公司从大同（Datong）公司雇佣了九名受过 ABC 技术培训的员工，而大同公司是在中国获得 Amsted 公司技术许可的公司之一。❾ 大同公司的员工行为守则告知了所有的九名雇员，ABC 技术是专有、机密的信息，他们有义务不披露相关信息，九名员工中除了一人之外均与大同公司签订了保密协议。❿ 天瑞公司随后将使用了 ABC 技术所制造

---

❶　Certain Cast Steel Railway Wheels, Certain Processes for Manufacturing or Relating to Same and Certain Products Containing Same, USITC Inv. No. 337 – TA – 655, Initial Determination at 77 (Nov. 20, 2001).

❷　Tariff Act of 1930 § 337 (a) (1) (A), 19 U. S. C. § 1337 (a) (1) (B) - (E) (2006).

❸　同上注。

❹　Certain Cast Steel Railway Wheels, Certain Processes for Manufacturing or Relating to Same and Certain Products Containing Same, USITC Inv. No. 337 – TA – 655, Initial Determination at 79 (增加强调).

❺　*TianRui*, 661 F. 3d at 1324.

❻　同上注。

❼　同上注。

❽　同上注。

❾　同上注。

❿　同上注。

的车轮进口到美国，并在美国进行销售。Amsted公司向 ITC 指控天瑞公司，称其新员工通过将含有 ABC 技术的秘密信息及文件泄露给天瑞公司，从而盗用了其商业秘密。❶

在上诉中，联邦巡回上诉法院分析了两个争议焦点：（1）基于 337 条款，ITC 对在中国盗用商业秘密导致的不公平竞争行为，是否有管辖权；（2）当 Amsted 公司在美国的生产中已经不再使用 ABC 技术时，天瑞公司把使用了该商业秘密所制造的车轮进口到美国，是否对其国内产业造成了损害。❷

1. 治外法权分析

联邦巡回上诉法院引用了 EEOC v. Arabian Am. Oil Co. 案❸中的判决，认为当国会没有相反的立法意图时，推定美国法不具有域外管辖权（extraterritorial application）。❹ 然而，法院驳回了天瑞公司关于 ITC 无权将 337 条款适用于域外的抗辩，理由有三。❺ 首先，法院认为 337 条款所规制的进口行为本身就是"一个天然的国际交易"，因为这种交易必然发生于不同国家之间。❻ 其次，法院认为所指控的行为发生在中国，该行为只有在对美国国内产业造成损害后才会受到规制，ITC 并没有将 337 条款适用于纯粹的域外产品，而是将条款适用于影响国内产业的行为，并提供国内救济。❼ 最后，ITC 对 337 条款的最初解释是允许规制国外行为，法院认为这与 337 条款的立法史是一致的。❽ 国会通过了 ITC 在 1919 年的建议报告，制定 337 条款来弥补执行机构的不足，以及为通过进口而进行的不公平竞争行为提供救济，即使这些行为发生在国外。❾ 法院经过此论证后认为，贸易委员会裁决发生在中国的被控行为违反了 337 条款是合法的。❿

2. 国内产业分析

联邦巡回上诉法院在天瑞案中的判决认为，原告主张国内产业受到损害，并不需要实际使用了涉案的被盗用商业秘密。⓫ 按照 337 条款本身的意思，法

---

❶ *TianRui*，661F. 3d，第 1326 页。

❷ 同上注，第 1325 页。

❸ *EEOC v. Arabian Am. Oil Co.*，499 U. S. 244，248（1991）.

❹ *TianRui*，661 F. 3d at 1328.

❺ 同上注，第 1329 页。

❻ 同上注。

❼ 同上注。

❽ 同上注，第 1330 页。

❾ 同上注，第 1331 页。

❿ 同上注，第 1332 页。

⓫ 同上注，第 1335 页。

院指出："在一般条款中，并没有明确要求国内产业与调查中涉及的知识产权相关。"❶ 尽管天瑞公司强调，参议院的提案要求，在商标及商业秘密案件中，被损害的国内产业必须与被保护的知识产权之间存在联系，法院发现这一提案因被撤销而没有成为法律，故这一立法意图抗辩无效。❷ 相反，法院认为在涉及 337 条款的不公平竞争诉讼中，只有"法定知识产权"（例如，专利）才需要与国内产业相关，在涉及盗用商业秘密行为的诉讼中，只要原告能够证明盗用行为对其国内产业造成了损害，就能够满足条款规定的损害要求，而不管原告是否在国内使用了被盗用的商业秘密。❸

3. 讨论

对于 ITC 以及联邦巡回上诉法院而言，天瑞案是在如下两个问题上的首例判决：原告在证明国内产业是否存在时，是否必须在美国国内使用系争商业秘密；337 条款对于完全发生于境外的盗用商业秘密的行为是否具有管辖权。

天瑞案与先前的 Floppy Disk Drives 案之间有一个重要的差异，在 Floppy Disk Drives 案中，若被告没有盗走含有商业秘密的文件，原告就会在国内使用该商业秘密。但在天瑞案中，Amsted 公司并没有表明其欲在现在或者将来在国内使用该商业秘密的意图（尽管其在过去使用过）。❹ Amsted 公司将其 ABC 技术这一商业秘密授权许可给几家中国公司。❺ 由于没有实际使用涉案的知识产权，根据第 337 条第（a）款第（2）项，对法定知识产权（statutory intellectual property）的大量许可行为，可以证明存在国内产业，❻ 但在天瑞案中，联邦巡回上诉法院并没有考虑，Amsted 公司的许可行为，是否构成旨在建立国内产业而对 ABC 技术这一非法定知识产权（non‑statutory IP）的开发利用。

四、天瑞案后商业秘密保护的法律环境

天瑞案的判决标志着，只要盗用商业秘密行为损害到国内公司的国内产业，即使该国内公司并没有实际使用到涉案的商业秘密，ITC 都会认为存在国内产业。此外，对那些先前因管辖权问题而无法在州法院或联邦地区法院对国外盗用者主张权利的国内原告，天瑞案为他们创造了有利的环境。另外，对于那些商业秘密已经被公开而不能再主张其秘密性的商业秘密权人提供了主张权

---

❶ *TianRui*，661 F. 3d at 1335。

❷ 同上注，第 1336 页。

❸ 19 U. S. C. § § 1337 (a) (1) (B) – (E) (2006).

❹ 同上注，*TianRui*，661 F. 3d at 1324.

❺ *TianRui*，661 F. 3d at 1324.

❻ 19 U. S. C. § 1337 (a) (3) (C) (2006).

利的途径，他们有可能从 ITC 获得普遍排除令（general exclusion order），对于被指控的产品，包括被告的、整个类别的或整个行业的产品，不问来源统统禁止进口。❶ 尽管国外的盗用者可以以不方便法院原则为由，主张 ITC 不应受理该案，但是 ITC 至少为国内原告克服了管辖权障碍，为他们提供了更好的选择；而且，对于侵犯知识产权商品的进口，ITC 是唯一的有权机关，因此案件将不会被移送。❷ 被告将很难成功证明，国外的审判是更好的选择，尤其是当被建议的国外法院，没有足够的专业知识，或者不愿意对侵犯商业秘密的行为做出处罚时。下文将讨论，在涉及国外被告的商业秘密案件中所遇到的管辖权障碍，并根据天瑞案的判决重新审视这些障碍。

（一）管辖权

天瑞案的判决对 ITC 的权力范围是一种新的宣示，表明 ITC 可以对完全发生在国外的盗用行为具有管辖权。该判决认为，对在境外实施所有盗用行为的被告，委员会具有管辖权——或者，更精确地说，对于上述被告生产后进口至美国的受控产品具有管辖权——针对那些辩称美国法院缺乏管辖权的外国被告而言，联邦巡回上诉法院为国内的商业秘密权人在 ITC 平台营造了有利的坏境，使他们既能主张对人管辖权（personal jurisdiction），又能主张对事管辖权（subject matter jurisdiction）。

1. 地区法院的管辖权

（1）地区法院的对事管辖权。对于盗用商业秘密行为发生在国外的案件，在地区法院主张对事管辖权比在 ITC 主张更难。当商业秘密争议与联邦法院补充管辖权（supplemental jurisdiction）下的其他联邦诉请同时提出时，例如，在一些案件中原告不仅指控商业秘密盗用行为，还指控专利或者商标侵权，商业秘密案件通常由联邦法院审理。❸ 由于商业秘密由州法而非联邦法保护，若原被告不满足完全不同国籍，原告就必须在其诉请中提出一个联邦法问题——例如，专利侵犯——以此来说服地区法院行使其对于商业秘密诉请的补充管辖权。❹ 补充管辖权取决于法院自由裁量的性质，对在地区法院的原告制造了不确定性。

---

❶ 参见 19. U. S. C. § 1337（d）（2）（A）.

❷ Dorothy R. Auth & R. Trevor Carter, *Selecting Forum and Venue for your Patent Litigation*, Patent Law Center（March 2011），http: //patentlawcenter. pli. edu/wp – content/uploads/2011/03/SELECTING – FORUM – AND – VENUE – FOR – YOUR – PATENT – LITIGATION. pdf, last visited at Jan. 30, 2013.

❸ James Pooley, *Trade Secrets*, § 10. 07 [2].

❹ 参见 *Richtek Tech. Corp. v. UPI Semiconductor Corp.*, 2011 WL 445509, at ＊3（N. D. Cal. Feb. 3, 2011）.

　　在立锜案中，立锜公司是一家中国台湾企业，其所主张的事实与天瑞案中的事实类似。❶ 立锜公司声称，其前雇员盗走的文档和信息含有"无价的商业秘密及机密信息"，这帮助被告台湾力智公司设计出能够与立锜公司直接竞争的电源管理产品。❷ 立锜公司进一步指控，力智公司将基于其商业秘密制造的产品出售给美国消费者。❸ 被告以地区法院没有对人管辖权和对事管辖权为由，请求法院驳回原告诉请。❹

　　尽管立锜公司辩称，地区法院就专利及版权诉请具有联邦管辖权，就商业秘密诉请具有补充管辖权，但是地区法院还是驳回了立锜公司有关商业秘密的诉请。❺ 法院判决，若对商业秘密诉请行使管辖权是不合适的，因为"在起诉状中，合同及商业秘密诉请是主要的，远远超过侵权诉请"，若强迫法院承担这种"噩梦般的任务"，将使法院承担"不可承受之重"，因为要查实基于诉请的外国证据是州法而不是联邦法的管辖范围。❻

　　事实上，被指控的盗用者是中国台湾人，被指控的盗用商业秘密行为发生在其居住于台湾期间，这些因素在很大程度上使得法院做出对所涉案件不具有补充管辖权的判决，并建议双方在中国台湾进行诉讼。❼ 但是，盗用行为碰巧发生在国外并非法院做出其对于商业秘密诉请缺乏对事管辖权判决的唯一原因；除此以外，法院强调与案件相关的证据均是中文，查实这些证据会是"一个非常耗时耗力的任务"。❽ 由于立锜案的判决早于天瑞案，联邦巡回上诉法院关于天瑞案的判决意义更为重大，因为在该案中法院就类似的案件事实并没有选择驳回，相反其支持了 ITC 对天瑞公司行使对事管辖权的决定，❾ 尽管存在潜在的证据开示（discovery）负担。

　　（2）地区法院的对人管辖权。上文讨论的立锜案，在试图对被告行使对人管辖权时，做得并不好。由于没有满足第九巡回法院做出的有关行使专门管辖权的三个条件，地区法院认为其对 14 名台湾公民缺乏属人管辖权。❿ 这三个方面包括：

---

❶ 参见 *Richtek Tech. Corp. v. UPI Semiconductor Corp.*，2011 WL 445509，第 ＊1 页。
❷ 同上注。
❸ 同上注。
❹ 同上注。
❺ 同上注。
❻ 同上注，第 ＊4 页。
❼ 同上注，第 ＊4～5 页。
❽ 参见 *Richtek Tech. Corp. v. UPI Semiconductor Corp.*，2011 WL 445509，第 ＊4 页。
❾ *TianRui*, 661 F. 3d. at 1332.
❿ *Richtek Tech. Corp.*，2011 WL 445509，at ＊7.

（1）非居民被告必须有目的地与审判地的居民进行交易，或者实施一些行为，通过该行为有目的地使自己有权进行相关活动，由此获得法律上的利益和法律保护；（2）诉讼主张必须来源于被告与审判地相关的活动；（3）管辖权的行使必须与公平竞争和实质正义相符合。❶

向 ITC 提起一个 337 条款诉讼的主要优势在于，针对外国进口商或生产商的被控产品，ITC 不需要适用上述标准就可行使属人管辖权。ITC 对进口产品的对物管辖权与地区法院对被告所行使的对人管辖权相似，下文将予以讨论。

2. ITC 的管辖权

（1）ITC 的对物管辖权。通常 ITC 对于商品进口至美国的过程中所发生的不公平贸易行为具有管辖权。❷ 然而，贸易委员会对于"进口"的解释非常宽泛，以至于只要被指控的不公平行为与进口之间存在着"连接"（nexus），ITC 甚至对那些并没有直接发生在进口过程中的案件也具有管辖权。在 Certain Welded Stainless Steel Pipe and Tube 案中，❸ 8 名国内原告指控 11 名日本人以不合理的低价销售进口焊接钢管和管件，意图限制或垄断美国国内的商业和贸易，从而违反了 337 条款。❹ 国外的生厂商辩称，贸易委员会对于他们的行为没有管辖权。❺ 从被告的角度而言，由于其并没有将受指控的产品直接销售给美国的消费者，而是通过国外的贸易公司将产品出口至美国，因此其并没有被牵涉如下情形，"将其产品进口至美国，或者由产品所有者、进口商、收货人或代理人中的某类人进行销售"。❻ 委员会驳回了这一论点，认定由于生产商有将被指控的产品引入美国并销售的意图，其不公平竞争行为与进口行为之间存在必然联系。❼

相反，Saxon 及 Newhouse 认为："想要将其产品进口至美国的人，仍然能够在最后一刻将其产品拿回或者出口至别的国家，以此来'扭转局势'。"❽ Hnath 及 Gould 因此假设，在这种情况下，委员会对那些既生产被指控侵权产品，又将其产品出售给其他外国公司的外国生产商也具有对事管辖权，如果他

---

❶ *Lake v. Lake*, 817 F. 2d 1416, 1421 (9th Cir. 1987).

❷ 参见 19 U. S. C. § 1337 (2006).

❸ Certain Welded Stainless Steel Pipe and Tube, USITC Inv. No. 337 – TA – 29 (Feb. 22, 1978).

❹ 同上注，第 1 页。

❺ 同上注，第 3 页。

❻ 同上注。

❼ 同上注，第 11 ~ 12 页。

❽ Janet Saxon and Paul Newhouse, *Section 337 Jurisdiction and the Forgotten Remedy*, 9 CAMPBELL L. REV. 45, 50 (2012).

们有将其产品进口至美国并销售的意图的话。❶ 如果这样的解释是正确的，则委员会具有的对事管辖权甚至可以延伸至那些并没有参与盗用商业秘密行为，甚至对出售者的盗用行为也毫不知情的"无辜"产品进口商。ITC 宽泛的对事管辖权对国内主体特别有利，可以适用于那些商业秘密完全在国外被其他主体盗用和泄露给外国主体的情况。

　　天瑞案明确了 337 条款对发生在国外的盗用商业秘密行为的适用范围。原告天瑞公司以及持反对意见的 Kimberly Moore 法官均认为，委员会审查完全发生在中国的盗用行为，超出了其能够行使的对事管辖权；他们认为 337 条款被错误地适用于完全域外行为。❷ 但是，联邦巡回上诉法院明确了，ITC 有审查外国行为并据此给予救济，以便保护国内产业不受不公平竞争的损害。❸ 只有当发生在中国的行为对原告的国内产业造成损害时，ITC 才能够进行规制，由于该行为与国内产业等因素密切相关，故 ITC 并没有将 337 条款适用于纯粹域外行为。❹

　　（2）ITC 的对人管辖权。尽管原告在地区法院提起商业秘密诉讼，会面临法院由于不具有对国外被告的对人管辖权而被驳回的可能性，337 调查侧重的是进口商品而并非这些商品的制造者。因此，将商品进口至美国的国外公司不需要与美国有任何额外的行为或联系，就可以受到美国法院的管辖，337 条款调查的对物属性及救济意味着，其可对相关商品发布排除令，所以只要将商品置于美国边境就能自动受到美国法院的管辖。

　　在地区法院诉讼中要求与法院所在州具有某种"最低程度的联系"，❺ 尽管一被告与美国的联系并不足以满足地区法院的对人管辖权，但 337 调查中的申请人还是能够将一主体作为被申请人。❻ 起初没有意识到使用了被盗用商业秘密的被申请者，在被告知向其提供的商业信息是被盗用的之后，若继续使用或披露该信息，或进口或销售使用了这一秘密所制造的产品，其需要承担侵犯商业秘密的法律责任。❼《第一侵权行为法重述》第 758 条对被告的义务进行

---

　　❶ 参见 Gary M. Hnath & James M. Gould, *Litigating Trade Secret Cases at the International Trade Commission*, 19 AIPLA Q. J., 第 91 页。

　　❷ *TianRui*, 661 F. 3d at 1325, 1338.

　　❸ *Richtek Tech. Corp. v. UPI Semiconductor Corp.*, No. C 09 – 05659 WHA., 2011 WL 445509 (N. D. Cal. Feb. 3, 2011).

　　❹ 同上注。

　　❺ *Burger King v. Rudzewicz*, 471 U. S. 462, 478 (1985).

　　❻ Certain Composite Diamond Coated Textile Machinery Components, USITC Inv. No. 337 – TA – 160, Commission Memorandum Opinion at 2 (Feb. 6, 1984).

　　❼ Restatement (First) of Torts § 758 (1939).

了限制，并规定无过失的一方如果出于善意，并为商业秘密支付了价款或者依赖该商业秘密，以至于对其追责会显失公平，则不承担 337 条款责任。❶ 天瑞案中的行政法官根据伊利诺伊州法律，按《第一侵权行为法重述》第 757 条来定义商业秘密，❷ 然而，联邦巡回上诉法院不同意行政法官适用伊利诺伊州法律，故是否应以《第一侵权行为法重述》作为合适的法律依据，来认定无过失地使用商业秘密者的法律责任，仍不清楚。❸

（3）有关国内产业的管辖权要求。由于进口商品所具有的对物属性，尽管 ITC 对进口商品不需要对属人管辖权问题进行分析，委员会是否有权进行 337 救济，仍然要视商业秘密权人的国内产业是否因不公平竞争行为而受到伤害而定。❹ 在最近的 Certain DC – DC Controllers 案中，❺ ITC 引用了天瑞案中的调查结果，同意行政法官的观点并判定立锜公司成功地证明了存在第 337 条第（a）款第（1）项第（A）目所要求的国内产业。由于立锜公司在美国投资建设了厂房设备，雇佣了美国员工，并且对系争的 DC – DC 控制器的研发工作投入了一定时间，行政法官以此为据做出了该裁决。❻ 但是，最终立锜公司并没能证明其国内产业易受到损害——这是第 337 条第（a）款第（1）项第（A）目中规定的一个附加条件——这导致行政法官驳回其简易判决（summary judgment）的诉讼请求。❼ 在判断被申请人的行为是否对申请人造成了实质损害时，委员会考虑了如下因素：销售量下降、由于被申请人导致的抛售损失、利润下降或劳动力减少、盈利能力及总收入下降。❽ 申请人还可以通过证明进口侵权产品可能导致未来的损害，来满足条文规定的损害标准，例如，存在外国成本优势、生产能力优势或低价销售潜能。❾

对国内产业概念的宽泛解释，增加了商业秘密权人主张 ITC 有对事管辖权的可能性，而不必采用多部分管辖权测试，来说服地区法官对在国外实施非法行为的国外被告具有管辖权。通常，ITC 对任何与国内产品竞争的进口商品均

---

❶ Restatement（First）of Torts § 758（1939）.

❷ *TianRui*, 661 F. 3d at 1325.

❸ 同上注，第 1327 页。

❹ 参见 19 U. S. C. § 1337（a）（2006）.

❺ Certain DC – DC Controllers and Products Containing the Same, USITC Inv. No. 337 – TA – 698.

❻ Certain DC – DC Controllers and Products Containing the Same, USITC Inv. No. 337 – TA – 698, at 7 – 8（July 13, 2010）（Order No. 39）.

❼ 同上注，第 9 页。

❽ 同上注，第 6 ~ 7 页（引用了 Certain Electric Power Tools, Battery Cartridges and Battery Chargers, USITC Inv. No. 337 – TA – 284, Unreviewed ID at 246）。

❾ 同上注，第 248 页。

有管辖权，并且"若想在美国获得对国外主体的对人或对事管辖权，传统的条件是国外行为与美国贸易之间必须存在足够联系，现在该条件不再必要"。❶

　　然而，指控存在盗用商业秘密行为的申请者，仍然必须证明其业已建立起来的国内产业易于受到损害，但是在天瑞案中，这一门槛明显被降低了。在天瑞案中，委员会以及随后的联邦巡回上诉法院认为，Amsted 公司仅是提交证据证明了天瑞公司的车轮与其在国内生产的车轮之间会形成直接竞争关系，因此满足损害标准的要求。❷"这种类型的竞争"足以证明国内产业易于受到损害，❸ 这意味着，对于申请人指控盗用商业秘密的标准事实模式以及随后进口使用了商业秘密的产品来说，损害标准仅仅构成微不足道的障碍。

（二）救济

　　在地区法院，商业秘密权人可对由盗用行为所导致的实际损失或者盗用者所获取的不正当利益主张金钱赔偿，❹ 在例外情况下（例如，当原告能够证明被告的恶意），可主张惩罚性赔偿或律师费。❺ 相反，ITC 不会裁决金钱赔偿，所以想要获得赔偿的 337 申请人必须在州法院或者地区法院提起诉讼。Colleen Chien 指出，平行诉讼的情形在专利案件中非常常见。❻ 她在 2008 年进行的实证研究表明，至少 65% 的 ITC 专利案件，双方当事人会同时在地区法院对同一案件进行诉讼。❼ 她指出其研究结果"在某种程度上削弱了有关 ITC 存在必要性的争论：如果没有 ITC，当事人的案件甚至无法受到审理"。❽ 然而，她进一步承认，ITC 所提供的救济能够为"更广泛的保护战略"服务，❾ 并且受到起诉外国被申请人的申请人欢迎。事实上，85% 的 ITC 专利案件涉及至少一位外国被申请人，而地区法院同类案件中仅有 67% 涉及外国被告。❿

---

❶　Kerry L. Bundy & Timothy J. Cruz, *Should US Trade Secret Laws Extend to Foreign Countries*, Law360，http：//www. faegrebd. com/webfiles/Should% 20US% 20Trade% 20Secret% 20Laws% 20Extend% 20To% 20Foreign% 20Countries. pdf，last visited at February 5，2013.

❷　*TianRui*，661 F. 3d at 1337.

❸　同上注。

❹　Uniform Trade Secrets Act § 3（a）（1985）.

❺　参见 *Roton Barrier*，*Inc. v. Stanley Works*，79 F. 3d 1112，1120（Fed. Cir. 1996）.

❻　Colleen V. Chien, *Patently Protectionist? An Empirical Analysis of Patent Cases at the International Trade Commission*，50 Wm & Mary L. Rev.，63，92（2008）.

❼　同上注。

❽　同上注，第 93 页。

❾　同上注。一个范围更广的执行战略可能包括：在地区法院及 ITC 同时提起诉讼，在生产过程中加强对知识产权的保护，以及建立地方执行机制。

❿　同上注，第 94 页。

在裁决某行为违反了 337 条款之后，ITC 可能会对国外主体签发普遍排除令或有限排除令，并对美国主体实施的非法行为发布禁止令（cease and desist order）。❶ 有限排除令是违反 337 条款裁决的缺省救济方式。❷ 商业秘密调查案件中，有限排除令的持续时间长短，要视涉案商业秘密所需要的"合理研发时间"或者"独立开发时间"的长短而定。❸ 有限排除令仅用于阻止 337 调查被申请人生产的侵权产品进入美国境内的行为，而禁止令仅对美国主体有效。

ITC 对被国外主体侵犯的国内知识产权人的吸引力，不仅局限于专利权人；在天瑞案后，337 调查所具有的优点被扩展到盗用商业秘密行为完全发生在国外，以及申请人并没有实际使用涉案商业秘密的案件。尽管 ITC 裁决不给予金钱赔偿，但委员会有权发布排除令，这一禁令性救济相比在地区法院可以获得的救济方式，可能更加具有吸引力。

1. 地区法院禁令和 ITC 排除令

商业秘密权人在其商业秘密被盗用后，一定会努力将使用了被盗用商业秘密并与其产品竞争的侵权产品尽快排除在市场之外，以此来避免对其收益造成的实质性损害。❹ James Pooley 指出："由于排他性（exclusivity）是此类价值的特点，而损害又是难以认定与衡量的（有时难以收集），权利受损者最有效的救济手段是防止对其权益的侵害。"❺

在 ITC 裁决中，有限排除令仅仅规制被申请人的产品，然而普遍排除令则是一种快速方式，可阻止其他所有生产者生产的侵权产品进入美国市场。❻ 若想获得普遍排除令，申请人必须或者证明被申请人有规避有限排除令的可能，或者侵权产品的来源太过复杂以至于难以确定。❼ 委员会决定签发普遍排除令必须基于"实质性的、可靠的以及可被检验的证据"。❽

在最近的一个 337 条款专利案件中，委员会为 Crocs 公司签发了普遍排除令，以此来阻止仿冒 Crocs 公司的鞋子进入美国。这一排除令"在一夜之间有

---

❶ 19 U. S. C. § 1337（d）（2006）.

❷ McDermott Will & Emery, FAQ re § 337 Actions http：//www.itc337update.com/other - topics/337 - background/faq - re - 337 - actions/, last visited at Jan.1，2010.

❸ Certain Apparatus for the Continuous Production of Copper Rod, Inv. No. 337 - TA - 52, at 67（Nov. 1979）（commission opinion）

❹ James Pooley, *Trade Secrets*, § 7.02［2］［a］.

❺ 同上注。

❻ 参见 19 U. S. C. § 1337（d）（2006）.

❼ McDermott Will & Emery, FAQ re § 337 Actions http：//www.itc337update.com/other - topics/337 - background/faq - re - 337 - actions/, last visited at Jan.1，2010.

❽ 19 U. S. C. § 1337（g）（2）（B）.

效地排除了所有侵权鞋子，保护了 Crocs 公司的市场"。❶ 相较于取得有限排除令，获得普遍排除令的标准更高，Crocs 公司证明了侵权鞋子出口自许多国家，源头难以追溯，因此侵权者很有可能对有限排除令进行规避。❷

地区法院禁令也分有限禁令及普遍禁令。法院有权签发两种禁令之一：使用禁令（use injunction）或制造禁令（production injunction）。❸ 使用禁令能够永久性地阻止被告使用被盗用的信息，并指出"实质上派生"于原告商业秘密的技术也必然构成不被允许的"使用"，从而受到使用禁令的限制。❹ 除了使用禁令外，另一选择是制造禁令，该禁令阻止被告在某一特定时间段内生产该产品。但是，地区法院不愿意授予范围如此广泛的救济方式，因此"通常盗用者仅仅会被禁止使用其所盗用的特定的商业秘密"而不是被一种"极端的"制造禁令所打击。❺

例如，在 General Electric v. Sung 案中，陪审团认定被告 Iljin 公司盗用了487 页含有 General Electric 公司商业秘密的文件。❻ 法院认为："商业秘密保护不仅涉及被盗用的商业秘密本身，还包括从该商业秘密中'实质性派生'的材料。"❼ 因此，法院需要决定发布的禁令是否仅仅局限于被盗用的文件，还是要扩展至 Iljin 公司通过这些文件所开发出的技术。❽

法院还需要决定，禁令是否应该规制被告的所有生产行为，还是仅仅规制与盗用的商业秘密有关的行为。Pooley 认为："当被告无视或规避法庭命令时，法庭可以签发范围更广的禁令来关闭其业务。"❾ 但是，"在实践中这类'制造禁令'相对少见，只有在极端情况下才会被适用。"❿ 只有在"使用禁令对于消除盗用者所具有的竞争优势不起作用的情况下"，签发制造禁令才是合适的。⓫ 法院阐述了这种检验方法背后的逻辑，并解释道："当被告所生产的产品与被盗用的商业秘密之间存在'不可分割的联系'时，由于盗用者'忘记'

---

❶ Donald R. Dinan, *The ITC remains hot for IP protection*, Lexology, http://www.lexology.com/library/detail.aspx? g = e64ced60 - 2888 - 4e2a - 86c9 - 57725971c23f, last visited at Feb. 13, 2012.

❷ Certain Foam Footwear, USITC Inv. No 337 - TA - 567, 71 Fed Reg 27514 - 15 (May 11, 2006)（不复审初裁的决定通知）。

❸ 参见 *Wyeth v. Natural Biologics, Inc.*, 395 F. 3d 897 (8th Cir. 2005).

❹ 同上注。

❺ *O2 Micro v. Monolithic Power System*, 399 F. Supp. 2d 1064, 1070 (N. D. Cal. 2005).

❻ *General Electric Co. v. Sung*, 843 F. Supp. 776, 778 (D. Mass. 1994).

❼ 同上注。

❽ 同上注，第 779 页。

❾ James Pooley, *Trade Secrets*, § 10.07 [2].

❿ 同上注，§ 7.02 (2) (d).

⓫ *General Electric Co. v. Sung*, 843 F. Supp. 776, 779 (D. Mass. 1994).

或摈弃被盗用技术的行为均不可信赖，在这种情况下使用禁令没有效果。"❶
"不可分割的联系"是指："当商业秘密构成整个生产过程或技术的全部或主
要部分时，若没有被盗用的商业秘密，被告将不可能独立生产或设计出类似的
产品。"❷ 在 Sung 案中，法院确认存在这种不可分割的联系。Iljin 公司从 Sung
公司盗取的文件中获取了"通用电气公司有关切割金刚石技术的最终设计图，
而通用电气公司花了二十多年才开发出这一技术。"❸ 相关证据进一步表明，
若没有这些被盗用的文件，Iljin 公司不可能生产出任何切割金刚石，Iljin 公司
生产的切割金刚石与通用电气公司的商业秘密之间有密不可分的联系，故批准
了制造禁令。❹ 除此之外，第八巡回法院判决："被告不可信赖……这是签发
制造禁令的考虑因素之一。"❺ 因此，考虑到被告可能不会遵守一个范围较窄
的禁令救济，这使得 ITC 以及地区法院均会签发一个范围更广的禁令救济，例
如，ITC 的普遍排除令以及地区法院的制造禁令。

ITC 的有限排除令与地区法院的制造禁令类似。通过在边境执行一个有限
排除令以完全阻止产品进入美国市场，ITC 通过将任何由被告生产的使用了被
侵犯或被盗用的知识产权的产品排除在外，以此有效地发布了一种制造禁
令。❻ 相较于地区法院，在 ITC 提起最初申请的一个优势在于，"不可分割的
联系"这一因素的检验并不是签发有限排除令的一个必要条件。有限排除令
的发布仅仅需要证明违反了 337 条款。❼ 此外，即使地区法院发布的较为有利
的禁令救济——制造禁令——也仅仅能够与相对不令人满意的 ITC 的有限排除
令的救济方式相比。两者均只针对特定的生产者。❽ 然而，普遍排除令能够禁
止某种侵权产品，而不论其生产者的谁。❾ 因此，对于国内的商业秘密权人而
言，由于普遍排除令能够不论生产者的来源而阻止任何侵权产品进入美国境
内，所以普遍排除令是一种非常有效的救济手段。普遍排除令能够对整个产品
进行排除，而并非仅仅排除使用了商业秘密的产品，此外对于那些没有参与盗
用商业秘密行为甚至不知道使用了被盗商业秘密的第三方而言，即使信息已经

---

❶ *General Electric Co. v. Sung*，843 F. Supp.，第 780 页。

❷ 同上注。

❸ 同上注。

❹ 同上注。

❺ 参见 *Wyeth v. Natural Biologics*，*Inc.*，395 F. 3d 897（8th Cir. 2005）（由于不相信被告会停止使用被盗用的技术或遵守法庭的命令，所以法院签发了一个诉后产品禁令）。

❻ 19 U. S. C. § 1337（g）（2）（2006）.

❼ 19 U. S. C. § 337（d）（1）.

❽ 同上注，19 U. S. C. § 1337（d）（2）.

❾ 同上注，§ 337（g）（2）.

失去了其保密状态，普遍排除令也有效。❶

Hnath 及 Gould 在阐述普遍排除令对申请人具有"吸引力"时，低估了普遍排除令所具有的威力。❷ 然而，普遍排除令太过有效，以至于还没有任何盗用商业秘密案件中的申请人能够达到获取普遍排除令的标准。❸ Hnath 及 Gould 推测，除非申请人提供其产品所具有的独特特征，否则美国海关和边境保护局可能在判断某种进口产品是否使用了被盗商业秘密时遇到困难。❹ 申请人也可能难以证明被申请人存在规避有限排除令的可能性，其也很难界定违法模式使得难以证明案件中侵权产品的来源，尤其是当被诉的侵权者是一个外国公司时，取得及解释不同语言的证据将不现实。这一困难可能会被 ITC 不断加快的程序抵消，如加快证据开示进程，缩短申请人对所诉不公平竞争行为寻求救济的等待时间。然而，正如下文将详细讨论的，进行国外证据开示仍然是一项令人却步的任务。

2. 在 ITC 的国外证据开示可能影响救济的获得

地区法院与 ITC 实质上具有相同模式的证据开示过程——质询（interrogatories），请求接受案件，请求递交文件，获得书面证词（deposition）。❺ 然而，ITC 的优势之一在于提供全国性的传票服务，用于获得书面证词、法庭作证、文档及对第三方的工厂进行检查。❻ 此外，与地区法院相比，ITC 对于国外当事人的证据开示更为有效，因为 337 调查的被申请人更有动力遵循证据开示的请求。委员会暂行规则第 210.36 部分规定：

> （b）未能遵循强制证据开示的命令。如果一方当事人或者一方当事人的负责人未能遵循包括但不限于如下命令：进行书面作证或者复制文件的命令、回答质询的命令、根据请求接受案件而发布的命令或者遵从传票的命令，为了避免不必要的延迟，在解决相关问题及完成调查过程中，行政法官可出于正当理由采取行为。❼

这一规定为行政法官提供了可供使用的制裁示例，包括在认定证据过程中对违反义务方做不利解释，认定采纳证据成立，限制违反义务方提供的证据，

---

❶　19 U. S. C. § 337（g）（2）.

❷　参见 Gary M. Hnath & James M. Gould, *Litigating Trade Secret Cases at the International Trade Commission*, 19 AIPLA Q. J. 87, 99 (1991).

❸　同上注，第 111 页。

❹　同上注，第 111～113 页。

❺　同上注。

❻　参见 Certain Apparatus for the Continuous Production of Copper Rod, USITC Inv. No. 337‑TA‑52, Commission Order (Mar. 23, 1979).

❼　19 C. F. R. § 210.36（b）（1994）.

或者对违反义务方做出不利的初裁决定。❶ 这些重要影响使不遵守义务方甚至国外公司不得不积极提供所要求的信息。因此，考虑到不遵守证据开示令可导致的严重后果，结合 ITC 在天瑞案中所强化的管辖权，ITC 在将来可能会审理更多国外当事人在国外实施所有盗用商业秘密行为的案件。

在天瑞案后，申请人可能会依赖 ITC 在进行国外证据开示方面的有效性，第一次能够获取更强有力的证据来请求发布普遍排除令。天瑞案扩张了 ITC 对于完全发生于国外的行为的管辖权，有权决定是否存在不公平竞争行为（例如，商业秘密盗用行为）。通过规制国外的不公平竞争行为，国内的申请人可能会发现被申请人有规避有限排除令意图的证据，这一因素可能会影响 ITC 并使其签发普遍排除令。因此，甚至在地区法院没有管辖权针对一方发布遵守证据开示命令的情况下，ITC 申请人都可以获得证据，发现规避有限排除令证据的可能性大大增加了。

3. ITC 禁止令

除了排除令外，委员会还能够命令 337 条款的违反者"停止实施涉案的不公平方法或行为"，包括生产和销售侵权产品。❷ 在 Certain Large Video Matrix Display Systems and Components Thereof 案中，ITC 列举了发布禁止令的两个要求，包括："（1）具有对事管辖权……以及（2）对于想要禁止其行为的人具有对人管辖权。"❸ 这一救济方式对于被申请人已经在美国境内（也许是通过其美国子公司）已经储存了大量被诉侵权产品的案件非常有效。由于排除令是在边境实施的，对于防止已经进入美国的产品引起的不公平竞争没有效果。但是，ITC 禁止令的对人管辖权要求，使得当外国公司在境外进行生产活动时，无法适用这种救济方式。

（三）救济手段的执行

ITC 发布的排除令由美国海关和边境保护局执行，原告不需承担费用。❹ 相反，地区法院并不为原告提供这种免费的服务。在 Sung 案中，地区法院判决通用电气公司有权指定一名审计师（auditor），由他确保 Sung 公司遵守 ITC 的排除令，在七年内不得生产切割金刚石，❺ 审计师的费用由通用电气公司承担。

---

❶ *Genentech, Inc. v. Int'l Trade Comm'n*, 122 F. 3d 1409, 1418（Fed. Cir. 1997）.

❷ 19 U. S. C. § 1337（f）（2006）.

❸ Certain Large Video Matrix Display Systems, USITC Inv. No. 337 – TA – 75, USITC Pub. No. 1158, at 30, 213 U. S. P. Q. at 488.

❹ 19 C. F. R. § 12. 39（2007）.

❺ *General Electric Co. v. Sung*, 843 F. Supp. 776, 782（D. Mass. 1994）.

与此同时，美国总审计局（Government Accountability Office，GAO）指出在执行排除令方面的一些弱点。美国总审计局在2008年3月发布的报告指出，美国海关和边境保护局在执行排除令过程中具有"程序弱点"。❶ 为了执行排除令，美国海关和边境保护局张贴"贸易预警"信息，把新的禁止令通知到各港口，同时安装电子预警装置，对可能装运侵权产品的进港船只进行检查。❷ 美国总审计局指出，美国海关和边境保护局对排除令的执行是"有限及软弱的。"❸ 由于缺乏强有力的执行，美国公司及其律师对此表示沮丧：

> 众议院议员认为，公司为了赢得美国国际贸易委员会对其产品的裁决，花费了上百万美元的法律费用，但是裁决的效力却因为海关和边境保护局无力的执行力而被削弱。私立部门代表还提到，海关和边境保护局对于排除令的执行也不透明，因为海关和边境保护局并不将已经执行的排除行为通知公司，这妨碍了他们跟进处理这些事情的能力。❹

美国总审计局进一步指出执行程序中存在的问题，缺乏预警信息并更新迟缓。❺

海关和边境保护局在执行方面的缺陷，促使一些律师提出建议来帮助其官员执法。❻ 这些积极方法包括，向官员提供有关侵权进口商可能选择的港口及进口时间等相关信息，以及与官员合作开发"先进测试方法"来识别侵权产品。❼ 参与这种执行活动，不可避免地会使原告有所花费，所以在决定ITC和地区法院谁能够提供更有利的救济措施时，应当把补充执行活动的程度作为一个因素来考虑。

尽管海关和边境保护局在执行ITC排除令时有上述缺点，潜在的商业秘密案件申请人不太可能会放弃将ITC作为对国外盗用者进行调查的机构这一诉求，因为商业秘密权人在面对地区法院的禁令时也很有可能遇到相似的管辖权

---

❶ U. S. Gov't Accountability Office，GAO – 08 – 157，Intellectual Property：Federal Enforcement Has Generally Increased，but Assessing Performance Could Strengthen Law Enforcement Efforts 23（2008）.

❷ 同上注，第23～24页。

❸ 同上注，第25页。

❹ 同上注。

❺ 同上注，第26页。

❻ Christopher F. Corr & Monisha Deka，*Avoiding 3 Problems With ITC Section 337 Remedies*，LAW360（Feb. 2009），http：//www. whitecase. com/files/Publication/36cdb811 – 8316 – 4614 – a38d – 2f3b331c0b cb/Presentation/PublicationAttachment/6f3066ac – 3cd1 – 4440 – a7a8 – 57951d1ce620/article_ Avoiding_ 3_ problems. pdf.

❼ 同上注。

或执行问题。❶ 美国法院在其判决中很谨慎地解释道：任何救济方式均无意于规制完全的境外行为，也无意于侵犯他国执行其法律的主权。❷ 对被告没有管辖权的法院不能有效地执行救济，即使诉讼已经进入到相应的阶段。确实，推定美国法律没有规制境外行为的效力，就有必要分析联邦巡回上诉法院在天瑞案中的治外法权。❸ 联邦巡回上诉法院承认，美国法律通常只适用于"在美国的管辖权范围内"，❹ 但是天瑞案确认，基于 337 条款的不公平竞争诉请，可以无视这一推定，允许 ITC 审查国外行为，并且针对该国外的不公平行为实施国内救济。

与此同时，联邦法院签发与知识产权相关的禁令时，对国外主体的执行开始持更为强硬的立场。2012 年 5 月，联邦巡回上诉法院在 Merial Ltd. v. Cipla Ltd 案中仍然支持了地区法院的判决，认定一家印度公司由于没有出现在法院进行诉讼而犯藐视法庭罪，尽管被告 Cipla 辩称地区法院对其没有对人管辖权。❺ Cipla 违反了地区法院的禁令，该禁令禁止"任何……'引起或引诱'侵犯第 329 号专利的行为"。❻ Lourie 法官判决道："当外国主体具有必要的知识和意图，用境外的手段积极引诱在美国的直接侵权行为，根据［《美国法典》第 35 篇］第 271 条第（b）款，这种行为不能免于赔偿。"❼ 尽管该案涉及的是专利侵权而非盗用商业秘密行为，但它表明了禁令执行的趋势。联邦巡回上诉法院的判决向外国公司发出了一个信号，他们必须尽早在诉讼过程提出对其诉讼的管辖权抗辩，而不是选择不出现在法庭，或者等待事后去发现没有管辖权，因为错误的预测可能会导致事后的藐视法庭罪。❽

与此相似，在一个反垄断案件中，纽约东区法院表明，其对国外违反美国法院发布的禁止令的行为持强硬立场，在一个美国卡特尔案件中这促使中国公司第一个迅速进行和解。❾ 在 In Re Vitamin C Antitrust Litigation 案中，美国原告指控中国公司被告违反了美国反垄断法。被告对从中国出口至美国的维他命

---

❶ 例如，参见 General Electric Co. v. Sung，843 F. Supp. 776，782（D. Mass. 1994）（确保被告执行禁令的费用加诸到原告通用电气公司身上）。

❷ 例如，参见 TianRui，661 F. 3d 1322，1330（Fed. Cir. 2011）。

❸ 同上注，第 1328 页。

❹ 同上注（引用了 EEOC v. Arabian Am. Oil Co.，499 U. S. 244，248（1991））。

❺ Merial Ltd. v. Cipla Ltd.，681 F. 3d 1283，1303（Fed. Cir. 2012）.

❻ Merial Ltd.，Contempt Order，2011 WL 2489753，at *12（M. D. Ga. June 21，2011）.

❼ Merial Ltd. v. Cipla Ltd.，681 F. 3d 1283，1302 - 03（Fed. Cir. 2012）.

❽ 同上注。

❾ 例如，参见 In re Vitamin C Antitrust Litig.，06 - MD - 1738 BMC JO，2012 WL 2016824（E. D. N. Y. June 4，2012）.

C 的定价高于市场价（据说是按照中国政府的要求）。❶ 尽管被告辩称，法院不能对外国公司执行禁令救济，Brian Cogan 法官还是判决美国地区法院能够（而且将）执行这样的禁令：

> 在该案中，原告并没有要求法院禁止特定的国外行为，或者要求中国改变其有关定价的国内政策。相反，原告要求法院禁止私人公司参与发生于境外但直接针对美国的行为。毫无疑问，这是被允许的。❷

在判决之后，原告与被告 Aland 公司达成和解。审理天瑞案的法院在对治外法权问题进行分析时，也使用了相似的表达，认为进口行为天然就是一个国际行为，只有在国外行为与美国直接相关时，法院才会进行规制。❸

尽管对于国内的原告而言，存在非常有利的条件，地区法院在国外执行禁令的形势毫无疑问还是很严峻的，在由海关和边境保护局执行时，美国公司仍然需要更多的运气。

正如上文所言，在 ITC 获得胜诉的申请人，能够享有通过海关和边境保护局在美国边境执行排除令的优势，而地区法院或者会让原告承担监督执行的费用，或者在更糟的情况下，由于治外法权的问题原告没有办法执行禁令。此外，为了满足排除令，被告必须举证证明，其没有将使用了被盗商业秘密的产品进口至美国，而保证执行地区法院禁令的重任要由原告承担，就像在 Sung 案中所体现的那样。

最后，为了打击规避禁令的行为，地区法院可能会对违反禁令者处以罚款或监禁。❹ 与此相似，为制止反复违反排除令的行为，ITC 会签发扣押令和没收令，因此违反 337 条款的产品将在美国被扣押、没收，并依海关法进行处理。❺ ITC 及地区法院对禁令性救济的执行远不完美，但是理论上这些救济为国内商业秘密权人提供了强有力的追偿方式以对抗不合法的盗用行为。

五、ITC 审理的盗用商业秘密案件是否会增加

审理天瑞案的法院阐明，即使申请人没有在美国使用涉案商业秘密，也有可能证明存在国内产业，对于被申请人实施的完全发生在国外的盗用商业秘密

---

❶ 参见 In re Vitamin C Antitrust Litig., 06 - MD - 1738 BMC JO, 2012 WL 2016824，第 6 页。
❷ 同上注。
❸ *TianRui*, 661 F. 3d at 1329.
❹ 19 C. F. R. § 210. 75（b）（6）（2008）.
❺ 19 U. S. C. § 1337（i）（2006）的规定具体由 9 C. F. R. § 12. 39（c）（2007）来实施。

行为，法院判决 ITC 具有 337 条款管辖权。❶ 这些最新宣布的标准可能会打破现状，并把大量商业秘密案件吸引到 ITC 进行诉讼，正如过去改变标准打破了不实际实施主体（non - practicing entity，NPE）选择管辖地的平衡。

在 2006 年 eBay v. MercExchange 案判决之后，专利权人想要在地区法院达到获得永久禁令（permanent injunction）的标准变得更加困难。❷ 在 eBay 案之前，如无特殊情况，联邦巡回上诉法院就会自动对专利侵权者发布永久禁令。❸ 在 eBay 案的判决中，联邦巡回上诉法院提出由四部分组成的测试法，供法院在发布永久禁令前参考。在此之后，专利权人必须证明："（1）其遭受了不可弥补的损害；（2）可资利用的法定救济，例如，金钱赔偿，不足以弥补其受到的这种损害；（3）考虑到禁令对原被告的不利影响，需要衡平法上的救济；（4）永久禁令不会危害到公共利益。"❹

通过降低专利权人在地区法院获得永久禁令的能力，联邦巡回上诉法院使得对 NPE 而言，ITC 成为相对更有吸引力的机构，因为他们能够获得排除令——这与永久禁令的效果相同——不用经过四部分测试法，只需要证明其知识产权的技术层面及经济层面（包括许可行为）。❺ 正如可以预料的那样，在 eBay 案后，专利权人向 ITC 提出申请的数量有了增长。❻ 依靠许可获得 ITC 管辖的 337 诉讼，从 2000 年的 13% 增长至 2009 年的 26%，并在 2010 年的前 8 个月中达到 35%。❼

2011 年 337 调查的数量为 69 起，为历史新高。❽ 然而，即使在 eBay 案与天瑞案之前，出于很多原因，ITC 对于知识产权人而言也是具有吸引力的机构。整个 ITC 调查的时间跨度通常只有 12 ~ 18 个月，这与地区法院 44 个月的

---

❶ 19 U. S. C. § 1337 (i) (2006) 的规定具体由 9 C. F. R. § 12. 39 (c) (2007) 来实施。

❷ *eBay v. MercExchange*, 547 U. S. 388, 391 (2006).

❸ Benjamin Petersen, *Injunctive Relief in the Post - eBay World*, 23 Berkeley Tech. L. J. 193, 194 (2008).

❹ *eBay*, 547 U. S. at 391.

❺ Benjamin Petersen, *Injunctive Relief in the Post - eBay World*, 23 Berkeley Tech. L. J. 193, 194 (2008).

❻ USITC, Facts and Trends Regarding USITC Section 337 Investigations, http：//www. usitc. gov/press_ room/documents/featured_ news/337facts. pdf. , last visited at June 18, 2012.

❼ 参见 Robert Farm & Ashley Miller, *The Rise of Non - Practicing Entity Litigation at the ITC：The State of the Law and Litigation Strategy* at 2, http：//www. utcle. org/eLibrary/preview. php? asset_ file_ id = 27870. , last visited at Nov. 8, 2010.

❽ USITC, *Number of Investigations Instituted by Calendar Year*, http：//www. usitc. gov/intellectual_ property/documents/cy_ 337_ institutions. pdf, last visited at Feb. 1, 2013.

时间跨度形成对比。❶ 此外，只要申请人遵守 ITC 的相关规定，并且具备进一步调查的基础，委员会基于申请人的申请和认证宣誓有法定义务进行调查。❷ 尽管这并不意味着对于申请人提出的申请 ITC 会自动进行调查，但是成功启动调查所需的标准并不是特别高。相较于地区法院而言，委员会启动调查相对容易，这是 ITC 的另一优势。对于申请人来说，一旦启动 337 调查，甚至在被申请人有机会进行答辩之前，就可以展开书面取证工作，而地区法院可能会驳回原告的商业秘密诉请并拒绝进行任何书面取证。

尽管联邦巡回上诉法院最近才对天瑞案做出判决，两家美国公司已经准备针对国外主体在美国境外实施的盗用商业秘密行为提起 337 条款诉讼了。2012 年 1 月，基于 Twin – Star 公司的申请，ITC 启动了调查程序，Twin – Star 公司指控其在中国的前雇员盗用了其商业秘密（完全发生在境外），并以此为基础成立了新公司，该公司进口并在美国销售的电壁炉与 Twin – Star 公司生产的产品直接竞争。❸

与此类似，总部位于纽约的 SI Group 公司于 2012 年 5 月提起了 337 条款申请，指控多家美国及外国公司盗用其商业秘密，随后将侵权产品进口至美国。申请人特别提到，Sino Legend 公司"故意从其中国公司 SI Group（上海）公司挖走核心员工"。❹ Sino Legend 公司随后将使用了 SI Group 公司商业秘密制造的增粘剂进口至美国，并与 SI Group 公司在国内的增粘剂市场直接竞争。❺ SI Group 公司因此申请排除令，排除"所有进口到美国的、为了进口到美国而销售的、和/或进口后在美国销售的产品，由 Sino Legend 公司生产或代表其生产并使用了包含 SI Group 公司商业秘密的产品"。❻ 鉴于这些指控以及对救济的请求，ITC 在 2012 年 6 月 20 日发起调查，并计划在 2013 年 2 月进行审理。❼

值得注意的是，SI Group 公司称已在 2008 年提交了"犯罪报告"向中国政府寻求救济，并在 2010 年进入了中国民事诉讼程序，但是，SI Group 公司

---

❶ U. S. Courts, Federal Court Management Statistics, http：//www. uscourts. gov/fcmstat/index. html, last visited at Jan. 18, 2013.

❷ 19 U. S. C. § 1337 (b) (1) (2006).

❸ Certain Electric Fireplaces, Components Thereof, Manuals for Same, and Products Containing Same, Certain Processes for Manufacturing or Relating to Same, and Certain Products Containing Same, USITC Inv. No. 337 – TA – 826.

❹ Certain Rubber Resins and Processes for Manufacturing Same, Inv. No. 337 – TA – 849.

❺ 同上注。

❻ 同上注。

❼ 同上注。

在 ITC 申请中提到，中国法院"没有采取行动制止盗用行为"。❶ 因此，该案表明，当美国原告不能获得国外救济而受挫时，会诉诸 ITC 来获得更确定的国内救济。ITC 意于规制国外行为，并有权决定是否签发排除令——这一标准已经被天瑞案的判决所明晰——这为美国公司提供了另外的法律选择，这些公司在那些并不像美国政府一样对知识产权进行强保护的国家的法律系统内，没能得到有效救济。律师已经建议将 ITC 作为"最佳、最快以及最简易的途径"来防止国外主体实施的不公平竞争。❷ 随着 ITC 作为解决盗用商业秘密纠纷的合适机关这一观点的不断明朗化，此类案件将很有可能占据 ITC 业务的大部分。❸

六、结论

在天瑞案中，联邦巡回上诉法院允许对完全发生于国外的盗用商业秘密行为进行审查，同时驳回 337 条款中"申请人必须在国内使用涉案商业秘密"的抗辩，由此拓宽了国内受害者对境外发生的不公平竞争行为所能够获得救济的途径。尽管并没有在国内使用涉案的商业秘密，国内的商业秘密权人不仅能够阻止进口使用了其被盗商业秘密而制造的产品，而且 ITC 还有权签发普遍排除令，并由海关和边境保护局负责排除不限于被申请人在内的其他外国公司的某类产品。这使得 ITC 成为一个极其重要的审判机构，使申请人能够重新控制其市场份额，即使商业秘密已经失去其秘密性。在某些情况下，ITC 排除令可能成为仅有的能够阻止盗用者与国内产品进行不公平竞争的救济手段。ITC 救济手段的有效性及可得性，使得美国公司更加愿意继续与其他国外公司合作，尤其在中国，因为当国外主体故意不择手段地寻求不公平优势时，如今美国公司更能有保障地打击和防止盗用商业秘密的行为。

---

❶ Certain Rubber Resins and Processes for Manufacturing Same, Inv. No. 337 – TA – 849.

❷ 参见 Daniel Quick, *OESA Legal Corner: Using the ITC to Stop Trade Secret Misappropriation at the Border*, OESA (Feb. 2012), http://www.oesa.org/Publications/OESA – News/February – 2012/OESA – Legal – Corner.html.

❸ Daniel C. Winston & Margaret E. Ives, *Strategies For Fighting Global Trade Secret Theft*, Law360, http://www.choate.com/uploads/113/doc/ives – winston – law360 – strategies – for – fighting – global – trade – secret – theft.pdf/, last visited at Feb. 1, 2013.

竞业禁止协议：员工流动、创新生态系统和跨国研发外包

格兰特·盖伯（Grant R. Garber）[*]　著

何　瞻　译

刘永沛　校

"要么创新、要么灭亡"，这是 21 世纪的商业咒语，在诸如 AOL、MySpace 和 Barnes & Noble 这些问题缠身的企业中引起了强烈的共鸣。[1] 为了竞争，企业应当具有创新力、适应力，并且知晓突破性的技术，正是这些技术使现在如日中天的企业摇摇欲坠。[2] 然而，在成型企业中进行激烈变革[3]是困难的，而且创新仍然"充满偶然性，对于绝大多数公司而言，损失大于收益"。[4] 为应对这一挑战，应当把创新活动转向新兴市场，以便节约成本，并有大批训练有素的人才可供选择，从而可以大幅提升企业实力，将想法转变成可以盈利的产品和服务。[5] 事实上，自 2010 年起，11% 的北美企业将其 1/4 的研发预算投入

---

[*]　作者为加州大学伯克利分校法学院法律博士。

[1]　*Innovate or Die*！，Forbes，http：//www. forbes. com/sites/thesba/2011/07/23/innovate – or – die/.，last visited at July 23，2011.

[2]　同上注。

[3]　本文中，"创新"是指公司把想法变成产品和服务带来现金流的能力。参见 Vinod Baya & Alan Radding，*Several Technologies Help Raise the Innovation Performance of Enterprises*，PricewaterhouseCoopers LLP，http：//www. pwc. com/us/en/technology – forecast/2011/issue2/features/powering – innovation – life – cycle. jhtml，last visited at Jan. 22，2013.

[4]　同上注。

[5]　*Ideas Economy*：（*Brazil*）*Innovation*，The Economist，http：//www. economist. com/events – conferences/americas/brazil – innovation – 2012，last visited at May 10，2012.

在新兴市场，预计这一数字在 2015 年将翻一番。❶

尽管商业创新行为曾经集中发生在美国、欧洲和日本，然而中国、印度和巴西这些新兴的大国"正在蚕食这个由旧力量组成的'堡垒'。"❷ 伴随着全球经济向中国、印度和巴西的市场转移，新技术和理念也因此在这些区域诞生。❸ 在新兴市场设立创新中心（innovation subsidary）仍然处于早期阶段，但是研发中心（R&D subsidary）正随着制造中心（manufacturing subsidary）快速涌入新兴市场，利用这些市场的资源极大地节约了成本。❹ 此外，这些新兴市场可能会因此受益，因为人们认为外国研发投资促进了技术外溢（technology spillovers）❺ 与区域经济的增长。❻ 随着跨国企业持续将研发活动外包，"中国、印度和巴西正在逐渐演变为真正的创新和研究中心"。❼

从法律角度，这一新趋势给我们带来了很多挑战，尤其体现在高科技领域的商业秘密保护上。❽ 在高科技领域，商业秘密具有非常高的价值，同时也难以保护，这主要是因为该领域中的雇员日益流动，并通常选择在雇佣协议结束

---

❶ Joe Light, *More Companies Plan to Put R&D Overseas*, The Wall Street Journal, http：//online. wsj. com/article/SB10001424052748703803904576152543358840066. html. , last visited at Feb. 22, 2011.

❷ *How Business Innovation Power is Shifting to Brazil and India*, Institute of Development Studies, http：//www. ids. ac. uk/news/how－business－innovation－power－is－shifting－to－brazil－and－india, last visited at 24 Oct. 2012；Rasmus Lema, Ruy Quadros, and Hubert Schmitz, *Shifts in Innovation Power to Brazil and India：Insights from the Auto and Software Industries*, Institute of Development Studies (February 2012), http：//www. ids. ac. uk/files/dmfile/RR73. pdf, last visited at Jan. 22, 2013.

❸ Jules Gray, *IDS Suggests Brazil and India Lead Way in Innovation*, The New Economy, http：//www. theneweconomy. com/latest－news/brazil－and－india－lead－way－in－innovation, last visited at Jan. 22, 2013.

❹ Nicolai Pogrebnyakov and Jonas Kristensen, *Building Innovation Subsidiaries in Emerging Markets：The Experience of Novo Nordisk*, 54 Research Technology Management 4, 30－37 (2011). 而且，把研发活动放在制造中心附近能产生极强的协同作用，一些公司的市场能力因此提高了 30% ~ 40%。参见 Simon Longbottom, *Moving Your R&D Offshore*, London Business School (2006), http：//bsr. london. edu/lbs－article/337/index. html, last visited at Jan. 22, 2013.

❺ "外溢"一词广义指经济活动的外部性（externalities）。但在本文中，外溢特别指在一个区域内企业之间的知识传播。

❻ Chun－Chien Kuo & Chih－Hai Yang, *Knowledge Capital and Spillover on Regional Economic Growth：Evidence from China*, 19 China Economic Review 4 (2009)；Yan Zhang, Haiyang Li, Yu Li, & Li－An Zhou, *FDI Spillovers in an Emerging Market：The Role of Foreign Firms' Country Origin Diversity and Domestic Firms' Absorbitve Capacity*, Strat. Mgmt. J., 31：969－989 (2010)；Lei Zhu & Bang Nam Jeon, *International R&D Spillovers：Trade, FDI, and Information Technology as Spillover Channels*, 15 Rev. of Int'l. Econ. 5：955－976 (2007).

❼ Joe Light, *More Companies Plan to Put R&D Overseas*, The Wall Street Journal, http：//online. wsj. com/article/SB10001424052748703803904576152543358840066. html. , last visited at Feb. 22, 2011.

❽ Donald Dowling, *Global HR Hot Topic－July* 2012：*Non－Competes and Other Restrictive Covenants in the Cross－Border Context*, White & Case LLP (July 2012), http：//www. whitecase. com/hrhottopic－0712/.

时转而为原企业的竞争者工作。❶ 当雇员离开公司，他们会将公司的商业秘密带走，这使企业惶恐不安。❷ 因此，对许多持有高价值商业秘密的企业而言，员工流动是产生摩擦的源头。❸

为了应对持续增长的盗用商业秘密（trade secret misappropriation）威胁，许多企业要求他们的雇员签订离职后竞业禁止协议（post-employment noncompetition agreement），限制他们为竞争对手工作或者自己创业。❹ 这些限制条款变得越来越普遍；然而，无论是在国际上或者美国国内，根据管辖权的不同其执行也不尽相同。❺ 在制度实施时，立法者必须平衡企业保护商业秘密权和雇员自由择业权之间互相矛盾的利益。然而，平衡这些利益变得越来越有争议，尤其是在全球经济衰退的过程中，限制员工流动能够使企业强化保护其知识产权，而不限制员工流动则能够使员工找到更有发展前景的职位。

此外，根据过去 10 年的一系列报告可知，由于执行竞业禁止协议必然限制雇员的流动，这对创新生态系统（innovation ecosystems）造成了负面影响。❻尽管创新生态系统的概念是多元和动态的，该系统的典型特征表现为在一个经济系统中由互相关连的公共及私人机构组成的网络，并直接作用于新技术的发展和传播。❼ 知识生产并不仅仅关注孤立的研究以及提供科学和技术，相反，创新生态系统的概念转向了"整个创新过程，研究只是要素之一"。❽ 其他重要的因素包括：私人公司、大学、研究机构、风险投资机构以及一整套行之有效的知识产权制度。❾ 在过去 20 年里，这个概念受到决策者的欢迎，并且为许多机构所认同，包括经济合作与发展组织（OECD）和世界银行。❿ 因此，世界各国都在各自的领土内孵化这样的创新生态系统。⓫

---

❶ Donald Dowling, *Global HR Hot Topic - July* 2012: *Non - Competes and Other Restrictive Covenants in the Cross - Border Context*, White & Case LLP (July 2012).

❷ 同上注。

❸ 同上注。

❹ 同上注。

❺ 同上注。

❻ *Boosting Innovation*: *The Cluster Approach*, Organisation for Economic Co - Operation and Development (1999).

❼ 同上注。

❽ *The 'System of Innovation' Approach*, *and Its Relevance to Developing* Countries, Science and Development Network, http://www.scidev.net/en/policy - briefs/the - system - of - innovation - approach - and - its - relevanc.html., last visited at Apr. 1, 2005.

❾ 同上注。

❿ 同上注。

⓫ 同上注。

考虑到执行竞业禁止协议与发展创新生态系统可能存在负相关的联系，许多评论者主张如果一个地区试图培养创新精神就不应当执行竞业禁止协议。然而，中国、印度和巴西这三个俨然将成为未来世界创新中枢的国家，在执行竞业禁止协议时却存在着巨大的不同。本文指出：一方面，作为新兴经济体，中国、印度和巴西已经赶上了西方的创新能力；另一方面，他们通过持续地吸引跨国公司，以便从技术外溢中获得潜在利益。同时，这些国家也必须努力提升他们的国民与跨国公司竞争的自由，以构建国内的创新生态系统。因此，在各个国家中，单纯地不执行竞业禁止协议可能无法产生最有利的竞业禁止协议执法制度。

尽管竞业禁止协议的执法制度并非这个难懂方程式中的唯一因素，但它对于任何一个试图建立创新生态系统的地区都是一个值得考虑的重要因素。本文试图根据对竞业禁止协议执行效果的研究，调查中国、印度和巴西三国的创新环境和竞业禁止协议执法制度。此外，本文试图致力于对竞业禁止协议执行的讨论，特别指出竞业禁止协议会损害创新生态系统在新兴市场环境中的发展。

一、中国、印度和巴西：未来的技术创新

过去 10 年，"新兴经济体已经成为创造性和颠覆性商业模式的重要来源"。[1] 中国、印度和巴西皆不例外。然而，就创新能力而言，目前这三个国家与诸如美国、欧洲和日本这样的发达国家或地区仍然相去甚远。[2] 由于国内企业和本国公民的自主创新是长期发展和经济繁荣的关键之一，因此中国、印度和巴西正在努力孵化本国的创新生态系统。[3] 本文旨在阐述，每个国家在促进创新时竞业禁止协议执法的作用。本文第一部分将介绍中国、印度和巴西的创新环境，着重介绍与各国创新生态系统的发展相关的政府政策、国外投资、

---

[1] *Ideas Economy*: (*Brazil*) *Innovation*, The Economist, http://www.economist.com/events – conferences/americas/brazil – innovation – 2012, last visited at May 10, 2012.

[2] 2012 年，中国、印度和巴西分别排名第 34 位、第 64 位和第 58 位。Soumitra Dutta, *The Global Innovation Index* 2012, INSEAD and World Intellectual Property Organization, http://www.globalinnovationindex.org/gii/main/fullreport/index.html, last visited at Jan. 22, 2013.

[3] Joshua Kurlantzick, *The Rise of Innovative State Capitalism*, Bloomberg Businessweek (June 28, 2012), http://www.businessweek.com/articles/2012 – 06 – 28/the – rise – of – innovative – state – capitalism, last visited at Jan. 22, 2013; *see also* Gary Shapiro, *Can China Eclipse the U. S. on Innovation?*, Forbes (July 11, 2012, 9:20 AM), http://www.forbes.com/sites/garyshapiro/2012/07/11/can – china – eclipse – the – u – s – on – innovation/; Roben Farzad, *Are the BRIC Nations Cracking?*, Bloomberg Businessweek (June 26, 2012), http://www.businessweek.com/articles/2012 – 06 – 26/are – the – bric – nations – cracking#r = lr – fs, last visited at Jan. 22, 2013.

目前的成果和未来的挑战。

（一）中国

中国是世界上人口第一大国，同时也是国内生产总值第二大国。❶ 中国也是世界上经济发展最快的国家，在过去 30 年里年平均增长率达到了 10%。❷ 然而，中国的发展速度正在减缓，它的能源和人工成本正在攀升，它被污染所包围，并且政府"明显不满于长期处于'世界工厂'的地位"。❸ 为了构建新的经济时代，中国意识到必须发展本国科学和技术领域以维持经济增长速度。❹ 因此，中国决定要成为一个"创新型国家"，并且将在 21 世纪中期成为科学和技术领域内的世界强国。❺

中国第十二个五年计划（Five - Year Plan，FYP）（2011～2015 年）重申了这一目标，即中国试图增加研究与开发在 GDP 中的百分比，实现每一万人拥有 3.5 项专利，并且在 2015 年之前将尖端教育的重点放在科学成就上。❻ 诚如美中经济和安全审查委员会（U. S. - China Economic and Security Review Commission）的报告所言"科技发展和价值链上升被置于第十二个五年计划的核心位置"。❼ 在计划中，中国政府赞同用先进技术使国家产业结构现代化，

---

❶ *The World Factbook*：*China*，Central Intelligence Agency，https：//www. cia. gov/library/publications/the - world - factbook/geos/ch. html. ，last visited at Jan. 2，2013.

❷ *Report for Selected Countries and Subjects*，World Economic Outlook Database，International Monetary Fund（2011），http：//www. imf. org/external/pubs/ft/weo/2011/02/weodata/weorept. aspx? sy =1980&ey =2016&sort =country&ds =. &br =1&pr1. x =40&pr1. y =0&c =924&s =NGDP_ RPCH%2CPPPPC&grp =0&a =，last visited at Jan. 22，2013.

❸ *China's Five - Year Plan*，*Indigenous Innovation and Technology Transfers and Outsourcing*，United States - China Economic and Security Review Commission，http：//www. uscc. gov/hearings/2011hearings/transcripts/11_ 06_ 15_ trans/11_ 06_ 15_ final_ transcript. pdf，pg. 71，last visited at June 15，2011. *see also* Bob Davis and Tom Orlik，*China's Growth Continues to Slow*，The Wall St. J. ，http：//online. wsj. com/article/SB10000872396390444868204578063363516399122. html. ，last visited at Oct. 18，2012. 该文报导，中国的 2012 年第三季度 GDP 与第二季度相比，……从 7.6% 下降到 7.4%，这是 2009 年以来的最低值。第七次连续报道，反映出海外需求疲软、国内投资乏力、国内消费不振等综合原因。

❹ *From Brain to Brawn*，The Economist，http：//www. economist. com/node/21549938，last visited at Mar. 10，2012；*see also* John Foley，*Chinese Reforms Could Trigger Domino Effect*，Thomson Reuters，http：//blogs. reuters. com/breakingviews/2012/11/05/chinese - reforms - could - trigger - domino - effect/，last visited at Nov. 5，2012.

❺ Yang Lei，*China Sets Goal for Developing Science*，*Technology in 15 Years*，Gov. cn，http：//www. gov. cn/english/2006 - 02/09/content_ 183774. htm. ，last visited at Feb. 9，2006.

❻ Joseph Casey and Katherine Koleski，*Backgrounder*：*China's 12ᵗʰ Five - Year Plan*，U. S. - China Economic & Security Review Commission，http：//www. uscc. gov/researchpapers/2011/12th - FiveYearPlan_ 062811. pdf，pg. 8，last visited at June 24，2011.

❼ 同上注。

以创造更多的就业机会和更高的附加值。❶ 政府致力于自主创新以便维持发展速度，并且推行积极的政策希望促进这种创新。

然而，中国的创新在目前看来是一个"大杂烩"。❷ 例如，国家亚洲研究统计局的报告表明，"中国企业缺乏核心技术，依赖国外企业技术的重要部分，处于国际产业链的下端或者中端，不得不依靠跨国企业的技术支持和全球的销售链。"❸ 批评者更进一步指出，尽管中国"用汗水浇灌出了世界上的许多产品，但是来自斯堪的纳维亚的设计者和来自加利福尼亚的卖家创造并且掌控了绝大部分商品的价值"。❹ 然而，中国在方法创新上表现出一种天赋，并且一些网络创业者，例如阿里巴巴❺和腾讯❻，"成功地借鉴西方商业模式并将他们适用于中国市场"。❼

此外，诸如华为、❽ 联想、❾ 比迪亚汽车公司❿等表明，中国企业能够提供创新的商品和服务。⓫ 然而，评论者们认为，中国本土创新"得益于中国有效

---

❶ Ren Xianfang, *New Five - year Plan a Shift to* Quality, China Daily, http：//europe. chinadaily. com. cn/epaper/2011 -03/11/content_ 12155002. htm. , last visited at Mar. 11, 2011.

❷ *From Brain to Brawn*, The Economist, http：//www. economist. com/node/21549938, last visited at Mar. 10, 2012.

❸ Richard Suttmeier, Xiangkui Yao, and Alex Zixiang Tan, *China's Post - WTO Technology Policy*：*Standards, Software, and the Changing Nature of Techno - Nationalism*, National Bureau of Asian Research (May 2004), http：//www. nbr. org/publications/issue. aspx? id = 61；*see also China's Five - Year Plan*, *Indigenous Innovation and Technology Transfers and Outsourcing*, *supra* note 30, at 72.

❹ *From Brain to Brawn*, The Economist, http：//www. economist. com/node/21549938, last visited at Mar. 10, 2012.

❺ *Company Overview*, Alibaba Group, http：//news. alibaba. com/specials/aboutalibaba/aligroup/index. html, last visited at Feb. 23, 2013.

❻ Margaret Rhodes, *For Fueling China's Internet Boom—And Boldly Moving West*, Fast Company, http：//www. fastcompany. com/most - innovative - companies/2012/tencent, last visited at Feb. 23, 2013.

❼ *From Brain to Brawn*, The Economist, http：//www. economist. com/node/21549938, last visited at Mar. 10, 2012.

❽ *Huawei Receives Innovation Awards for Contributions to CDMA Development*, Huawei, http：//www. huawei. com/ilink/en/about - huawei/newsroom/press - release/archive/HW _ 093167? KeyTemps = CDMA,Award, Guangzhou, last visited at June 17, 2011.

❾ *The World's 50 Most Innovative Companies*：*Top 10 China*, Fast Company, http：//www. fastcompany. com/most - innovative - companies/2012/industry/china, last visited at Jan. 22, 2013. （中国的一流个人计算机制造商已经在速度、质量和创新方面全面赶超（并且在 2011 年发布了世界首台眼控笔记本电脑））。

❿ 同上注。比如：中国创新的汽车制造公司，生产了世界上第一台纯电动汽车。比亚迪的 e - BUS 12 型车零排放，一次充电可行驶 150 多公里，车顶安装电池板把太阳能转换为电能。该车型已在中国、南亚和切尔欧洲测试过。Hertz 汽车租赁公司将用该车在洛杉矶国际机场运载旅客。

⓫ *The World's 50 Most Innovative Companies*：*Top 10 China*, Fast Company, http：//www. fastcompany. com/most - innovative - companies/2012/industry/china, last visited at Jan. 22, 2013.

的政策，并通过中美合资企业获取技术来极大地促进"。❶ 由于美国企业把他们的研发部门越来越多地放到中国，"中国的出口产品已经获得了竞争优势，他们本来需要更长时间通过实际发展更高的生产力才能达成此优势，或者本来就不可能有此优势"。❷ 因此，中国积极鼓励跨国公司在中国建立研发就变得理所当然了。

然而，中国的自主创新之路充满挑战。例如，国家第十二个五年计划受到了来自国外的极大关注，批评者指出"中国政府试图通过对于'战略性'行业的补贴来形成［本土创新］，并且对国外公司施压转化知识产权，以此提升国家竞争力"。❸ 这样的抱怨并不新鲜，主要源于20世纪90年代外商投资进入中国时以技术换市场的复杂规定。❹ 2011年，主要的技术公司抱怨中国对外国公司实行不公平的歧视之后，中国实际上废止了三条自主创新政策。❺ 相反，国内的企业则主张"外国企业'排挤'本土企业，主要涉及高技能劳动力市场、垄断技术标准以及阻碍技术转让和知识外溢"。❻ 从文化角度看，托马斯·弗里德曼（Thomas Friedman）认为，"妨碍现代中国成为创新型社会的最大阻力……在于中国是一个低信任度社会"。❼理论上，只有人们相信其他人并与之分享自己的想法，同时并不惧怕他人会剽窃自己的想法和随后的创新，社会才能培育出创新精神。❽ 腐败和知识产权盗用的国际坏名声，也证明促进外商的研发投资是有问题的。❾

❶ *China's Five - Year Plan*, *Indigenous Innovation and Technology Transfers and Outsourcing*, United States - China Economic and Security Review Commission, http：//www. uscc. gov/hearings/2011hearings/transcripts/11_ 06_ 15_ trans/11_ 06_ 15_ final_ transcript. pdf, at 109.

❷ 同上注。

❸ *From Brain to Brawn*, The Economist, http：//www. economist. com/node/21549938, last visited at Mar. 10, 2012.

❹ *Technology Transfer to China*, U. S. Department of Commerce, http：//www. bis. doc. gov/defenseindustrialbaseprograms/osies/defmarketresearchrpts/techtransfer2prc. html, last visited at Feb. 23, 2013.

❺ William Pentland, *China Pulls Back Indigenous Innovation Policies*, Forbes, http：//www. forbes. com/sites/williampentland/2011/07/03/china - pulls - back - indigenous - innovation - policies/, last visited at July 3, 2011.

❻ *China's Five - Year Plan*, *Indigenous Innovation and Technology Transfers and Outsourcing*, United States - China Economic and Security Review Commission, http：//www. uscc. gov/hearings/2011hearings/transcripts/11_ 06_ 15_ trans/11_ 06_ 15_ final_ transcript. pdf, at 72.

❼ Thomas Friedman, *In China We (Don't) Trust*, N. Y. Times, http：//www. nytimes. com/2012/09/12/opinion/friedman - in - china - we - dont - trust. html?_ r = 0, last visited at Sept. 11, 2012.

❽ 同上注。

❾ *China：Intellectual Property Infringement*, *Indigenous Innovation Policies*, *and Frameworks for Measuring the Effects of the U. S. Economy*, U. S. Int'l Trade Comm'n (2010), http：//www. usitc. gov/publications/332/pub4199. pdf.

此外，虽然国家在研发上投资了数十亿美元以促进本土创新，然而，根据经济合作与发展组织的报告，许多投资都被浪费在发展上而非研究上。❶ 2011 年，中国国有企业占据国家国内生产总值❷的 50%，这同样是个问题。尽管中国已不再实行计划经济，但国有企业的优势地位仍然不利于创新，因为国有企业免受市场竞争，这会减弱对创新的激励。❸ 然而，国家资本主义的支持者则认为，低估国有企业的创新潜力是一种错误，例如，印度和巴西政府在选定的经济领域促进创新，在此过程中诞生了世界级企业。❹ 然而，中国国有企业的影响力很可能会影响中国发展本土创新精神的能力，因为它们同时危害了国外和本土的私人企业，而这正是创新生态系统中的重要因素。❺

尽管存在诸多挑战，《毕马威 2012 年全球技术创新调查》显示，大多数（45%）全球高管投票认为，到 2016 年中国将会击败硅谷成为下一个全球技术创新中心。❻ 尽管仍然存在许多怀疑，然而过去的几十年已经证明，中国高速发展并全部实现了每一个五年计划所设定的目标，因此一个自主创新的中国很可能会出现在不久的将来。

---

❶ *From Brain to Brawn*, The Economist, http：//www. economist. com/node/21549938, last visited at Mar. 10, 2012；同上注。中国正在实施自主创新政策……这些政策……要达成几个长期目标……［包括］建设国内的研发（R&D）设施，以提升中国企业的创新能力，减少对外国技术和企业的依靠，增加国内企业对中国经济的价值。自主创新的"政策网"将使外国企业与中国企业一个起跑线上竞争时变得困难。

❷ Bob Davis, *Just How Powerful Are China's State - Owned Firms*？, Wall St. J., http：//blogs. wsj. com/chinarealtime/2011/10/26/just - how - powerful - are - chinas - state - owned - firms/. , last visited at Oct. 26, 2011.

❸ Joshua Kurlantzick, *The Rise of Innovative State Capitalism*, Bloomberg Businessweek（June 28, 2012）, http：//www. businessweek. com/articles/2012 - 06 - 28/the - rise - of - innovative - state - capital-ism, last visited at Jan. 22, 2013；see also Gary Shapiro, *Can China Eclipse the U. S. on Innovation*？, Forbes（July 11, 2012, 9：20 AM）, http：//www. forbes. com/sites/garyshapiro/2012/07/11/can - china - eclipse - the - u - s - on - innovation/；Roben Farzad, *Are the BRIC Nations Cracking*？, Bloomberg Business-week（June 26, 2012）, http：//www. businessweek. com/articles/2012 - 06 - 26/are - the - bric - nations - cracking#r = lr - fs, last visited at Jan. 22, 2013.

❹ Joshua Kurlantzick, *The Rise of Innovative State Capitalism*, Bloomberg Businessweek（June 28, 2012）, http：//www. businessweek. com/articles/2012 - 06 - 28/the - rise - of - innovative - state - capital-ism, last visited at Jan. 22, 2013.

❺ *Not Just Tilting at Windmills*, The Economist, http：//www. economist. com/node/21564235, last visited at Oct. 6, 2012.

❻ *China to Overtake Silicon Valley*, *Claims Report*, Wall St. J., http：//blogs. wsj. com/chinarealtime/2012/06/27/china - to - over - take - silicon - valley - claims - report/, last visited at June 27, 2012；see also Gary Shapiro, *Can China Eclipse the U. S. on Innovation*？, Forbes（July 11, 2012, 9：20 AM）, http：//www. forbes. com/sites/garyshapiro/2012/07/11/can - china - eclipse - the - u - s - on - innovation/.

（二）印度

印度共和国是世界人口第二大国并且是国内生产总值排名第十的经济体。❶和中国一样，印度具有全球最快的经济增长速度，这要归因于正在崛起的消费阶层、不断壮大的劳动力、逐渐提高的教育水平以及巨大的外国投资。❷ 尽管印度已经将自己作为强大的外包中心突显出来，印度也作为一个创新中心受到关注。❸ 印度政府将发展国内创新放在了优先地位，通过设立组织实施一系列政策来促进本土创新。❹ 目前，尽管许多印度本土的小型企业已经开始进行创新性研究并研发出了新产品，但是"［印度］研发活动的主导力量仍然是大型跨国企业"。❺ 确实，世界最大的研发机构将近有一半在印度设立了中心。❻ 尽管有政府的努力和外商投资，但是印度2012年全球创新指数仍然远远落后于中国。❼

印度政府宣布，2010～2020年这段时间为"创新十年"。❽ 其目标是"发展国家创新生态系统，以此激励创新，为社会提供问题解决方案"，尤其是针对卫生保健、能源、城市基础设施、水和运输。❾ 科学技术部通过不同计划来促进创新，包括科技企业孵化中心、研究计划、创业项目等。❿ 此外，政府集群创新中心（Cluster Innovation Center）特别以研发为基础重新定义印度的创新模式，并且在国内建设20个创新集群来支持国家创新计划。⓫

---

❶ *The World Factbook*：*India*，Cent. Intelligence Agency，https：//www. cia. gov/library/publications/the – world –factbook/geos/in. html，last visited at Jan. 2，2013.

❷ *The World Factbook*：*India*，Cent. Intelligence Agency，https：//www. cia. gov/library/publications/the – world –factbook/geos/in. html，last visited at Jan. 2，2013.

❸ *India Innovation*，Bloomberg Exchange，http：//bx. businessweek. com/india – innovation/，last visited at Jan. 22，2013.

❹ *India Innovation Portal*，Government of India National Innovation Council，http：//innovation. gov. in/innovation/fetchAllHomeItems. action，last visited at Jan. 22，2013.

❺ Shilpa Kannan，*R&D Gives India Its Big Boost in the Tech World*，BBC News，http：//www. bbc. co. uk/news/business – 18330837，last visited at June 6，2012.

❻ 同上注。

❼ Soumitra Dutta，*The Global Innovation Index* 2012，INSEAD and World Intellectual Property Organization，http：//www. globalinnovationindex. org/gii/main/fullreport/index. html，last visited at Jan. 22，2013.

❽ Lok Sabha，*Decade of Innovation Press Release*，Ministry of Science & Technology，http：//www. dst. gov. in/whats_ new/press – release10/pib_ 10 – 3 – 2010. htm，last visited at Mar. 10，2010.

❾ 同上注。

❿ 同上注。

⓫ *Decades of Innovation*：2010 – 2012 *Roadmap*，Cluster Innovation Ctr. ，http：//innovation. gov. in/innovation/inntoolkit/Cluster%20Innovation%20Centre/CIC. html，last visited at Feb. 20，2013.

此外，认可印度现在的创新能力的人士声称，印度"已经为世界做出了巨大的贡献，然而却是用一个秘而不宣的方式——印度和印度人民的贡献被封装在成千上万的知名产品中，然而却没有一家印度企业的名字出现在任何标识上"。❶毋庸置疑，印度已经达到炉火纯青的技术水平，然而跨国企业却榨取了其劳动中的大部分价值。❷ 尽管如此，"跨国企业通过建立研发中心来帮助印度……这开启了印度的研发工作，使印度从事最低端工作的人成长为成熟的科学家和开创自己事业的企业家"。❸

确实，目前印度通过其著名企业为世界范围内的创新做出了有目共睹的贡献。❹ 例如，塔塔汽车公司（Tata Motors）用其 Tata Nano 牌汽车彻底变革了全球汽车市场，这种小型客车售价仅 2500 美元，能够满足国家急剧增长的消费需求。❺ Narayana Hrudayalaya 医院同样以针对大众的医疗护理创新方法而遥遥领先，对于那些病症不严重的患者，医院目前选择在其家中进行诊治，以避免医院的拥挤；同时，在医院的心搏中心，由于医院高效运转使得体外循环心脏手术的费用减到了 2000 美元以下。❻ 塔塔汽车公司和 Narayana Hrudayalaya 医院都从印度低成本创新的机会中获得了优势。❼

这种机会来源于国家的快速发展，在带来许多正外部性的同时，也造成了严重的收入差距、人口过剩、腐败蔓延以及教育和医疗资源的严重匮乏。❽因此，支持促进印度创新的人认为，国内企业应聚集于反向创新（reverse innovation）——在发展中国家首先采用的创新。❾ 反向创新的基本驱动力来

❶ Nirmalya Kumar and Phanish Puranam, *India Inside: The Emerging Innovation Challenge to the West*, Harvard Business Rev. Press (2012).

❷ Shilpa Kannan, *R&D Gives India Its Big Boost in the Tech World*, BBC News, http://www.bbc.co.uk/news/business-18330837, last visited at June 6, 2012.

❸ Nirmalya Kumar and Phanish Puranam, *India Inside: The Emerging Innovation Challenge to the West*, Harvard Business Rev. Press (2012).

❹ *The World's 50 Most Innovative Companies*, Fast Company, http://www.fastcompany.com/most-innovative-companies/2012/industry/india, last visited at Jan. 24, 2013.

❺ *Top 10 India*, Fast Company, http://www.fastcompany.com/most-innovative-companies/2012/industry/india, last visited at Jan. 24, 2013.

❻ Chuck Salter, *For Bringing Medical Care to the Masses*, Fast Company, http://www.fastcompany.com/most-innovative-companies/2012/narayana-hrudayalaya-hospitals, last visited at Jan. 24, 2013.

❼ Jennifer Chu, *Building Innovation in India*, MIT, http://web.mit.edu/newsoffice/2011/india-conference-0927.html, last visited at Sept. 26, 2011.

❽ 同上注。

❾ Vijay Govindarajan: *How Reverse Innovation Can Change the World*, India Knowledge @ Wharton, http://knowledge.wharton.upenn.edu/india/article.cfm?articleid=4678, last visited at Mar. 29, 2012.

自"在新兴经济体和发达国家之间存在的收入差距"。[1] 例如，西方对于水污染、农业、人口过剩、受教育的机会和可负担的医疗措施的解决方案，对于人口超过十亿的发展中国家并不一定适用。这成了本土企业为印度创新的机会。[2] 然而，批评者则认为，反向创新不像来自硅谷的产品和服务那样前沿，更是为了满足印度消费者特定需求的技术应用。[3]

尽管存在这些机会，要达到提高创新能力的目标，印度仍需战胜许多挑战，包括薄弱的知识产权保护制度、较低的国内消费水准、有限的教育资源和低水平的风险投资活动。[4] 然而，阻碍印度发展本土创新潜能的最大挑战之一，是国家低迷的经济。尽管印度面临和中国一样的经济挑战，但是面对持续九年以最慢的速度增长的经济，国家却回天乏力。[5] 经过 7.6% 的通货膨胀后，卢比对美元一败涂地，政府债务约占国内生产总值的 67.6%，国外分析师预测，印度缺乏"财政弹药"，否则他们将不会容忍经济衰退。[6] 因此，严峻经济衰退的威胁，更进一步强调需要国家本土创新。

很多人怀疑印度在未来是否能够成为一个创新中心。此外，批评者认为，印度的问题不在于其技术力量，而在于其政府官员。[7] 然而，另一些人则认为，国家创新生态系统已经得到大幅度改良了，"别具匠心的印度正在我们的周围，如果我们引导它，它将变得可重复、可信赖、可扩展，我们将会看到印度发展成为全球创新的引擎。但这需要时间。"[8]

---

[1] Vijay Govindarajan, *The* $2,000 *Car*, *Harvard Business Review*, http：//blogs. hbr. org/cs/2012/03/the_ 2000_ car. html, *last visited at Mar.* 12, 2012.

[2] *Vijay Govindarajan：How Reverse Innovation Can Change the World*, India Knowledge @ Wharton, http：//knowledge. wharton. upenn. edu/india/article. cfm? articleid =4678, last visited at Mar. 29, 2012.

[3] Rishikesha Krishnan, *Silicon Valley to India：Build an Innovation Ecosystem and Good Things Will Come*, Ivey Business Journal (2011), http：//www. iveybusinessjournal. com/topics/innovation/silicon – valley – to – india – build – an – innovation – ecosystem – and – good – things – will – come#. UNZvm280WSo, last visited at Jan. 24, 2013.

[4] Nirmalya Kumar and Phanish Puranam, *India Inside：The Emerging Innovation Challenge to the West*, Harvard Business Rev. Press (2012).

[5] Amol Sharma and Bob Davis, *China, India Grapple with Growth Challenges*, The Wall Street Journal, http：//online. wsj. com/article/SB10001424052702304058404577496443063859250. html, last visited at July 8, 2012.

[6] 同上注。

[7] Nirmalya Kumar and Phanish Puranam, *India Inside：The Emerging Innovation Challenge to the West*, Harvard Business Rev. Press (2012).

[8] Seema Singh, *Philips Wakes Up to Reverse Innovation*, Forbes, http：//forbesindia. com/blog/technology/philips – wakes – up – to – reverse – innovation/, last visited at May 12, 2012；Seema Singh, *Science's Second Coming to India*, Forbes, http：//forbesindia. com/article/innovation – special/sciences – second – coming – to – india/32308/1, last visited at Mar. 3, 2012.

（三）巴西

巴西是拉丁美洲最大的经济体，也是世界上第六大经济体，而且其人口总数居世界第五。❶ 国家的技术领域非常活跃，吸引着"风险投资基金在当地初创企业中投资，并且引导外资企业进入其日益发展的市场中"。❷ 它的网络和移动创业生态系统正在日渐繁荣，大批来自美国、德国和西班牙的国外企业和投资者，正在巴西寻求淘金的机会。❸ 最吸引投资者的是日渐繁荣的消费市场；只有40%的网民，而一年中巴西的在线消费额已经达到了130亿美元。❹因此，巴西"自誉，他们拥有的 Facebook 用户量仅次于美国"。❺ 相应地，据拉丁美洲和加勒比地区经济委员（the Economic Commission for Latin American and the Caribbean，ECLAC）的报告称，"巴西是［拉丁美洲］唯一把自已定位为具有最重要地理位置的国家……在此跨国公司可实现其研发活动的国际化"。❻尽管如此，巴西的本土创新仍然处于萌芽期。❼

2012 年 1 月，巴西新任命的科学技术和创新部部长指出"创新并不是一种选择，而是必需……［巴西］的未来将依靠创新的付出"。❽ 直到 2012 年 4月，国务卿希拉里·克林顿（Hillary Clinton）启动了加快市场导向的伙伴关系

---

❶ *The World Factbook*：*Brazil*，Central Intelligence Agency，https：//www. cia. gov/library/publications/the – world – factbook/geos/br. html，last visited at Jan. 18，2013.

❷ Shasta Darlington，'*Geeks on a Plane*' *Flock to Brazil*，CNN，http：//articles. cnn. com/2012 – 05 – 22/tech/tech_ innovation_ geeks – plane – brazil_ 1_ brazilian – economy – tech – companies – local – startups?_ s = PM：TECH，last visited at May 22，2012.

❸ Katie Fehrenbacher，10 *Things to Know About Tech Startups in* Brazil，Gigaom，http：//gigaom. com/2012/05/17/10 – things – to – know – about – tech – startups – in – brazil/，last visited May 17，2012.

❹ *Brazil Tech Sector Aims Higher After* Instagram，Thomson Reuters，http：//www. reuters. com/article/2012/04/23/internet – brazil – idUSL2E8FJG9W20120423，last visited at Apr. 23，2012.

❺ Shasta Darlington，'*Geeks on a Plane*' *Flock to Brazil*，CNN，http：//articles. cnn. com/2012 – 05 – 22/tech/tech_ innovation_ geeks – plane – brazil_ 1_ brazilian – economy – tech – companies – local – startups?_ s = PM：TECH，last visited at May 22，2012.

❻ Álvaro Calderón，Miguel Pérez Ludeña，and Sebastián Vergara，*Foreign Direct Investment in Latin America and the Caribbean*，Econ. Comm'n for Latin America and the Caribbean（2011），http：//www. eclac. cl/publicaciones/xml/2/46572/2012 – 182 – LIEI – WEB. pdf.

❼ *Innovation Promotion in Brazil*，World Intellectual Property Organization，http：//www. wipo. int/wipo_ magazine/en/2010/05/article_ 0005. html，last visited at Jan. 24，2013；*Innovation in Brazil*，British Embassy Brasilia，http：//ukinbrazil. fco. gov. uk/en/about – us/working – with – brazil/science – innovation/innovation – in – brazil/，last visited at Jan. 24，2013.

❽ Luisa Massarani，*Innovation is* '*Imperative*,' *Says Brazil Science Minister*，Nature，http：//www. nature. com/news/innovation – is – imperative – says – brazil – science – minister – 1. 9903，last visited at Jan. 25，2012.

(the Accelerating Market – Driven Partnerships，AMP)，主动推动投资于巴西的创新，并且确定核心关键要素以促进"创业和创新生态系统的发展"。❶ 在整个巴西，重要的政府和私人领域发起"倡议创造新的机遇，孕育下一代创新者和企业家"。❷ 此外，巴西政府认为：

> 要作为真正成功的国际者，"整个创新范式的复杂性"要求政府采取更全面的公共政策。这意味着，增加资本和劳动力的流动性、公共和私营领域的合作……仅仅对科学和技术的支持，都不足以造就创新的良性循环。❸

> 像中国一样，印度和巴西正在积极推动国内创新，推行在国内进行创新的政策，以便在国内发展创新体系，特别是推动私营领域提升能力、增加人力资本，并生产高附加值商品。❹

这些政策同时吸引了外国和外企的关注。据克林顿国务卿所言，2011 年美国和巴西的贸易达到约 7500 亿美元，"其中许多来自创新领域"。❺ 同年，中国在巴西的技术领域投资了 45 亿美元。❻ 微软已经开设了三家先进技术实验室，并计划投资 1 亿美元建第四实验室，专门用于必应（Bing）搜索引擎，以及为 15 个初创公司提供商业解决方案。❼ 思科正计划进行超过 5.46 亿美元战略投资，以促进巴西的创新并建立高科技创业平台。❽ IBM 和 GE 在里约

---

❶ *Secretary Clinton Announces Launch of New Partnership to Drive Investment in Innovation*，U. S. Department of State，http：//www. state. gov/r/pa/prs/ps/2012/04/188848. htm，last visited at Apr. 27, 2012.

❷ *Ideas Economy*：(*Brazil*) *Innovation*，The Economist，http：//www. economist. com/events – conferences/americas/brazil – innovation – 2012，last visited at May 10，2012.

❸ http：//www. wilsoncenter. org/sites/default/files/Innovation% 20Public% 20Private% 20Strategies% 20English. pdf Ricardo Sennes，*Innovation in Brazil*：*Public Policies and Business Strategies*，Woodrow Wilson International Center for Scholars 1，11 （2009），http：//www. wilsoncenter. org/sites/default/files/Innovation% 20Public% 20Private% 20Strategies% 20English. pdf，last visited at Feb. 22，2013.

❹ 同上注，第 25 页。

❺ Andrew Rogers，*US Delegation to Discuss Support for Innovation Ecosystem*，Bus. News Americas USA，http：//www. bnamericas. com/news/technology/us – delegation – to – discuss – support – for – innovation – ecosystem，last visited at Apr. 17，2012.

❻ *China Invests* $12. 67 billion in Brazil，Econ. Times，http：//articles. economictimes. indiatimes. com/2011 – 07 – 05/news/29738779_ 1_ brazil – accounts – chinese – investment – brazil – s – ministry，*last visited at July* 5，2011.

❼ *Microsoft to Invest in Brazil*，Yahoo! Finance，http：//finance. yahoo. com/news/microsoft – invest – brazil – 185912815. html，last visited at Nov. 9，2012.

❽ *Cisco Announces Strategic Investments in Brazil to Foster Innovation，Transformation and Socio – Economic Development*，Cisco，http：//newsroom. cisco. com/press – release – content? type = webcontent& articleId = 776598，last visited at Apr. 2，2012.

（Rio）已经建有研究中心，英特尔也在建设过程中。❶ 2011 年，全球 5% 的研发项目流入了巴西。❷ 更重要的是，据报道，西方企业的研发中心"在当地产生了实质而积极的影响，包括技术转让、产能建设和创新方面"。❸ 把这种趋势继续下去，正是巴西发展国内创新能力所需要的。

事实上，当外国公司和政府投资在巴西的技术领域时，巴西一些企业已经因为他们的创新能力而在国际上崭露头角。例如，2012 年巴西有两家公司位列全球 50 家最创新公司之列：Bug Agentes Biológicos 公司❹是一家规模生产黄蜂应对农业生产威胁的企业；Boo－box❺一种新型的广告和社交媒体播放器。❻圣保罗（Sao Paulo）是巴西技术领域的集散地，但累西腓、坎皮纳斯和贝洛奥里藏特（Recife，Campinas and Belo Horizonte）则属于较小的创业中枢。❼

自 2003 年起，超过 3000 万巴西人摆脱了贫困，但国家依然有大量的经济和社会问题需要解决。❽ 和其他发展中国家一样，医疗保健和教育资源的匮乏、基础设施不足以及犯罪，使在巴西的生意很难做。❾ 巴西的税率很高，公司为员工的薪水和收入支付 100% 的税是常见的。❿ 所有员工都必须成为工会成员。⓫ 此外，授予高科技公司的新成员股权，在法律上非常复杂，以致不常见。⓬ 因此，诸如因为 PayPal 收购造成的大量退出，无法造就一大批天使投资

❶ *Microsoft to Invest in Brazil*, Yahoo! Finance, http：//finance. yahoo. com/news/microsoft － invest － brazil － 185912815. html, last visited at Nov. 9, 2012.

❷ Álvaro Calderón, Miguel Pérez Ludeña, and Sebastián Vergara, *Foreign Direct Investment in Latin America and the Caribbean*, Econ. Comm'n for Latin America and the Caribbean （2011）, http：//www. eclac. cl/publicaciones/xml/2/46572/2012 － 182 － LIEI － WEB. pdf.

❸ 同上注。

❹ David Lidsky, *Bug Agentes Biológicos*, Fast Company, http：//www. fastcompany. com/most － innovative － companies/2012/bug － agentes － biologicos, last visited at Feb. 22, 2013；*see also A Empresa*, Bug Agentes Biológicos, http：//www. bugbrasil. com. br/empresa. asp, last visited at Feb. 22, 2013.

❺ *Sobre a boo － box*, boo － box, http：//boo － box. com/site/home/institutional, last visited at Feb. 22, 2013.

❻ Ricardo Geromel, *Brazil's Top 10 Most Innovative Companies*, Forbes, http：//www. forbes. com/sites/ricardogeromel/2012/02/21/brazils － top － 10 － most － innovative － companies/, last visited at Feb 21, 2012.

❼ Katie Fehrenbacher, 10 *Things to Know About Tech Startups in* Brazil, Gigaom, http：//gigaom. com/2012/05/17/10 － things － to － know － about － tech － startups － in － brazil/, last visited May 17, 2012.

❽ *The World Factbook：Brazil*, Central Intelligence Agency, https：//www. cia. gov/library/publications/the － world － factbook/geos/br. html, last visited at Feb. 20, 2013.

❾ 同上注。

❿ Katie Fehrenbacher, 10 *Things to Know About Tech Startups in* Brazil, Gigaom, http：//gigaom. com/2012/05/17/10 － things － to － know － about － tech － startups － in － brazil/, last visited May 17, 2012.

⓫ 同上注。

⓬ 同上注。

人来创设风险投资机构。❶

和中国一样，巴西的国有企业也可能通过自身的影响力影响国内竞争。❷然而，"巴西也许是目前国家资本主义建设创新产业最好的例子"❸例如，当私人资本发生恐慌时，巴西支持某些产业，在一定范围的高新技术产业领域内创造了一些有国际竞争力的企业。❹今天，在应对全球经济衰退方面，因为有国家的支持，巴西的许多国有企业比跨国公司做得好。❺然而，国家仍在努力保持增长，经济学家再次重申，"创新是巴西的当务之急"。❻

虽然巴西将有许多挑战需要克服，因为它试图构建创新生态系统，国家已经开始从中国和印度把世界的眼球吸引开。但是，有人警告说，巴西的初级创新生态系统增长过快，将证明会在近期产生泡沫。❼

二、竞业禁止协议的历史、执行和意义

虽然许多因素促成了创新生态系统的发展，但是中国、印度和巴西最需要提高自身的创新能力，以使国内创新促进其经济发展。本文其余部分旨在研究在中国、印度和巴西三国中，竞业禁止协议可能在这些生态系统发展中所发挥的作用。本部分（一）简介竞业禁止协议及执法中的问题；（二）介绍如何执行竞业禁止协议；（三）综合研究在高科技领域执行竞业禁止协议带来的影响。

（一）竞业禁止协议概述

限制员工的常见条款包括：竞业禁止协议、禁止招揽条款、禁止交易条款、禁止挖角条款以及闲置条款（garden leave clause）。❽就业语境下的竞业禁止协

---

❶ Katie Fehrenbacher, *10 Things to Know About Tech Startups in* Brazil, Gigaom, http：//gigaom. com/2012/05/17/10 – things – to – know – about – tech – startups – in – brazil/, last visited May 17, 2012.

❷ 同上注。

❸ Joshua Kurlantzick, *The Rise of Innovative State Capitalism*, Bloomberg Businessweek（June 28, 2012）, http：//www. businessweek. com/articles/2012 – 06 – 28/the – rise – of – innovative – state – capitalism, last visited at Jan. 22, 2013.

❹ 同上注。

❺ 同上注。

❻ Vinod Sreeharsha, *Brazil Steps Up Investment in Overlooked Tech Start – Ups*, The New York Times, http：//dealbook. nytimes. com/2012/12/05/brazil – steps – up – investments – in – overlooked – tech – start – ups/, last visited at Dec. 5, 2012.

❼ Katie Fehrenbacher, *10 Things to Know About Tech Startups in* Brazil, Gigaom, http：//gigaom. com/2012/05/17/10 – things – to – know – about – tech – startups – in – brazil/, last visited May 17, 2012.

❽ Gaurav Sharma, *Garden Leave Clause：Restrictive Covenant in Employment Contracts（with Special Reference to its Applicability in India）*, National Law University（2012）, http：//papers. ssrn. com/sol3/papers. cfm? abstract_ id =2141186.

议是指在雇佣合同中明确约定，禁止员工在合同终止后与原雇主竞争。❶ 竞业禁止协议仅仅是一系列保护知识产权措施中的一种形式，以使公司能够用来保护其无形资产。❷ 然而，与专利或者保密协定不同，竞业禁止协议的目的并非保护特定的信息。❸ 相应地，设计竞业禁止协议的目的，主要是保护前雇员获得的一般知识和经验，防止使竞争者获利。❹

追溯到 1414 年的英国，对贸易的限制被认为是不能执行的。❺ 然而，19世纪末，行会和工业革命给人们带来了商业秘密的概念。❻ 随着公司因此寻求方法来保护这种形式的知识产权，法院"被迫在工业化的现实需求与契约自由观念和工厂作业的现实之间，以及在企业对思想的控制与自由劳动观念间进行妥协。"❼ 因此，法律的限制性条款被用来防止员工利用从工作场所得到的知识。❽ 今天，竞业禁止协议已被广泛运用，通常被认为是用来保护商业秘密的合理措施。❾

从概念上讲，竞业禁止协议被用于平衡雇主与雇员之间相冲突的利益。雇主认为竞业禁止协议是有价值的，因为它们是保护对员工进行无形资产投资的手段。❿ 然而，雇员并不赞成竞业禁止协议，无论他们自愿或非自愿地结束工作，竞业禁止协议都限制雇员追求不同机会的权利。⓫ 政策制定者在执行竞业禁止协议时遵循一定的限度，要平衡雇主和雇员的利益，使之对双方都显得公平。⓬ 然而该原则并不完美，有批评者认为，竞业禁止协议抹杀了冲突，使员

---

❶ Gaurav Sharma, *Garden Leave Clause: Restrictive Covenant in Employment Contracts (with Special Reference to its Applicability in India)*, National Law University (2012), http://papers.ssrn.com/sol3/papers.cfm?abstract_id=2141186.

❷ 同上注。

❸ Martha Lagace, *The Power of the Noncompete Clause*, Harvard Business School, http://hbswk.hbs.edu/item/5628.html., last visited at Feb. 26, 2007.

❹ 同上注。

❺ Matt Marx, Deborah Strumsky, & Lee Fleming, *Mobility, Skills, and the Michigan Experiment*, 55 J. Mgmt. Sci. 6 (2009).

❻ 同上注。

❼ Catherine Fisk, *Working Knowledge: Trade Secrets, Restrictive Covenants in Employment, and the Rise of Corporate Intellectual Property*, 1800-1920, 52 Hastings L. J. 2, 534 (2001).

❽ 同上注。

❾ 同上注。

❿ Jacquelyn Gutc, *Non-compete Agreements May Restrict Employees' Mobility, But Experts Say They Have Benefits*, Worcester Business Journal, http://www.wbjournal.com/apps/pbcs.dll/article?AID=/20120903/PRINTEDITION/308309983/0/PRINTEDITION., last visited at Sept. 3, 2012.

⓫ 同上注。

⓬ 同上注。

工的自由屈从于企业对知识产权的控制。❶

　　竞业禁止协议已经变得越来越具有争议，由于低迷的经济状况、持续增加的雇员流动性以及商业秘密价值的增长，使利用此机制平衡互相冲突的利益变得越来越有价值。❷ 最根本的一点在于，反对竞业禁止协议的人认为，竞业禁止协议给雇员赋予了过重的负担，同时分配给了雇主更多的谈判力。❸ 例如，在严格执行竞业禁止协议的管辖区，雇员为了不违反竞业禁止协议，被迫通过迂回或迁徙来重新就业。❹ 然而，支持者则辩称，竞业禁止协议是"必要的恶"，以使雇主能够对商业秘密和对雇员进行培训投资的保护充满信心。❺

（二）执法

　　世界各地的竞业禁止协议执法制度各不相同。例如，美国的竞业禁止协议执法在各个州就不尽相同。❻ 大多数国家竞业禁止协议执法时都有一定限度，法院通常采用灵活、多因素的测试法来决定是否执行竞业禁止协议。❼ 然而，在少数州，其中包括加利福尼亚州，离职后禁止竞业条款大部分是无效的。❽

　　马萨诸塞州在竞业禁止协议上的立场"与［美国］其他州差不多，通常认为竞业禁止协议可执行"。❾ 需要特别说明的是，法院在下列情形下将执行竞业禁止协议："（1）保护合法商业利益的需要；（2）有时间和地域范围的合理

---

　　❶ Catherine Fisk, *Working Knowledge: Trade Secrets, Restrictive Covenants in Employment, and the Rise of Corporate Intellectual Property, 1800 - 1920*, 52 Hastings L. J. 2, 534 (2001).

　　❷ Jacquelyn Gutc, *Non - compete Agreements May Restrict Employees' Mobility, But Experts Say They Have* Benefits, Worcester Business Journal, http://www.wbjournal.com/apps/pbcs.dll/article? AID =/20120903/PRINTEDITION/308309983/0/PRINTEDITION., last visited at Sept. 3, 2012.

　　❸ Robert Shea and Scott Connolly, *Enforcing Noncompetition Agreements*, Morse Barnes - Brown Pendelton, PC (June 2006), http://www.mbbp.com/resources/employment/noncomps.html.

　　❹ Jacquelyn Gutc, *Non - compete Agreements May Restrict Employees' Mobility, But Experts Say They Have* Benefits, Worcester Business Journal, http://www.wbjournal.com/apps/pbcs.dll/article? AID =/20120903/PRINTEDITION/308309983/0/PRINTEDITION., last visited at Sept. 3, 2012.

　　❺ 同上注。

　　❻ Jay Kesan and Carol Hayes, *The Law and Policy of Non - Compete Clauses in the United States and Their Implications*, University of Illinois College of Law (2011), http://papers.ssrn.com/sol3/papers.cfm? abstract_ id = 1948593.

　　❼ 同上注。

　　❽ Donald Dowling, *Global HR Hot Topic - July* 2012: *Non - Competes and Other Restrictive Covenants in the Cross - Border Context*, White & Case LLP (July 2012), http://www.whitecase.com/hrhottopic - 0712/.

　　❾ Jay Kesan and Carol Hayes, *The Law and Policy of Non - Compete Clauses in the United States and Their Implications*, University of Illinois College of Law (2011), http://papers.ssrn.com/sol3/papers.cfm? abstract_ id = 1948593.

限制；（3）符合公共利益；（4）有相应对价。"❶ 典型的合法商业利益，诸如"商业秘密保护、机密信息及商誉"。❷ 马萨诸塞州像许多州一样同意主流观点，即雇主合法的受保护利益可以合理地影响雇员的工作自由。

相反，加利福尼亚州则代表少数派，站到反对竞业禁止协议的一边。1872年，加利福尼亚州通过《加州民法典》第 1673 条，一般地禁止竞业禁止协议。❸ 今天法律实际上并没有多大改变，《加州商业及专业守则》第 16600 条规定，"限制任何人从事任何合法的职业、贸易或商业的任何合同都无效"。❹ 除去一些法定的例外，竞业禁止协议在加州不可执行。

在国际上，许多竞业禁止协议执法制度要么适用于类似马萨诸塞州的合理性测试，要么像加州那样认为竞业禁止协议不应当被执行。❺ 此外，许多外国司法管辖区直接或间接地要求员工在竞业禁止协议期间得到补偿。❻ 离职后补偿可以采取多种形式，其合理性在于，它是员工同意在离职后限制其工作自由的对价。❼

最后，不同的竞业禁止执法，造成了由管辖区判定竞业禁止协议是否应当执行的法律冲突。❽ 为了避免这些问题，许多公司选择在就业协议中包含法律管辖条款。❾ 然而，这些条款是不够的，因为确定竞业禁止协议管辖权的

---

❶ *Massachusetts Non - Compete Agreements in a Nutshell*, Conforto Law Group, P. C., http：//www. confortolaw. com/2008/01/massachusetts - non - compete - agreements - in - a - nutshell/, last visited at Jan. 16, 2008；*see also Marine Contractors Co. , Inc. v. Hurley*, 365 Mass. 280, 287 (1974), *Novelty Bias Binding Co. v. Shevrin*, 342 Mass. 714, 716 (1961)；*Edwards v. Athena Capital Advisors, Inc.*, C. A. No. 07 - 2418 - E, 2007 Mass. Super. LEXIS 378, 4 - 5 (Super. Ct. Aug. 7, 2007).

❷ David Carr, *The Protection of Trade Secrets*, *Confidential Information and Goodwill*：*Drafting Enforceable Confidentiality*, *Non - Compete and Non - Solicitation Agreements*：10 *Tricks and Traps*, American Bar Association (2002), http：//www. americanbar. org/content/dam/aba/migrated/labor/basics/tradesecrets/papers/ carr. authcheckdam. pdf.

❸ David Trossen, *Edwards and Covenants Not to Complete in California*：*Leave Well Enough Alone*, 24 Berk. Tech. L. J. 539, 540 (2009).

❹ Cal. Bus. & Prof. Code § 16600 (2012).

❺ Donald Dowling, *Global HR Hot Topic - July* 2012：*Non - Competes and Other Restrictive Covenants in the Cross - Border Context*, White & Case LLP (July 2012), http：//www. whitecase. com/hrhottopic - 0712/.

❻ 同上注。

❼ 同上注。

❽ Paulo McKeeby, *Solving the Multi - State Non - Compete Puzzle Through Choice of Law and Venue*, Law. com, http：//www. law. com/corporatecounsel/PubArticleCC. jsp? id = 1202575160689&Solving_ the_ MultiState_ NonCompete_ Puzzle_ Through_ Choice_ of_ Law_ and_ Venue&slreturn = 20121124011858. , last visited at OCt. 17, 2012.

❾ 同上注。

依据，是劳动者在哪里违反了竞业禁止协议，而不是竞业禁止协议在哪里起草。❶ 因此，法律人士建议雇主在执行竞业禁止协议时，应当符合那些雇员最容易违约地的规则。❷

（三）竞业禁止协议的执行：高科技领域、创新和技术外溢

在高科技行业中，竞业禁止协议很普遍，在美国几乎 90% 的技术工人已经签署了竞业禁止协议。❸ 竞业禁止协议的逻辑"体现了高科技行业使用寿命有限的知识。考虑到创新的加速和产品生命周期的相对缩短，超过一两年的知识可能不再有大的竞争价值"。❹ 禁止竞业协议因此能够用来帮助企业保护人力资本、知识产权和商业关系。❺ 限制员工流动，可确保雇主意识到，他们在员工培训、研发和客户发展中的投资是值得的，从而促进这些提高生产力的活动。❻

尽管法院可能会认为雇主实施竞业禁止协议的理由是合理的，然而最近的研究表明，仅仅执行竞业禁止协议对员工流动、衍生作品创造和知识溢出有负面影响。例如，有证据表明，在不执行竞业禁止协议的情况下，将会促进员工"在［不执行竞业禁止协议］所在州的管理人员和技术工人层面"高水准地流动。❼ 执

---

❶ Paulo McKeeby, *Solving the Multi - State Non - Compete Puzzle Through Choice of Law and Venue*, Law. com, http: //www. law. com/corporatecounsel/PubArticleCC. jsp? id = 1202575160689&Solving_ the_ MultiState_ NonCompete_ Puzzle_ Through_ Choice_ of_ Law_ and_ Venue&slreturn = 20121124011858., last visited at OCt. 17, 2012.

❷ 同上注。

❸ Sampsa Samila and Olav Sorenson, *Noncompete Covenants: Incentives to Innovate or Impediments to Growth*, 57 Mgmt. Science 3, 425, 425 – 37 (2011), http: //mansci. journal. informs. org/content/57/3/425. full. pdt. ("In the United States nearly 90% of technical workers and upper – level management employees have signed noncompete agreements (Leonard 2001, Kaplan and Strömberg 2003)").

❹ Ronald Gilson, *The Legal Infrastructure of High Technology Industrial Districts: Silicon Valley, Route 128, and Covenants Not to Compete*, 74 NYU L. Rev. 3, 575, 603 (1999).

❺ Sampsa Samila and Olav Sorenson, *Noncompete Covenants: Incentives to Innovate or Impediments to Growth*, 57 Mgmt. Science 3, 425, 425 – 37 (2011), http: //mansci. journal. informs. org/content/57/3/425. full. pdf. ("In the United States nearly 90% of technical workers and upper – level management employees have signed noncompete agreements (Leonard 2001, Kaplan and Strömberg 2003)").

❻ April Franco and Matthew Mitchell, *Covenants Not to Compete, Labor Mobility, and Industry Dynamics*, 17 J. Econ. Mgmt. Strat. 3, 581, 581 –06 (2008). Cristobal Cheyre, Steven Klepper, and Francisco Veloso, *Spinoffs and the Mobility of US Merchant Semiconductor Inventors*, Stanford Inst. for Econ. Policy Research 1, 3 (2012), *available at* http: //siepr. stanford. edu/system/files/shared/jobhopping_ v54. pdf.

❼ Sampsa Samila and Olav Sorenson, *Noncompete Covenants: Incentives to Innovate or Impediments to Growth*, 57 Mgmt. Science 3, 425, 425 – 37 (2011), http: //mansci. journal. informs. org/content/57/3/425. full. pdf. ("In the United States nearly 90% of technical workers and upper – level management employees have signed noncompete agreements (Leonard 2001, Kaplan and Strömberg 2003)").

行竞业禁止协议最主要影响到那些具有特定行业技能的员工，他们除了为直接竞争者工作，没有大的市场；确实，当存在竞业禁止协议时，16.2%的员工不太可能改变工作。❶ 15.4%具有特定公司人力资本的员工不太可能换工作。❷此外，最近的一项研究发现，执行竞业禁止协议也可能妨碍前雇员创办自己的组织，特别是如果竞业禁止协议限制了拥有本行业经验的潜在雇员时。❸

限制员工流动影响巨大，因为员工流动是促进衍生公司和技术外溢的关键驱动力。本文所指的"衍生公司（Spinoffs）"是指由母公司前雇员组成的独立新公司。值得注意的是，母公司的前高级雇员往往利用其在母公司所学到的知识来创设衍生公司。❹ 衍生公司被认为是可取的，因为它们是形成创新生态系统的组成部分。例如，硅谷的发展，部分是由于半导体行业中的衍生公司。❺事实上，大多数硅谷公司与成立于1957年的费尔柴尔德半导体公司（Fairchild Semiconductor）有关联，"或者作为费尔柴尔德的衍生公司，或者作为费尔柴尔德衍生公司的衍生公司，或者其创始人曾经在费尔柴尔德工作过"。❻1957～1986年，几乎所有进入硅谷的半导体公司都是衍生公司。❼ 重要的是，这些衍生公司通常在地理上与母公司相距不远，因此随着这些新企业集群的形成，造就创新生态系统的可能性就大大增加了。❽

员工流动也是促进外溢的一个重要因素。公司创造的知识是"默会的且由个体掌握。这些知识在公司间的扩散取决于员工的流动"。❾ 增加员工流动可以促进知识在企业间的溢出，因为当员工可以自由在竞争的企业之间流动，

---

❶ Matt Marx, Deborah Strumsky, & Lee Fleming, *Mobility, Skills, and the Michigan Experiment*, 55 J. Mgmt. Sci. 6 (2009).

❷ 同上注。

❸ Sampsa Samila and Olav Sorenson, *Noncompete Covenants: Incentives to Innovate or Impediments to Growth*, 57 Mgmt. Science 3, 425, 425 – 37 (2011), http://mansci. journal. informs. org/content/57/3/425. full. pdf. （"In the United States nearly 90% of technical workers and upper – level management employees have signed noncompete agreements (Leonard 2001, Kaplan and Strömberg 2003)"）.

❹ Steven Klepper, *The Origin and Growth of Industry Clusters: The Making of Silicon Valley and Detroit*, J. Urban Econ. 67, 15, 21 (2010).

❺ 同上注，第15页。

❻ 同上注，第17页。

❼ Cristobal Cheyre, Steven Klepper, and Francisco Veloso, *Spinoffs and the Mobility of US Merchant Semiconductor Inventors*, Stanford Inst. for Econ. Policy Research 1, 3 (2012), http://siepr. stanford. edu/system/files/shared/jobhopping_ v54. pdf.

❽ 同上注，第27页。

❾ Sampsa Samila and Olav Sorenson, *Noncompete Covenants: Incentives to Innovate or Impediments to Growth*, 57 Mgmt. Science 3, at 425 – 37; *see also* Ronald Gilson, *The Legal Infrastructure of High Technology Industrial Districts: Silicon Valley, Route 128, and Covenants Not to Compete*, 74 NYU L. Rev. 3, at 575 – 629.

或者开创他们自己的公司时，思想更容易传播。此外，公司之间的知识传播，可以提高区域的竞争力，使该区域的公司受益于竞争者对知识的投资和开发。❶ 例如，当行业领军者失去了相对于其竞争者的知识时，那么他们的竞争优势就受到了削弱。❷ 如果溢出效应确实促进了区域内的竞争，那么它是可取的，因为"竞争环境推动企业创新"。❸ 因此，那些试图在一个地区推动创新发展的政策制定者认为，由于技术外溢所导致的正外部性（positive externalities），证明不应执行竞业禁止协议。

当结合外商对研发设施投资的研究时，这些结论具有特别重要的意义。虽然引入了实证研究，外商对研发设施的投资，能对新兴市场，尤其是该市场的技术领域的溢出效应做出积极贡献。❹ 例如，发展中国家的知识密集型行业往往相对薄弱，因此"［外商直接投资］的进入对内部垂直关联的企业有巨大潜力，能在东道国传播新知识、产生其他溢出效应"。❺据此，在以知识为基础的行业，在外国直接投资（foreign direct investment，FDI）主导下，对国内企业的溢出效应潜力更大。更重要的是，在有较高劳动周转率和对流动不予限制的环境下，这种溢出更容易。❻

尽管方法论不同，但对此领域的研究有两点结论：（1）执行竞业禁止协议对员工流动性有负面影响；（2）员工流动是衍生公司和外溢效应的重要原因。因此，尽管一个地方培育创新生态系统的能力，以及从衍生公司和溢出效应受益的能力取决于多种因素的影响，但员工流动是其中的一个因素。由于员工流动是一个地区竞业禁止协议执法制度的功能，这种执法制度对区域经济中

❶ Sampsa Samila and Olav Sorenson, *Noncompete Covenants: Incentives to Innovate or Impediments to Growth*, 57 Mgmt. Science 3, at 425-37.

❷ Juan Alcácer and Minyuan Zhao, *Local R&D Strategies and Multi-location Firms: The Role of Internal Linkages*, Harvard Bus. Sch. 1, 1-4 (2010), http://www.hbs.edu/faculty/Publication% 20Files/10-064.pdf.

❸ Rachel Bradenburger, *Promoting Innovation through* Competition, Department of Justice, http://www.justice.gov/atr/public/speeches/279093.pdf, last visited at Sept.22, 2011.

❹ Zhiqiang Liu, *Foreign Direct Investment and Technology Spillovers: Theory and Evidence*, J. Dev. Econ. 85, 176, 191-92 (2008); see also Holger Görg and David Greenaway, *Much Ado About Nothing? Do Domestic Firms Really Benefit From Foreign Direct Investment?*, The World Bank Research Observer, 171, 189-90 (2004).

❺ Nagesh Kumar, *Globalization and the Quality of Foreign Direct Investment*, Oxford University Press (2002).

❻ David Kemme, Volodymyr Lugovskyy, & Deepraj Mukherjee, *Labor Mobility, Knowledge Transfer and Productivity Spillover of Multinationals: Evidence from Indian Firms*, Università di Perugia, http://www.stat.unipg.it/aissec2009/Documents/papers/CI2_ Kemme_ Lugovskyy_ Mukherjee.pdf, last visited at June 14, 2009.

的创新可能有影响。尽管竞业禁止协议执法制度的正面或负面影响可能会被其他外部效应否定，但是在努力培育创新生态系统时，执法制度仍然是政策制定者需要考虑的重要因素。❶

三、中国、印度和巴西的执法体制比较

创新就是未来。❷ 在国家和企业层面，创新是就业率和竞争力的基础。❸ 发明和改进的能力"是中等收入国家和发达国家的主要区别，前者依赖技术和服务进口，后者自己创造"。❹当政策制定者营造空间，鼓励人们创造前沿产品和服务时，突破性创新就会产生。❺ 世界上许多国家的例子都表明，"将政府政策和企业战略相结合，是创造有利于创新环境的关键"。❻ 因此，中国、印度和巴西这样需要创新来保持自身经济增长的国家，需要设计能够促进其国内创新的最优化的政策。

在创新生态系统中，员工流动将会起到十分重要的作用。因此，像加利福尼亚州这样的一些管辖区，就通过使竞业禁止协议无效来达到促进员工流动的目的。然而，像中国、印度和巴西这些国家，在提升国内创新水平的同时，需要在研发设施方面继续吸引外资，以激励形成知识溢出和衍生公司。对寻求吸引这种类型外商直接投资的新兴国家来说，保护知识产权至关重要，因此发展中国家很可能会试图复制发达国家技术型跨国公司已经习惯的知识产权保护制度。❼ 竞业禁止协议在发达国家之间各不相同，因此提供了多种选择方案。鉴

---

❶ Marc Muendler and James Rauch, *Employee Spinoffs and the Formation of Teams - Evidence from Brazil*, International Growth Centre（May 2011），http：//www.theigc.org/sites/default/files/11_0270_muendler_policybrief_v2_2.pdf.

❷ Hal Gregersen, *The Great Innovation Wall of China*, Bloomberg Businessweek, http：//www.businessweek.com/articles/2012–05–09/the–great–innovation–wall–of–china#r=lr–fs., last visited at May 9, 2012.

❸ 同上注。

❹ John Foley, *Chinese Reforms Could Trigger Domino Effect*, Thomson Reuters, http：//blogs.reuters.com/breakingviews/2012/11/05/chinese–reforms–could–trigger–domino–effect/, last visited at Nov.5, 2012.

❺ Hal Gregersen, *The Great Innovation Wall of China*, Bloomberg Businessweek, http：//www.businessweek.com/articles/2012–05–09/the–great–innovation–wall–of–china#r=lr–fs., last visited at May 9, 2012.

❻ Ricardo Sennes, *Innovation in Brazil：Public Policies and Business Strategies*, Woodrow Wilson International Center for Scholars 1, 11（2009），http：//www.wilsoncenter.org/sites/default/files/Innovation%20Public%20Private%20Strategies%20English.pdf, last visited at Feb.22, 2013.

❼ *Innovation Promotion in Brazil*, World Intellectual Property Organization, http：//www.wipo.int/wipo_magazine/en/2010/05/article_0005.html, last visited at Jan.24, 2013.

于加州取消竞业禁止协议促成了硅谷的显著成功，这看起来似乎极具吸引力，但中国、印度和巴西的政策制定者正面临困难的分析，因为国家需要促进外国在研发设施方面的直接投资，同时又要促进员工流动。这两个目标并不矛盾，需要进行平衡，理想结果是从外国研发设施投资的溢出效应中，产生创新型国内企业。本部分将分析和评估中国、印度和巴西如何在平衡这些利益时进行抉择，以及其制度是否能吸引外国投资。

（一）中国

在中国，竞业禁止协议被广泛运用。2008年1月1日生效的《中华人民共和国劳动法》就规定了员工的竞业禁止协议。❶《劳动法》第23条规定，用人单位可以在劳动合同或保密协议中对员工的保密义务订立竞业禁止协议。❷然而，用人单位需要在竞业禁止协议期间对员工按月支付相应的补偿金。❸除非有地方法规规章的规定，缔约双方可以协商约定补偿金。❹如果员工违反了约定则需要支付相应的违约金。❺

《劳动法》第24条将第23条规定中的员工限定为"高级管理人员、高级技术人员和其他负有保密义务的人员"。❻并且进一步规定了缔约双方可以约定竞业禁止的"范围、地域、期限"，但是不能违反相关法律法规。❼此外，《劳动法》第24条还规定，在中国竞业禁止协议不得超过两年。❽

中国的竞业禁止制度比其他同类新兴市场更为平衡。大多数中国员工不会被竞业禁止协议限制，只有高级管理人员、高级技术人员和涉密员工才会被其限制。对广大公民来说，法律促进了员工流动，同时允许限制"高附加值"员工以解除企业忧虑。

虽然新颁布的《劳动法》允许适用竞业禁止协议，但中国法院仍然担心无法协调竞业禁止协议和保障员工合法权利之间的关系。例如，根据中国最高人民法院发布的《最高人民法院关于贯彻实施国家知识产权战略若干问题的

---

❶ *Labor Contract Law of the People's Republic of China*, Invest in China, http://www.fdi.gov.cn/pub/FDI_EN/Laws/law_en_info.jsp? docid=82499, last visited at June 29, 2007.

❷ 同上注。

❸ 同上注。

❹ 同上注。

❺ *Labor Contract Law of the People's Republic of China*, Invest in China, http://www.fdi.gov.cn/pub/FDI_EN/Laws/law_en_info.jsp? docid=82499, last visited at June 29, 2007.

❻ 同上注。

❼ 同上注。

❽ 同上注。

意见》，法院要"妥善处理保护商业秘密与自由择业"。● 政府通过平衡这些利益，认为除非竞业禁止协议的一方是高级管理人员、高级技术人员或有可能接触敏感信息和商业秘密的员工，竞业禁止协议是不合理的。● 此外，强制规定竞业禁止协议期间的补偿金，需要评估员工正常工作所产生的利益，这可能导致企业不愿意无差别地对员工适用竞业禁止协议，因为员工离职后企业要承担的成本会变得极高。●

除了承认和保护员工利益，相较于印度和巴西，中国的执法体制还更有利于跨国公司，因为中国为企业提供帮助，指导如何撰写能够被法院支持的竞业禁止协议。《劳动法》第 23～24 条还解决了竞业禁止协议经常存在的司法管辖权问题。尽管用人单位不能用竞业禁止协议限制所有的员工，但仍然可以限制一些重要员工。富有想像力的用人单位会战略性地规划其在中国的管理结构，把竞业禁止协议适用于更多员工。

虽然用人单位的利益会因中国的竞业禁止协议执法体制对员工阶层的限制而受到保护，但是这种限制可能会极大在影响中国的创新生态系统，因为研究表明大多数衍生公司都是由母公司的高级雇员创设的。如果对创新生态系统的发展有帮助的员工被限制，人员流动在创新生态系统中所起的作用就会被大大削弱。

许多外部因素也在影响员工的流动。例如，国有企业的影响和普遍存在的腐败，与其他国家尤其是与美国的环境相比时，由于中国的经济环境不是完全竞争的，这可能会使员工留在他们现在的职业上不动。但是，中国的竞业禁止执法体系仍然很公平地平衡了员工和跨国公司的利益。

（二）印度

1872 年的《印度合同法》是规范当今印度合同问题的主要法律，并且适用于全国范围内，除了克什米尔（Kashmir）和查谟（Jammu）地区。● 该法第 27

● J. Benjamin Bai and Guoping Da, Strategies for Trade Secrets Protection in China, 9 NW. J. TECH. & INTELL. PROP. 351 (2011), http://scholarlycommons. law. northwestern. edu/cgi/viewcontent. cgi? article = 1005&context = njtip.

● Employee Non - Disclosure and Non - Competition Agreements, CHINAHOT. COM, http://resources. chinahot. com/for - employers/labor - force - management/employee - non - disclosure. html, last visited at Jan. 24, 2013.

● 同上注。

● Indian Contract Act, No. 9, India Code (1872), http://chddistrictcourts. gov. in/THE% 20IND IAN% 20CONTRACT% 20ACT. pdf).

条规定，"任何限制从事任何合法专业、贸易和商业的协议都是无效的"。❶ 因此，印度法院一直拒绝执行离职后竞业禁止协议，因为它们都是"限制贸易的"。❷

印度合同法第 27 条是在印度贸易发展的初期，基于英国普通法的贸易管制原则制定的，目的在于"鼓励竞争和促进经济发展"。❸ 这一规定完全是从遵循英国古老的贸易管制原则的《纽约条约》草案中照搬而来，且与加利福尼亚州民法典的 16600 条完全相同。❹ 自该条确立以来，尽管印度经过了 140 年的经济发展，但对该条的司法解释也从未改变。

通过不执行竞业禁止协议，印度完全倒向员工一边。缺乏执法制度促成人员流动，但却不能有效保护雇主的无形财产。而且，跨国企业始终将竞业禁止协议加入劳动合同，尽管根据合同法第 27 条这些条款无效。❺ 主张强化竞业禁止协议执法的人认为，"印度如果想要成为新兴市场并且参与全球竞争，其法律体系就必须跟上迅速发展的全球经济环境的步伐"。❻ 因此，如果印度继续坚持不执行竞业禁止协议，跨国公司很可能会把研发项目移向他处。

但是，跨国企业清楚地知道，印度是极具吸引力的研发外包对象。❼ 如果印度可以继续在不执行竞业禁止协议的情况下吸引外资投资与研发，印度的执法体系将会极大地促进创新生态系统的形成。最终，在加利福尼亚州有竞争力的公司，也不会因为印度不执行禁止竞业协议而被挡在门外，因为通常这两个管辖区都不执行竞业禁止协议。而且，如果员工能同时在国内外不同地区间流动，印度缺乏竞业禁止协议执法体系对于企业来说反倒成了优势。例如，员工离开塔塔汽车公司，前往在印度有研发设施的外国汽车公司，可能有助于扩散

---

❶ 第 27 条关于企业商誉转让有一个例外："只要买受人或任何从该商誉的转让中获益的人从事了相似的商业，转让商誉的企业就要向买受者承诺在特定的区域限制内不从事相似的商业，只要这种限制从法院看来是合理的，它就是该商业的特性。"同上注。

❷ Valérie Demont and Janaki Rege Catanzarite, *Non - Compete Clauses Are Unenforceable in India*, Pepper Hamilton LLP, http：//www. pepperlaw. com/publications_ update. aspx? ArticleKey = 1714, last visited at Feb. 25, 2010.

❸ Karandeep Makkar and Abhishek Kumar, Enforceability of Non - Solicit, Non - Compete and Non - Disclosure Clauses in Light of Restraint of Trade Doctrine, CORPORATE LAW ADVISER, http：// papers. ssrn. com/sol3/papers. cfm? abstract_ id = 2035377, last visited at Jan. 6, 2012.

❹ David Trossen, *Edwards and Covenants Not to Complete in California：Leave Well Enough Alone*, 24 Berk. Tech. L. J. 148, 541；Karandeep Makkar and Abhishek Kumar, Enforceability of Non - Solicit, Non - Compete and Non - Disclosure Clauses in Light of Restraint of Trade Doctrine, CORPORATE LAW ADVISER, http：//papers. ssrn. com/sol3/papers. cfm? abstract_ id = 2035377, last visited at Jan. 6, 2012.

❺ 同上注。

❻ 同上注。

❼ *R&D in India：The Curtain Rises, The Play Has Begun*…Knowledge@ Wharton, http：//knowledge. wharton. upenn. edu/article. cfm? articleid = 1278&specialid = 40. , last visited at Nov. 21, 2005.

员工在塔塔公司学到的知识。然而，如果印度不能培养大量创新型企业，依然很难实现这种利益。

因此，印度不执行竞止禁业协议对发达国家可能有吸引力，但能否促进建立国内创新生态系统却不明朗。缺乏竞止禁业协议的执法体系，肯定不利于吸引具有高价值商业秘密的外商进行投资。但是，相对于中国和巴西，是否执行竞止禁业协议，印度都处于劣势，因为吸引外国高科技投资的能力还取决于其他条件。考虑到萧条的经济和很低的受教育机会等各种外部因素，这种能力在将来必然面临考验。

（三）巴西

法律的限制性条款在巴西并不多见，但巴西法院并不明确禁止竞业禁止协议。❶ 虽然巴西民法没有关于离职后竞业禁止协议的规定，但是巴西宪法却"为离职后限制条款的可执行性投下了长长的阴影"。❷ 特别是，巴西宪法第二章第五条规定："只要符合法律规定的从业资格，从事任何工作、贸易或专业都是自由的。"❸ 尽管大多数企业都没有试图限制前雇员继续工作的宪法权利，但竞业禁止协议在巴西是可以被执行的；实际上，只要在允许的范围内协议是合理的，巴西法院有支持竞业禁止协议的趋势。❹

在评估竞业禁止协议时，巴西的劳动法院会考虑条款对时间、地域、核心业务的限制和竞业禁止协议期间补偿金的合理性。❺ 由于巴西竞业禁止协议补偿金不是强制性的，业界认为，对这种补偿金的合理性评估方式更有利于雇主。❻

---

❶ Donald Dowling, *Global HR Hot Topic – July* 2012：*Non – Competes and Other Restrictive Covenants in the Cross – Border Context*, White & Case LLP（July 2012），http：//www. whitecase. com/hrhottopic –0712/.

❷ 同上注。

❸ Constituição Federal［C. F］［Constitution］art. 5.（Braz.）http：//www. imprensaoficial. com. br/PortalIO/download/pdf/Constituicoes_ declaracao. pdf（"Todos são iguais perante a lei, sem distinção de qualquer natureza, garantindo—se aos brasileiros e aos estrangeiros residentes no País a inviolabilidade do direito à vida, à liberdade, à igualdade, à segurança e à propriedade, nos termos seguintes：（XIII）é livre o exercício de qualquer trabalho, ofício ou profissão, atendidas as qualificações profissionais que a lei establecer."）；*see also Constitution of Brazil*, University of Brazil, http：//www1. umn. edu/humanrts/research/brazil – constitution. html, last visited at Feb. 22, 2013）.

❹ *Non – Competition*, Lex Mundi（2012），http：//www. lexmundi. com/Document. asp？DocID =3904.

❺ Vilma Toshie Kutomi, *Labor and Employment Practice Group Non – Competition*, Lex Mundi Ltd.（2010），http：//www. lexmundi. com/Document. asp？DocID =1487, last visited at Jan. 24, 2013.

❻ Donald Dowling, *Global HR Hot Topic – July* 2012：*Non – Competes and Other Restrictive Covenants in the Cross – Border Context*, White & Case LLP（July 2012），http：//www. whitecase. com/hrhottopic –0712/；Vilma Toshie Kutomi, *Labor and Employment Practice Group Non – Competition*, Lex Mundi Ltd.（2010），http：//www. lexmundi. com/Document. asp？DocID =1487, last visited at Jan. 24, 2013.

实际上，巴西的主流观点认为："离职后竞业禁止协议是违宪的，除非雇主支付足够补偿金来消除宪法上的担忧。虽然没有明确规定补偿金，但是其金额往往会达到最后平均工资的 50% ~ 60%。"❶ 巴西判例法对离职后竞业禁止协议涉及很少，但是巴西立法并没有限制对某些类别的员工适用竞业禁止协议。❷

巴西的竞业禁止协议执法体系没有像中国和印度那样明确。然而，巴西有趣的地方在于，有一个执法范围，因为国家采用了确定何时执行竞业禁止协议的合理性判断，理论上任何员工都受竞业禁止协议的约束。因此，与中国和印度相比，巴西更尊重雇主保护其商业秘密。实际上，跨国企业始终在巴西的劳动合同中加入竞业禁止协议，但很少有诉讼发生。❸ 由于缺乏先例，雇主在起草竞业禁止协议时必须十分谨慎。

尽管没有正式规范，巴西的竞业禁止执法体系可以证明，这有利于员工多样而特别想执行竞业禁止协议的公司，而根据中国的分类这是无法实现的。和中国一样，巴西也通过要求支付竞业禁止期间的补偿金来保护员工的利益。相对于没有赔偿金的限制，此规定在一定程度上限制了雇主对竞业禁止协议的滥用。

由于巴西采取了许多发达地区所采用的合理性评估制度，其执法体系能够最好地吸引外资。但是，随着竞业禁止协议在巴西越来越普遍，巴西的创新能力可能会受到人员流动不畅的抑制。

四、结论

21 世纪正在向前发展，世界各国政府正努力促进国内创新，以在全球范围内展开竞争。虽然以前的研究试图论证，推动创新就不应当执行竞业禁止协议，但这样的结论并不一定适用于新兴国家。如本文所述，中国、印度和巴西都在制定政策发展国内的创新生态系统。然而，鉴于中国、印度和巴西都非常希望能够持续地吸引国外的研发投资以促进创新，不执行竞业禁止协议并不能

---

❶ Donald Dowling, *Global HR Hot Topic – July* 2012：*Non – Competes and Other Restrictive Covenants in the Cross – Border Context*, White & Case LLP（July 2012），http：//www. whitecase. com/hrhottopic – 0712/；

❷ Vilma Toshie Kutomi, *Labor and Employment Practice Group Non – Competition*, Lex Mundi Ltd. (2010)，http：//www. lexmundi. com/Document. asp？DocID = 1487，last visited at Jan. 24, 2013.

❸ John Barry, Daniel Ornstein, and Yasmine Tarasewicz, *Tying and Untying the Knot*：*Non – Compete Agreements in the UK, EU and Latin America—How to Write Them*；*How to Fight Them*, Proskauer Rose LLP, http：//www. internationallaborlaw. com/files/2012/10/Tying – and – Untying – the – Knot. pdf, last visited at June 17, 2010.

促成这一目标的实现。尽管一系列经济或非经济因素影响着地区经济发展，但劳动法是关键。[1] 因此，每个国家的政策制定者都应该谨慎地设计竞业禁止协议的执法制度，以能公平平衡雇主与雇员的利益，同时在持续吸引外商投资时推动国内创新。为了达到这种平衡，温和地执行竞业禁止协议可能是有益的。

---

[1] AnnaLee Saxenian, *Regional Advantage: Culture and Competition in Silicon Valley and Route* 128, First Harvard University Press (1996).

愚我一次：美国政府诉 Aleynikov 案和 2012 年《盗窃商业秘密澄清法》

罗伯特·达米恩·吉伦斯（Robert Damion Jurrens）[*]　　著

应尔凯　译

刘永沛　校

在 2009 年 7 月一个温暖、潮湿的夜晚，❶ 美国联邦调查局的官员们在纽瓦克自由国际机场抓捕了一位举止儒雅的电脑程序员：谢尔盖·阿列尼科夫（Sergey Aleynikov）。❷ 阿列尼科夫自认为是一次常规商务旅行，刚与新上司在芝加哥见面，结束便被逮捕，并被指控窃取其前雇主跨国投资银行高盛集团（Goldman Sachs）的商业秘密。独立纪念日前夕，在那个只看名字就能使人联想到自由的机场，阿列尼科夫的人身自由遭受重大限制。阿列尼科夫窃取商业秘密的行为使其受到 1996 年《经济间谍法》（EEA）的指控。该刑法条款很少被援引，其含糊不清的术语也随着多起引人关注的案件一再受到质疑。❸ 阿列尼科夫被纽约南区法院陪审团判定有罪之后，将面临在联邦监狱长达 97 个月的监禁。❹

---

❶ 参见 *History for Newark，NJ，Friday，July 3，2009*，Weather Underground，http：//www. wunderground. com/history/airport/KEWR/2009/7/3/DailyHistory. html? req_ city = Newark + International&req_ state = NJ&req_ statename = New + Jersey/。

❷ *U. S. v. Aleynikov*（*Aleynikov I*），785 F. Supp. 2d 46，54（S. D. N. Y. 2011）。

❸ 参见下文第一部分（一）3。

❹ 参见 *Former Goldman Sachs Computer Programmer Sentenced in Manhattan Federal Court to 97 Months in Prison for Stealing Firm's Trade Secrets*，New York Field Office，Federal Bureau of Investigation，http：//www. fbi. gov/newyork/press – releases/2011/former – goldman – sachs – computer – programmer – sentenced – in – manhattan – federal – court – to – 97 – months – in – prison – for – stealing – firm2019s – trade – secrets/，last visited March 18，2011.

《经济间谍法》中的一个"危险漏洞"❶ 使阿列尼科夫的命运获得转机，第二巡回上诉法院作出一个颇有争议的判决，最终释放了阿列尼科夫，该判决震动了国会使之采取了行动。❷ 第二巡回上诉法院认为，阿列尼科夫窃取的高频交易（HFT）代码并非一种"为州际或国际贸易而生产或已处于州际或国际贸易之中的产品"，因此不属于《经济间谍法》的规制对象。❸ 尽管阿列尼科夫摆脱了联邦的指控，纽约州据州法提起控诉，并继续尝试在该州有关计算机犯罪的法律框架下追究责任。❹

在第二巡回上诉法院作出颇有争议的美国政府诉 Aleynikov 案判决不久，国会随即采取了行动弥补《经济间谍法》中的漏洞。《盗窃商业秘密澄清法》❺（the Theft of Trade Secrets Clarification Act，TTSCA）的确名副其实，改变了《经济间谍法》中一些简单的术语，以强化这仅有的在联邦法层面上规制窃取商业秘密行为的刑法规范。国会直接援引了第二巡回上诉法院的判决，指出法院在判决中"主张在某些情况下，联邦法有关禁止窃取商业秘密的规定并不适用于电脑源代码"。❻ 2012 年 12 月 28 日，《盗窃商业秘密澄清法》被签署成法令之后，被称为是《经济间谍法》的更新版本，其不再那么含糊的措辞版本可以几乎毫无悬念地维持阿列尼科夫受到的指控。

然而，《盗窃商业秘密澄清法》也遗留了两个重要的问题尚待解决。第一个问题涉及与阿列尼科夫有极其类似经历的萨曼斯·阿格拉瓦（Samarth Agrawal）。阿格拉瓦也是一名电脑程序员，从纽约的金融服务业巨头窃取高频交易代码，也受到《经济间谍法》的指控，唯一不同的是，第二巡回上诉法院尚未正式宣布 U. S. v. Agrawal 案的判决。❼ 那么，第二巡回上诉法院是否仅仅因为时运不济，而维持 Agrawal 案的判决、驳回 Aleynikov 案的判决？或者，美国宪法明令禁止法律溯及既往（ex post facto）这一规定能否给他推翻指控的抗争机会？

---

❶ 158 Cong. Rec. H00000 - 52, 2012 WL 6605649 (2012)（众议员 Smith 的报告）。

❷ 同上注（第二巡回上诉法院对阿列尼科夫的判决揭示了一个值得注意的危险漏洞……我们必须采取措施回应第二巡回上诉法院的呼声，并确保我们已经适当地调整《经济间谍法》的适用范围，以使其适应于数字时代）。

❸ *U. S. v. Aleynikov*（*Aleynikov II*），676 F. 3d 71, 82 (2d Cir. 2012)（内部引用略）。

❹ 参见 Kim Zetter, *Goldman Sachs Programmer Back in Court on New Charges*, Wired, http://www.wired.com/threatlevel/2012/08/sergey - aleynikov - new - charges/, last visited at Aug. 9, 2012.

❺ Theft of Trade Secrets Clarification Act, Pub. L. No. 112 - 236, 126 Stat 1627 (2012).

❻ 158 Cong. Rec. H00000 - 52（众议员 Scott 的报告）。

❼ 参见 *U. S. v. Agrawal*, No. 11 - 1074 (2d Cir. filed Dec. 30, 2011).

　　第二个问题是，国会没有明确表明《经济间谍法》不应当优先适用。[1] 尽管大多数州已经制定了非常类似于《经济间谍法》那样针对窃取商业秘密的刑事法律，却没有一部法律能够保护被告人免受州法和《经济间谍法》的同时指控。[2] 这就是谢尔盖·阿列尼科夫面临的情况，在该案中阿列尼科夫刚从《经济间谍法》的指控中躲过一劫，却又立刻发现自己被传讯到审判法院的法官面前接受纽约州的指控。[3] 相应地，即使第二巡回上诉法院推翻萨曼斯·阿格拉瓦受到的指控，与上述情况类似的州法指控几乎也在毫无悬念地等着他。若没有对州法的优先适用，那些面临《经济间谍法》指控的被告，会发现他们还将受到州法中有关窃取商业秘密法的指控。同时，考虑到互联网的无界性，这些被告还会面临着多个州根据其不同的州法提起的指控。[4]

　　本文阐述了《盗窃商业秘密澄清法》的影响，认为国会应当继续密切关注《经济间谍法》的作用。本文第一部分详细介绍了《经济间谍法》，包括该法在模糊条款无效原则影响下的曲折历史。第二部分详述了谢尔盖·阿列尼科夫的困境及其在联邦法院体系中走过的艰难历程，直到最近根据纽约州法被捕。第三部分分析了《盗窃商业秘密澄清法》的适用范围及 Agrawal 案反映出来的该法未意料到的困惑——根据《经济间谍法》的一个版本进行审理，但很有可能根据另一部溯及既往的法律进行判决。最后，本文第四部分分析了 Agrawal 案引发的潜在后果，并主张应当优先适用联邦法以保证《经济间谍法》的良性运转。为了能够在《经济间谍法》框架下确保公正，有必要优先适用联邦法，而非不确定地适用杂乱的州法。

一、《经济间谍法》的立法背景及简史

　　商业秘密保护在美国刑法中并没有深厚的根基。事实上，窃取商业秘密在历史上属于侵权法的规制范畴。[5] 商业秘密法最初被编纂入《侵权法重述》，如今很多现代商业秘密法仍然由民事法庭引用。[6] 1979 年，美国统一州法全国委员会制定保护商业秘密的示范法，即《统一商业秘密法》（UTSA）。[7]《统一

---

[1] 参见 18 U. S. C. § 1838 (2012).

[2] 同上注。

[3] 参见下文第二部分。

[4] 参见下文第三部分（二）。

[5] Robert P. Merges, Peter S. Menell, and Mark A. Lemley, Intellectual Property in the New Technological Age 35 (5th ed. 2009).

[6] 同上注。

[7] 同上注，第 36 页。

商业秘密法》纯属民事法律，它的一些版本被 46 个州和哥伦比亚特区编纂成商业秘密法。❶

对盗窃分类商业信息先予刑事制裁的做法早在 20 世纪 60 年代中期就已经在美国法律中体现。❷ 此后，很多州制定法律打击涉及计算机数据的犯罪行为，❸ 其中超过半数的州已经制定专门规制窃取商业秘密的法律。❹ 这些法律在州与州之间差异很大，也不存在保护或惩罚的标准。❺ 在 1996 年《经济间谍法》制定以前，窃取商业秘密行为在联邦法层面上并没有追诉依据。

---

❶ Robert P. Merges, Peter S. Menell, and Mark A. Lemley, Intellectual Property in the New Technological Age 35 (5th ed. 2009).

❷ 参见 Eli Lederman, *Criminal Liability for Breach of Confidential Commercial Information*, 38 Emory L. J. 921, 930 (1989).

❸ 同上注, at 931; 另参见 18 U. S. C. § 1030 (a) (5) (Supp. V 1987); Alaska Stat. § 11: 46.740 (a) (2) (Supp. 1988); Ariz. Rev. Stat. Ann. § 13 - 2316 (B) (1978); Ark. Stat. Ann. § 5 - 41 - 104 (a) (Supp. 1987); Cal. Penal Code § 502 (c) (1), (4) (West 1988); Conn. Gen. Stat. Ann. § 53a - 251 (e) (West 1985); Del. Code Ann. tit. 11, § 935 (2) (a) (1987); Fla. Stat. Ann. § 815.04 (1), (2) (West Supp. 1989); Ga. Code Ann. § 16 - 9 - 93 (b) (1988); Idaho Code § 18 - 2202 (2) (1987); Ill. Rev. Stat. ch. 38, paras. 16D - 3 (a) (3), 16D - 5 (a) (2) (1987); Iowa Code § 716A. 3 (Supp. 1989); Ky. Rev. Stat. Ann. § 434.845 (1) (Michie/Bobbs - Merrill 1985); La. Rev. Stat. Ann. § 14: 73.2 (A) (1) (West 1986); Md. Ann. Code art. 27, § 45A (b) (1), (2) (1987); Mich. Comp. Laws Ann. § 752.795 (West Supp. 1989); Minn. Stat. § 609.88 (1) (a), (b) (1982); Miss. Code Ann. § 97 - 45 - 9 (1) (a) (Supp. 1988); Mo. Rev. Stat. § 569.095 (1) (1), (2) (1986); Mont. Code Ann. § 45 - 6 - 311 (1) (b) (1987); Neb. Rev. Stat. § 28 - 1345 (1985); Nev. Rev. Stat. § 205.4765 (1) (d) (f) (h) (1987); N. H. Rev. Stat. Ann. § 638: 17 (iv) (b) (1), (2) (1986); N. J. Stat. Ann. § 2C: 20 - 25 (e) (West Supp. 1989); N. M. Stat. Ann. § 30 - 16A - 4 (1989); N. Y. Penal Law § 156.25 (Mckinney 1988); N. D. Cent. Code § 12. 1 - 06. 1 - 08 (2) (1985 & Supp. 1989); Okla. Stat. tit. 21, § 1953 (1), (2) (Supp. 1988); Or. Rev. Stat. § 164.377 (3), (4) (Supp. 1988); R. I. Gen. Laws § 11 - 52 - 3 (1981 & Supp. 1988); S. C. Code Ann. § 16 - 16 - 20 (1) (a) (Law. Co - op. 1985); S. D. Codified Laws Ann. § 43 - 43B - 1 (2), (3), (4) (1983 & Supp. 1989); Utah Code Ann. § 76 - 6 - 703 (1), (2) (Supp. 1989); Va. Code Ann. § 18. 2 - 152. 4 (2), (3), (4), (5) (6) (1988); Wis. Stat. Ann. § 943.70 (2) (a) (1), (2) (West Supp. 1989); Wyo. Stat. § 6 - 3 - 502 (a) (iii) (1988).

❹ 同上注; 另参见 Ala. Code § 13A - 8 - 10. 4 (Supp. 1989); Ark. Stat. Ann. § 5 - 36 - 107 (Supp. 1987); Cal. Penal Code § 499c (West 1988); Colo. Rev. Stat. § 18 - 4 - 408 (1986); Conn. Gen. Stat. Ann. § 53a - 124 (West 1985); Fla. Stat. Ann. § 812.081 (West 1976 & Supp. 1989); Ga. Code Ann. § 16 - 8 - 13 (1988); Mass. Ann. Laws ch. 266, § 30 (4) (Law. Co - op 1980 & Supp. 1989); Minn. Stat. § 609.52 (1), (2), (6), (8) (1982); Neb. Rev. Stat. § § 87 - 502 (Supp. 1988); N. Y. Penal Law § § 155.00, 155.05, 155.30, 165.07 (McKinney 1988); Okla. Stat. tit. 21, § 1732 (Supp. 1988); 18 Pa. Cons. Stat. § 3930 (Supp. 1988); Tenn. Code Ann. § 39 - 3 - 1126 (1982); Tex. Penal Code Ann. § 31. 05 (Vernon 1989); Wis. Stat. Ann. § 943.205 (West 1982 & Supp. 1989).

❺ 同上注。

《经济间谍法》使窃取商业秘密成为联邦犯罪。❶ 该法主要由两部分组成，覆盖了国内外盗窃知识产权的行为。❷ 第一部分惩罚那些意图使外国政府、机构或代理（即"间谍"的代称）获益的窃取商业秘密行为。❸ 第二部分惩罚那些窃取与"为州际或国际贸易而生产，或已经处于该类贸易中的产品"相关的商业秘密的行为。❹

《经济间谍法》对商业秘密的定义与《统一商业秘密法》大致相似，包括"一切形式和种类的金融、商业、科学、技术、经济或工程信息，包括模型、计划、汇编、程序装置、公式、设计、样本、方法、技术、工序、过程、程序或代码，无论是有形的还是无形的，也无论是否需要或者如何以物理的、电子的、图表的、照片的、纸质的方式储存、汇编或记忆"，❺ 只要所有权人已经

---

❶ 18 U. S. C. § 1831 *et seq.* （2012）.

❷ 同上注。

❸ 《经济间谍法》第1831条规定：

（a）一般规定。——任何人意图或明知其违法行为将会使外国政府、外国机构、外国代理获益而故意实施：

（1）窃取，或未经许可侵占、获取、带走，或隐瞒，或通过欺骗、诈取、瞒骗手段获得一项商业秘密；

（2）未经许可复印、复制、勾勒、描绘、摄影、下载、上传、改变、毁坏、影印、复现、传输、传递、发送、邮寄、传播、传达一项商业秘密；

（3）接受、购买或持有一项商业秘密，明知该商业秘密是通过窃取或未经许可而侵占、获取、转换所得；

（4）试图实施本款第（1）至第（3）项规定的任何行为；

（5）和一个或一个以上其他主体共谋，实施本款第（1）至第（3）项规定的任何行为，而该其他主体实施了一定行为导致达成共谋，则除（b）款规定的情形外，处五十万元以下罚金，或者处十五年以下有期徒刑，或者两者并处。

（b）单位。　　任何单位犯有（a）款规定的任何行为，处一千万元以下罚金。

❹ 《经济间谍法》第1832条规定：

（a）任何人意图窃取商业秘密，且该商业秘密与为州际或国际贸易而生产，或已处于该类贸易之中的产品有关或者含于其中，使除商业秘密权利人之外的任何人获得经济利益，意图或明知这种行为将会损害商业秘密权利人的利益，而故意实施下列行为：

（1）窃取，或未经许可侵占、获取、带走，或隐瞒，或通过欺骗、诈取、瞒骗手段获得此类信息的；

（2）未经许可复印、复制、勾勒、描绘、摄影、下载、上传、改变、毁坏、影印、复现、传输、传递、发送、邮寄、传播、传达此类信息；

（3）接受、购买或持有此类信息，明知该信息通过窃取或未经许可侵占、获取、转换所得；

（4）试图实施本款第（1）至第（3）项规定行为的；

（5）和一个或一个以上其他主体共谋，实施本款第（1）至第（3）项规定行为，而该其他主体实施了一定行为导致达成共谋，则除（b）款规定的情形外，处罚金或者十年以下有期徒刑，或者两者并处。

（b）任何单位犯有（a）款规定行为的，处五百万元以下罚金。

❺ Unif. Trade Secrets Act（UTSA）, § 1（4）, 14 U. L. A 438（1996）.

采取措施保密，并且能从该秘密中产生价值。❶ 根据《经济间谍法》，个人不能提起诉讼。❷《经济间谍法》明文规定它不优先于任何其他商业秘密法适用，公司自行决定是根据联邦法还是州法提起诉讼。❸

（一）《经济间谍法》立法史

1996 年制定《经济间谍法》的目的，是帮助检方遏制窃取美国公司知识产权的行为。❹ 至 20 世纪 90 年代中期，受快速发展的技术革新和贸易全球化的影响，国会意识到外国机构窃取美国商业秘密成为了一个重要问题。❺ 此类盗窃行为很多是为了外国机构的利益，据称这些外国机构中，有很多雇佣了"冷战"时期在工业间谍领域身手不凡的政治间谍。❻

这份国际间谍遗产影响了早期立法的进展，这些立法全部都仅规制外国机构的盗窃行为。《经济间谍法》第 1831 条完全为这一问题而设。❼ 第 1832 条几乎是 1831 条的翻版，但主要侧重于国内窃取商业秘密的行为，而且看起来似乎是被匆匆忙忙塞进去的。❽ 事实上，"担心该法可能会与许多美国签署的国际贸易条约相违背，导致在最后一刻把该法改写为同时包括国际和国内的盗窃商业秘密行为"。❾

---

❶ 参见《美国法典》第 1839 条（2012）：

（3）"商业秘密"是指一切形式和种类的金融、商业、科学、技术、经济或工程信息，包括模型、计划、汇编、程序装置、公式、设计、样本、方法、技术、工序、过程、程序或代码，无论是有形的还是无形的，也无论是否需要或者如何进行物理的、电子的、图表的、照片的、纸质的方式储存、汇编或记忆，只要——（A）权利人已采取合理的保密措施；且（B）该信息不为公众所知悉、不易被公众通过合理方式获得，从该信息可以产生现实的或潜在的独立经济价值。

❷《经济间谍法》第 1836 条规定"在民事诉讼中，总检察长可以采取适当禁令制止违反本章规定的行为"。

❸ 同上注，第 1838 条；另参见 Kim Zetter, *Goldman Sachs Programmer Back in Court on New Charges*, Wired, http://www.wired.com/threatlevel/2012/08/sergey-aleynikov-new-charges/, last visited at aug. 9, 2012.

❹ 参见 H. R. Rep. No. 104-788, at 3-8, 1996 重印于 U. S. C. C. A. N. 4021, 4022-26。

❺ 同上注，第 4022 页（更麻烦的是，有相当多的证据表明外国政府对美国公司使用了间谍手段）。

❻ 参见 U. S. v. Hsu（*Hsu II*），155 F. 3d 189, 194-95（3d Cir. 1998）（引用《经济间谍法》的立法史）。

❼ 参见《美国法典》第 18 编，第 1831 条。另参见 Robin L. Kuntz, Note, *How Not to Catch a Thief*: *Why the Economic Espionage Act Fails to Protect American Secrets*, 28 Berkeley Tech. L. J.（2013）（对 1831 条进行了深入分析）。

❽ 参见 18 U. S. C. § 1832; James H. Pooley, Mark A. Lemley, & Peter J. Toren, *Understanding the Economic Espionage Act of* 1996, 5 Tex. Intell. Prop. L. J. 177, 183（1997）.

❾ 参见 18 U. S. C. § 1832; James H. Pooley, Mark A. Lemley, & Peter J. Toren, *Understanding the Economic Espionage Act of* 1996, 5 Tex. Intell. Prop. L. J. 第 187 页。

（二）《经济间谍法》第 1832 条的模糊要件

或许"旧"●《经济间谍法》第 1832 条最有争议的细微之处在于，它要求商业秘密必须是"与为州际或国际贸易而生产或已经处于该类贸易中的产品相关或包含于该产品中"。该用语最初并未出现在参议院的提案中，国会后来在 1832 条中把它加入，却在 1831 条中把它略去。● 正如下文第二部分所述，法院对这一用语的解释存在分歧。实践证明，该用语是 Aleynikov 案中初审法院和上诉法院在解释《经济间谍法》时出现分歧的关键点。

（三）模糊条款无效原则

被告在涉及 1832 条的案件中频繁适用模糊条款无效原则，显而易见，"旧"《经济间谍法》缺乏清楚、连贯的解释。● 模糊条款无效原则是指，一部制定法"必须足够明确地告知哪些人是法律制裁的对象，他们的哪些行为会使其承担法律所规定的刑事责任……"● 该原则要求，被告充分知悉他们违反了现行成文法。有三个被频繁引用的案件，根据模糊条款无效原则抨击了"旧"《经济间谍法》在三个不同方面存在的问题：U. S. v. Hsu 案，U. S. v. Krumrei 案和 U. S. v. Genovese 案。

U. S. v. Hsu 案是根据《经济间谍法》第 1832 条进行审判的首批案件之一。在 Hsu 案中，被告 Kai－Lo Hsu 被指控违反了《经济间谍法》，合谋窃取百时美施贵宝（Bristol－Myers Squibb）公司的商业秘密。● Hsu 质疑《经济间谍法》在三个重要方面模糊不清，有违宪之嫌。首先，Hsu 辩称该法没有界定"'有关或包含于'为州际或国际贸易而生产，或已处于该类贸易之中的产品"这一术语。● 其次，Hsu 主张"商业秘密"的确切定义也模糊不清，因为没有界定保持秘密性的"合理措施"（reasonable measures）。● 最后，Hsu 辩称该法没有定义什么是被公众"周知"（generally known）或"可

● 必要时，为了使论述更清楚，本文把《盗窃商业秘密澄清法》修订前的版本称为"旧"《经济间谍法》，把《盗窃商业秘密澄清法》修订后的版本称为"新"《经济间谍法》。

● 参见 Pooley, James H. A.; Lemley, Mark A.; Toren, Peter J., *Understanding the Economic Espionage Act of* 1996, 5 Tex. Intell. Prop. L. J. 177, 183 (1997).

● 参见 *U. S. v. Krumrei*, 258 F. 3d 535 (6th Cir. 2001); *U. S. v. Genovese*, 409 F. Supp. 2d 253 (S. D. N. Y. 2005); *U. S. v. Hsu* (*Hsu I*), 40 F. Supp. 2d 623 (E. D. Pa. 1999).

● *Connally v. Gen. Constr. Co.*, 269 U. S. 385, 391 (1926).

● *Hsu I*, 40 F. Supp. 2d at 623.

● 同上注，第 626 页。

● 同上注。

知"（*readily* ascertainable）。❶

Hsu 案的初审法院注意到，立法创设"新"罪名容易受到模糊条款无效原则的质疑，认为《经济间谍法》把"此前被认为最好留给民法或类似法律管辖的不正当竞争行为"纳入了刑法的管辖范围。❷ 随后法院驳回了"有关或包含于为州际或国际贸易而生产，或已处于该类贸易之中的产品"这一术语模糊的主张，指出对于一个"精通"特定行业流程的人来说，能够理解该术语在其行业中的应用。❸ 法院继续驳回 Hsu 提出的认为"商业秘密"定义模糊不清、有违宪之嫌的主张，认为《经济间谍法》中"商业秘密"的定义与《统一商业秘密法》中的定义几乎相同，而后者在先例中至少经受住了一次模糊条款无效原则的考验。❹

两年后，在 U. S. v. Krumrei 案中，被告辩称"采取合理措施对信息保密"的表述可能会导致对《经济间谍法》的执行过于随意。❺ 在 Krumrei 案中，被告被指控从威盛亚国际公司（Wilsonart International, Inc.）窃取其在层压材料表面添加硬质涂层方法的知识产权。❻ 第六巡回上诉法院引用 Hsu 案指出，如果一方当事人知道涉案信息是财产，并且知道其行为非法，那么在该案中适用《经济间谍法》是合宪的。❼ 鉴于 Krumrei 已经承认他知道窃取的知识产权不属于自己，同时也承认他本应知道——但是"选择了忽视"——自身行为违法，法院认为以模糊性抨击《经济间谍法》没有根据。❽

最后，在 U. S. v. Genovese 案中，法院又一次因模糊性问题审查了"商业秘密"这一术语的确切定义。❾ 在 Genovese 案中，被告被指控下载、复制微软公司当时尚未公布的 Windows NT 4.0 和 Windows 2000 操作系统，并出售复制品。❿ Genovese 辩称他在互联网上发现了涉案的代码，既无法知道这些代码属于"不……为公众……所知悉"，也无法知道微软公司采取了"合理措施"确保其秘密性。⓫ 然而，地区法院认为，Genovese 把代码称为"解密的"（jacked），并

---

❶ *Hsu I*, 40 F. Supp. 2d at 626.

❷ 同上注。

❸ 同上注，第 627 页。

❹ *Hsu I*, 40 F. Supp. 2d, 第 628 页；另参见 *People v. Serrata*, 62 Cal. App. 3d. 9 (1976).

❺ *U. S. v. Krumrei*, 258 F. 3d 535, 538 (6th Cir. 2001).

❻ 同上注。

❼ 同上注，第 539 页。

❽ 同上注。

❾ *U. S. v. Genovese*, 409 F. Supp. 2d 253 (S. D. N. Y. 2005).

❿ 同上注，第 255 页。

⓫ 同上注，第 257 页。

认为其他人不得不"仔细寻找"才能在其他地方发现该代码。❶ 法院认为，这些事实表明 Genovese 知道微软公司尚未向公众公布其代码，而且该代码的价值与其秘密程度相关。❷ 把法律规定适用到该案件事实之后，法院认为《经济间谍法》不存在违宪的模糊性，Genovese 知道或本应该知道涉案代码是商业秘密。❸

尽管模糊条款无效原则在这些案例中均未被成功运用，但该原则如此频繁地突然出现，既表明"旧"《经济间谍法》很少被援引（因此难以形成普通法的引导作用），也表明该法的内容不清楚或者模棱两可。

二、美国政府诉 Aleynikov 案

2010 年 12 月，陪审团发现谢尔盖·阿列尼科夫触犯了两项罪名："旧"《经济间谍法》规定的窃取商业秘密罪，以及 1934 年《国家反盗窃财产法》❹（the National Stolen Property Act，NSPA）规定的州际运输被盗财产罪。❺ 在接下来的一年半里，初审法院和上诉法院在对 Aleynikov 案适用《经济间谍法》和《国家反盗窃财产法》的问题上出现了完全相反的观点。

2007 年 5 月至 2009 年 6 月，高盛公司聘用谢尔盖·阿列尼科夫作为程序员，直到他接受了一家被称为 Teza 芝加哥新兴公司提供的工作。❻ 在离开高盛公司前的后两个月，阿列尼科夫开始把保密数据上传至一个 Apache Subversion❼ 站点，该站点是位于德国的一个服务器上。❽ 为避免被发现，他删除了自己的密钥，并试图清除自己的命令行记录。❾ 根据法院的描述，他窃取的文

---

❶　*U. S. v. Genovese*，409 F. Supp. 2d，第 257 页。

❷　同上注。

❸　同上注，第 258 页。

❹　参见《美国法典》第 18 编，第 2314 条。1934 年的《国家反盗窃财产法》（NSPA）打击州际盗窃财物的行为。作为大萧条时期反盗窃行为的努力成果，NSPA 明确针对"被盗窃的财物、证券、金钱、伪造的税务凭证或伪造的物品"。

❺　参见 *Aleynikov I*，785 F. Supp. 2d 46，55（S. D. N. Y. 2011）。

❻　同上注，第 52 页。

❼　尽管有这样一个不吉利的名称，"subversion"网站仅仅是指一个使用软件进行版本和修订的控制系统、用于基于 Linux 的开放源代码 Apache 网络服务器平台。阿列尼科夫是一个富有经验的开发者，很可能看中了 Subversion 服务器在移动和复制文件时的灵活性。

❽　同上注，第 53 页。尽管该服务器的地理位置在无界的互联网世界中显得无关紧要，但对初审法院来说似乎有一定的重要性——可能是因为要援引法律来处理国际间谍案件。

❾　同上注。一个命令行记录是指程序员在一次或多次操作中使用 Linux 命令的记录。该记录在 Linux 使用者快速键入命令后，能够提供某特定使用者在 linux 服务器上相对表面的活动记录。阿列尼科夫尝试清除其命令行记录这一事实正好表明他在掩盖其活动。

件内容包括："各家证券交易所联系记录；接收价格数据分析；定价算法；交易策略；向证券交易所反馈交易决定的基础设备；以及控制交易系统中所有部分运行表现的应用程序"。❶

高盛公司安保人员在阿列尼科夫离开公司后不久，便很快发现他窃取了机密文件，遂立即知会有权机构。❷ 2009 年 7 月 3 日，美国联邦调查局在纽瓦克机场逮捕了刚与 Teza 公司在芝加哥结束会议的阿列尼科夫。❸ 他携带一个 U 盘和一台笔记本电脑，内存高盛公司的专有源代码。❹ 联邦调查局随后搜查阿列尼科夫的家，发现他的私人台式电脑也存储有专有代码。❺ 在芝加哥期间，他上传了至少两个含有高盛公司专有源代码的文件到一个 Teza 的服务器。❻ 他在给 Teza 同事的一封电子邮件中暗示，他上传的这两个文件中的源代码属于他自己，把为高盛公司从事专有性工作的成果据为己有。❼

（一）高频交易

高频交易（HFT）是一种运用高度复杂的计算机程序进行证券交易的自动运算交易形式。❽ 从事此类交易的公司持有证券的时间每次只持续几秒，并且没有净利润时通常要结束当天的交易。❾ 需要通过对市场数据的高速数学运算，利用在每一秒的短暂时间内出现的交易机会，作出交易决定。❿

高频交易为金融机构带来巨大收益，但也是一项危险的事业。高频交易系统在股票买卖时加剧了价格波动，而且据称已经导致不止一次的"闪电崩盘"，使证券市场陷入突然恐慌。⓫ 一种有说服力的观点认为，高频交易对国

---

❶ 参见 *Aleynikov I*，785 F. Supp. 2d，第 54 页。

❷ 同上注。

❸ 同上注。

❹ 同上注。

❺ 同上注。

❻ 同上注，第 57 页。

❼ 同上注。法院提及阿列尼科夫凭借不该有的信任盗取文件，暗指不对 Teza 公司提起诉讼。

❽ 参见 Nathan D. Brown，*The Rise of High Frequency Trading：The Role Algorithms，and the Lack of Regulations，Play in Today's Stock Market*，11 Appalachian J. L. 209，209（2012）。

❾ 同上注。"金额"仅指持有的证券数量。在高频交易中，一项投资的购入和卖出时间差可以用秒计。

❿ 同上注。

⓫ 参见 David M. Serritella，*Recent Development：High Speed Trading Begets High Speed Regulation：SEC Response to Flash Crash，Rash*，2010 U. Ill. J. L. Tech. & Pol'y 433，439（2010）。

内和国际金融市场的影响，使得政府必须干预。❶ 况且，虽然大型交易机构有人力、物力开发他们自己的交易系统，小型新兴公司或许需要更多时间进行市场准备。这种机会上的不平衡可能诱使小型企业把盗窃作为比内部自行开发高频交易系统更加有效率的选择——正是这一捷径把阿列尼科夫（和阿格拉瓦）推向了被告席。

目前，算法交易在日交易量中占到令人吃惊的 73%；然而，只有 2% 的交易公司从事算法交易。❷ 而且也不能因这一市场偏差而归咎于小型新兴公司。事实上，最近的"闪电崩盘"应当归咎于特大公司的失误。❸ Teza 创始人 Mikhail Victorovich Malyshev 在 Aleynikov 案审判过程中称，即便有人将代码提供给他，他新设立的交易公司也不会使用高盛公司的代码。❹ Malyshev 希望"建成世界上最好的高频交易公司"，并且他感到复制行业巨头的现有系统与实现那个目标是背道而驰的。❺ Malyshev 的态度，是很多新兴公司独立、创新精神的表现。❻

虽然从广义上讲 Teza 是新兴公司，但是 Malyshev 作为经验丰富的算法交易者，能为公司带来丰富的经验——同时，还有巨大的财力资源。因此，那些缺乏经验和资源的新兴公司，或许不会这么富有野心和孜孜以求。同时，虽然大型公司一般拥有丰富的资源来开发自己的高频交易系统，他们仍然可能没法抵抗诱惑，用工业间谍来改善他们自己的算法。用弗兰西斯·培根的话讲，"盗窃源于机遇"。❼

撇开高频交易技术的发展根源不谈，其对全球市场的影响是不可否认的。像 Aleynikov 案和 Agrawal 案这样的案件表明，盗窃算法代码是金融业的切实隐忧。此外，近期的"闪电崩盘"表明，随着高频交易对世界市场的影响越来越大，一旦系统出现故障，这种影响会导致不可预料的后果。因此，联邦规制

---

❶　尽管美国证券交易委员会规制交易行为和算法交易，有人认为联邦政府缺乏监控高频交易的必要知识。参见 Nina Mehta, *SEC Leads from Behind as High – Frequency Trading Shows Data Gap*, Bloomberg News, http：//www. bloomberg. com/news/2012 – 10 – 01/sec – leads – from – behind – as – high – frequency – trading – shows – data – gap. html, last visited at Oct. 1, 2012.

❷　参见 Nathan D. Brown, *The Rise of High Frequency Trading：The Role Algorithms, and the Lack of Regulations, Play in Today's Stock Market*, 11 Appalachian J. L., 第 212 页。

❸　同上注，第 216 页。

❹　*Aleynikov I*, 785 F. Supp. 2d 46, 57 (S. D. N. Y. 2011).

❺　同上注，第 53 页。

❻　参见 Drew Hansen, 11 *Lessons From Startups on Creating Hotbeds of Innovation*, Forbes. com（Dec. 6, 2012）, http：//www. forbes. com/sites/drewhansen/2012/12/06/11 – lessons – from – startups – on – creating – hotbeds – of – innovation/, last visited at Dec. 62, 2012.

❼　一般认为此话出自培根（Bacon）写给埃塞克斯伯爵（Earl of Essex）的一封信。

不仅必须，而且正当。

（二）纽约南区法院

阿列尼科夫主张驳回他受到的指控，依据是他所盗窃的高频交易系统代码：（1）并非《国家反盗窃财产法》定义的物品、货物或商品；❶（2）不是"为州际或国际贸易而生产，或已处于该类贸易之中……的产品"，也不是《经济间谍法》的适用对象。❷ 阿列尼科夫辩称，高盛公司的高频交易系统是"一个为高盛公司内部使用和为自身利益而开发的秘密交易系统"。❸

纽约南区法院不同意上述主张，驳回了阿列尼科夫的请求，认为高频交易代码是《国家反盗窃财产法》所指的"物品"、"货物"或"商品"，主要根据是现实中存在这类代码的非法交易市场。❹ 法院进一步认为，"高盛购买、开发、修改构成交易系统的计算机程序的唯一目的，是从事州际或国际贸易"。❺ 鉴于该系统可使高盛从事国内和国际贸易，法院认为，它明显是一个为州际或国际贸易而生产的产品，因此属于《经济间谍法》的适用对象。❻

（三）第二巡回上诉法院

第二巡回上诉法院在解释《国家反盗窃财产法》和《经济间谍法》的时候采用了更为微妙的方法。❼ 对于《国家反盗窃财产法》，法院主要依据 Dowling v. U. S 案，即最高法院在 20 世纪 80 年代中叶的"盗版唱片"（bootleg records）案中的观点。❽ 在该案中最高法院认为联邦犯罪"仅仅是法律的产物"，若无法证明一项被指控的联邦犯罪属于法律规定的范畴，那么该指控将受到挑战。❾ 第二巡回上诉法院指出，立法解释应该建立在这种假设上，即立法用词的普通含义足以表达立法目的。❿ 法院引用 U. S. v. Bottone 案，把有形物品的

---

❶　参见《美国法典》（2012 年）第 18 编，第 2314 条。《国家反盗窃财产法》在处理盗窃知识产权案件中通常不是一个有效的工具，尤其在涉及像计算机代码那样的无形物时。在 Aleynikov 案中，法院专注于该法术语的分析上，不能把"物品、货物或商品"（goods, wares, merchandise）这三个词轻易地用到像知识产权那样的抽象物上。*Aleynikov I*, 785 F. Supp. 2d. at 61.

❷　*Aleynikov I*, 785 F. Supp. 2d. at 60.

❸　同上注。

❹　同上注，第 61 页。

❺　同上注，第 60~61 页。

❻　同上注，第 61 页。

❼　参见 *Aleynikov II*, 676 F. 3d 71, 75–76 (2d Cir. 2012).

❽　同上注；参见 *Dowling v. U. S.*, 473 *U. S.* 207, 207 (1985).

❾　*Aleynikov II*, 676 F. 3d at 75 (quotting *Dowling v. U. S.*, 473 U. S. at 213).

❿　同上注。

概念推到极致，认为《国家反盗窃财产法》"不适用于这种案件：有意盗窃的人，把受仔细保护的秘密公式记住，在跨过国界之后再把它写下来。"❶ 简言之，常识表明必须存在有形物品被盗窃，才可援引《国家反盗窃财产法》。鉴于阿列尼科夫从事的违法行为实际上是通过文件传输协议发送文件（甚至连一个用来传输高频交易代码的 U 盘都没有盗窃），因此并无有形物品被转移。❷

至于对"为州际或国际贸易而生产，或已处于州际或国际贸易之中的产品"这一术语的解释，法院首先审查了《经济间谍法》的立法史，指出第1831 条没有包含关键的词语。❸ 法院引用了 Russello 案，主张"当国会在制定法的一个条款中包含了某特定用语，却在同一部法律的另一条款中省略时，通常可以推定国会是有目的地、故意地加入或删除该用语，使得两者截然不同"。❹ 因此，法院认为产品"为了贸易而生产"或"处于贸易中"这一条件应被解读成限定性的。❺ 法院进一步指出，参议院的最初版本法案里没有包含受争议的术语，法院认为这一事实表明该限定用语是被有意加入法案的。❻

第二巡回上诉法院随后认为，地区法院对"为州际或国际贸易……而生产"这一词语解释过宽，认为"不能在真空中"解释该术语。❼ 有趣的是，法院注意到在 U. S. v. Lopez 案之后一年才制定《经济间谍法》，该案引起了最高法院对"实质性地影响州际贸易"这一术语的解释。❽ 法院认为，该法与这个里程碑式的案件在时间上如此接近，清楚地表明《经济间谍法》有意避免使用一些将会动用到"国会规制权以外之权限"的词语。❾

以这一立法史和法律解释为背景，法院认为高盛公司的高频交易系统既不是为州际或国际交易而"生产"，也并非"置于"此类贸易之中。❿ 高盛公司没有出售或许可其系统的意图，且竭尽全力维持其秘密性。由于高频交易系统本身从未进入商业流通领域，法院认为盗窃该系统的源代码没有达到触犯《经济间谍法》的程度。⓫ 鉴于这些理由，第二巡回上诉法院没有发回重审，

---

❶ *Aleynikov II*，676 F. 3d，第 77 页。

❷ 同上注。

❸ 同上注，第 79 页。

❹ 同上注，第 79 页（引用 *Russello v. U. S.*，464 U S 16, 23 (1983)）。

❺ 同上注，第 79～81 页。

❻ 同上注。

❼ 同上注，第 80 页。

❽ 同上注，第 81 页（引用 *U. S. v. Lopez*，514 U. S. 549, 558–59 (1995)）。

❾ 同上注，第 81～82 页。

❿ 同上注，第 82 页。

⓫ 同上注。

而是改判了地区法院的判决。❶

（四）在劫难逃：州的指控

阿列尼科夫并未在第二巡回上诉法院驳回对其控诉之后结束追诉之祸。2012 年 8 月 9 日，阿列尼科夫被拘留，并被指控触犯了《纽约刑法》的两项罪名，这两项罪名都是可被判处二到五年有期徒刑的 E 级重罪。❷《纽约刑法》第 156 条包括与计算机有关的多项犯罪，覆盖多种可被追诉的行为，包括欺诈、侵占和篡改（fraud, trespass and tampering）。❸ 第 156 条制定于 1986 年，目的是打击日渐增多的由计算机犯罪引起的"恐怖幽灵"，这标志着纽约州刑事法典意义深远的现代化。❹ 最显著的是，该法把"计算机数据"和"计算机程序"定义为"财产"。❺ 第 156 条第 30 款规定，复制任何计算机数据或计算机程序，造成的经济损失超过 2500 美元，就是犯罪。❻

《纽约刑法》还在第 165 条第 07 款中规定了与技术有关的内容，惩罚"非法使用秘密科学材料"。❼ 该条制定于 1967 年且很少被适用，仅在一个盗窃计算机程序的案件中被详细讨论过，该案甚至早于互联网时代。❽ 该法第 155 条第 00 款把"秘密科学材料"界定为，除权利人或其授权的人之外，不为任何人所知的一切"记录科学或技术方法、发明或公式"，换言之，即商业秘密。❾ "科学或技术"这一术语使用，造成了宽泛的解释，且似乎包括学术和商业方面的研究和开发。

2012 年 9 月 12 日，阿列尼科夫针对纽约州的指控，辩称自己无罪，并拒绝了可不被判处有期徒刑的辩诉交易。❿ 阿列尼科夫的律师提醒法院，其将尽

---

❶ Aleynikov Ⅱ, 676 F. 3d at 82（quoting Bowling v. U. S., 473U. S. at 213）.

❷ 参见 Kim Zetter, *Goldman Sachs Programmer Back in Court on New Charges*, Wired, http：//www. wired. com/threatlevel/2012/08/sergey – aleynikov – new – charges/, last visited at aug. 9, 2012；Peter Lattman, *Former Goldman Programmer is Arrested Again*, N. Y. Times, http：//dealbook. nytimes. com/2012/08/09/ex – goldman – programmer – is – arrested – again/, last visited at Aug. 9, 2012；*see also* N. Y. Penal Law § 156（Mckinney 1988）.

❸ N. Y. Penal Law § 156（Mckinney 1988）.

❹ 参见 *People v. Versaggi*, 83 N. Y. 2d 123, 128（N. Y. 1994）.

❺ 同上注。

❻ N. Y. Penal Law § 156.30（把"非法复制与计算机相关材料作为一级罪"进行刑事制裁）.

❼ 同上注，第 165.07 条。

❽ 参见 *People v. Russo*, 131 Misc. 2d 677（N. Y. 1986）.

❾ N. Y. Penal Law § 155.

❿ 参见 Joseph Ax, *Ex – Goldman Programmer Rejects Plea Deal with NY – Lawyer*, Thomson Reuters, http：//newsandinsight. thomsonreuters. com/Legal/News/2012/09_ – _ September/Ex – Goldman_ programmer_ rejects_ plea_ deal_ with_ NY_ – _ lawyer/, last visited at Sept. 27, 2012.

力使法院驳回案件，理由为一事再罚，且检方的行为"有失公正"。❶ 尽管因本质上相同的行为经受第二次审判有违一事不二罚，但是断言第二巡回上诉法院的驳回构成对阿列尼科夫窃取商业秘密案的全部审判，则与《经济间谍法》的非优先适用直接冲突。❷

三、2012年《盗窃商业秘密澄清法》

2012年11月27日，佛蒙特州民主党参议员 Patrick Leahy❸（D–VT）毫不声张地将2012年《盗窃商业秘密澄清法》的法案提交给参议院。❹ 该法案本身相当简洁，只是简单地规定：

> 修订《美国法典》第18编第1832条（a）款，删除段（1）前的"包含于为……而生产，或已处于……之中的产品"，插入"用于或打算用于……的产品或服务"。❺

Leahy参议员的演说重点，在于批评 Aleynikov 案推翻了原审判决，并强调有必要帮助"美国公司……保护他们辛苦开发出的产品"。❻ 在 Leahy 参议员的论证下，参议院在没有辩论和否决的情况下通过了这个"常识性立法"。

在众议院，由得克萨斯州的共和党众议员 Lamar Smith❼ 提交了该法案。

---

❶ 参见 Joseph Ax, *Ex–Goldman Programmer Rejects Plea Deal with NY–Lawyer*, Thomson Reuters, http；//newsandinsight. thomsonreuters. com/Legal/News/2012/09_–_September/Ex–Goldman_ programmer_ rejects_ plea_ deal_ with_ NY_–_ lawyer/, last visited at Sept. 27, 2012.

❷ 参见下文第四部分（二）（具体论述《经济间谍法》的优先适用问题）；也可参见 *U. S. v. Lanza* 260 U. S. 377（1922）（判决第五修正案的一事不再罚仅仅适用于联邦政府对同一罪行再次追诉的情形）。

❸ 参议员 Leahy 对知识产权改革而言并不陌生，《莱希—史密斯美国发明法》（Leahy–Smith America Invents Act，AIA）——1952年以来美国专利制度的最大修正案——就是以他的名字命名的。

❹ 158 Cong. Rec. S6878–03, 2012 WL 5932548（2012）（Sen. Leahy 的报告）。

❺ Theft of Trade Secrets Clarification Act of 2012, Pub. L. No. 112–236, 126 Stat 1627（2012）.

❻ 158 Cong. Rec. S6878–03, 2012 WL 5932548（Sen. Leahy 的报告）。有趣的是，参议员 Leahy 的演说似乎混淆了州际盗窃和州际贸易的概念，他指出第二巡回上诉法院认为阿列尼科夫的盗窃行为并不满足《经济间谍法》规定的州际贸易，"即便被告从他位于纽约的办公室复制、窃取代码上传到一个德国服务器，下载代码到他位于新泽西州家里的电脑，然后携带所窃取的代码飞往伊利诺伊州从事新工作……"同上。这是一个诚实的误解，该误解表明一个事实，即互联网的无界性使一切网上活动——包括贸易——在本质上都是州际活动。

❼ 众议员 Smith 和参议员 Leahy 一起，是《莱希—史密斯美国发明法》（AIA）名称的来源。

他也重点关注第二巡回上诉法院在 Aleynikov 案中揭示的 "危险漏洞"。❶ 有趣的是，Smith 议员并没有批评第二巡回上诉法院作出如此有争议的判决，而是要求国会 "对第二巡回上诉法院的呼声作出回应，并确保我们已经适当地调整了《经济间谍法》的适用范围，以适应数字时代"。❷ 得克萨斯州的民主党众议员 Jackson Lee（D‑TX）回应了这一观点，支持保护不属于 "商业最终产品" 的一部分而仅 "供内部使用的专用软件"。❸ 尽管法案删除了 "为……而生产或处于……之中的产品" 这一令人混淆的术语，并加入服务和产品使《经济间谍法》相对过去更为清晰，但仍然遗留两个问题：（1）第二巡回上诉法院尚未决定萨曼斯·阿格拉瓦的命运，而根据 "旧"《经济间谍法》阿格拉瓦应判有罪；（2）明显缺乏优先适用的问题仍然存在。

（一）第二巡回上诉法院可能引起的混淆：美国政府诉 Agrawal 案

美国政府诉 Agrawal 案为先逮捕后释放的 Aleynikov 案充当了颇具争议的背景。❹ 该案事实模式与 Aleynikov 案惊人相似。正如阿列尼科夫一样，阿格拉瓦也是一个在大型金融服务机构工作的程序员，也被控窃取高频交易系统的代码，以便使用该代码为一家新设公司构建电子交易算法。❺ 阿格拉瓦于 2010 年 4 月 19 日在其位于新泽西州的住所内被逮捕——阿列尼科夫被美国联邦调查局拘留后 9 个月——他也被纽约南区法院审理，且被判为有罪，❻ 并上诉至第二巡回上诉法院。阿格拉瓦辩称其窃取的代码并非《国家反盗窃财产法》框架下的 "货物"，同时高频交易系统也非 "旧"《经济间谍法》所规定的 "为州际或国际贸易而生产，或处于这类贸易之中"。❼

---

❶ 158 Cong. Rec. H00000 ‑ 52, 2012 WL 6605649（Rep. Smith 的报告）。

❷ 同上注（Rep. Jackson Lee 的报告）。

❸ 同上注。和参议员 Leahy 一样，众议员 Jackson Lee 也在其演说中混淆了州际运输与州际贸易。这再次成为一个诚实的误解，该误解突显了互联网时代不存在地理边界。

❹ 参见 Bill Singer, *No Foolish Consistency in Agrawal and Aleynikov But One Hell of a Stunning Reversal*, Forbes, http://www.forbes.com/sites/billsinger/2012/02/21/no‑foolish‑consistency‑in‑agrawal‑and‑aleynikov‑but‑one‑hell‑of‑a‑stunning‑reversal/., last visited at Feb. 21, 2012.

❺ 阿格拉瓦受聘于法国兴业银行（Société Générale），这是一家在美国影响巨大的欧洲银行。同上注。

❻ 与阿列尼科夫 97 个月的刑期相比，阿格拉瓦 36 个月的刑期就是从轻处罚了。与阿列尼科夫提前几个月谋划他的盗窃行为不同，阿格拉瓦只是简单地将代码打印出来，放在背包里带回家。法院认为，阿格拉瓦缺乏事先预谋，所获刑罚应该远远低于量刑指南中规定的 97 到 120 个月范围，而阿列尼科夫的行为所获刑罚应当在指南的刑期范围之内。事实上，阿格拉瓦是一个愿意合作的被告，在庭审过程中对自己的行为供认不讳。而阿列尼科夫从未承认。参见 Government Sentencing Memorandum, *Aleynikov I*, 785 F. Supp. 2d 46（S. D. N. Y 2011）WL 1002237.

❼ 参见 Supplemental Reply Brief for Defendant, *U. S. v. Agrawal*, No. 11 ‑ 1074, 2012 WL 1899803（2d Cir. filed Dec. 30, 2011）.

在口头辩论中，第二巡回上诉法院很快指出，阿格拉瓦已将窃取的代码打印出来，使得它完全有形化，因此是《国家反盗窃财产法》的潜在客体。❶ 这种观点出于直觉，又可笑陈腐——打印在纸上的"有形"代码完全丧失了它的固有功能，而电脑内的"无形"代码却是动态运转、有功能的。❷ 有趣的是，法院同时也表达了对阿格拉瓦的辩护理由的担忧，阿格拉瓦认为高频交易系统不是产品，故不属于"旧"《经济间谍法》适用的对象，法院指出初审时陪审团意见表明源代码是为帮助股票交易而设计的。❸ 这一点当然与 Aleynikov 案在庭审中提出的辩护理由没有实质性区别。然而，在 Aleynikov 案中，第二巡回上诉法院在解释《经济间谍法》时迈开了很大的一步，破除了高频交易系统"为州际或国际贸易而生产，或处于这类贸易之中"的观念。可是，根据《盗窃商业秘密澄清法》的规定，阿格拉瓦将会很难抗辩高频交易系统代码不是"一项用于或被打算用于"国内贸易的"产品或服务"。这一点体现了，在修订该法第四部分第二节后，阿格拉瓦处境的复杂性。

（二）优先适用的危险缺失

《经济间谍法》第 1838 条规定：

> 本章的规定，不管是属于民事还是刑事，都不应被解释为优先于或取代（preempt or displace）其他任何由美国联邦、州、自治行政区、属地或地区法所提供的关于窃取商业秘密的救济措施……❹

简言之，当援引《经济间谍法》时，联邦法并不优先适用。这与一个令人不安的事实相冲突，即大多数州已经制定了他们自己的窃取商业秘密的刑事法典。❺ 鉴于这个原因，被告虽然叫以躲过根据《经济间谍法》提起的指控，

---

❶ 参见 *Ex – SocGen Trader：Taking of Bank Code Not a Crime*，Reuters，http：//in. reuters. com/article/2012/06/21/socgen – agrawal – idINL1E8HJ5RK20120621/.，last visited at June 21, 2012. 本案适用联邦法，仅仅因为阿格拉瓦把高频交易代码的打印件跨越州界带到他位于新泽西州的住所。

❷ 参见 *Aleynikov I*，737 F. Supp. 2d 173，188 – 89（S. D. N. Y. 2010）. 法院认为：尽管 *Bottone* 案涉及的是含有商业秘密文档的有形复制件，而不是电子复制件，但这种区别在当今的经济和技术现状下毫无现实意义。的确，如果一个行为人可以通过复制秘密商业信息的电子版，而非有形复制件，然后利用诸如笔记本电脑、光盘、闪存盘等进行跨州携带，就可规避法律的话，这是荒谬可笑的。同上注。

❸ *Ex – SocGen Trader：Taking of Bank Code Not a Crime*，Reuters，http：//in. reuters. com/article/2012/06/21/socgen – agrawal – idINL1E8HJ5RK20120621/.，last visited at June 21, 2012.

❹ 18 U. S. C. § 1838（2012）.

❺ 参见前文第一部分。

却仍然要受到类似的州法的追诉，这既不寻常，也没有被禁止。❶

在互联网时代，技术渗透的领域广泛，突破了传统地域管辖的范围，州法不足以应对技术的发展。Brandeis 大法官曾经评论说，"一个勇气可嘉的州，只要其公民愿意，或许可以充当实验室，只要不对国家其他地区带来风险，可以尝试进行社会和经济的新试验"。❷ 然而，互联网无处不在的性质是非线性、无边界，由此亦拓展了这些"实验室"的界限。❸ 有观点认为，州可以通过规制政策来进行试验，不会消极地影响其管辖范围外的行为，这种观点直接与网络空间（online world）相冲突，因为地域管辖无法限制对网络空间的访问。❹ 事实上，在绝大多数州或所有州，绝大部分实质性的网络行为归责时采属人管辖。❺

尽管州法在面对互联网技术时既无所作为也无法适用，Smith 众议员提出了调整"《经济间谍法》的适用范围，以适应数字时代"的目标，❻ 但是《盗窃商业秘密澄清法》对纠正《经济间谍法》明显缺乏优先适用的问题毫无贡献。少得可怜的立法史也不能说明，国会在起草《盗窃商业秘密澄清法》时讨论过优先适用问题。最终，国会错失良机，未能修订《经济间谍法》第1838 条来纠正法律的不统一（lack of harmony），以满足数字时代的需要。

四、分析

（一）《盗窃商业秘密澄清法》是否修正了《经济间谍法》

《盗窃商业秘密澄清法》声称的目标之一，是"采取行动，以回应第二巡回上诉法院"在 Aleynikov 案中的"呼声"。❼ 国会被 Aleynikov 案的狭隘判决困扰，试图扩大解释法律，避免出现歧义。❽ 其结果是诞生了以判决谢尔盖·阿列尼科夫有罪为目的的法律，且该法律几乎将必然主导和维持阿列尼科夫的有罪判决。但是，"新"《经济间谍法》是否会导致更多的有罪判决？这是否

---

❶ 参见 Kim Zetter, *Goldman Sachs Programmer Back in Court on New Charges*, Wired, http：//www. wired. com/threatlevel/2012/08/sergey – aleynikov – new –charges/, last visited at aug. 9, 2012.

❷ *New State Ice Co. v. Liebmann*, 285 U. S. 262, 311（1932）.

❸ 参见 *generally* Peter S. Menell, *Regulating "Spyware": The Limitations of State "Laboratories" and the Case for Federal Preemption of State Unfair Competition Laws*, 20 Berkeley Tech. L. J. 1363, 1375（2005）.

❹ 同上注。

❺ 同上注。

❻ 158 Cong. Rec. H00000 – 52, 2012 WL 6605649（2012）（statement of Rep. Smith）.

❼ 同上注（众议员 Smith 的报告）。

❽ 同上注（众议员 Jackson Lee 的报告）。

朝着正确的道路迈进了重要的一步？

只有时间才能说明一切。检方很少根据"旧"《经济间谍法》来进行指控，据此判决有罪就更少。很少援引该法的很大原因，在于它此前不清晰。理论上，《盗窃商业秘密澄清法》带来的变化，应当吸引那些过去回避它的公诉人的注意。然而，因没有对《盗窃商业秘密澄清法》大量报道和宣传，故未赢得他们的信心。感恩节后第一个星期二，立法者把《盗窃商业秘密澄清法》提交参议院，随后奥巴马在圣诞节后第一个星期五签署了该法案，使其成为真正的法律——而这一天恰好是 2012 年的最后一个星期五。❶ 在放假期间静悄悄地迅速通过法案，很难提升人们的关注度。然而，司法部的公诉员则可能对其给予密切关注，他们的行动将决定"新"《经济间谍法》是否能够最终成功。

（二）对阿拉格瓦是否适用更高标准

"新"《经济间谍法》的特定目的性，对阿格拉瓦来说非常不利。Agrawal 案的事实类型与 Aleynikov 案几乎相同。在《盗窃商业秘密澄清法》被签署之前，他就上诉到第二巡回上诉法院，使该案的基础摇摇欲坠。❷ 根据新修订的《经济间谍法》，几乎可以肯定会维持他的有罪判决。但这是一个公正的结果吗？Agrawal 案是否应该比 Aleynikov 案适用更高的标准？

1. 有足够的警示

在 Aleynikov 案中，第二巡回上诉法院的多数意见以简洁的总结结束，认为《经济间谍法》缺乏提示：

> 陪审团查明的行为，就是阿列尼科夫应知（should have known）的行为，该行为违反了他对高盛公司的保密义务，该行为不诚信应受制裁；但他不可能知道（could not have known），他的行为会触犯该刑法或该特殊主权（sovereign）。❸

该段的意思很清楚：阿列尼科夫违反了他和高盛公司的聘用协议且有不诚信行为，但他的行为一般不会超出民事制裁的范畴。高盛公司和其他任何跨国

---

❶　参见 *Statement by the Press Secretary on H. J. Res.* 122, H. R. 3477, H. R. 3783, H. R. 3870, H. R. 3912, H. R. 5738, H. R. 5837, H. R. 5954, H. R. 6116, H. R. 6223, S. 285, S. 1379, S. 2170, S. 2367, S. 3193, S. 3311, S. 3315, S. 3564, *and* S. 3642, The White House, http://www. whitehouse. gov/the－press－office/2012/12/28/statement－press－secretary－hj－res－122－hr－3477－hr－3783－hr－3870－hr－3912－hr－., last visited at Dec. 28, 2012.

❷　参见前文第三部分（一）。

❸　*Aleynikov II*, 676 F. 3d 71, 82 (2d Cir. 2012).

金融机构一样，有严格的保密政策，禁止员工在受聘期间披露公司的专有秘密。该公司还进一步禁止员工在终止聘用后使用这类专有秘密（如，阿列尼科夫窃取的源代码）。一般情况下，一旦发现阿列尼科夫违反了聘用协议，高盛公司唯一的合法措施是解雇阿列尼科夫，并根据民法对其提起诉讼。这一诉讼可能包含禁令和赔偿金，但不会有任何刑事指控。

但事实是，阿列尼科夫和阿格拉瓦在作出违法行为时，已经存在禁止窃取商业秘密的联邦刑法。那么为何《经济间谍法》在警示这些被指控的盗窃行为方面，一直做得如此失败呢？答案主要在于该法的模糊性。检方，在面对一部用语模糊、既有可能适用于也有可能不适用于特定事实类型的法律时，会避免适用"旧"《经济间谍法》。❶ 这种倾向的有力证据，就是缺乏以《经济间谍法》治罪的判决。❷ 缺乏对《经济间谍法》的学理解释，且公众缺乏对该法的认知——像阿列尼科夫和阿格拉瓦那样的潜在窃取者，可能没有认识到他们的行为正把自己推到联邦刑法的枪口上。虽然这并不能为他们的罪行开脱，但这指出他们"不可能知道其行为会触犯该刑法或该特殊主权"的可能性。❸

虽然《盗窃商业秘密澄清法》确实提供了更清晰的规定，便于引起未来盗窃者的注意，但该法对缓解缺乏警示作用甚微。毫无疑问，阿列尼科夫和阿格拉瓦知道其所窃取的高频交易代码是专有的，他们也知道那是"用于或被打算用于"贸易的"产品或服务"。上文第四部分（一）中讨论过，《盗窃商业秘密澄清法》的规定缺乏大力宣传，所以仍不能肯定，相比"旧"《经济间谍法》时，今天的商业秘密盗窃者得到了更好的警示。

2. 《盗窃商业秘密澄清法》及溯及既往条款

美国宪法第 1 条第 9 款规定，"不得通过任何褫夺公权的法案或者溯及既往的法律"。❹ 1798 年美国联邦最高法院判定，一部溯及既往的法律是指"使

---

❶ 参见 R. Mark Halligan, *Protection of U. S. Trade Secret Assets: Critical Amendments to the Economic Espionage Act of* 1996, 7 J. Marshall Rev. Intell. Prop. L. 656, 667（2008）（自《经济间谍法》制定以后，根据该法提起的公诉少于 60 件，其中大部分是根据第 1832 条提起的。这些公诉大部分是向加利佛尼亚北区法院提起的……司法部数据证实，全国 86 个联邦司法区中约 80% 的区没有任何以《经济间谍法》为依据的公诉。（省略内部引用））。

❷ 参见 Susan W. Brenner & Anthony C. Crescenzi, *State Sponsored Crime: The Futility of the Economic Espionage Act*, 28 Hous. J. Int'l L. 389, 432（2006）（指出截止到 2006 年，在 34 个案件中已有 47 人被诉违反了《经济间谍法》）。

❸ *Aleynikov II*, 676 F. 3d at 82.

❹ 美国宪法第 1 条第 9 款第 3 目（重点强调）。

法律通过前从事的一项原本无罪的行为变成有罪，并惩罚这一行为"。❶ 在 Weaver v. Graham 案中，最高法院指出，一部刑法必须同时满足以下两点，才能认为违反了不得溯及既往条款：（1）该法必须要适用于其被制定前的行为；（2）该法对被告人不利。❷ 最高法院在 Beazell v. Ohio 案中解释了执行该条款的理由：

> 宪法，以及对该规定的司法解释，体现了这样一种观念，即法律不管以任何形式，旨在使无罪的行为事后变成有罪，或加重该罪的处罚，则该法就是严酷的、压迫的；由一个行为造成的刑事性质，不管是通过该违法犯罪行为的法律定义或其性质进行定罪，还是对该违法行为进行量刑，都不应该在事后通过立法做出对被告人不利的改变。❸

换言之，若一个犯罪行为在行为之时无罪，那么对行为人进行处罚是不公平的。

当萨曼斯·阿格拉瓦在从事盗窃行为时，"旧"《经济间谍法》仍然有效。❹ 那一版本包含了颇有争议的用语，"为州际或国际贸易而生产，或已处于这类贸易之中的产品"。Aleynikov 案的审判法院认为，高频交易代码与该用语不符，驳回了指控，这促成了《盗窃商业秘密澄清法》的制定。在 Agrawal 案中，涉案的被盗商业秘密也是高频交易代码。从理论上讲，第二巡回上诉法院通过 Aleynikov 案为 Agrawal 案的审判法院创设了一个应当被遵循的先例。Aleynikov 案的审判法院判定，从本质上讲，窃取高频交易代码的行为"在做出之时是无罪的"，即该行为在发生之时并不是"旧"《经济间谍法》规定的罪行。然而，正如上文第三部分（一）所论述的，Agrawal 案的审判法院在口头辩论期间表明，其不情愿遵循 Aleynikov 案的先例，并为作出相反判决敞开了大门。法院的这种内部分歧是常见的，而第二巡回上诉法院会找到使 Agrawal 案区别于 Aleynikov 案的方法。

---

❶ *Calder v. Bull*, 3 U. S. 386, 390 (1798). 在描述溯及既往的法律时，马歇尔大法官写道：

除了很少的例外，这类法律的拥护者几乎都是出于野心、泄私愤和恶意报复。我相信，为了防止这些或类似的暴虐和不公正行为，应禁止联邦和州立法机构通过任何褫夺公权的法案或追溯既往的法律。

尽管《盗窃商业秘密澄清法》的制定没有任何"泄私愤和恶意报复"的因素，但该法适用于 Agrawal 案是追溯性的，而且是违宪的。

❷ *Weaver v. Graham*, 450 U. S. 24, 29 (1981).

❸ *Beazell v. Ohio*, 269 U. S. 167, 170 (1925)（增加强调）。

❹ 奥巴马总统在 2012 年 12 月 28 日签署了《盗窃商业秘密澄清法》，即在阿格拉瓦被指控犯罪后三年。尽管"旧"《经济间谍法》极少被援引，但在 2012 年 12 月 28 日之前发生的涉及窃取商业秘密的行为还是有可能被提起公诉。

《盗窃商业秘密澄清法》的规定为 Agrawal 案的情形提供了新的路径。该法的用语专门为回应 Aleynikov 案而设计。由于 Agrawal 案的事实类型与前者几乎相同，很有可能根据"新"《经济间谍法》维持其有罪判决。但是，如果第二巡回上诉法院援引"新"《经济间谍法》，维持阿格拉瓦的有罪判决，这是否等于违反了禁止溯及既往原则？毕竟，正如 Beazell v. Ohio 案中告诫的那样，《盗窃商业秘密澄清法》的确改变了"违法行为的法律定义"。

然而，第二巡回上诉法院不太可能需要援引"新"《经济间谍法》，因为它已经对 Agrawal 案表示了质疑，认为不应根据"旧"《经济间谍法》驳回该案。法院很可能只是简单地不遵循 Aleynikov 案，并作出不同的判决。在那种情况下，阿格拉瓦可以上诉到联邦最高法院，申请调卷令，并寻求法院根据 Aleynikov 案的先例作出驳回判决。此路漫漫且不确定，因为法院似乎不太可能卷入对一个新近修订的窃取商业秘密的刑事法律的解释。因此，萨曼斯·阿格拉瓦试图获得驳回判决的愿望，看起来似乎有可能会因为时运不济、饱受争议的 Aleynikov 案判决以及国会的迅速回应而受挫。

（三）联邦法是否必须优先适用

或许 Aleynikov 案最令人困惑的一点是，该案的最终结果尚无定论。虽然第二巡回上诉法院根据《经济间谍法》驳回了有罪判决，但纽约州正寻机对阿列尼科夫治罪。《经济间谍法》缺乏联邦法优先适用的规定，这个令人困扰的问题使像阿列尼科夫这样的盗窃者的命运迷雾重重。高频交易是互联网行为，而且阿列尼科夫窃取的高频交易代码在实际上无处不在的电子世界里完成交易任务。

Aleynikov 案的事实类型勾勒出一个复杂的画面：一位俄罗斯出生的程序员，在纽约窃取了一个计算机系统代码，把它上传到一个位于德国的服务器，最后把它转发给芝加哥的新雇主。如果纽约州法可能适用于阿列尼科夫的盗窃行为，则伊利诺伊斯州法也可能适用。根据窃取商业秘密案件的复杂性，可能会涉及很多州及其相应州法。在那些案件中，由互联网导致的法律环境将会造成一种结果，即适用限制最严的州的法律。❶

无处不在的互联网，需要比州法更少边界限制的法律来规制其活动。❷ 在类似 Aleynikov 案的案件中，州法种类众多，又无连续性。此外，使像阿列尼

---

❶ 参见 generally Peter S. Menell，*Regulating "Spyware"：The Limitations of State "Laboratories" and the Case for Federal Preemption of State Unfair Competition Laws*，20 Berkeley Tech. L. J.，第 1375 ~ 1376 页。

❷ 同上注，第 1415 ~ 1418 页。

科夫一样的人遭受众多州法的规制，会使其陷入由相互冲突的标准和惩罚组成的令人困惑的网中。令人不解的是，《经济间谍法》明确规定其不优先于任何州法适用，使得这个令人困惑的网更加复杂化。

为什么《经济间谍法》如此明确地拒绝其优先适用的权力？或许正如本文第一部分所述，窃取商业秘密一直属于州民事诉讼的管辖范畴。但是，《经济间谍法》在此程度上更进了一步，具体规定其也不优先于刑法适用。或许国会不希望干涉那些规制州内窃取商业秘密行为的法律。但是，《经济间谍法》明文规定与"州际或国际贸易"有关，对不属于《经济间谍法》管辖的行为，不优先于州法适用。《经济间谍法》是当代社会的产物，应该考虑到互联网的普遍性，并考虑到互联网在最近那些盗窃商业秘密行为中的作用。国会最好多审视《经济间谍法》试图规制的国内窃取商业秘密行为类型的当代特性。

五、结论

《盗窃商业秘密澄清法》直接反映了 Calabresi 法官在 Aleynikov 案附议意见（concurring opinion）中的呼吁，即"我相信国会将会重新关注这个问题，在《经济间谍法》中用适当语言规定他们认可的刑事责任"。❶ 然而，该法的规定使 Agrawal 案的审判法院处于两难境地，此外，优先适用问题亦悬而未决。国会应当密切关注《经济间谍法》以及执行该法的法院。同时，国会应当认真考虑解决《经济间谍法》第 1838 条缺乏优先适用的问题。如果《盗窃商业秘密澄清法》真正厘清了《经济间谍法》中的用语，赋予检方执法权，那么国会就不应允许把州法作为笼子，去捕获因联邦法的"危险漏洞"而躲过惩罚的盗窃者。

---

❶ *Aleynikov II*, 676 F. 3d 71, 83 (2d Cir. 2012).